阜新环宇橡胶（集团）有限公司

阜新环宇橡胶集团有限公司是一家股份多元化的大型橡胶输送带生产加工企业，在全国各地获得较高声誉的行业龙头企业。集团公司坐落于中国辽宁阜新高新技术开发区，是中国橡胶工业协会副会长单位、中国橡胶工业协会管带分会理事长单位、全国带轮与带标准化技术委员会输送带分技术委员会委员单位，目前已成为中国高强力输送带的主要生产基地。

环宇集团主导产品环宇牌输送带主要分为10大系列60多个品种。近年来，集团公司先后获得“国家火炬计划重点高新技术企业”、“国家863计划CIMS应用示范企业”、“辽宁省企业博士后科研基地”、“辽宁省知识产权工作先进单位”、“辽宁省专利产业化示范企业”、“辽宁省阜新橡胶工程技术研究中心”等300多项殊荣。

近年来，环宇集团分别与北京化工大学、华南理工大学、沈阳化工学院、辽宁工程技术大学先后联合组建了国内一流的高分子工程技术和新材料研究开发中心，开发高技术含量、高附加值的新产品。公司在同行业中率先将环保理念引入输送带领域，并获得了ISO14021环境标志国际标准Ⅱ型环境标志证书。公司新开发了MT668煤矿用钢丝绳芯阻燃输送带和MT830煤矿用织物叠层阻燃输送带等10多种新产品，获多项知识产权，新开发了MT830-煤矿用织物叠层阻燃输送带，在全国同行业里，是仅有的几家企业之一。公司近几年共主持和参与了12项技术标准的起草与修订工作。

多年来，公司不断加大生产装备投入，现代化生产线XM—270×（4～40）Y密闭式炼胶机生产线及橡胶输送带专用的XY-S2500四辊压延机组处于国内领先水平；与加拿大PATHEX（帕特斯）公司共同研究设计的横向网络钢丝绳芯输送带生产线，是同行业公认的世界级先进技术，已获得知识产权。公司先后通过了ISO9001、ISO14001、GB/T28001质量、环境及职业健康安全管理体系认证和ISO10012测量管理体系认证。

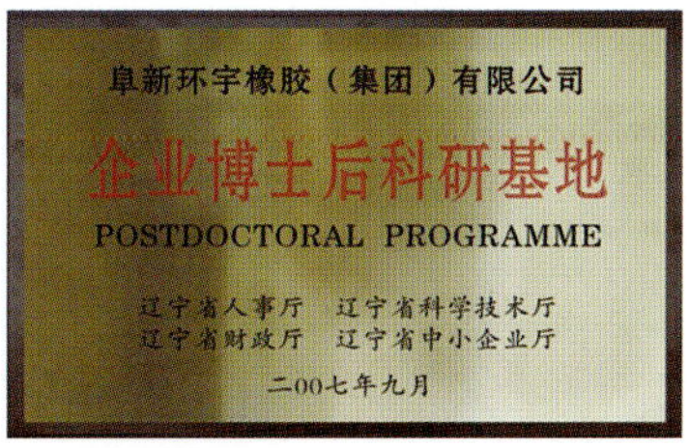

集团现有专业技术人员302名，教授级高级工程师15名，高级工程师23名，具有较雄厚的人力资源储备。未来集团还将不断加大产品开发力度，充分利用集团优势，不断发挥行业的领先作用，为中国橡胶工业的快速发展再立新功。

环宇牌输送带以其优异的产品质量和售后服务质量，行销国内冶金、煤炭、交通、电力、建材等行业，部分产品直销或配套出口10多个国家和地区，在国内外用户中享有较高的声誉。

立诚信赢得市场　树品牌做强环宇

成为能被社会和同行业认同的信用企业不容易；而"环宇人"做到了。凭什么？两个字：诚信！

快速发展的背后是诚信奠定的基础

企业的发展要靠什么？阜新环宇橡胶（集团）有限公司用短短几年时间的业绩诠释了这个并不复杂的问题。

环宇集团的主业是生产橡胶输送带。2009年初，刚刚完成转制又面临搬迁的阜新环宇橡胶（集团）有限公司遇到了席卷全球的金融危机，面对"三层"压力，不少人都为集团公司的前途担心。但是，集团公司董事长、党委书记孟凡有却激情满怀，他说："危中可以找机，难中可以求变，只要我们发扬老阜橡诚信经营、敢为人先的精神，一定能开辟出一片新天地。"确实被他言中了。董事长孟凡有带领销售队伍，跑遍了大半个中国，在巩固原有市场的基础上积极开辟新的市场，瞄准大项目，锲而不舍地进行攻关，拿到了大批合同，在产量、销售额、效益等方面都创历史新高。

现今，经过几年的发展壮大，集团公司橡胶输送带年生产能力达到了2000多万平方米，环宇牌输送带以其优异的产品质量和售后服务质量，行销国内冶金、煤炭、交通、电力、建材、化工等行业，部分产品直销或配套出口20多个国家和地区，一跃成为全国橡胶输送带生产基地之一。在被问及环宇橡胶走过的是一条怎样的成功之路时，董事长孟凡有的回答是："原因很多，但根本的一条就是始终树立靠诚信立足市场、以诚信谋求发展的理念，把诚信建设渗透到企业生产经营的各个环节，不断提升企业诚信形象。"是的，就是靠诚信，让环宇橡胶赢得了国内外市场信赖，得到了快速发展。

质量过硬的产品是"环宇人"树起的一面信誉之旗

质量是品牌的基石。阜新环宇橡胶集团董事长孟凡有认为，打造品牌，企业要有诚信度、产品美誉度，客户满意度。只有视产品质量如自己的生命，企业才能不断地用过硬的产品打造企业的信誉。

为了抓好诚信生产，确保制造优质产品、满足用户需求，公司设立了质量监督管理部门，配备了齐全、先进的检验设备，制定了高于国家标准和行业标准的内控指标。早在2007年企业就通过了ISO14001，OHSMS18001环境管理体系及职业健康安全管理体系认证和ISO10012:2003测量管理体系认证。多年来，环宇人一直追求用现代高新技术和理念改造传统产品。经过几十次上百次的实验，研制出了适合于煤矿井下用的阻然输送带的合理配方，此"环宇"品牌一经推出，在全国煤矿系统成了抢手货，一次订货合同的金额近4000万元，令全

立诚信赢得市

国同行瞠目；经过不断研制创新，公司又生产出耐800℃高温的耐热带，耐磨度增长3倍，取得了国家专利（zl201020657436.5第1854374）；当“环宇”品牌在同行业再显威名时，环宇人又研制了四型耐热输送带、管状输送带、直经直纬输送带，由于科技前卫，抢占了市场制高点，用户纷至沓来。各类产品有的订单排出几个月，有的排出一年，出现了用户提款等货的供不应求局面。

正是追求诚信经营，注重产品质量，“环宇人”才能够将企业经营的“蛋糕”越做越大。同时用诚信和质量维护自己的品牌。公司定期进行对“环宇”品牌的满意度调查和有无投诉行为的反馈，以此监测主要合作伙伴及客户的反应，有效吸纳和正确处理客户提供的建设性意见。这一系列经营举措，使“环宇”产品凭借诚信和商业道德，赢得了客户，赢得了商机，也使“环宇”品牌的生命力和感召力得到了提升。在讲诚信的境界中谋取企业最大的利益。

诚信理念的坚守，让企业焕发出蓬勃生机

人无信不立，业无信难兴。公司董事长孟凡有始终认为：环宇事业的成功，关键是以诚待人、言而有信，守法、守约、守信誉，才赢得了市场。诚实守信，对企业发展是一种精神，是无形资产，更是合理价值的有效提升。

一直以来“重合同、守信用”工作都是环宇集团工作中的重中之重，以此作为指导，以规范合同管理来促进整个企业的经营管理，为此公司建立了以经理为首的公司两级合同管理组织体系，经理负总责，分管领导分工负责，合同管理机构具体负责和合同管理人员经办负责的运行机制。公司法律处作为公司专门的合同管理机构负责进行合同的审查和管理工作，在过去3年中，法律处共计审查合同2000余份，做到每一份合同都严格审查，履约率100%。面对瞬息万变的市场，公司深入分析研究，确立了新形势下继续坚持走重合同守信誉之路并赋于其新的内涵。

近年来，公司生产的原材料市场不稳定，价格波动较大，但“环宇人”的理念是，在千变万化的市场下以不变的诚信经营赢得市场、赢得客户。一次，公司营销员向客户允诺销售产品并约定了产品的数量和价格，但是客户一直没有付款履约，后来市场原料价格上涨了10%，这时客户却急催单要货，营销员也拿不定主意，立即向公司领导请示，接到汇报后公司领导要求按合同执行，为此公司多支出采购成本30多万元，生产后及时送货交付客户。孟凡有说，为了“环宇”的信用，公司蒙受30多万元经济损失值得，因为“环宇”品牌的信誉比金钱更重要。实践证明，这一举措是正确的。因为信用是维持企业与顾客的桥梁和纽带，信用是企业的资本，信用是无形资产，企业一旦失信于客户，那么随将失去的就是市场。“环宇”在市场上的高歌猛进，就得益于他的诚信经营、以诚待客。

有人说，“诚信”是个比较虚的概念，其实不然，企业能否长期保持旺盛的活力，很大一方面取决于企业是否诚信经营，注重质量。讲诚信，则企业兴旺，整个企业就有生命力。环宇橡胶用自己的蓬勃发展对此做了最好的诠释。未来也必将以诚信引领集团走向更辉煌的明天。

打造国际品牌
SNTON
胜通钢帘线
山东胜通钢帘线有限公司

CGTC

重庆商社化

CHONGQING GENERAL TRADING

重庆商社化工有限公司简介

重庆商社化工有限公司（以下简称商社化工）是由重庆商社（集团）有限公司全额出资，具有独立法人资格的全资子公司。商社化工成立于2004年1月，注册资本7000万元人民币，是专业批发经营化工生产资料的大型批发企业，其前身为重庆化工原料采购供应站，经营历史近70年，为重庆乃至西南的经济发展作出了积极贡献。

商社化工主营商品有天然橡胶、合成橡胶、合成树脂、石蜡、硫磺、纯碱等数十品种。已初步形成以橡胶为主业，贸易、加工和轮胎销售一条龙的产业链。2014年销售橡胶75万吨，公司总产值约130亿元，预计2015年将突破150亿元。

商社化工于2005年通过ISO90001:2000质量管理体系认证，2009年顺利通过新版ISO90001:2008质量管理体系认证，公司内部采用ERP系统管理。

商社化工在天津、青岛、上海、深圳以及满洲里等城市和口岸设有分支经营（办事）机构。天然橡胶主要来自以泰国、马来西亚、印尼为主的东南亚各国，并与他们的大型橡胶加工基地建立了长期战略合作伙伴关系，具有较强的货源优势。

商社化工因而发展迅速，成效显著，多次被《中国化工报》、《重庆日报》、《重庆晨报》、《重庆商报》、等媒体报道，获得同行和社会各界的一致认可，有较大的社会影响力和良好的信誉，组建以来获得多项荣誉。其中2007年、2011年获重庆市“文明单位”和重庆市“五个好党委”称号，2012年获重庆市“国企贡献奖”等荣誉。

远记机械有限公司

Yeuan Jih Machine CO., Ltd.

废轮胎回收处理设备

"地球只有一个"，资源不可能用之不尽，取之不绝。资源再生是一个趋势，也是一个人类重要的课题，环境保护不能只是空谈。

轮胎是人类生活中的运输便利制品，国家如何进步，科技如何发达，在运输上我们还是离不开轮胎，但使用后的废旧轮胎却是孳生病媒蚊温床，影响生活环境的废弃物。

废轮胎若妥善处理，对环境是一大改善，处理后的橡胶和钢丝，也能创造庞大的环保商机，可说是一举二得。

本公司从事自动化机械设计制造至今已有30余年的经验。

资源再生是目前全球积极推广的。远记机械是专业的废轮胎/废橡胶回收处理设备和自动化设备的设计制造厂商，拥有专精的研发、设计、制造技术和丰富的产业经验。

废轮胎从卡车胎唇钢丝拉取。全线刀切式处理，轮胎破碎、橡胶、钢丝和尼龙分离；橡胶磨粉；橡胶细磨粉，都有成熟技术和完整设备。

诚信、研发和质量是我们的进步之道，环保是我们对地球的一份用心。

全球暖化及空气污染日益恶化，资源再生、循环利用，是刻不容缓的，让我们为下一代和未来环境的美好，尽一份力。

地址：台湾省彰化县埔心乡油车村二抱路二段242号

电话：+886-4-8325616　　　　传真：+886-4-8325526

信箱：yeuanjih@yj-recycling.com　网址：www.yj-recycling.com

远记机械有限公司
Yeuan Jih Machine CO., Ltd.

废轮胎回收处理设备

处理轮胎种类：大小胎均可，特殊胎除外(小于Ø1300mm x 350mm 轮胎)、废橡胶。

特点

全线常温刀切式处理：对环境无二次污染。

卡车胎直接处理。

出料橡胶粉为颗粒状、不焦化，保有橡胶原有弹性。

(滚机：不规则椭圆碎体，焦化严重，生产温度高。)

设备设有自动监控系统。

自动化控制：现场操作人员少、操作保养容易。

YJ-902轮胎割圈机

SGS CE

SGS Reference No: RA/2014/80007C

Page 1 of 1

VERIFICATION OF COMPLIANCE

to the requirements of

Machinery Directive 2006/42/EC

Verification Report No. : RA/2014/80007C

Representative Model : YJ-902

Series Model(s) : None

Product Name : Tire Bead Wire Cutter

Applicant : YEUAN JIH MACHINE CO., LTD.

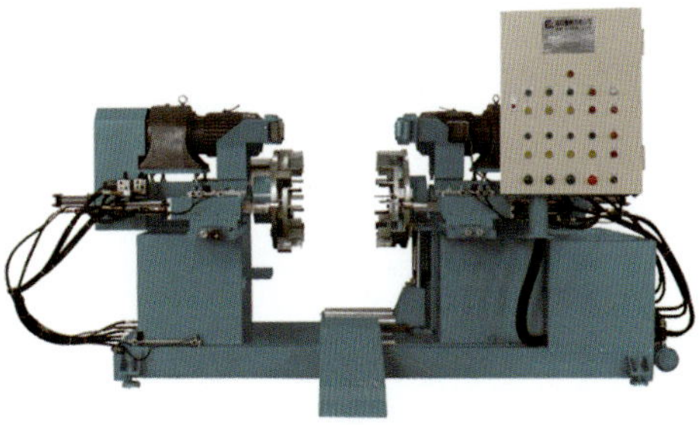

胎圈

YJ-B废轮胎破碎处理设备

SGS CE

SGS Reference No: RA/2014/80008C

Page 1 of 1

VERIFICATION OF COMPLIANCE

to the requirements of

Machinery Directive 2006/42/EC

Verification Report No. : RA/2014/80008C

Representative Model : YJ-B & COMBINED ANCILLARY EQUIPMENTS : Steel wire re-processor : YJ-906, Rubber chip shredder : YJ-905, Biaxial Breaker : YJ-903

Series Model(s) : None

Product Name : Tire Breaking Equipment

Applicant : YEUAN JIH MACHINE CO., LTD.

橡胶片

YJ-P橡胶磨粉处理设备

SGS CE

SGS Reference No: RA/2014/80009C

Page 1 of 1

VERIFICATION OF COMPLIANCE

to the requirements of

Machinery Directive 2006/42/EC

Verification Report No. : RA/2014/80009C

Representative Model : YJ-P & COMBINED ANCILLARY EQUIPMENTS : Fine Nylon Separator : YJ-909, Nylon Separator : YJ-908, Rubber Grinder : YJ-907, Rubber Block Shredder : YJ-907-1

Series Model(s) : None

Product Name : Rubber Grinding Equipment

Applicant : YEUAN JIH MACHINE CO., LTD.

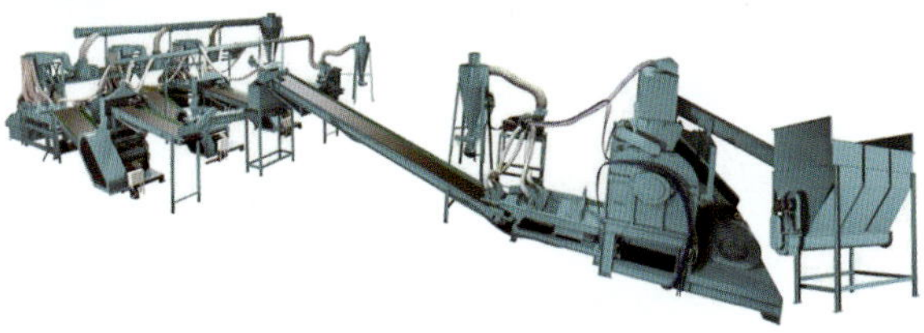

5~20目橡胶粉

YJ-F细磨粉设备 (刀切式处理法)

SGS CE

SGS Reference No: RA/2014/80010C

Page 1 of 1

VERIFICATION OF COMPLIANCE

to the requirements of

Machinery Directive 2006/42/EC

Verification Report No. : RA/2014/80010C

Representative Model : YJ-F

Series Model(s) : None

Product Name : Fine Rubber Grinding Equipment

Applicant : YEUAN JIH MACHINE CO., LTD.

30~80目橡胶粉

1一体化解决方案

项目整体设计
企业内控管理辅导
产品制造工艺
人员培训辅导
橡塑设备
设备升级维护
大修改造
市场销售
全方位提供金融支持

2智能化

合海橡塑装备是专业生产橡塑设备的高新科技企业，着力推动“中国制造2025”战略，把握“工业4.0”概念，以数字化、网络化、智能化为核心，实现集成和深度融合的自动化成套生产线。

公司产品

- 成型机
- 硫化机
- 智能装备
- 立体仓储
- 塑料挤出设备

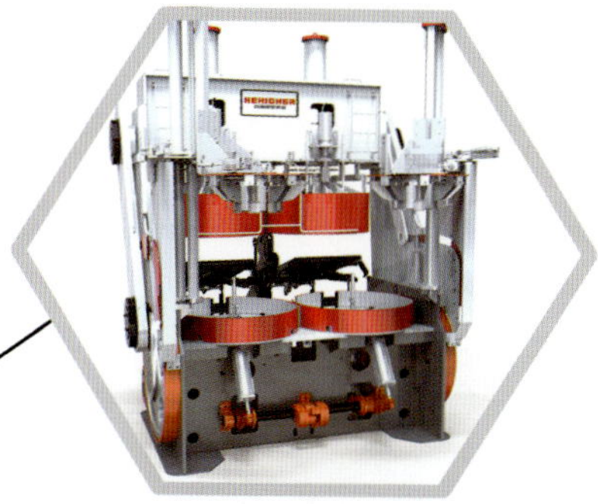

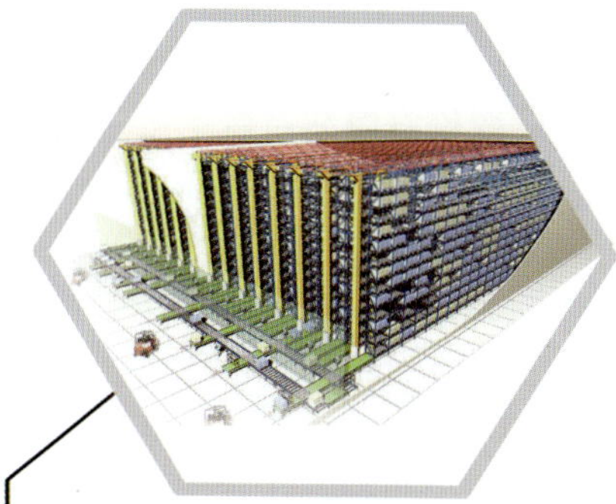

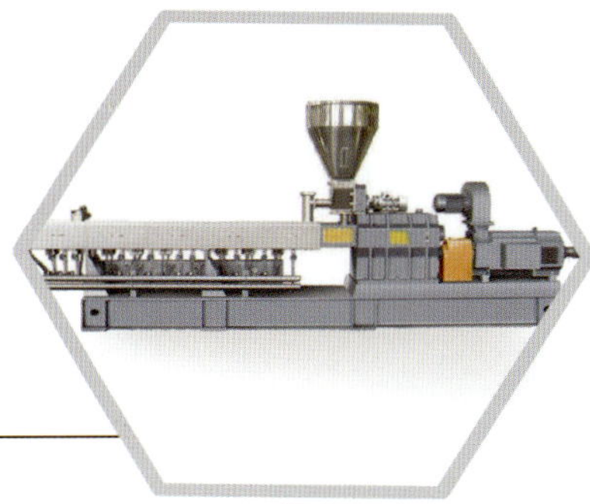

贵州轮胎股份有限公司高性能子午线轮胎生产线异地（扎佐）技术改造项目简介

2011年2月，贵州轮胎股份有限公司在贵阳市修文县扎佐镇丁官村举行了总投资71亿元的年产1280万条高性能子午胎异地技改项目奠基仪式。

贵州轮胎股份有限公司高性能子午线轮胎生产线异地（扎佐）技术改造项目一期——年产26 万条全钢工程子午胎技术改造项目，于2014年3月25日生产出了第一条工程子午线轮胎，同年4月打通了整条轮胎生产线。

荣誉榜

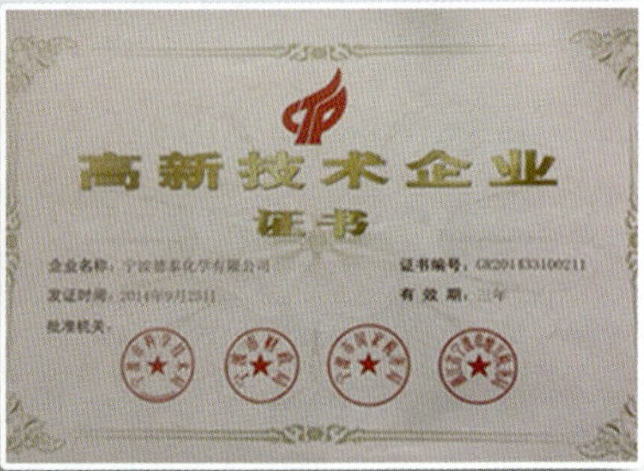
高新技术企业
证书
企业名称：
证书编号：
发证时间：
有效期：
批准机关：

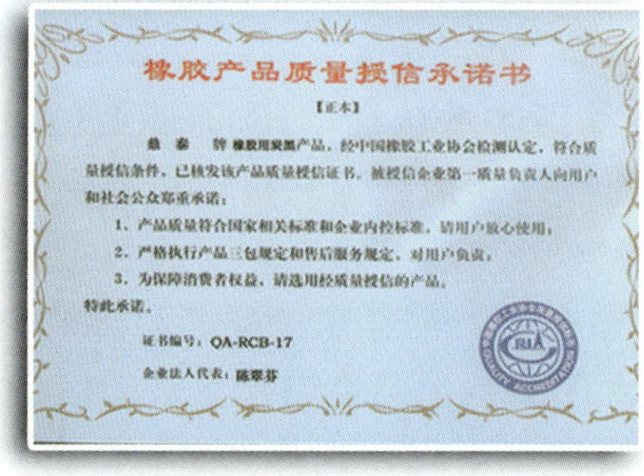
橡胶产品质量授信承诺书
【正本】
鼎 泰 牌 橡胶用炭黑产品，经中国橡胶工业协会检测认定，符合质量授信条件，已核发该产品质量授信证书。被授信企业第一质量负责人向用户和社会公众郑重承诺：
1．产品质量符合国家相关标准和企业内控标准，请用户放心使用；
2．严格执行产品三包规定和售后服务规定，对用户负责；
3．为保障消费者权益，请选用经质量授信的产品。
特此承诺。
证书编号：QA-RCB-17
企业法人代表：陈翠芬

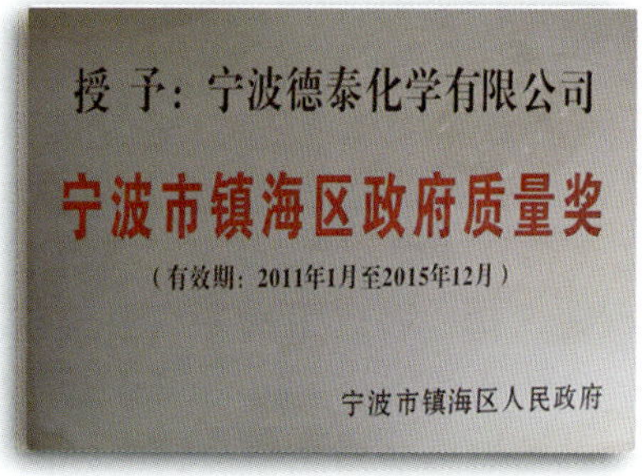
授予：宁波德泰化学有限公司
宁波市镇海区政府质量奖
（有效期：2011年1月至2015年12月）
宁波市镇海区人民政府

公司一角

研发团队

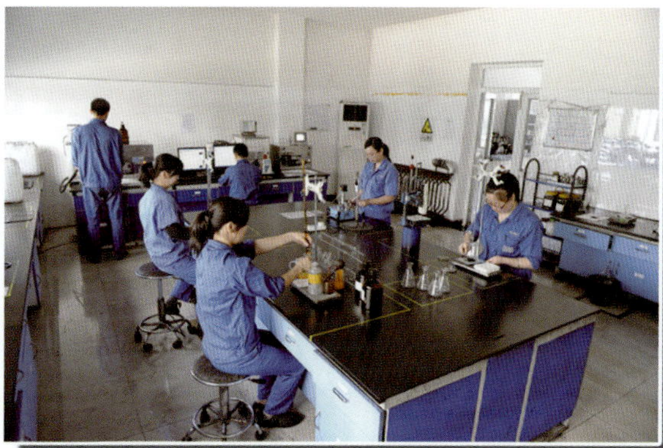

产品

中一橡胶 ZHONGYI RUBBER

山东中

山东中一橡胶有限公司 总经理 郭永县

山东中一橡胶有限公司是一家以生产高性能半钢、全钢子午胎、钢丝绳芯及织物芯橡胶输送带为主的研发制造型企业。

公司成立于 2004 年，拥有先进的生产、研发、检测设备和专业化的技术团队，建立了完善的质量保证体系。公司目前拥有半钢子午胎年生产能力 1800 万条，全钢子午胎年生产能力 300 万条，橡胶输送带年生产能力 2500 万平方米，公司占地面积 60 万平方米，拥有产品自主进出口权。企业依靠自身完善的质量保证能力和过硬的产品品质一次性通过了 ISO9001 国际质量体系认证、全国工业产品生产许可证和“3C”强制性安全认证、ISO/TS16949 质量管理认证、ISO14001 环境管理体系认证、OHSAS18001 职业健康安全管理体系认证、美国交通运输部 DOT 认证、欧盟 ECE 认证、中东地区 GCC 认证及巴西 INMETRO 认证、印度BIS认证，产品符合REACH法规与标签法，荣获“诚信文明单位”、“消费者满意单位”、“海关 A 类企业”等称号，产品市场遍及全国各地并出口到欧洲、北美洲、南美洲、非洲、亚洲、澳大利亚、新西兰等几十个国家和地区，深得用户好评。

盛世泰来
SHENGSHITAILAI

2014年投产就典

董事长与五大洲合作代表共同启动合作球

国内外客户在展厅参观

山东盛世泰来橡胶科技有限公司成立于2013年9月27日，是一家集轮胎研发、生产及国内外贸易于一体的公司，于2014年12月顺利投产，生产线引进来自美国、德国、意大利、荷兰、法国等多国的先进轮胎生产技术和生产设备，目的在于生产高品质、高规格、高标准轮胎产品，打造世界一流的轮胎品牌。

公司秉承“团结奋进、诚信经营、追求卓越、奉献社会”的企业精神，坚持“以市场为导向，视客户为上帝，以质量求生存，视双赢为目的”的经营理念，完善国内外市场销售网络，以高品质、高技术含量的轮胎产品奉献社会！

山东能源枣矿集团八亿橡胶公司

SHANDONG ENERGY ZAOKUANG MINING GROUP BAYI RUBBER COMPANY

董事长：冯庆全

第三届全国智运会合作伙伴

2015 年全国经销商会议

开展消防演习

八亿橡胶有限责任公司是以世界 500 强企业——山东能源集团为支撑，集全钢轮胎、半钢轮胎、输送带、天然橡胶、胎圈钢丝、钢帘线、炭黑等产品设计、研发、制造、销售于一体的国有企业。公司从默默无闻的新兴企业，逐步成长为含八一轮胎全钢、丰源轮胎半钢、亿和输送带、泰国橡胶 4 家子公司，上下游产业集群发展，拥有强大竞争力和完善管理体系的大型现代化企业集团。

公司将科技和人才作为企业发展的动力源泉，先后建成了技术中心、CNAS 国家认可实验室和博士后工作站。立足高端市场，率先采用了 ARP 生胶破碎系统、SSM 一步法低温混炼技术等一系列先进的工艺系统，研发了 31 项具有自主知识产权的技术，先后通过了国家强制 3C 认证、美国 DOT 认证和 ISO/TS16949、ISO14001、OHSAS18001 等管理体系认证。

历经多年市场洗礼，全钢公司已形成有内胎、无内胎两大系列，八亿、亿陆行、稳路德、平安路、安承、安速六大品牌、300 多个规格的产品。半钢公司形成了 HP、UHP、SUV、雪地胎、轻卡胎、AT 胎六大系列，400 多个规格的产品。输送带公司形成了钢丝绳芯输送带、分层输送带、PVC、PVG 输送带四大系列、上百种规格的产品。

依靠过硬的产品质量和科学的营销理念，公司全方位、立体化地开拓国内外市场，通过冠名全国汽车场地越野赛和第三届全国智力运动会等一系列推广活动，提升市场知名度，树立

ARP 生胶破碎系统

一步法低温混炼技术

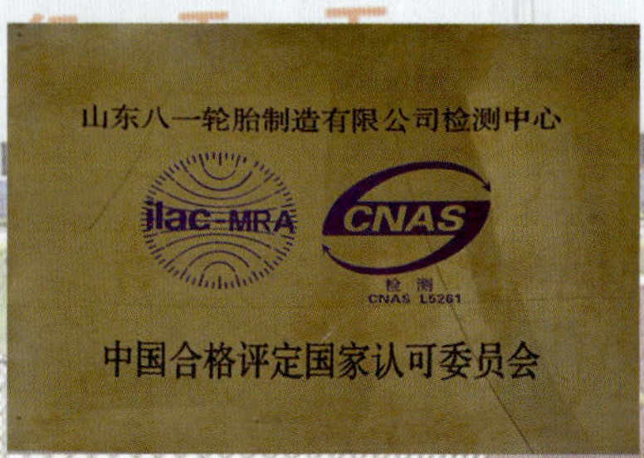

质量兴企　品牌强企

全新品牌形象。目前，国内经销商已发展到 200 余家，销售网络覆盖全国，成功打入国际市场，远销亚洲、欧洲、非洲、美洲等 60 多个国家和地区，并成为陕西重汽的指定供应商。

公司为山东省橡胶协会常务理事单位，还荣获山东省“科技金桥奖”。

到“十三五”末，公司将具备年产全钢子午线轮胎 500 万条，半钢子午线轮胎 2000 万条，各类输送带 2000 万平方米的生产能力，并形成 20 万吨橡胶加工、20 万吨钢帘线和 20 万吨炭黑生产能力，年工业产值将突破 200 亿元，迈入全国橡胶行业前列。

地址：山东省枣庄市高新技术开发区泰山路北首
电话：400-0632-181　0632 - 8182061
传真：0632 - 8639000
邮箱：byltscb@126.com
网址：http://www.bayityre.com

冠名全国汽车场地越野锦标赛拉力赛

文艺演出

“颂歌献给党”大合唱

深入基层安全宣讲

三复合生产线

全钢液压硫化机

Continental
The Future in Motion
精准制动，自信前行
Continental CVC6全新上市

Conti Viking Contact™ 6
成就非凡驾乘

陕西延长石油西北橡胶有限责任公司

SHAANXI YANCHANG PETROLEUM NORTHWEST RUBBER LLC

公司董事长：黄建华

陕西延长石油西北橡胶有限责任公司是原凯迪西北橡胶有限公司、陕西延长石油集团橡胶有限公司、延长橡胶（泰国）有限公司整合重组而成立的国有独立法人公司，隶属于陕西延长石油（集团）有限责任公司，于2012年12月注册成立，注册资本10亿元，是一家集天然胶种植与加工、子午线轮胎与橡胶制品制造销售研发于一体的大型橡胶企业。公司前身西北橡胶总厂，创建于1959年，是为西北地区军工配套的大型综合橡胶企业，是国内军工橡胶制品的“摇篮”，曾为我国的“两弹一星”、海上舰船艇以及“中国飞豹”、“神舟”系列飞船等国家重大建设项目提供科研成果和配套产品。

公司下设陕西延长石油集团橡胶有限公司、西北橡胶制品分公司、西北橡胶胶管分公司、延长橡胶（泰国）有限公司等4个实体单位，12个职能管理部门，总人数2800多人，其中具有高、中级专业职称的285人，总占地面积3650亩，主要产品有子午线轮胎、胶管、胶布制品、橡胶制品、板材、密封件、天然胶等七大系列，主要有全钢子午线轮胎、半钢子午线轮胎、工业钢丝管、中低压胶管、飞机软油箱、空投油罐、隔膜、飞机坐舱气密带、特种胶布、特种胶板、软体贮运容器、聚氨酯制品、橡胶零件、胶粘剂、军工混炼胶等上百个品种、千余种规格，主要应用于汽车、煤炭、工程机械、石油、化工、冶金、航空航天、国防军工、橡胶加工等行业。建立了覆盖全国的经营销售网络，打开了北美、欧盟、中东、澳大利亚、北非等国际市场。

做领域精品　创延长特色

公司具有先进的生产技术和检测手段，拥有数百台套从国外引进的生产设备和检测设备，以及科研技术中心。陕西省橡胶制品工程技术中心和陕西省橡胶产品质量监督检验站设在本公司。拥有进出口经营权和武器装备科研生产许可证。通过了ISO9001:2000和GJB9001A-2001质量体系认证，公司检测中心被认证为A级质量检验机构。

公司被评为陕西省“先进集体”，“国防科技工业协作配套先进单位”，获空装质量管理体系第二方审核一级承制单位，荣获国家科学技术进步特等奖。公司领导班子获得国有企业“好班子”、“四好”领导班子等荣誉称号。

未来，公司将坚持“团结兴企、自救自强、诚信用户、追求卓越”的企业精神，将发展定位于全球市场，走国际化发展之路，做产业的组织者，产品的带动者，打造国内一流、世界先进的现代化橡胶产业基地。

子午线轮胎

泰国天然胶生产场景

高、中、低压胶管系列

橡胶制品系列

地址：陕西省咸阳市西华路1号
电话：029-33622691
　　　　　33623827
传真：029-33623927
网址：http：//kdxx.sxycpc.com

地址:陕西省咸阳市秦都区沣河新区
电话:029-38001998
传真:029-38001949
网址:http://ycrubber.com/

业务板块（Business section）

- 橡胶机械研发
- 智能化物流系统
- 工程承包/项目管理
- 工程设计/咨询
- 工程监理
- 节能减排工程
  - ※ 硫化高效蒸汽节能系统
  - ※ 污水资源化
  - ※ 橡胶生产废气治理
  - ※ 海水淡化工程
  - ※ ……

为了创造低碳、清洁的环境和企业可持续发展
CGEC的工程师正在以下方向不断探索
节能工程、污水资源化、烟气治理、海水淡化……

CGEC将秉承科技创新的理念
致力于为您打造节能环保、信息化、自动化、
经济可靠的新型工厂

产品展示（Product Exhibition）

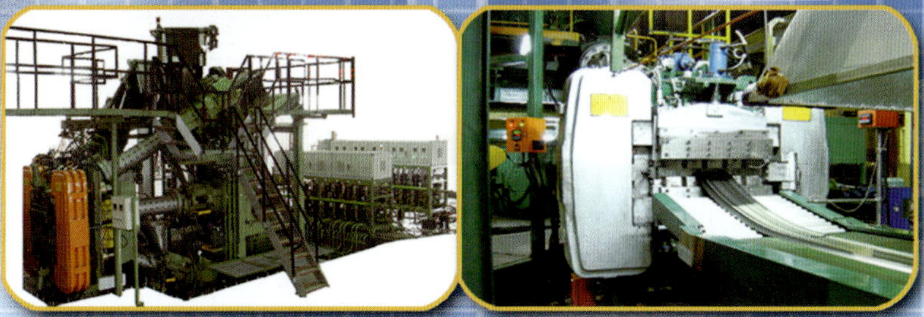

二/三/四复合挤出机
Duplex, triplex, and quadruplex extruders

二/三/四复合挤出生产线
Duplex, triplex, and quadruplex extrusion lines

双螺杆挤出压片机
Twin-screw sheeter

宽幅胶片挤出生产线
Wide rubber sheet extrusion line

单辊筒机头挤出机
Single roller head extruder

轮胎内衬层/薄胶片挤出压延生产线
Tire inner liner/thin extruding&calendering line

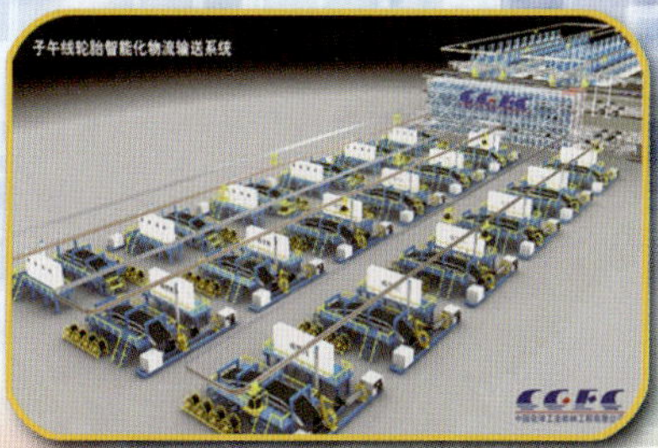

智能化物流系统
Intelligent logistics system

地址：广西桂林市七星路77号　邮编：541004
电话：0773-5833045/5833829　传真：0773-5833195
E-mail: cgec@vip.163.com　网址：www.cgec.com.cn

直线：0510-88996860

压延机

橡胶破胶机精炼机系列

鼓式硫化机

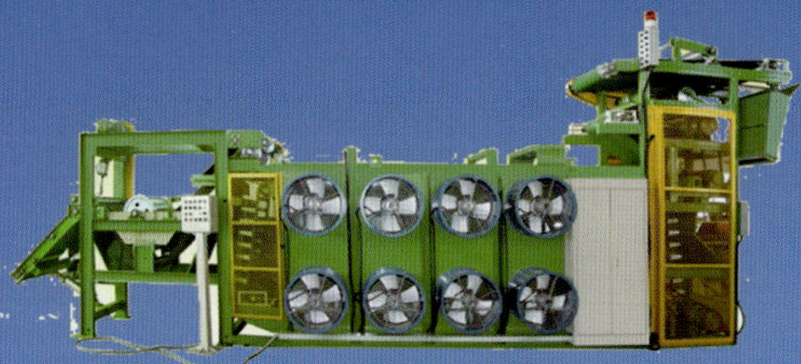

胶片冷却机

PVC地板革压延生产线

常温自动化废旧轮胎处理成套生产线

PVC人造革生产线

X(S)M系列密闭式炼胶（塑）机

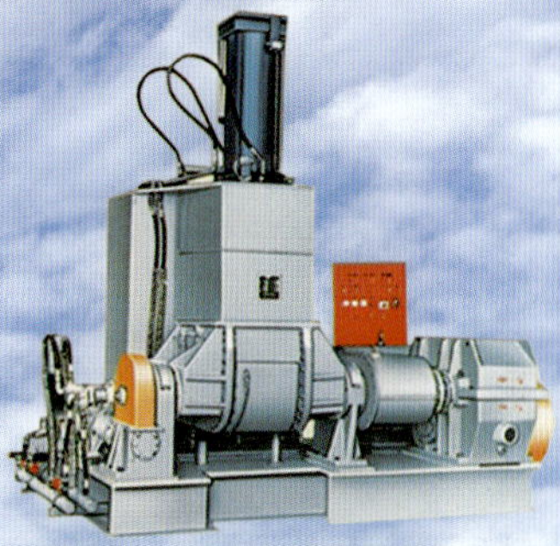

X(S)N系列加压式捏炼机

橡胶输送带压延生产线

橡胶输送带压延生产线

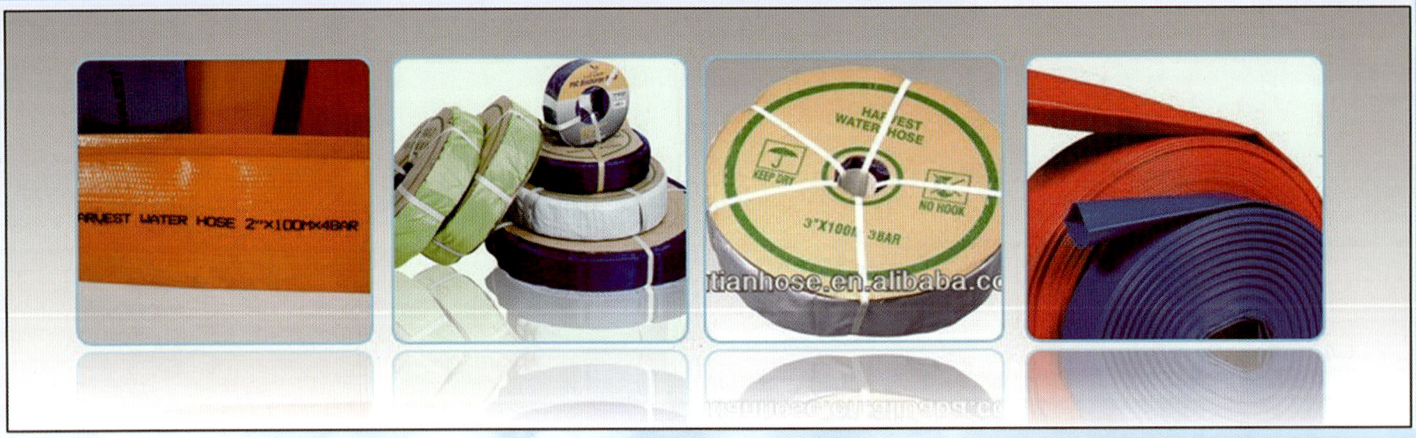

ARVEST WATER HOSE 2"X100MX4BAR
HARVEST WATER HOSE
KEEP DRY
NO HOOK
tianhose.en.alibaba.co

浙江沪天胶带有限公司

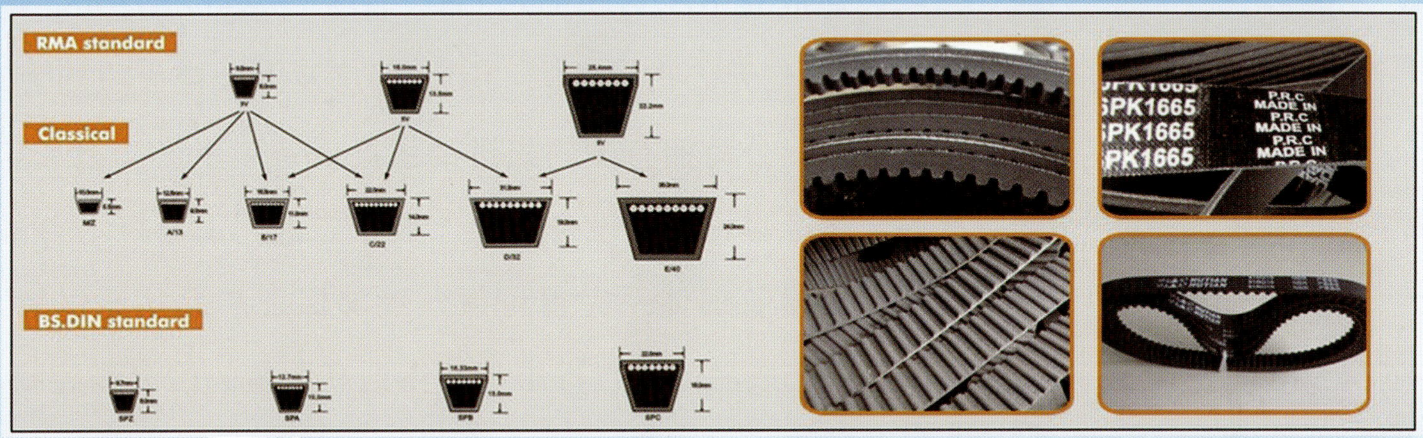

地址：浙江省天台县福溪街道南工业区

电话：0576-86080988　传真：0576-86080666

网址：www.hutian.com

中国平煤神马能源化工集团责任有限公司

河南天工输送带制造有限公司

河南天工输送带制造有限公司是中国平煤神马能源化工集团有限公司旗下合资公司，是国内专业从事输送带产品设计、制造生产各种用途输送带的大型企业。公司位于河南省中部地区，地理位置优越，交通便利。公司建厂起点高，定位于高端市场，主要开发、生产各种高强力钢丝绳芯输送带、高强力织物整芯阻燃输送带及分层带等各种多用途输送带产品，并致力于发展成为国内领先生产企业。

公司成立于2011年9月21日，注册资本4080万元，建设投资2.3亿元。占地约83.3亩，厂房及办公楼面积约为5万平方米。公司拥有国内先进的生产设备、生产工艺和丰富的管理经验。检测设备齐全、技术先进，工艺技术力量雄厚，质量管理体系完善可靠，能够保证产品从原材料、半成品到产成品的全过程中都能得到高质量的检测和控制，确保用户得到质量始终如一的产品。

地址：平顶山市卫东区建设路与许南路交叉口北1000米路西

邮编： 467000　联系电话：0375-6187779　传真：0375-6190866　网址：www.hntgssd.com

公司主要产品为钢丝绳、尼龙、聚酯等材料为骨架的高强力、节能型、环保型、安全型输送带和高强力PVC、PVG整芯阻燃输送带。其中钢丝绳带年生产能力为400万平方米，分层输送带年生产能力600万平方米，PVG、PVC输送带年生产能力为100万平方米。年产值可达10亿元。

公司以雄厚的技术力量，先进的生产设备，严格的质量管理，精良的科技队伍，高质量的产品，合理的价格和完善的售后服务，赢得了客商的一致赞誉。产品质量已达到国内同行业先进水平，受到众多客户的青睐和支持。产品在中国平煤神马集团公司内部被广泛使用在井下采煤运输、洗煤厂煤料运输、电石渣运输等领域。产品外销覆盖河南、山西、湖北、河北、天津等地区。公司产品可应用到矿山、港口、煤炭、冶金、电力、建材、化工、粮食等领域的物料输送；并可按用户要求制造特殊用途和特殊规格的产品。我们不仅为客户提供优质的输送带产品，也为客户提供永无止境的售后服务。

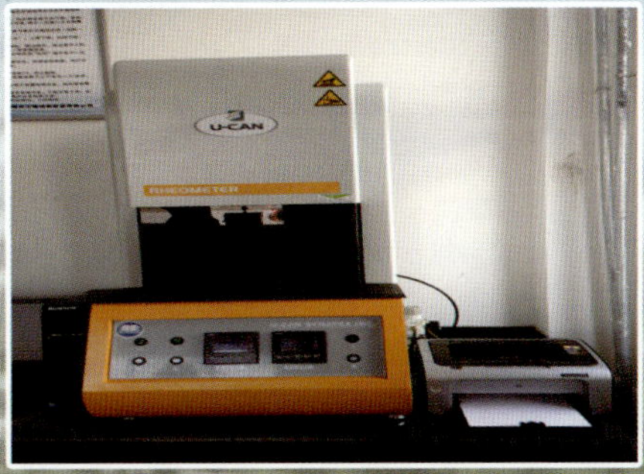

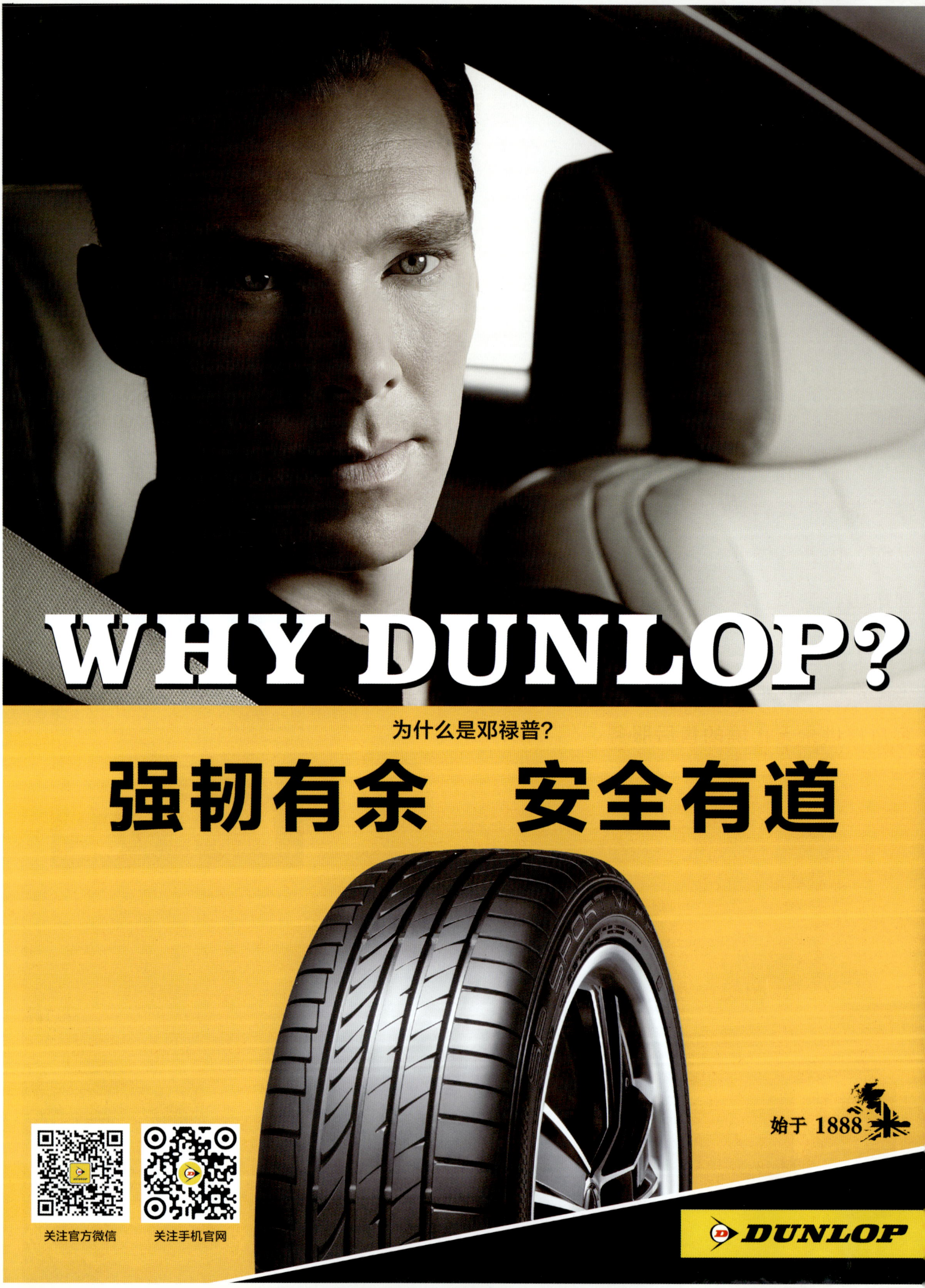
WHY DUNLOP?
为什么是邓禄普?
强韧有余 安全有道
始于 1888
关注官方微信
关注手机官网
DUNLOP

TOYO TIRES 通伊欧轮胎
driven to perform
路不再困惑
OPEN COUNTRY 纵驰
A/T II
·优化的花纹块排列
分配最佳花纹块尺寸和间距变化，降低噪音。
·胎肩部的交错扇形横向花纹块
提高非铺装路的驱动力。
·锯齿形细纹槽
提高雪地性能
·花纹块内的沟槽设计
提高泥地驱动力和排出石块能力
·花纹块边缘的条纹设计
提高使用初期驱动力
·花纹块之间的链接条
防止胎肩花纹块偏磨导致噪音发生
OPEN COUNTRY A/T II结构
高耐磨胎冠与基部的新结构
缠绕带束层边缘保护层
无接缝缠绕式带束层帘布
双层宽幅钢带束层
聚酯帘布胎体
坚硬的胎圈三角胶
无接头胎唇钢丝圈
厚胎侧保护构造减轻撞击损伤
钢圈保护

NANKANG
南港轮胎
TÜV SÜD
Wet & Dry Safety
High-Speed Durability
Noise
Rolling Resistance
荣获德国TÜV SÜD认证
TOP 100
TAIWAN BRANDS
南港轮胎股份有限公司 NANKANG RUBBER TIRE CORP., LTD
www.nankang-tyre.com email: nankang@public1.sz.js.cn

WINDA BOTO
万达宝通轮胎
WIN ON THE WAY
万里之路 从容抵达
www.bototyre.com
TEL:0546-2896767
ADD：山东省东营市同兴路77号

兴源集团地处全国百强县、孙武故里的东营市广饶县。是山东省优质产品生产基地，龙头骨干企业。

集团创始于1994年，是以轮胎制造为主导产业，集轮胎制造、内胎生产、国际贸易、热电联产、新型墙体、新型建材、精细化工、橡胶机械、餐饮娱乐、新产品研发为一体，多元化经营的大型股份制民营企业集团。现有职工6800余人，工程技术人员680余人。

目前，集团已形成年产580万条全钢载重子午胎、20万条全钢工程子午胎、2万条巨型工程子午胎、15万条斜交工程胎和1200万条半钢子午胎的生产能力。主要有“兴源”、“华鲁”、“HILO”、“安耐特”、“国宝”、“强威”、“广大”、“AMBERSTONE”八大主导品牌，集团公司及产品已通过ISO/TS16949、ISO9001质量管理体系认证，ISO14001环境管理体系认证，CCC认证，17025国家实验室认可，美国DOT认证，欧洲ECE认证，巴西INMETRO认证，印度BIS认证，肯尼亚ITS认证，沙特GCC认证。

经过十几年的发展，集团公司已开发出18大系列、80多种规格、200多个花色品种的全钢载重/工程子午胎、斜交工程胎，相继在欧盟、美国、澳大利亚、南非、加拿大、中国等国家和地区获得多项自主知识产权。并在全国建立了100多个销售点，形成了覆盖国内30多个省市自治区、国外100多个国家和地区的销售网络。

兴源集团始终秉承“诚信立业，造福社会”的企业理念，以振兴民族工业为己任，着力打造中国轮胎产业知名品牌。

兴源轮胎集团有限公司硫化生产线

兴源轮胎集团有限公司生产线（锭子房）

兴源轮胎集团有限公司X光机图

中国橡胶工业年鉴

CHINA RUBBER INDUSTRY YEAR BOOK

（2014～2015年）

中国橡胶工业协会　编

中国商业出版社

图书在版编目(CIP)数据

中国橡胶工业年鉴．2014～2015年／中国橡胶工业协会编．
－北京：中国商业出版社，2015．11
ISBN 978－7－5044－9195－4

Ⅰ．①中… Ⅱ．①中… Ⅲ．①橡胶工业－中国－
2014～2015－年鉴 Ⅳ．①F426．7－54

中国版本图书馆CIP数据核字(2015)第278295号

责任编辑　张超美

中国商业出版社出版发行
(100053　北京广安门内报国寺1号)
010－63180647　www．c－cbook．com
新华书店北京发行所经销
北京科信印刷有限公司印刷
*
889×1194毫米　大16开　21．75印张　600千字
2015年12月第1版　2015年12月第1次印刷
定价:500．00元
*　*　*　*　*
(如有印装质量问题可更换)

《中国橡胶工业年鉴》(2014～2015年)编辑委员会

(委员名单排列以姓氏笔画为序)

《中国橡胶工业年鉴》编辑部人员名单

编辑说明

《中国橡胶工业年鉴》是由中国橡胶工业协会组织编纂的信息密集型工具书，具有资料权威、反应及时、连续出版、数据全面等特点。

作为社会各界了解橡胶行业的窗口，《中国橡胶工业年鉴》能够为各界人士提供投资商机。该书按年度逐年编纂出版，宗旨是全面、系统、准确地反映我国橡胶工业的发展历程，指导我国橡胶工业科学发展。在编辑过程中，注意强化时代感和地方区域特色，重点介绍新情况、新成就，实现"知往鉴来，服务现实"，同时，力求发挥该书在国民经济建设的资政、参谋和信息作用。

2014～2015年版《中国橡胶工业年鉴》为第14版，在保持基本框架相对稳定的前提下，对部分内容进行更新、调整、充实。文章以2014年的数据为主、2015年上半年数据为辅，辑录了2014年中国橡胶工业的发展情况，包括轮胎、航空轮胎、力车胎、翻新轮胎、胶管、胶带、胶鞋、橡胶制品、乳胶制品、天然橡胶、合成橡胶、杜仲橡胶、炭黑、白炭黑、橡胶骨架材料、橡胶助剂、橡胶机械、轮胎模具、废橡胶综合利用等行业，及主要省（市、自治区）橡胶工业发展现状和项目进展情况，同时辑录了橡胶工业进出口贸易、橡胶工业年度重大科技成果、行业主要新闻、大事记和橡胶行业近5年的统计数据、2014年中国橡胶工业协会工作报告及会员单位销售收入排行榜、国外轮胎行业发展概况等多个板块，资料丰富，内容翔实，数据可靠。

《中国橡胶工业年鉴》力求行业内容的全面与深入，其中对力车胎、E系再生胶等协会标准制修订及实施情况进行了详细解读。在工业4.0和"中国制造2025"的带动下，中国橡胶行业作为传统制造业也亟须新的活力进入，推动行业在转型升级、整合过剩产能和智能制造的道路上不断前行，减少外部经济环境对橡胶行业的影响，书中部分章节对此也进行了详细阐述。此外，2015年也是中国橡胶工业诞辰100周年，该书还对改革开放近30年的发展进行了全面梳理，以此展现橡胶行业发展的峥嵘岁月。

由于各单位搜集数据的来源或口径不同，计算可能略有差异，编辑部工作人员尽了最大努力，力求做到数据统一、准确。

在编纂和出版过程中，承蒙各单位和诸多专家的大力支持，在此，特向为本书撰稿、审稿的有关单位和专家致以衷心的感谢！

编辑出版工作是一项系统工程，涉及到方方面面。由于编辑水平有限，因稿源、编校、印刷等所造成的疏漏在所难免，恳请各界人士继续给年鉴工作以更多的支持帮助，对书中错漏之处予以批评指正，以利今后改进提高。

《中国橡胶工业年鉴》编辑部

目　　录

Contents

中国橡胶工业
China Rubber Industry

主要橡胶制品及其配套行业
Major Rubber Product and Associated Industries

部分省市橡胶工业
The rubber industry in some provinces and cities

区域品牌建设
Regional Brand Construction

橡胶工业主要科技成果
Major science and technology achievements in the rubber industry

橡胶行业标准
Rubber industry standard

贸易摩擦
Trade friction

大事记
Chronicle of Events

橡胶工业进出口贸易
Import and export trade in the rubber industry

中国橡胶工业统计
Statistics of China Rubber Industry

全球橡胶工业概况
Survey of global Rubber Industry

封面：科迈化工股份有限公司

封二：天津鹏翎胶管股份有限公司

扉1：大连橡胶塑料机械股份有限公司

扉2：浦盟投资集团有限公司

扉3：尼纳斯石油（上海）有限公司

扉4～7：阜新环宇橡胶（集团）有限公司

扉8、9：山东胜通钢帘线有限公司

扉10、11：重庆商社化工有限公司

扉12、13：远记机械有限公司

扉14、15：合海橡塑装备制造有限公司

扉16、17：贵州轮胎股份有限公司

扉18、19：宁波德泰化学有限公司

扉20、21：保定华月胶带有限公司

扉22、23：山东中一橡胶有限公司

扉24、25：盛泰集团有限公司

扉26、27：八亿橡胶有限责任公司

扉28、29：大陆马牌轮胎（中国）有限公司

扉30、31：伊士曼（中国）投资管理有限公司

扉32、33：陕西延长石油集团橡胶有限公司

扉34、35：中国化学工业桂林工程有限公司

扉36、37：无锡双象橡塑机械有限公司

扉38、39：浙江沪天胶带有限公司

扉40、41：河南天工输送带制造有限公司

扉42：住友橡胶（中国）有限公司

扉43：萨驰华辰机械（苏州）有限公司

扉44：通伊欧轮胎（上海）贸易有限公司

扉45：南港（张家港保税区）橡胶工业有限公司

扉46：山东圣泉新材料股份有限公司

扉47：山东万达宝通轮胎有限公司

扉48：兴源轮胎集团有限公司

封三：山东恒丰橡塑有限公司

封底：首长宝佳（上海）管理有限公司

中国橡胶工业

锐意进取铸就橡胶工业大国地位

——纪念中国橡胶工业协会成立30周年系列之一

2015 年，是中国橡胶工业的百年诞辰，也是中国橡胶工业协会创立30周年。从1915年我国第一家橡胶厂在广东建立，中国橡胶工业从无到有，历经沧桑。新中国建立以后，中国橡胶工业风雨兼程，百折不挠，改革开放，奋勇前行，建立了完善的橡胶工业体系，成为发展国民经济不可或缺的重要力量。

尤其是近30年，是国家改革开放不断深入的30年，也是中国橡胶工业发展突飞猛进、取得辉煌业绩的30年。中国橡胶工业抓住机遇，锐意进取，焕发出前所未有的生机和活力，获得了前所未有的巨大进步和突出成就，对世界橡胶工业的影响力举足轻重。中国橡胶工业的国际地位从鲜为人知，变为举世瞩目。

一、橡胶工业持续快速增长，主要产品产量和橡胶消费量世界第一，成为世界橡胶工业大国

30年来，我国橡胶工业发展速度前所未有，生产规模迅速扩大，经济增速高于世界上任何一个国家。

从1985年到2014年：全国橡胶工业总产值由125亿元增长为1万亿元以上，增长了86倍；销售收入由109亿元增长为9870亿元，增长了90倍；实现利润由13亿元增长为632亿元，增长了48倍；实现利税由26亿元增长为908亿元，增长了35倍。详见图1～4。

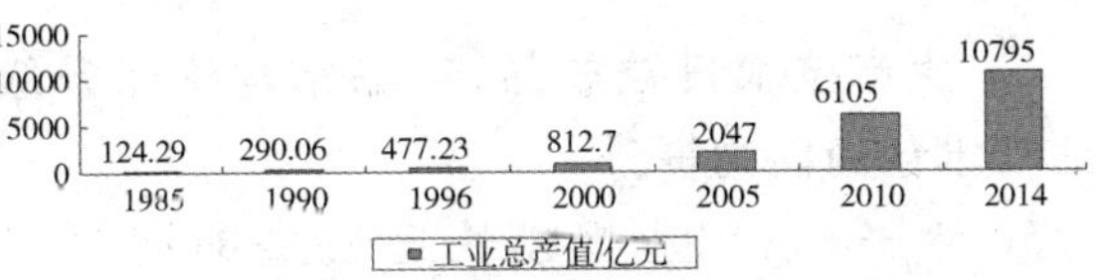

图1　1985～2014年中国橡胶工业总产值

30年来，主要橡胶产品产量增长更是前所未有。1985～2014年，全国轮胎产量由1925万条增长到5.62亿条，年均增速12%以上，连续10年居世界首位。全国摩托车胎和自行车胎产量增长7倍，由1.1亿条增长为7.7亿条；输送带产量增长9倍，由5900万平方米增长为5.3亿平方米；V带产量增长9.4倍，由2.45亿A米增长为23亿A米；胶管产量增长13倍，由1.06亿标米增长为14亿标米；胶鞋产量增长2倍，由6.87亿双增长为14.5亿双；炭黑增长21倍，由24.71万吨增长为510万吨；橡胶助剂增长了39倍，由2.9万吨增长为113万吨；橡胶消耗量增长13.5倍，由65万吨增长到880万吨，连续13年居全球首位，目前占全球耗胶量的30%以上。主要橡胶产品产量完成情况和增长变化见图5～图15。

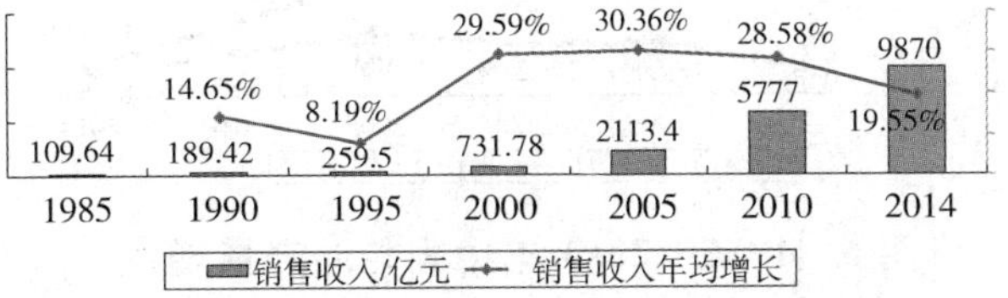

图2　1985～2014年中国橡胶工业销售收入

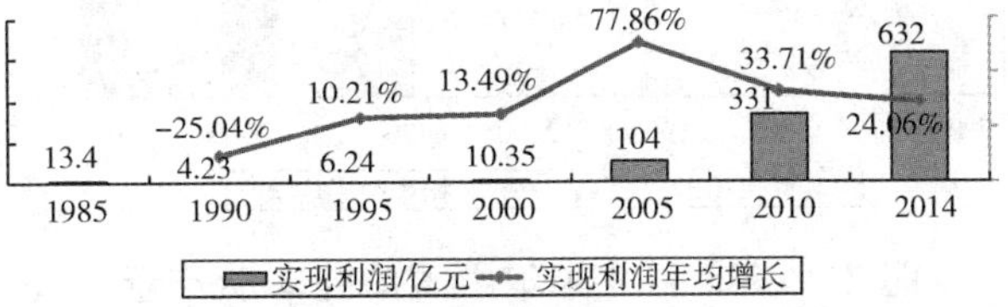

图3　1985～2014年中国橡胶工业实现利润

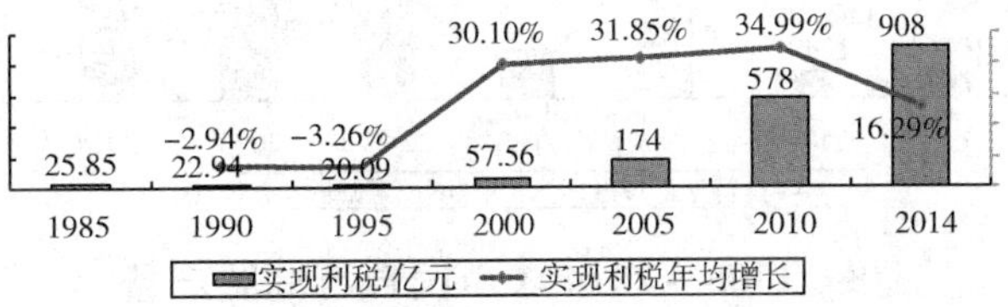

图4　1985～2014年中国橡胶工业实现利税

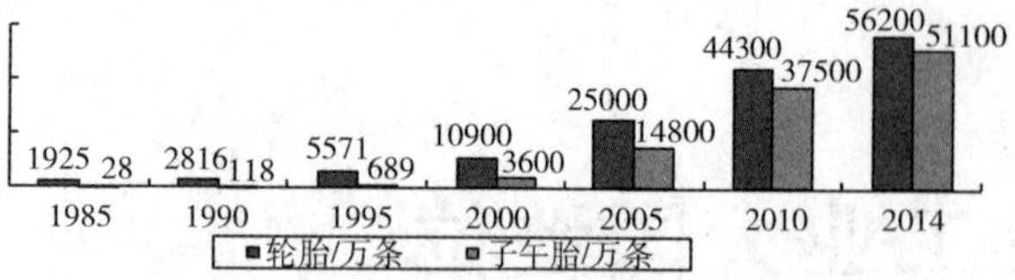

图 5　1985～2014 年中国轮胎产量

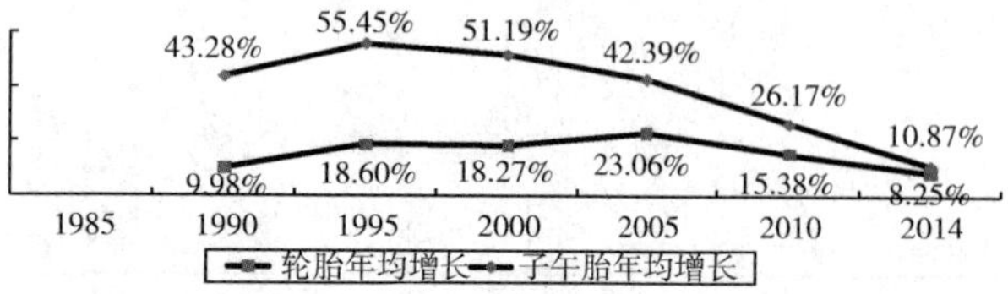

图 6　1985～2014 年中国轮胎产量增速

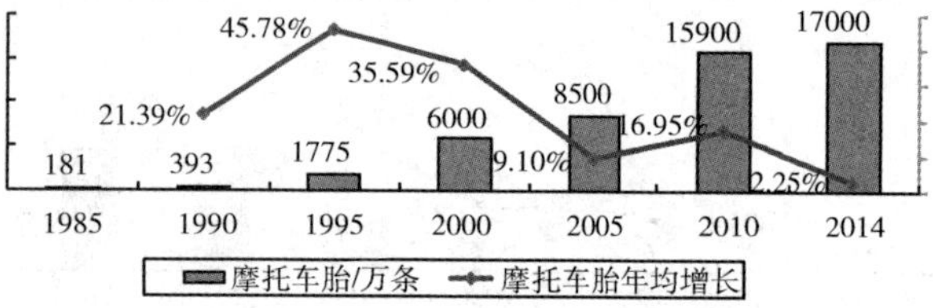

图 7　1985～2014 年中国摩托车胎产量

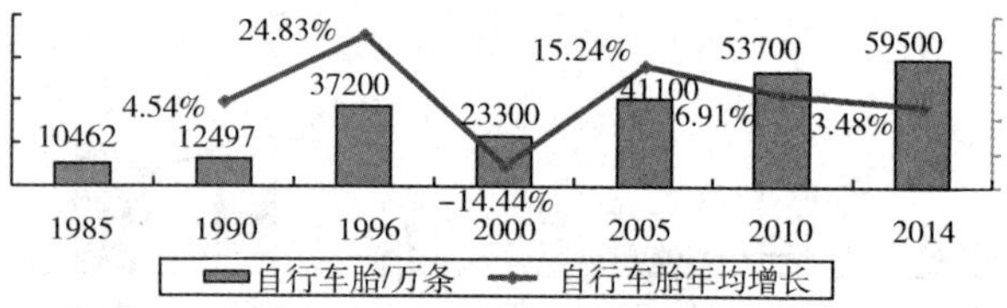

图 8　1985～2014 年中国自行车胎产量

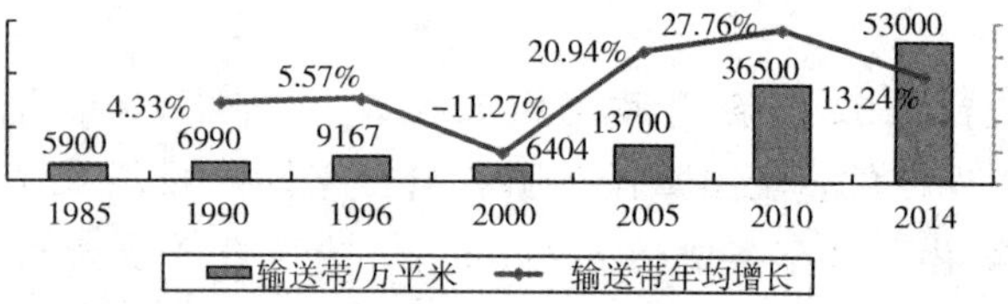

图 9　1985～2014 年中国输送带产量

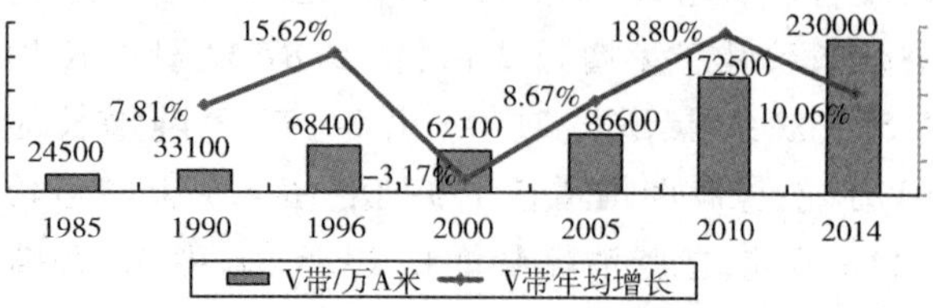

图 10　1985～2014 年中国 V 带产量

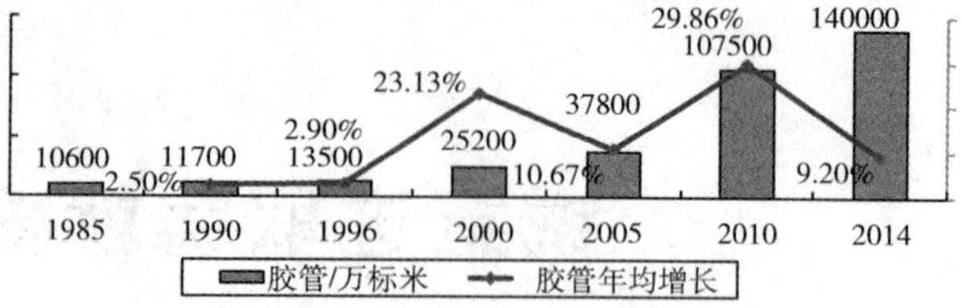

图 11　1985～2014 年中国胶管产量

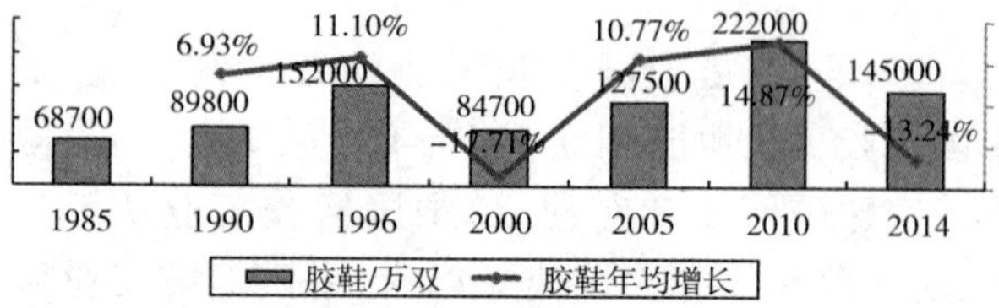

图 12　1985～2014 年中国胶鞋产量

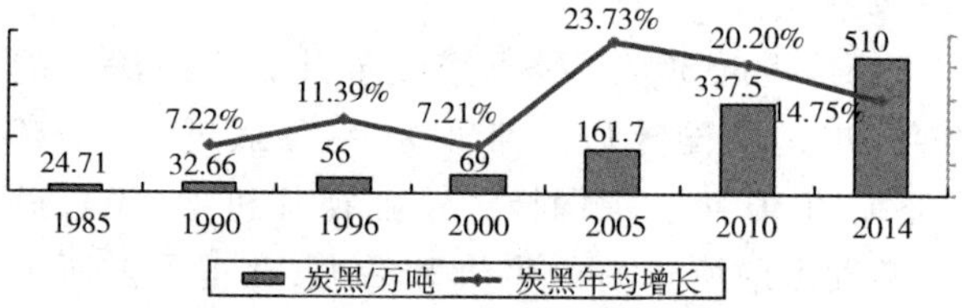

图 13　1985～2014 年中国炭黑产量

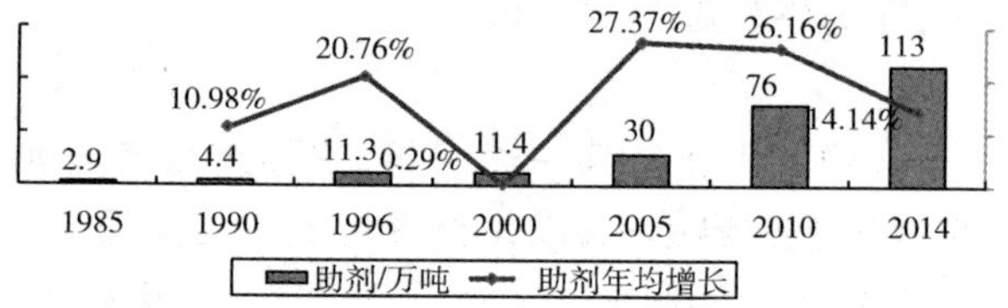

图 14　1985～2014 年中国助剂产量

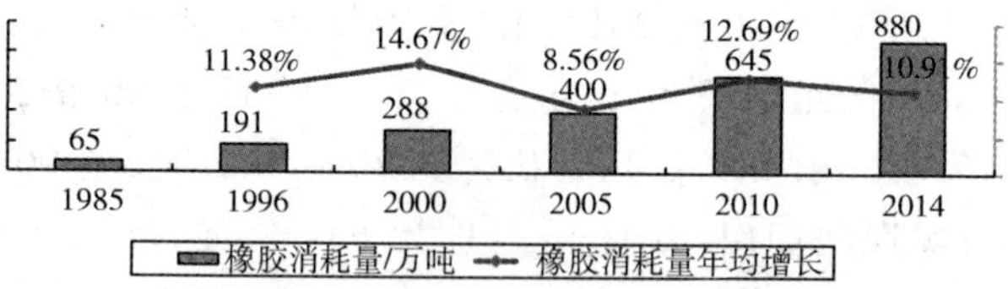

图 15　1985～2014 年中国橡胶工业橡胶消耗量

二、生产技术日益成熟，产品结构优化升级，企业技术创新能力提升

30 年来，在产业规模快速发展的同时，技术进步、产品升级换代成为全行业的第一要务。经过厂院结合的研发机制，引进、消化吸收、再创新的技术进步和产品升级机制，不断提升行业技术水平和企业技术创新能力，产品结构不断优化升级。

我国子午胎自主研发始于1958年前后，但由于国外技术封锁而停滞不前。近30年来，在改革开放的条件下，通过成套技术装备的引进，以及消化吸收和再创新，快速缩短了国内外技术差距，提升了我国产品更新换代的能力，中国轮胎发生质的变化。1985年子午胎仅28万条，子午化率1.5%，2014年子午胎5.11亿条，增长了1825倍，子午化率达到91%。1985～2014年中国轮胎子午化率变化情况见图16。“十二五”以来，乘用子午胎增加了55、50、45、40、35等系列产品，乘用汽车轮胎100%子午化；载重胎增加了公制低断面无内胎轮胎；工程子午胎有了长足的发展，尤其是巨型工程子午胎，我国已能生产40.00R57、45/65R45等规格；芳纶航空子午胎也开发成功；全国轮胎品种规格达2000种以上。

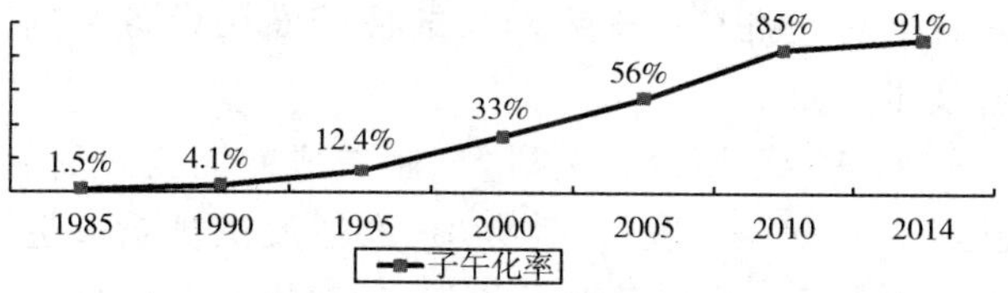

图16　1985～2014年中国轮胎子午化率

“十二五”以来，绿色制造工艺和产品蓬勃发展。双钱、三角、中策、风神、贵轮、玲珑、华南、双星、赛轮、金宇等轮胎企业生产的低滚动阻力轮胎先后通过了美国环保署Smartway认证，形成了我国载重子午胎在世界市场上的竞争优势。

乘用子午胎高性能、超高性能和绿色环保轮胎的比例不断扩大。如玲珑研发的“超低断面抗湿滑低噪声乘用子午胎”荣获国家科技进步二等奖，性能达到世界同类产品先进水平；华南轮胎在芳纶帘线应用、跑气保用轮胎的研发上取得了良好成果，其产品在美国受到了用户青睐；森麒麟研发的路航牌乘用子午胎在西班牙IDIADA的测试中，湿地抓着力1.62，是国内第一家轮胎湿滑性能达到欧盟标签法A级标准的企业；玲珑、金宇在国内率先运用电子辐射预硫化技术，大大提高了半成品精度，提升了乘用子午胎的均匀性、高速性，并节省了原材料，打破了国外长期的技术封锁。

其他橡胶制品企业在技术进步、产品创新等方面都取得了长足的进步。力车胎行业主动适应电动自行车兴起的潮流，以其专用车胎拉动了全行业的发展。输送带、V带等产品，优化调整结构，进行原材料和设备更新，产品大都升级换代。像以钢丝绳和尼龙、聚酯为骨架材料的高强力输送带，目前已占到总产量的90%；难燃带、管状带等不同用途的新产品，满足了矿山、港口等特殊输送条件的不同需求。汽车用同步带、软管、骨架油封，公路桥梁用抗震橡胶支座，大口径石油钻探胶管，以及各种适销的运动鞋、旅游鞋、休闲鞋等中高档产品技改获得成功，新产品不断投放市场。国防橡胶制品不断满足国防工业日新月异的发展需求。

为橡胶产品配套的原材料，生产技术、装备和产品大都发生了根本性的变化。炭黑行业实行大炉型、湿法造粒和尾气发电工艺，质量提高，品种增加；吨产品原料油消耗由2.5吨以下降到1.7吨以下，二氧化碳排放由2.96吨降到2.39吨，降低19.26%；生产工艺以油炉法炭黑为主，湿法炭黑占到97.5%。橡胶助剂行业淘汰有毒有害产品，推广绿色助剂和清洁生产工艺，以自主创新技术和工艺生产的绿色环保助剂比例占到90%以上。骨架材料基本实现了更新换代，尼龙、聚酯帘帆布和钢丝帘线取代了棉帘帆布，新型钢丝绳、胎圈钢丝等能较好地满足橡胶新产品的性能需求。

以再生橡胶改进工艺设备、扩大生产和深化后加工为主，加之硫化胶粉和轮胎翻新，废旧轮胎橡胶综合利用率达到85%。同时，大力推广绿色环保再生橡胶产品和开展清洁生产，节能降耗取得显著成绩，每吨再生橡胶电耗由1985年的1800千瓦时以上，到“十一五”期间的1200千瓦时，再到目前的980千瓦时。

橡胶材料方面，除天然橡胶外，合成橡胶七大胶种在“十一五”期间全部实现国产化，2014年合成橡胶总产能达518万吨。

三、行业集中度大幅提高，一批大公司、大集团在市场竞争中脱颖而出

1985年，全国3184家橡胶企业，生产总值在1亿元以上的只有19家，其中轮胎14家，力车胎4家，管带1家。最大的上海正泰年产104万条轮胎，年产值3.34亿元，利润0.83亿元。桦林橡胶

厂年产 84 万条轮胎，年产值 3.51 亿元，利润 0.56 亿元。

2014 年，我国产量排名前 10 位的内资轮胎企业轮胎产量合计 1.97 亿条，比 2010 年的 1.33 亿条增长 48%，比 2013 年的 1.7 亿条增长 15.9%，增速高于全行业 9.7 个百分点，高于协会统计会员企业 5 个百分点，产量占协会统计内资轮胎企业总产量的 75%。

曾获得“中国名牌”或协会推荐品牌的中策、双钱、三角、风神、玲珑、兴源、浦林成山、赛轮金宇、双星、贵轮、华南等企业载重子午胎产量占全国的 50% 以上。

高强力输送带协会推荐品牌，浙江双箭、青岛橡六、辽宁阜新、山西凤凰、无锡宝通、浙江三维，6 家企业产量占到会员企业输送带总产量的 47%，测算在全行业也占到 40% 左右，充分体现了大公司、品牌产品的效应。

橡胶助剂行业销售收入 10 亿元以上的圣奥、尚舜、科迈、华泰 4 家企业，以生产绿色产品为主，销售收入合计 76.46 亿元，占全行业的 40% 以上，在国际市场上也是屈指可数。

9 家销售收入 16 亿元以上的骨架材料企业，销售收入总计 280 亿元，占全行业的 70% 以上。

炭黑产量前 10 家企业占据炭黑市场的半壁江山。

中策、三角和玲珑等大轮胎公司年销售收入过百亿。世界轮胎 75 强企业中，我国大陆企业 2006 年占有 16 席，2009 年占有 19 席，2014 年度占有 29 席，10 家企业进入排名前 30 名，中策从 2012 年度开始进入前 10 名。

我国非轮胎橡胶制品发展强劲，2014 年度全球非轮胎橡胶制品 50 强排行榜中，安徽中鼎密封件公司及株洲时代新材料公司分列第 36 和38 位。

四、对外贸易快速增长，国际竞争力增强

中国轮胎在 1957 年开创了出口先河，改革开放后行业对外贸易快速增长。1985 年中国轮胎出口 60 万条，1995 年达 670.5 万条，2005 年达 1.81 亿条，2014 年达到 2.39 亿条。目前就全行业测算，出口交货值占到总销售收入的 30% 左右，出口量占总产量的 40% 左右。

中国轮胎出口增长方式不断优化升级，实现了从斜交胎出口为主到以子午胎出口为主，2014 年子午胎出口量占总出口量的比例达 93%。当前，我国正在向出口绿色轮胎转变。助剂出口则以绿色产品为主。

一批优势企业走出国门，国际化经营成为新亮点。

五、橡胶专用设备、模具与橡胶新产品发展相结合，相辅相成，相互促进

30 年来，中国橡胶工业快速发展，技术进步突飞猛进，不仅实现了产品结构调整、优化升级，而且拥有一批自主知识产权的橡胶专用设备和制造技术。

子午胎专用设备的研发、制造成效尤为显著，已经进入世界先进行列，有 10 家橡胶机械企业进入世界前 35 强。工程子午胎关键设备则凸显自主创新，与载重子午胎成套设备一道，共有 35 个项目完成了国家重大技术装备国产化验收。目前，我国可以提供轮胎生产用密炼、压出、成型、硫化、检测等成套设备，并且正在向自动化、智能化和信息化方向发展。子午胎模具发展迅速，大公司的规模和技术均进入世界前列。

安全套专用设备多是乳胶厂自行研发，多排模、机电一体化，先进设备保障了新产品开发。

回眸中国橡胶工业由小到大、由弱变强的历程，每一个进步、每一项成绩的取得，都凝聚了全行业的拼搏奋斗和智慧结晶，凝结了几代中国橡胶人的辛勤劳动和汗水。让我们永远铭记几代橡胶人的奋斗历史。

（邓雅俐）

坚持服务宗旨做有作为的协会

——纪念中国橡胶工业协会成立30周年系列之二

1985年4月12日，为适应经济体制改革的需要，中国橡胶工业协会正式宣告成立。

协会成立以来的30年，是国家改革开放不断深入的30年。30年来，协会1～8届理事会不断强化服务宗旨，在政府部门的正确领导和指导下，依靠广大会员企业的大力支持和全体工作人员的辛勤工作，开拓进取，建立了稳定的、比较健全的、有效运转的组织机构和行业服务平台。30年来，协会成为团结全行业的中枢、会员企业乃至全行业权益的代表和沟通政府与企业的纽带和桥梁。30年来，协会与广大会员企业携手并肩，参与了行业改革开放和建设，经历了发展进程中的风雨挑战，见证了中国橡胶行业突飞猛进的发展和取得的丰硕成果，也见证了中国作为橡胶大国的崛起。

建设有作为的中国橡胶工业协会，是协会历届理事会及全体工作人员一直孜孜以求、为之努力的目标。协会始终把为广大企业提供优质服务作为自己的根本宗旨，把加强自身建设作为履行职能的重要保障，不断改革，积极探索，勇于创新，各方面都取得了显著进展。

一、广泛吸纳会员，壮大协会力量

根据市场经济的特点，在原来主要是国企会员的基础上，积极发展各种经济成分的会员企业。会员企业由成立之初的418家增加为1500多家，增强了协会的代表性和服务面。目前，协会会员数量占全国统计企业数量的75%左右，会员企业产量、销售收入、利税占全行业60%以上。

二、增设分支机构，健全协会机体，提升服务能力

中国橡胶工业协会在成立之初就设立了轮胎、力车胎、胶管胶带、胶鞋、橡胶制品、炭黑、乳胶、再生胶（现为废橡胶综合利用）、橡胶机头模具（现为橡胶机械模具）9个专业分会。为适应新的形势，近10多年以来，按照行业特点和产业链的需要，第六、七、八届理事会先后增设了骨架材料、橡胶助剂、轮胎营销、橡胶材料、杜仲综合利用、橡胶测试6个专业（工作）委员会以及有百名专家组成的技术经济委员会。目前，协会有分支机构15个，实现了上下游结合、产销结合、厂商结合以及科研生产相结合。在总会直属机构中，还设有秘书处、技术经济委员会 & 公共关系部、信息会展部、《中国橡胶》杂志社。协会机体健全，充分发挥了各部门和各分会（专业委员会）的积极性，沟通合作，工作越做越细，服务能力增强，全面发挥了协会的作用。

三、加强制度建设，理顺关系，规范运作

中国橡胶工业协会不断创新，建立并逐步完善了会员代表大会、理事会、常务理事会、主席团会议等议事制度；制定了一系列内部管理制度和业务工作制度；吸收了一批具有较高素质的年轻人员，改善了工作人员的年龄和知识结构。

目前中橡协已经成为全国较大的社会团体之一。协会工作得到了政府部门和广大会员的充分肯定，多次被上级部门评为先进协会。2014年3月，中橡协被民政部评为“5A级全国性行业协会”，在行业内和社会上树立了良好的形象。

近10多年来，协会进行了一系列的重大改革调整，理顺关系，保证规范运作：

——分会（专业委员会）理事长单位由终身制改为轮换聘任。理事长单位和理事长改由理事会推荐、主席团审议、总会聘任，给所有会员企业以服务行业的机会。

——分会秘书处由挂靠企业改为独立办公。多年来，挂靠单位对协会成立、发展作出了重大贡

献，在历史上留下了不可磨灭的一笔。不搞挂靠更有利于促进协会自主、自立、自律、自强发展，有利于服务行业。

——分会财务按国家规定，实行预决算制，由总会统一核算。

——协会实行部门负责人和分会秘书长年度述职聘任制；秘书长、工作人员专职化、专业化、年轻化。

——设置主席团，实行企业轮执主席制，进一步发挥大企业的作用，强调企业家办会。

四、强化服务宗旨，拓展服务领域

多年来，在不断的探索和磨砺中，协会服务意识和服务内容都发生了较大变化，服务宗旨加强，服务领域拓展，向深层次推进。协会致力于行业持续、协调发展；推动产品结构调整、优化和全行业的技术进步；扩大对外交流与合作，促进企业国际化发展；培育品牌，扶优扶强，规范市场，提高大公司、大企业集团的知名度和竞争力；促进资源综合利用，节能降耗，提高经济效益；与政府部门沟通，为企业争取政策，创造比较有利的发展环境。

1. 坚持发展导向，促进科学发展

通过制定行业发展规划，通过发布技术、市场等有效信息，引导企业持续、科学、健康发展。

近10多年来，第六、七、八届理事会制定了橡胶工业“十一五”、“十二五”科学发展规划；先后自主编制或受政府部门委托编制了《中国橡胶工业发展战略研究》、《橡胶工业结构调整指导意见》、《绿色轮胎产业发展研究》、《轮胎产业政策》、《轮胎行业准入条件》、《橡胶工业污染防治技术政策》、《绿色轮胎环保原材料指南》等，目前正在编制《轮胎标签制度研究》。

特别是在历届理事会工作的基础上，八届理事会以“十八大”提出的两个百年战略为目标，全面总结了我国橡胶工业“十一五”和“十二五”前期（2011～2013年）取得的成绩、进步和经验，调研了国外橡胶工业强国发展的先进经验，对照国际先进水平和最新科技发展，根据创新驱动、调整结构、转型升级、提质增效、节能环保、绿色循环、持续健康发展的要求，组织编制了涵盖内容全面、系统，不仅包括所有产品，而且包括关联产业、关联领域共25篇、80万字的《中国橡胶工业强国发展战略研究》，规划和制定了我国橡胶工业强国发展目标、路径和战略措施。在此基础上，中橡协目前已全面启动《橡胶工业“十三五”发展规划指导纲要》的编制工作，为国家、地方、行业、企业制定“十三五”规划提供方向和借鉴。

2. 加强行业自律，规范市场行为，促进诚信建设

协会始终把开展行业自律、规范企业行为，作为义不容辞的责任。多年来，结合行业自身特点，制定了一系列标准规范，加强行业自律，规范市场行为。

制定发布了《复合胶行业自律规范》，一举转变了复合胶生产、进口无明确定义、无产品质量标准、无检测的“三无”状况，扩大了复合胶的生产和进口，基本保证了产品质量，稳定了橡胶企业的生产经营。

制定发布了《子午线轮胎工艺技术规范》、《力车胎工艺技术规范》、《绿色轮胎技术规范》、《高热稳定性不溶性硫磺技术规范》、《力车胎单位产品能源消耗限额》、《E系轮胎再生橡胶》等行业自律标准，推动质量升级，促进清洁生产，节能减排，绿色发展。

受国家质检总局委托，组织制定了《轮胎单位产品能源消耗限额》国家强制标准，并于2012年发布；受商务部委托制定了《轮胎理赔技术规范》、《轮胎理赔鉴定人员专业技术要求》2个行业标准，并于2013年发布。受国家发改委、环保部、海关总署等委托，制定了《轮胎行业清洁生产评价指标体系》、《再生橡胶行业清洁生产评价指标体系》、《轮胎加工贸易单耗标准》等。

开展诚信轮胎经销商和橡胶贸易商评价以及市场规范化倡议。轮胎分会提出《中国轮胎行业自律书》，发出了禁止割标产品、无“三包”产品销售以及轮胎不搞外包装的倡议；营销工作委员会提出《轮胎经销商加强社会责任倡议书》，呼吁不销售割标产品和无“三包”产品；废橡胶综合利用分会提出清洁生产倡议；胶鞋分会提出《胶鞋产品健康安全技术达标行业自律公约》；管带分会提出《中国胶管胶带行业自律公约》、《胶管胶带行业

企业诚信经营评价办法》等，通过行业自律规范市场、规避风险，营造全行业诚信自律的氛围。

3.反映诉求，成为会员企业和行业权益的代表，为行业发展争取政策环境

协会始终把反映行业和会员诉求、维护企业合法权益作为自己的基本职能。多年来，就争取天然橡胶进口不作为限制类产品，取消天然橡胶进口关税，控制胶价过渡上涨，提高橡胶产品出口退税率，对再生橡胶实行税收优惠，减少“两高一资”产业政策等；以及合理利用外资，扶优扶强，争取对轮胎等橡胶产品高新技术、高新材料给予资金扶持等政策；减少行业盲目发展，禁止废旧轮胎进口等重大问题，向国家提出建议和意见，为行业争取合理政策和较为宽松的发展环境。

截至目前，已经圆满解决了轮胎、摩托车胎消费税问题；争取到国家在关税问题上有所松动，天然橡胶进口关税实行选择税率；在国家钢铁产业反倾销中，争取到把用于生产钢丝帘线的盘条剔除，解决了国内急需；在“两高一资”产业划类、产品出口退税、禁止废旧轮胎进口及回收利用政策等各个方面，都为行业争取到利好。可以讲，国家对有关行业诉求和意见，已有比较全面的了解；对扶持强势企业和创新研发，行业重点发展方向等，也有新的认知。

4.应对热点、难点问题

协会把协调国际贸易争端，建立反倾销预警机制及抗辩、应诉，列为工作重点。同时，旗帜鲜明地提出保护知识产权，建立和谐的国际贸易环境。

随着轮胎等橡胶制品出口量的增长，我国橡胶行业遭遇国外反倾销案例也逐年增多，协会应企业要求，先后以协会的名义对外交涉、组织企业进行行业损害抗辩的集体应诉，为保护行业利益，争取建立公平、公正、合理、和谐的国际贸易环境，付出了不懈的努力，并取得良好成效。

尤其是2009年输美轮胎特保案和目前正在进行的“双反”案，协会在组织企业应对、加强与政府沟通、动员国内外一切力量等方面起到了重要的作用。

在国际金融危机以及有关轮胎质量事件、原材料价格暴涨、复合胶标准问题以及欧盟标签法实施等热点、难点问题袭来后，协会从行业整体利益出发，组织企业积极应对，把保持行业平稳较快发展放在头等重要的位置，在每个重要阶段都及时沟通情况，分析形势，研究对策措施，提出应对建议和意见。同时，加强调研，加强行业统计和信息发布等工作，在减轻突发事件的冲击和影响中发挥了重要作用。

5.实施名牌战略，促进企业做大做强，提升竞争力

制定发布《橡胶行业实施名牌战略的规划意见》、《橡胶行业品牌产品质量自律规范》；在主导产品、重点企业中开展品牌推荐和质量授信以及中国橡胶工业百强的发布活动，强化自主创新、提高产品质量、培育强势品牌、扩大市场影响；与地方政府一起，培育区域特色橡胶产品生产基地。

目前，先后有全钢子午胎、高强力输送带、摩托车胎、运动鞋、旅游鞋、安全套、V带等7个主导产品，评价出31个“中国名牌”。以双钱、三角、朝阳、风神、玲珑、前进、万力、双星、成山十大轮胎民族品牌为代表的一批橡胶工业民族品牌呈强势发展。在协会成立30年之际，表彰的一批优势品牌和强势企业，成为推动中国橡胶工业由大向强发展的代表力量。

6.加强对外交流合作，搭建平台走向世界

协会把协助企业扩大对外经贸合作当作一项重要工作来抓，组织国际性会展，组织出国考察展览，与世界主要国家的橡胶组织建立联系，扩大了中国橡胶工业对世界橡胶界的影响，为中外橡胶工业的经贸合作提供支持，为提升开放型经济水平和中外经济技术交流提供服务。

7.坚持服务宗旨，强化服务功能，搭建行业平台，努力为会员单位提供优质服务

一年一度的中国橡胶年会、协会理事会、信息发布会，各专业分会的会员大会、行业峰会、论坛、上下游之间的联席会，以及统计分析、刊物、网站等基础服务，在价格、市场、厂商协调，技术进步，建立完善橡胶工业节能环保绿色循环经济产业链等方面发挥作用，成为企业间、产业链上下游相互交流、相互借鉴、加强合作、增强凝聚力的平台。

30年来，全行业经济运行紧张而有序，没有因天然橡胶等主要原材料价格大起大落、变化无常，国际上关税壁垒、贸易摩擦而影响中国橡胶工业卓有成效地走向世界。全行业对发展的认识、驾驭能力日趋成熟，正在朝着可持续发展的航线破浪前行。这些成绩，凝聚了协会几届理事会和协会工作人员的心血。我们不能忘记，从协会创建到现在，全行业有一批又一批热爱橡胶工业、热心为行业服务的领导、专家、各类专业人员，为中国橡胶工业的发展勤勤恳恳、兢兢业业、默默无闻、卓有成效地工作，他们的努力和贡献全行业将永远铭记。

（邓雅俐）

肩负重担推动橡胶工业由大变强

——纪念中国橡胶工业协会成立30周年系列之三

过去的30年，正值改革开放不断推进，中国橡胶工业踏准节奏，实现了由小到大的转变。今后的30年，是全行业肩负中华民族伟大复兴的强国梦，推进橡胶工业由大向强转变的重要时期。

实现强国梦，道路更加不平坦，任务更加艰巨，需要全行业齐心协力，奋力拼搏，分步实施。中国橡胶工业协会编制的《中国橡胶工业强国发展战略研究》，提出了未来10年的战略目标、行动路线图和时间表，争取“十三五”末(2020年)进入橡胶工业强国初级阶段，“十四五”末(2025年)进入橡胶工业强国中级阶段。

2015年的政府工作报告，特别提出了“中国制造2025”，计划通过三个十年的行动纲领和路线图，完成我国从制造业大国向制造业强国的转变，力争在2045年左右成为工业强国。这与橡胶工业强国战略目标不谋而合，对橡胶行业实施强国战略具有引领和促进作用。

2015年，是行业发展史上的又一个新起点。橡胶行业要以“创新驱动、智能转型、绿色发展、结构优化”为发展方针，找准方向，把握好着力点，立足当前，兼顾长远，加倍努力。

一、以创新驱动为第一要素，着力提升行业自主创新能力

在过去规模扩张型增长方式下，主要依靠投资扩产以及劳动力等要素成本优势获得市场竞争力。目前，行业结构性产能过剩、产品同质化现象严重，产业链高端产品发展薄弱，品牌效应较低，渠道建设弱等问题突出。这些问题的背后，都可以归结为创新能力不足这一主要矛盾。

过去的发展方式已经难以为继，行业发展必须转向创新驱动。以创新驱动作为发展的第一要素，提升行业自主创新能力，推动我国橡胶工业迈向价值链中高端，形成绿色低碳循环发展新方式。

创新驱动要增加创新投入。据对上市轮胎企业调查，虽然近几年研发投入占销售额的比例不断增加，达到3%左右，与世界著名轮胎企业接近，但是投入金额差距巨大，一般仅为其1/6左右。当前，企业投入已不能主要是扩大产量规模，更重要的是人才投入、研发投入，培育自主研发实力，建设新型的自主研发机制，推进产学研深度融合，把创新成果变成实实在在的产业活动。要重视人才、依靠人力资本质量，在行业、企业形成万众创新的风尚。

协会的工作，是支持企业更多参与重大科技项目实施、科研平台建设，推进企业主导的产学研协同创新；推进企业“重点实验室”、“工程试验室”、“工程研究中心”的建设，并将其培育发展成公众性的、为行业服务的研发机构；支持建设产业技术创新战略联盟，推动建立长期稳定的产学研合作项目，努力为突破行业发展关键技术、为行业转型升级提供更多、更有力的技术支持；充分发挥行业专家的作用，组织提出科技攻关方向、自主研发项目，为企业产品优化创新提供依据。

创新驱动，需要着力提升技术创新能力、组织管理能力以及商业运营模式的创新能力。

二、以智能制造为突破口，实现中国制造迈上中高端

从橡胶大国转向强国，产品必须要从目前的中低端迈向中高端。智能转型是橡胶工业迈向中高端的一个重要方向，即中国制造向中国“智”造升级。

以智能制造为突破口，通过互联网让机器与机器“对话”，通过信息化手段来加强企业的管理、制造、生产，包括产品全过程信息化。

我国橡胶工业是在劳动密集型的模式上发展起来的，目前还有一些企业生产设备老化、自动化

程度低,甚至还没有机械化。我国一些龙头企业、先进企业,已经在谋划和建设智能化工厂或全自动、智能化生产线,提升核心竞争力。

当美国开始“第三次工业革命”,德国启动“工业4.0”战略时,我国作为制造业大国向强国转变,必须跟上全球新一轮科技革命和产业变革的步伐。数字化、网络化、智能化,这是制造业未来发展竞争的制高点,要及早筹谋。

起点低就更需要我们迈大步、迎头赶上。围绕工业经济发展最新趋势,我们要谋划4.0,着力打造3.0,补课2.0。这就是用高新技术改造传统橡胶工业,提质增效,重点放在提高质量、自动化水平、信息化水平、环境保护和经济效益上。企业项目安排要选择用工多、劳动强度大、效率低、劳动环境差的重大课题,利用新材料技术、光电一体化、机电一体化、信息化技术和工业机器人技术,突出智能制造,建立面向生产全流程、管理全方位、产品全生命周期的智能制造模式。

可以说,变“制造”为“智造”,是橡胶工业高端化发展希望所在。企业要结合实际,把发展的路径选择好,更好更快地发展。协会支持企业建设一批智能车间,提高设计、生产、管理和服务环节智能化水平。

三、坚持名牌战略,推进企业兼并重组,提高产业集中度

我国橡胶工业大而不强,突出的薄弱点是没有一大批具有国际竞争力的骨干企业,缺少在国内外市场有高认知度和影响力的品牌。

品牌竞争力,要靠质量、信誉,还要靠打造。要通过自主创新,改善品种质量,发展绿色、高性能产品,还要将科技创新和打造品牌同步推进。要鼓励企业制定品牌发展战略,引导企业推进品牌的多元化、系列化、差异化,有实力的企业要积极收购国外品牌。要重点培育一批具有国际影响力的自主品牌。我国橡胶工业是具有名牌基础的,很多企业为国际知名品牌贴牌生产就是佐证。自主品牌不响,很多时候不在于制造能力、技术水平和产品质量,而是品牌意识弱、品牌塑造不力。

我国橡胶工业企业数量众多,规模普遍偏小,大部分不能发挥规模经济效益。像轮胎,我国有轮胎企业500多家,而欧洲、美国都分别只有十多家,日本则只有几家,产业集中度、市场竞争力远远高于我们。从国际跨国公司的经历看,兼并重组历来是企业做大做强的重要途径。因此,积极实施兼并重组,优化产业组织结构,通过壮大主业、资源整合、业务流程再造、资本运作等方式,发展一批具有自主知识产权、主业优势明显的大公司、大集团,提高企业竞争力和资源配置效率,做响品牌,是我国橡胶工业做大做强的重要选择。

协会将进一步开展质量授信、推荐品牌、诚信轮胎经销商和诚信橡胶贸易商培育推介发布以及中国橡胶工业百强企业排序等活动,扩大优势企业知名度,对保有国内市场占有率、进军国际市场有益,也为企业兼并重组创造条件。此外,还要培育制造基地和区域品牌,把众多中小民企,通过品牌共享、技术改造和联合重组,做大做强。

四、加快绿色发展,走绿色循环低碳发展之路

改革开放30多年来,我国经济社会发展取得了举世瞩目的伟大成就。但资源约束趋紧、环境污染严重、生态系统退化的严峻形势,成为实现“中国梦”的最大障碍和硬约束。解决这些问题,橡胶工业的发展必须着力推进绿色发展、循环发展、低碳发展。

当前,大力推进节能、环保、安全的绿色轮胎产业化发展,已成为行业的共识和积极行动,大力发展节能减排技术和绿色原材料,成为绿色发展的支撑。

协会组织发布了《绿色轮胎产业发展研究》、《绿色轮胎技术规范》、《绿色轮胎原材料推荐指南》等,正在制定《轮胎标签制度研究》,已形成绿色轮胎产品指标要求、绿色轮胎推荐工艺条件、绿色轮胎能源和资源指标、绿色轮胎环保原材料推荐指南目录等,推进绿色发展。

目前,协会大力倡导发展和推广新型节能降耗技术与装备,积极推广充氮硫化工艺,强化密炼粉尘和硫化烟气的治理,利用先进自动控制技术改造现有流程;研发和应用可回收橡胶原材料、无毒无污染的绿色环保助剂、橡胶骨架材料(包括钢丝、芳纶、聚酯等新型骨架材料)、专用炭黑、环保橡胶填充油等新材料;提高轮胎翻新率和废旧轮胎综合利用水平，成为推进绿色发展的着力点。

橡胶行业要以推行绿色轮胎产业化为龙头，全面推进橡胶工业绿色发展、循环发展、低碳发展，形成节约资源和保护环境的产业结构、生产方式、生活方式，为全球生态安全作出贡献。

五、实施走出去战略，加快国际化经营步伐

过去的30多年，橡胶行业充分利用国内和国外“两个市场、两种资源”，获得快速发展，成就了世界橡胶工业第一大国的地位。

在经济新常态下，要保持行业经济持续稳定增长，由大向强，更要加快开放步伐，实施走出去战略。

“一带一路”战略的实施，为我国企业走出去创造了难得的历史机遇，我们应把握机遇，顺势而为。有条件的企业，要通过对外直接投资、开展海外并购，参与国际分工以及市场、资源的分配，拓展新的发展空间，培育新的经济增长点。作为橡胶制造业大国，我们要通过走出去，调整面向全球的贸易布局、投资布局和生产布局。我们不仅可以输出各种橡胶产品，有效实现产能的向外投放，还有能力对外提供更多的设备和技术支持，促进国外新兴市场的快速发展。

像赛轮、玲珑、中策、三角、安徽中鼎、株洲时代新材等行业龙头企业以及广垦、中化国际、海胶等行业一批先行者，不畏艰险，敢打头阵，已经纷纷走出去，通过收购、投资等方式设立工厂，建立胶园。他们是走出去战略的探路者，所承受的巨大的挑战和考验，将为行业实施走出去战略提供有益借鉴和宝贵经验。

走出去战略是一个深度融入世界经济、进行国际化经营，打造跨国企业的重要战略，企业要从自身战略与发展的需要进行规划，科学决策，注重风险防范。

实现走出去战略，要秉承和平共处、交流理解、包容合作、互利共赢的精神，不能将无序竞争、恶性竞争复制出去。在走出去的过程中，我们既要重视“量”的扩大，更要重视“质”的提升，不断提高中国品牌和企业的国际认知度和美誉度，才能够得到长久性的发展，实现国际化经营，成为真正的、有竞争力的跨国企业。

机遇蕴含精彩，创新成就伟业。过去的100年，我国橡胶工业从无到有，由小到大，建立了完整的工业体系。过去的30年，橡胶工业在改革开放中突飞猛进，不仅发展速度、发展水平和巨大成绩令世界瞩目，而且也造就了坚韧不拔、顽强拼搏的行业精神。今天，站在极具挑战、也蕴含巨大机遇的新起点上，全行业要更加解放思想，拓宽视野，团结一心，凝集力量，发扬行业精神，开拓创新，在向世界橡胶工业强国发展的新征程上，勇往直前！我们的目的一定要达到！我们的目的一定能够达到！

目前，中国橡胶工业正走在由大向强的征程中。在协会2014年组织行业近百名专家编纂的《中国橡胶工业强国发展战略研究》中，提出要争取在“十三五”末（2020年）进入橡胶工业强国初级阶段，“十四五”末（2025年）进入橡胶工业强国中级阶段。目标已经确定，中国橡胶工业的发展既面临着极大的挑战、也蕴含着巨大的机遇。在新的起点上，全行业要更加解放思想，拓宽视野，团结一心，凝集力量，开拓创新，在向世界橡胶工业强国发展的新征程上勇往直前！

（邓雅俐）

“中国橡胶工业2025”的思考

本文以“中国制造2025”为指导，参考德国“工业4.0”和美国“工业互联网”，以《中国橡胶工业强国发展战略研究》和《橡胶行业“十三五”发展规划指导纲要》为基础，结合我国橡胶工业现状和智能制造的新发展，去粗存精，去虚就实，去伪存真，补充、提升、撰写而成关于“中国橡胶工业2025”的思考。

一、《中国橡胶工业强国发展战略研究》与“中国制造2025”、德国“工业4.0”以及美国“工业互联网”的对比

1.《中国橡胶工业强国发展战略研究》与“中国制造2025”

框架结构内容	《中国橡胶工业强国发展战略研究》	“中国制造2025”
目标	争取“十三五”末（2020年）进入橡胶工业强国初级阶段，“十四五”末（2025年）进入橡胶工业强国中级阶段。 橡胶工业今后10年的发展，主要是调整结构，用高新技术改造传统橡胶工业，提质增效，重点放在提高质量、自动化水平、信息化水平、生产效率、环境保护和经济效益上，加快橡胶工业强国建设。 具有一定的产业规模和生产能力，是橡胶工业强国的基础。今后10年橡胶工业总量要保持增长趋势，但年均增长稍低于现有水平，继续稳固中国橡胶工业国际领先的规模影响力和出口份额。 销售额2013～2020年年增长7%，2020年达到1.49万亿元；2020～2025年年增长6%，2025年达到1.99万亿元。 生胶消耗2013～2020年年增长6%，2020年达到1200万吨；2020～2025年年增长4%，2025年达到1500万吨。	力争用10年时间，迈入制造强国行列。 到2020年，基本实现工业化，制造业大国地位进一步巩固，制造业信息化水平大幅提升。掌握一批重点领域关键核心技术，优势领域竞争力进一步增强，产品质量有较大提高。制造业数字化、网络化、智能化取得明显进展。重点行业单位工业增加值能耗、物耗及污染物排放明显下降。 到2025年，制造业整体素质大幅提升，创新能力显著增强，全员劳动生产率明显提高，“两化”（工业化和信息化）融合迈上新台阶。重点行业单位工业增加值能耗、物耗及污染物排放达到世界先进水平。形成一批具有较强国际竞争力的跨国公司和产业集群，在全球产业分工和价值链中的地位明显提升。

续表

框架结构内容	《中国橡胶工业强国发展战略研究》	"中国制造 2025"
评价方法	根据《中国橡胶工业现代化水平评价办法》(试用稿),按照效率指标、技术创新指标、国际化竞争指标、信息化指标和可持续发展指标制定现代化综合指数。经过各个专业数十家企业初步测算统计,目前我国橡胶工业各专业的现代化指数大约在 31.0~69.6 之间,综合平均现代化指数约完成了 49%,如果不考虑其他影响,仅仅简单地按照目前我国橡胶工业现代化水平年均增长的趋势外推,大约在"十三五"末(2020 年),我国橡胶工业将完成工业现代化进程的 71.9%,即进入橡胶工业强国初级阶段,也可以说初步建成橡胶工业强国;"十四五"末(2025 年)完成 92.7%,进入橡胶工业强国中级阶段,也可以说基本建成橡胶工业强国。	采用国际制造业综合指数评价,制定按照制造业雄厚的产业规模、优化的产业结构、良好的质量效益和持续的发展能力为特征的制造业综合指数。根据最新数据,主要工业化国家的制造业综合指数分布为,美国为第一方阵,德国、日本为第二方阵,英国、法国、中国为第三方阵。预测中国制造业 2025 年迈入第二方阵,2035 年位居第二方阵前列,2045 年迈入第一方阵,成为全球首屈一指的工业强国。
一条主线	信息化和工业化高度融合。	现代信息技术与制造技术的深度融合。
重点领域技术发展路线图	制定了轮胎、力车胎、胶管胶带、胶鞋、橡胶制品、乳胶制品、废橡胶综合利用、炭黑、橡胶助剂、橡胶骨架材料、橡胶机械模具等 11 个产品技术发展路线图。	为贯彻落实《中国制造 2025》,引导社会各类资源集聚,推动优势和战略产业快速发展,国家制造强国建设战略咨询委员会 9 月 29 日在北京正式发布《"中国制造 2025"重点领域技术路线图(2015 版)》。十大优势和战略产业将实现重点突破,力争到 2025 年处于国际领先地位或国际先进水平。十大重点领域技术路线图为新一代信息技术产业、高档数控机床和机器人、航空航天装备、海洋工程装备及高技术船舶、先进轨道交通装备、节能与新能源汽车、电力装备、农机装备、新材料、生物医药及高性能医疗器械。

续表

框架结构内容	《中国橡胶工业强国发展战略研究》	“中国制造 2025”
示范自动化生产线和重大科研生产项目	10 条示范自动化生产线。 55 项重大科研和建设项目。	围绕重点行业转型升级和新一代信息技术、智能制造、增材制造、新材料、生物医药等 5 项重点工程领域创新发展的重大共性需求，形成一批制造业创新中心（工业技术研究基地），重点开展行业基础和共性关键技术研发、成果产业化、人才培训等工作。制定完善制造业创新中心遴选、考核、管理的标准和程序。 到 2020 年，重点形成 15 家左右制造业创新中心（工业技术研究基地），力争到 2025 年形成 40 家左右制造业创新中心（工业技术研究基地）。
战略措施与政策举措	继续完善橡胶工业创新体制、重视新型原材料开发应用、利用金融资本，助力橡胶工业智能制造、利用其他行业、领域互联网 + 的成果，加快橡胶工业智能制造的进度。 提出五大重大政策举措，即轮胎试验场、取消天然橡胶进口关税、天然橡胶价格调控政策、建立第三方检验测试平台、支持电子商务发展。	提出八大重大政策举措，即深化体制机制改革、营造公平市场竞争环境、完善金融扶持政策、加大财税支持力度、健全多层次人才培养体系、完善中小微企业政策、进一步扩大制造业对外开放、健全组织实施机制。

从以上对比可以得出如下结论：

“中国制造 2025”明确提出了最终目标、一条主线、四大转变、九大战略任务、五项重点工程和八项重大政策举措，还前瞻部署了新一代信息技术产业、高档数控机床和机器人、航空航天装备、海洋工程装备及高技术船舶、先进轨道交通装备、节能与新能源汽车、电力装备、农机装备、新材料、生物医药及高性能医疗器械等重点突破的十大战略领域。

《中国橡胶工业强国发展战略研究》提出了建设橡胶工业强国的目标和战略措施，是与“中国制造 2025”国家发展战略一致的、同步的，已经成为橡胶行业的奋斗目标和根本任务。也可以称谓“中国橡胶工业 4.0”的雏形。《中国橡胶工业强国发展战略研究》与“中国制造 2025”相比较，两者框架结构基本一致；强国目标一致，前者分阶段实施稍有提前；评价方法科学，基本特征趋同，前者分项指标更具体；都提出了技术路线图，前者比较笼统；都提出示范自动化生产线和重大科研生产项目，前者稍显粗糙，缺乏支持；都有政策支持，前者明显缺乏政策性，更缺乏国家支持力度。

2.《中国橡胶工业强国发展战略研究》与德国“工业 4.0”以及美国“工业互联网”比较

德国“工业 4.0”以及美国“工业互联网”有三个共同特点，一是都有政府政策和费用的强力支持，二是组成由制造业和 IT 业巨头牵头，协会参与实施，组成战略联盟，推动发展；重视跨学科、跨行业，特别是互联网和制造业的高度融合和培育交叉人才、数据科学家和用户界面专家。《中国橡胶工业强国发展战略研究》在这三个方面严重不足，特别是缺乏国家政策和费用的强力支持，没有落实形成推动智能制造的产业联盟和交叉人才的培育措施，有待于进一步补充和落实。

二、“中国橡胶工业 2025”的思考

关于“中国橡胶工业 2025”，可以高度归纳为如下几条：

一个目标：争取“十三五”末（2020 年）进入橡胶工业强国初级阶段，“十四五”末（2025 年）进入橡胶工业强国中级阶段；

“两化”融合：现代信息技术与制造技术的深度融合；

提高三个认识：互联网对制造业的影响是革命性的，工业 3.0 和 4.0 可以并联发展，精益生产是推行智能制造的最佳工具；

处理好四大关系：现代信息技术与制造技术的关系、精益生产与智能制造的关系、橡胶工业智能制造与其他行业互联网 + 的关系、人与机器人的关系；

争取六大战略支撑与保障：见下文；

构建七大“两化”融合的网络平台：轿车轮胎自由定制平台、鞋类自由定制平台、跨境轮胎电商平台、跨境橡胶制品电商平台、输送带制造服务平台、废旧橡胶综合利用平台、杜仲产业链平台；

推进十大战略任务和重点：见下文；

落实三十二项重点开发建设项目：见下文；

成立若干智能制造产业联盟：见下文。

以上“中国橡胶工业 2025”的要点，都体现在下文。

1. 世界进入科技革命和产业变革的大潮中

科技革命如火如荼，科技创新日新月异，机器人、3D 打印、互联网金融、电子商务、太阳能等科技进展超出一般人的想象。产业变革风起云涌，产业转型天翻地覆，产业多元化，互联网企业迅猛发展，而传统服务业如百货业、邮政业等一批批倒闭，部分产能过剩的钢厂关门、煤炭产量大幅度降低，新一轮的企业兼并、重组正在加速进行。今后 10 ~ 20 年将是人类历史上经济社会彻底改变的时代。中国在今后 10 ~ 20 年将是迈向世界强国的关键阶段。物质决定意识，在科技革命和产业变革大潮中，人的理念逐渐发生改变，又反过来促进社会经济的飞跃。对于这次革命和变革认识是不同的，重要的是国家已经将这些新的理念贯彻到社会经济中。

2. “中国制造 2025”是从制造大国转向制造强国的根本路径

在今年十二届全国人民代表大会上，李克强总理在政府工作报告中提出实施“中国制造 2025”，向制造强国迈进。“中国制造 2025”是应对新一轮科技革命和产业变革，立足我国转变经济发展方式实际需要，围绕创新驱动、智能转型、强化基础、绿色发展、人才为本等关键环节，以及先进制造、高端装备等重点领域，提出了加快制造业转型升级、提升增效的重大战略任务和重大政策举措，力争到 2025 年从制造大国迈入制造强国行列。在这一过程中，智能制造是主攻方向，也是从制造大国转向制造强国的根本路径。

“中国制造 2025”是与美国“工业互联网”、德国“工业 4.0”以及日本“机器人革命”异曲同工的国家级的重大战略决策，这一变革，恰与中国加快转变经济发展方式、建设制造强国形成历史性交汇，这对中国是极大的挑战，同时也是极大的机遇。“中国制造 2025”是中国的“工业 4.0”。

中国 20 世纪 80 年代末将“智能模拟”列入国家科技发展规划主要课题，已在专家系统、模式识别、机器人、汉语机器理解方面取得了一批成果。国家科技部正式提出了“工业智能工程”，作为技术创新计划中创新能力建设的重要组成部分，智能制造是该项工程中的重要内容。

工信部今年初印发了《原材料工业两化深度融合推进计划（2015 - 2018 年）》。计划提出，培育打造 15 ~ 20 家标杆智能工厂，大中型原材料企业数字化设计工具普及率超过 85%，关键工艺流程数控化率超过 80%，先进过程控制投用率超过 60%，关键岗位机器人推广 5000 个。

计划要求，针对石化、钢铁、有色、稀土、建材等行业生产工厂的不同特点，分行业制定智能工厂标准。同时，计划表示，鼓励机器人研发单位和原材料企业共同合作，开发应用一批专用工业机器人，到 2018 年累计新增机器人应用 5000 台。

国务院 5 月 8 日正式发布《中国制造 2025》中的相关部署。这是中国实施制造强国战略第一个 10 年的行动纲领。《中国制造 2025》由百余名院士专家着手制定，为中国制造业未来 10 年设计

顶层规划和路线图，通过努力实现中国制造向中国创造、中国速度向中国质量、中国产品向中国品牌三大转变，推动中国到 2025 年基本实现工业化，迈入制造强国行列。

3. 智能制造是 21 世纪各种科技革命“理论”的核心

面对 20 世纪末和 21 世纪新一轮科技革命和产业变革，世界上著名的学者、经济学家、预言家陆续提出了各种关于科学、技术、产业、工业、机器、信息和社会等的革命“理论”。经研究，各种革命“说”都绕不开智能制造，都将智能制造作为核心或者是路径。

（1）美国经济学家杰里米·里夫金（Jeremy Rifkin）的《第三次工业革命》

杰里米·里夫金（Jeremy Rifkin）的《第三次工业革命》一书认为，新型通信技术与新型能源系统的结合预示着重大经济转型时代的来临。第一次工业革命为煤炭 - 蒸汽动力 - 火车 + 印刷术；第二次工业革命为石油 - 内燃机 - 汽车 + 电信技术；第三次工业革命为可再生能源 + 互联网技术。第一次工业革命使 19 世纪的世界发生了翻天覆地的变化，第二次工业革命为 20 世纪的人们开创了新世界，第三次工业革命同样也将在 21 世纪从根本上改变人们的生活和工作。英国《经济学家》杂志负责创新与科技报道的编辑、《第三次工业革命》系列报道撰稿人保罗·麦基里（Paul Markillie）指出，制造业数字化将引领第三次工业革命，智能软件、新材料、灵敏机器人、新的制造方法及一系列基于网络的商业服务将形成合力，产生足以改变经济社会进程的巨大力量。可以肯定，第三次工业革命的灵魂是信息化，也可以说第三次工业革命是以制造业的数字化为核心。

（2）德国的“工业 4.0”

“工业 4.0”一词最早出现在 2011 年德国举行的汉诺威工业博览会上，在 2013 年汉诺威工业博览会上，“工业 4.0”概念正式由德国“工业 4.0 小组”提出，将制造业领域技术的渐进性进步描述为工业革命的四个阶段，“工业 1.0”（机械制造设备的引入）、“工业 2.0”（电气化的应用）和“工业 3.0”（信息化的发展）的延伸。“工业 4.0”战略通过深度应用信息通信技术（ICT）和网络物理系统等手段，以智能工厂和智能生产为重点进行工业技术领域新一代关键技术的研发和创新，使生产成本大幅下降和生产效率大幅提高，促进产品功能多样性、个性化和产品性能大幅提升。

（3）美国埃里克·布莱恩约弗森和安德鲁·麦卡菲《第二次机器革命》

他们认为，以互联网、新材料和新能源为基础，“数字化智能制造”为核心的第二次机器革命即将到来。

第一次机器革命时代是 18 世纪末期伴随着蒸汽机诞生的工业革命。这一时期“几乎所有的动力系统都在延展人类的肌肉力量”，麦卡菲在一次接受采访时说，“在那个时代，每一种后续的发明都在释放越来越强大的动力。但它们的动力都需要人类做出决定和发出指令。”因此，这个时代的创造实际上是由人类控制的，劳动力也因此显得“更有价值、更重要”。人类劳动力和机器是互补的关系。

然而，在第二次机器革命时代，布莱恩约弗森认为，“我们正在开始对更多认知性的工作，以及更多的动力控制系统进行自动化。”在很多情况下，今天的人工智能机器能够发出比人类“更优化”的指令。因此，人类和受软件驱动的机器可能正在日益变成替代关系，而不是互补关系。两位作者认为，促使这一切成为可能的是 3 个刚好达到引爆点的巨大技术进步，他们把这些技术进步描述为“指数级的增长、数字化的进步和组合式的创新”。

虽然这些理论对“革命”的划分有所不同，但是其对 21 世纪的科技革命的核心，都是智能制造。

4. 智能制造已经成为发达国家顶级发展战略

应对新一轮科技革命和产业变革的到来，世界工业强国相继采取国家战略措施，取得了显著成效。纵览全球，各国政府均将此列入国家发展计划，大力推动实施。

1992 年美国执行新技术政策，大力支持被总统称之的关键重大技术（Critical Technilоty），包括信息技术、新的制造工艺、智能制造技术。美国政府希望借助此举改造传统工业并启动新产业发展。2010 年《美国制造业促进法案》提出“再工业化”、“回归制造业”等。2012 年 2 月，美国发布了《先进制造业国家战略计划》报告，将促进先进制造业发展提高到了国家战略层面，次月，总统奥巴马提出创建“国家制造业创新网络（NNMI）”，随后发布《国家制造业创新网络初步设计》，投资 10 亿美元。2012 年由通用电气牵头与 4 家 IT 企业组建工业互联网联盟，强力推进工业互联网。

在美国，“工业 4.0”的概念更多的被“工业互联网”所取代，尽管称呼不同，但这两个概念的基本理念一致，就是将虚拟网络与实体连接，形成更具有效率的生产系统。

信息化技术主要包括网络技术、微电子和光电子技术以及计算机技术，20 世纪以网络技术和计算机技术为代表的技术革命，为现代世界的发展构建了崭新的科学技术基础，已越来越成为世界经济发展的动力。据报道，自 1995 年以来，美国经济增长中的 30% 归功于信息化技术产业。信息化技术的发展带动着其他产业的发展，是信息化技术发展的一大趋势。

加拿大制定的 1994 ~ 1998 年发展战略计划，认为未来知识密集型产业是驱动全球经济和加拿大经济发展的基础，认为发展和应用智能系统至关重要，并将具体研究项目选择为智能计算机、人机界面、机械传感器、机器人控制、新装置、动态环境下系统集成。

日本 1989 年提出智能制造系统，且于 1994 年启动了先进制造国际合作研究项目，包括了公司集成和全球制造、制造知识体系、分布智能系统控制、快速产品实现的分布智能系统技术等。日本政府的新经济增长战略中提出，到 2020 年使制造业领域的机器人市场规模翻番、非制造业领域扩大至 20 倍。2014 年 9 月举行的日本“机器人革命实现会议”首次会议主要讨论了如何推进医疗、看护、农业及建筑工地等领域的机器人应用。日本政府提出要积极利用机器人，其不仅可应用于制造业，还可以普及到更广泛的领域。采用符合第一线需求的机器人，将成为提高生产效率的王牌。日本首富软银孙正义甚至提出，通过机器人挽救日本。今年 5 月 15 日，日本成立机器人革命委员会，安倍在会上敦促企业界“把机器人的应用从大型工厂拓展到经济社会的各个角落”。日本到 2020 年将机器人整个产业的销售额从目前的 6000 亿日元（49 亿美元）扩增至 2.4 万亿日元。

欧洲联盟的信息技术相关研究有 ESPRIT 项目，该项目大力资助有市场潜力的信息技术。1994 年又启动了新的 R&D 项目，选择了 39 项核心技术，其中 3 项（信息技术、分子生物学和先进制造技术）中均突出了智能制造的位置。

德国“工业 4.0”项目主要分为三大主题：一是“智能工厂”，重点研究智能化生产系统及过程，以及网络化分布式生产设施的实现。二是“智能生产”，主要涉及整个企业的生产物流管理、人机互动以及 3D 技术在工业生产过程中的应用等。该计划将特别注重吸引中小企业参与，力图使中小企业成为新一代智能化生产技术的使用者和受益者，同时也成为先进工业生产技术的创造者和供应者。三是“智能物流”，主要通过互联网、物联网，整合物流资源，充分发挥现有物流资源供应方的效率，需求方则能快速获得服务匹配，得到物流支持。

从消费意义上来说，“工业 4.0”就是一个将生产原料、智能工厂、物流配送、消费者全部编织在一起的大网，消费者只需下单，网络就会自动将订单和个性化要求发送给智能工厂，由其采购原料、设计并生产，再通过网络配送直接交付给消费者。

工业 4.0 具有强烈颠覆性，工业 4.0 将发展出全新的商业模式和合作模式。“网络化制造”、“自我组织适应性强的物流”和“集成客户的制造工程”等特征，也使得它率先满足动态的商业网络而非单个公司，这将引发一系列诸如融资、发展、可靠性、风险、责任和知识产权以及技术安全等问题。它带来的革命性效应将冲击现有的市场格局，最终可能影响全球产业链的分工。

总之，虽然各国国情不同，但是其 21 世纪国家发展战略的路径都是智能制造。智能制造已经成为美国“工业互联网”、德国“工业 4.0”、“中国制造 2025”背后的“最大公约数”、精髓和核心，是未来制造业发展的新趋势。

5. 智能制造概念

（1）智能制造由来

智能制造源于人工智能的研究。人工智能就是研究如何使计算机去做过去只有人才能做的智能工作，也就是研究如何应用计算机的软硬件来模拟人类某些智能行为的基本理论、方法和技术。随着产品性能的完善化及其结构的复杂化、精细化，以及功能的多样化，促使产品所包含的设计信息和工艺信息量猛增，随之生产线和生产设备内部的信息流量增加，制造过程和管理工作的信息量也必然剧增，先进的制造设备离开了信息的输入就无法运转，柔性制造系统（FMS）一旦被切断信息来源就会立刻停止工作。专家认为，制造系统正在由原先的能量驱动型转变为信息驱动型，这就要求制造系统不但要具备柔性，而且还要表现出智能，否则难以处理如此大量而复杂的信息工作量。此外，瞬息万变的市场需求和激烈竞争的复杂环境，也要求制造系统表现出更高的灵活、敏捷和智能。因此，智能制造越来越受到高度的重视。

（2）信息物理系统（cyber physical systems，简称 CPS）是智能制造的核心

CPS 的意义在于将物理设备连接到互联网上，让物理设备具有计算、通信、精确控制、远程协调和自治等五大功能。CPS 本质上是一个具有控制属性的网络，但它又有别于现有的控制系统。CPS 把通信放在与计算和控制同等地位上，因为 CPS 强调的分布式应用系统中物理设备之间的协调是离不开通信的。CPS 对网络内部设备的远程协调能力、自治能力、控制对象的种类和数量，特别是网络规模上远远超过现有的工控网络。CPS 将让整个世界互联起来。如同互联网改变了人与人的互动一样，CPS 将会改变我们与物理世界的互动。CPS 是在环境感知的基础上，深度融合计算、通信和控制能力的可控可信可扩展的网络化物理设备系统，它通过计算进程和物理进程相互影响的反馈循环实现深度融合和实时交互来增加或扩展新的功能，以安全、可靠、高效和实时的方式检测或者控制一个物理实体。

从产业角度看，CPS 涵盖了小到智能家庭网络大到工业控制系统乃至智能交通系统等国家级甚至世界级的应用。更为重要的是，这种涵盖并不仅仅是比如说将现有的家电简单地连在一起，而是要催生出众多具有计算、通信、控制、协同和自治性能的设备。下一代工业将建立在 CPS 之上，随着 CPS 技术的发展和普及，使用计算机和网络实现功能扩展的物理设备无处不在，并将推动工业产品和技术的升级换代，极大地提高汽车、航空航天、国防、工业自动化、健康/医疗设备、重大基础设施等主要工业领域的竞争力。CPS 不仅会催生出新的工业，甚至会重新排列现有产业布局。

对于制造企业来说，CPS 就是通过建立基于互联网 + 信息通信技术、应用软件、工控软件、加工设备及测控装置等为一体的企业信息物理系统，将设备、产品、技术、工艺、原材料、物流等要素集成在一起；打通制造环节数据壁垒，使设备与设备、设备与人、人与人之间得以异地跨界的互联互通；实时感知、采集、监控和处理各种制造数据，实现制造系统加工指令的动态优化调整和大数据的智能分析；从而改变传统单一的制造模式，全面提升产品制造的精度、质量、效率和智能化程度，满足日益个性化的客户需求。企业信息物理系统不同于软件系统，也不同于嵌入式系统，而是在此基础上发展起来的"人 - 机 - 物"综合系统，通过智能物体间相互通信以及相互作用，创造一个真正的网络世界，并将为人类与物理现实世界之间关系带来根本性的变化。

以下为智慧工厂架构实例。

智慧工厂架构

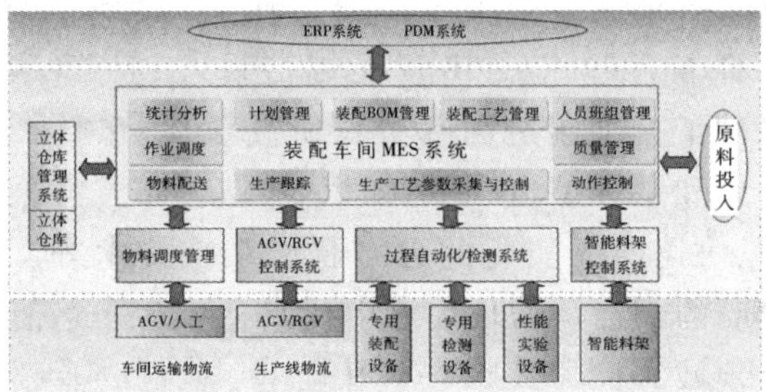

产品制造作为企业执行层业务，与其他层面业务也都有着必然的联系，应同步更大范围的集成产业链、销售、研发、计划、物流、成本、交货、服务和决策等基本信息；全面打通企业及产业链的数据壁垒，加快 ERP、APS、SCM 与 MES 的集成应用，实时处理车间生产作业信息，实现企业各业务环节大数据的智能分析和决策优化；从源头上确

保车间生产作业的连续均衡和企业及产业链资源的优化配置，从而全面实现互联网+企业及产业链协同的发展目标，创造新的商业价值。

（3）机器人是典型的智能制造技术

机器人是最典型的智能制造技术，是在现代传感技术、网络技术、自动化技术、拟人化智能技术等先进技术的基础上，通过智能化的感知、人机交互、决策和执行技术，实现设计过程、制造过程和制造装备智能化，是信息技术和智能技术与装备制造过程技术的深度融合与集成。机器人技术附加值很高，应用范围很广，作为先进制造业的支撑技术和信息化社会的新兴产业，将对未来生产和社会发展起着越来越重要的作用。随着企业自动化水平的不断提高，机器人自动化生产线的市场将越来越大，逐渐成为自动化生产线的主要形式。机器人技术是智能制造的标志和核心，是颠覆传统制造的根本途径，是智能制造尖端技术和有力助手。将人、数据、机器连接起来，人机共存，通过互联网和大数据结合，促进更先进设备和更完善服务的产生，机器人将成为完成这一使命的最佳载体。机器人革命有望成为“第三次工业革命”的一个切入点和重要增长点，将影响全球制造业格局。

6. 智能制造是橡胶工业发展的大势所趋

以智能机器人和3D打印技术为代表的智能制造装备时代，将是人类工业发展历史上的一个巨大颠覆。智能制造是具有感知、分析、推理、决策、控制功能的制造装备，它是人工智能技术、机器人技术、信息技术的集成和深度融合。智能制造应用于设计、生产、管理和服务等制造业的各个环节，产生巨大经济效益。大力培育和发展智能制造装备产业对于加快制造业转型升级，提升生产效率、技术水平和产品质量、降低人工成本和能源资源消耗，实现制造过程的智能化和绿色化发展具有重要意义。

橡胶工业是典型的劳动密集型传统工业，目前面临诸多因素的制约，亟待转型升级。例如，大部分工序劳动强度大，部分工序劳动环境恶劣，产品质量受人为因素影响大，劳动力成本不断上升，橡胶原材料60%来源于不可持续的化石资源等，这些问题严重影响橡胶工业强国的建设，需要通过智能制造改造和提升橡胶工业。经过5～10年努力，形成完整的橡胶工业智能制造体系，实现生产过程自动化、智能化、精密化、绿色化，带动橡胶工业整体技术水平的提升，总体技术水平迈入国际先进行列，橡胶工业智能制造已是大势所趋。

专家认为，国际金融危机提升了制造业在发达国家领导人心中的地位，为了增加就业岗位并防止更多工业技能向海外流失，现在是时候重振制造业了，一些制造业回流到发达经济体。随着中国劳动力成本的逐渐上升，印度、越南、菲律宾、墨西哥等发展中国家的劳动力成本优势开始突显出来。据有关部门测算，印度的平均工资大约每月600元人民币，越南1000元，而我国东部沿海已经达到2500～3000元。中国作为一个制造业国家，远期目标不能建立在劳动力价格优势之上，不仅因为其他发展中国家也在打这张牌，而是中国的生产成本也会逐渐上升。据有关统计，中国2012年人均综合人力成本比2009年上涨了64%，2014年与上年比上涨10%～20%。与中国相比，越南不到中国4成，孟加拉国和缅甸只是中国两成左右。更重要的是，新兴的数字化制造业不需要大量劳动力在车间进行密集型生产，意味着廉价劳动力算不上一个特别显著的优势。高盛公司预测工业机器人的投资回收期已经从2008年的11.8年缩短至今年的1.7年。2016年，机器人的投资回收期将进一步缩短至1.3年。因此，对中国产业来说，要提高竞争能力，采用机器人是一个必然趋势。

工业机器人主要特点是擅长于重复特定的工作程序，特别适合于橡胶产品成型工序，不仅能提高生产效率，降低成本，而且能提高产品质量。国外著名橡胶公司都很重视机器人在橡胶产品生产中的应用，机器人已经越来越多地出现在轮胎、胶鞋、制品等产品的无人化全自动生产线上。

在“两化”融合推动下，橡胶工业智能制造取得了积极进展，办公软件普遍应用，ERP（企业资源管理）和PLM（产品生命周期管理）等软件已在部分企业推行，并取得一定效果。目前，我国橡胶工业智能制造水平较低，信息化项目（如ERP、PLM等软件）覆盖率和企业覆盖率均在30%左右，且存在各个平台间无缝衔接效果较差。橡胶企业运用互联网的意识和能力不足，而互联网企业对传统产业理解不够深入，需要双方密切合作，促进橡胶工业智能制造发展。

7.橡胶工业智能制造取得重大进展

智能制造是《中国橡胶工业强国发展战略研究》提出的十大战略之一。以信息化为基础，以机器人为代表的智能制造在橡胶行业开始受到普遍重视，中橡协提出落实橡胶工业智能制造的10条自动化生产线已经取得重大进展。在中国橡胶工业强国发展战略指导下，智能制造这一新的发展模式受到行业高度关注，也成为促进橡胶工业转型升级的有效推手。

(1)轿车胎自动化生产线试运行

国内首条500万条轿车胎自动化生产线已在森麒麟投入试运行。该系统始于轮胎成型过程，结束于轮胎被装载在汽车上投入使用，包括胎胚的自动储存、筛选、打磨、防止堆积、托盘包装、发运等步骤。系统还具有自动卸载系统和自动发运系统。由于生产轮胎的规格不断加大，轮胎的重量也随之增加，整个生产工艺也越来越难。操作工可以在自动化机械的帮助下提高生产效率，降低操作成本，生产和分配过程中无需操作工花费太多精力。一旦发现轮胎存在质量问题，系统很容易追溯到已批发的轮胎。

该系统亮点是：所有的轮胎可经过全自动打磨和存储过程，并通过轮胎摘取控制系统进行实时控制。轮胎摘取控制系统的主要特点有：灵活高效地存贮、产品跟踪、存货报告、质量管理；适应不同规格和不同类型的产品；整个系统噪声较低；自动适应日常操作功能；通过模件基本理念允许自由扩展；动态储存。WCS储存和摘取控制系统可管理库存，通过机器人控制系统和子系统、主系统界面来控制机器人。在轿车胎自动化生产线现场看到，多台AGV（自动搬运机器人）自动导引车、空中机器人和与硫化机匹配的机械手，通过主系统平台控制生产线有条不紊地自动运行，人员减少一半以上，产品质量稳定提高。森麒麟泰国工厂1000万条轿车胎自动化工厂投产，生产效率更高，人工减少70%。

现在国内已经有不少轮胎厂开始采用AGV和机器人，提升企业自动化生产水平，这方面已经取得进展。

此外，工业机器人轮胎硫化自动化生产线正式投入使用。资料显示，该自动化线以50千克六轴工业机器人、机器人电控柜、胎坯定位机构、胎坯车物流线、条码识别仪等部件组成，线体可满足胎坯的自动运输、自动装车、胎坯车自动更换等功能。最为关键的是，该自动化线能够与巨轮股份自主研发的硫化机等设备有机结合，在整个轮胎生产流程中形成一体化应用模式，由此将有效减少生产企业的人工，提高搬运效率，同时避免了因人工失误造成的产品质量问题。

(2)摩托车胎内胎硫化机器人上岗

橡胶是一种粘弹性的高分子柔性材料，与金属等硬性材料不同，采用机器人生产极易对半成品和成品造成损伤，这一直是摩托车胎行业的难题。经过计算机软件编程、机械设计等方面专业人员两年研发，国内首条摩托车胎硫化机器人开始在四川远星上岗，成功实现了内胎硫化生产机器人智能化控制。4条机器人生产线可日产2万条内胎，大幅提高了生产效率，降低了劳动强度。另外，工业机器人对生产过程中的各种技术指标把握更准确，产品品质更稳定。除了内胎硫化环节，目前还在研发成型环节的全自动控制，以实现整个内胎生产过程"不见人"，成品由传送带送至检验包装区。同时，还将进一步应用到外胎生产等环节中，彻底实现轮胎生产由工业机器人代替人工生产的变革，达到生产完全自动化、智能化。

(3)V带自动化生产线即将运行

V带生产厂作为劳动密集型企业，用工成本日益攀升、用工荒等问题成为这些工厂的"紧箍咒"。三力士公司2014年初开始策划V带自动化生产线，年初以来，该公司部分车间已进行了初步改造，单机自动化升级到第三代，生产效率大幅提高，减少了约13%的人工成本。正在整合企业信息物理系统（CPS），实现生产线自动化运行。同时又在实施全面规划自动化工厂，下一步，将进一步推进全厂生产线的智能化改造，并将实现部分车间无人化。V带的生产过程需要通过10多个环节，其中很多环节具有自动化生产的潜力。例如使用自动机械臂搬运笨重的天然胶原料块，把工人从繁重的纯体力劳动中解放出来;通过自动化精确称料机进行多种助剂辅料的备料工序,既能杜绝人工称料的误差又避免了粉尘污染;在裁料环节利用自动化裁剪机精确切边,减少人工伤害等。

除此之外,常温机械自动化再生胶(胶粉)生产线、橡胶助剂自动化包装运输线、轮胎模具自动化生产线等已经投入生产。

8.“中国橡胶工业 2025”的目标和预测

(1)目标

2014 年中国橡胶工业协会发布了《中国橡胶工业强国发展战略研究》,将智能制造作为建设橡胶工业强国的重要途径,进行了深入、全面的论述,提出了智能制造的方向、目标和战略措施,智能制造是建设橡胶工业强国的一条红线。也可以说,建设橡胶工业强国的战略目标就是橡胶工业智能制造的目标。

根据 2015 年全国人大政府工作报告提出的“中国制造 2025,向制造强国迈进,力争到 2025 年从制造大国迈入制造强国行列”重要国家战略,以《中国橡胶工业强国发展战略研究》为基础,提出今后 10 年的目标是:走智能制造之路,建橡胶工业强国,争取“十三五”末(2020 年)进入橡胶工业强国初级阶段,“十四五”末(2025 年)进入橡胶工业强国中级阶段。

橡胶工业强国发展战略技术经济指标分解目标

指标类型	指标	标准值	权重	目前	初级阶段 2020 年(“十三五”末)	中级阶段 2025 年(“十四五”末)
一、效率指标	1. 人均销售额(万元)		15			
	轮胎	200		120	148.1	172.1
	力车胎	100		55	60	80
	胶管胶带	180		75	115	150
	胶鞋	80		30	60	80
	橡胶制品	100		50	90	100
	乳胶	100		33.2	55	75
	炭黑	100		76	80	85
	废橡胶综合利用	100		55	70	80
	橡胶机械模具	100		32	65	100
	橡胶助剂	100		80	100	150
	骨架材料	150		92	150	190
	2. 销售利润率(%)		15			
	轮胎	10		4.7	6.4	8
	力车胎	15		5.8	10	12
	胶管胶带	15		6.8	10	13
	胶鞋	10		4.5	6	10
	橡胶制品	15		5	8	11
	乳胶	8		3.95	5.5	6.5
	炭黑	15		1	5	10
	废橡胶综合利用	10		5	7	9
	橡胶机械模具	15		7	10	13
	橡胶助剂	12		7	12	15
	骨架材料	10		5	12	13

续表

指标类型	指标	标准值	权重	目前	初级阶段 2020 年（“十三五”末）	中级阶段 2025 年（“十四五”末）
二、技术创新指标	3. 设备国际水平(%)	80	3			
	轮胎	80		70	74	76.9
	力车胎	80		60	70	80
	胶管胶带	90		65	75	90
	胶鞋	80		20	50	80
	橡胶制品	80		30	60	80
	乳胶	80		20	35	65
	炭黑	80		76	80	80
	废橡胶综合利用	80		40	60	80
	橡胶机械模具	80		50	60	80
	橡胶助剂(绿色化率,%)	95		92	95	98
	骨架材料	95		90	95	98
	4. 研发费占销售额比(%)	3	8			
	轮胎			1.4	1.9	2.4
	力车胎			1.0	2	3
	胶管胶带			1.25	2.1	2.8
	胶鞋			0.3	1	3
	橡胶制品			0.4	2	2.5
	乳胶			0.5	1	2
	炭黑			0.4	2.5	3
	废橡胶综合利用			1.5	2.5	3
	橡胶机械模具			1.5	2.2	3
	橡胶助剂			2.8	3.5	4.5
	骨架材料			1	3	3
	5. 专利质量(%)		7			
	轮胎	10		5	6.7	8.2
	力车胎	10		5	7	10
	胶管胶带	20		15	18	20
	胶鞋	10		2	8	8
	橡胶制品	10		3	5	8
	乳胶	40		18	29	40
	炭黑	10		5	6.5	8
	废橡胶综合利用	30		11.2	25	30
	橡胶机械模具	10		4.5	6	7.5
	橡胶助剂	65		50	60	65
	骨架材料	20		12	15	20

续表

指标类型	指标	标准值	权重	目前	初级阶段 2020 年（“十三五”末）	中级阶段 2025 年（“十四五”末）
三、国际化竞争指标	6. 产品出口与进口价格比	1	7			
	轮胎			0.38	0.6	0.8
	力车胎			0.37	0.6	0.8
	胶管胶带			0.24	0.42	0.75
	胶鞋			0.3	0.6	1
	橡胶制品			0.4	0.6	0.7
	乳胶			0.49	0.6	0.75
	炭黑			0.5	0.7	1
	废橡胶综合利用			0.9	1	1
	橡胶机械模具			0.6	0.73	0.88
	橡胶助剂			0.95	1	1
	骨架材料			0.85	0.9	1
	7. 出口 + 境外工厂销售额占总销售额比（%）	30	5			
	轮胎			36	37.6	38.8
	力车胎			23	25	30
	胶管胶带			5	12	20
	胶鞋			5	15（自有品牌）	30（自有品牌）
	橡胶制品			8	15	20
	乳胶			42.6	45	50
	炭黑			20	30	35
	废橡胶综合利用			12	15	25
	橡胶机械模具			20	25	30
	橡胶助剂			29.6	35	40
	骨架材料			20	25	30
四、信息化指标	8. 信息化投入占销售额比（%）	0.5	5			
	轮胎			0.40	0.47	0.53
	力车胎			0.15	0.25	0.40
	胶管胶带			0.09	0.25	0.45
	胶鞋			0.05	0.30	0.50
	橡胶制品			0.10	0.30	0.40
	乳胶			0.05	0.25	0.40
	炭黑			0.30	0.40	0.50
	废橡胶综合利用			0.10	0.30	0.50
	橡胶机械模具			0.25	0.40	0.50
	橡胶助剂			0.20	0.35	0.50
	骨架材料			0.10	0.25	0.50

续表

指标类型	指标	标准值	权重	目前	初级阶段 2020 年（“十三五”末）	中级阶段 2025 年（“十四五”末）
	9. 信息化率(%)	100	7			
	轮胎			42.9	60.8	78
	力车胎			50	70	90
	胶管胶带			28	55	85
	胶鞋			20	60	100
	橡胶制品			25	70	80
	乳胶			20	40	80
	炭黑			80	90	100
	废橡胶综合利用			25	50	80
	橡胶机械模具			20	50	80
	橡胶助剂			50	80	95
	骨架材料			60	80	95
	10. 信息化集成度(%)	100	8		70	80
	轮胎			50	66.5	81.6
	力车胎			40	60	80
	胶管胶带			15	55	85
	胶鞋			5	60	100
	橡胶制品			20	65	80
	乳胶			20	40	80
	炭黑			80	90	100
	废橡胶综合利用			20	50	80
	橡胶机械模具			20	50	80
	橡胶助剂			60	75	95
	骨架材料			65	75	95
五、可持续发展指标	11. 每吨标煤能源产生现价工业产值(万元/吨标煤)		8			
	轮胎	20		17.5	18.5	19.2
	力车胎	20		5	7	10
	胶管胶带	25		12	18	23
	胶鞋	10		4	6	10
	橡胶制品	10		3.5	6.7	10
	乳胶	5		1.95	3	4.5
	炭黑	35		28	30	35
	废橡胶综合利用	5		4.26	5.215	5.81
	橡胶机械模具	15		10	12	15
	橡胶助剂	3.33		1.8	2.5	3.33
	骨架材料			–	–	–

续表

指标类型	指标	标准值	权重	目前	初级阶段2020年（“十三五”末）	中级阶段2025年（“十四五”末）
	12. 每吨标煤能源生产产品（吨产品/吨标煤）		7			
	轮胎	5		4.28	4.56	4.78
	力车胎	5		3.3	4.5	5
	胶管胶带	6		3.8	4.8	6
	胶鞋	7		3	5	7
	橡胶制品	10		3.3	5	8
	乳胶	2		0.56	0.8	1.8
	炭黑	–		–	–	–
	废橡胶综合利用	10		9.46	10.43	11.62
	橡胶机械模具	–		–	–	–
	橡胶助剂	1.67		0.9	1.25	1.67
	骨架材料	4		3.03	3.1	3.5
	13. 用水重复利用率（%）	95	5			
	轮胎			80	90	95
	力车胎			85	93	96
	胶管胶带			60	75	95
	胶鞋			80	90	95
	橡胶制品			80	90	95
	乳胶			77.5	85	90
	炭黑			80	90	95
	废橡胶综合利用			90	95	95
	橡胶机械模具			–	–	–
	橡胶助剂			60	80	90
	骨架材料			90	95	95
	14. 现代化指数（平均值）			49.2	71.9	92.7
	轮胎			62.8	76.5	88.7
	力车胎			48.2	66.4	85.4
	胶管胶带			41.8	65.0	88.2
	胶鞋			31.0	63.6	98.6
	橡胶制品			34.6	66.0	84.1
	乳胶			40.8	59.9	86.0
	炭黑			57.9	76.2	92.2
	废橡胶综合利用			54.7	76.4	94.1
	橡胶机械模具			43.9	64.8	87.4
	橡胶助剂			69.6	92.2	116.0
	骨架材料			56.1	84.2	99.0

(2)预测

如果我们提出的“走智能制造之路,建橡胶工业强国”目标得以实现,到2025年,我国橡胶工业将实现四大转变,一是由要素驱动向创新驱动转变;二是由低成本竞争优势向质量效益竞争优势转变;三是由资源消耗大、污染物排放多的粗放制造向绿色制造转变;四是由生产型制造向服务型制造转变。2025年橡胶工业强国前景展望如下:

生产效率(人均销售额)将提高1.5倍左右;销售利润率提高2倍以上;信息化率和信息化集成度达到90%左右,比现在提高1.8倍以上;现代化指数由现在的49.2上升到92.7,提高1.88倍左右;销售额翻番,达到近2万亿元。同时,职工人数大幅度减少;产品质量稳定性大幅度提高;化石能源消耗逐步减少,代之以清洁能源逐步增加;劳动强度和环境大幅度改善。届时我国橡胶工业将给国民经济发展作出更大贡献,在国际市场上展现更强的竞争力。

9.战略任务和重点

(1)重视新材料的开发应用,为橡胶工业智能制造打好基础

材料是橡胶工业的基础,新材料是橡胶工业发展的先导。新材料主要是指最近发展或正在发展之中的具有比传统材料更优异性能的一类材料。根据新材料的发展,不断调整橡胶原材料品种、结构和形态,对于促进橡胶工业智能制造,提高效率和质量,降低能源消耗和减少污染,建设橡胶工业强国,具有重要的战略意义。

橡胶工业的原材料分三大类,即主体材料、骨架材料和助剂材料,可以说这三大材料决定了橡胶产品的特性和功能。橡胶工业的发展基本上取决于这三大材料的发展。

目前三大材料的原料60%来源于石油和煤炭等化石资源。今后三大材料的原料发展方向有五个方面:一是提高现有产品的性能和质量,以降低原材料消耗和延长产品寿命;二是改变现有原材料产品的形态,以改善加工工艺,降低能耗,提高质量,改善环境,例如建立湿法混炼胶中心;三是扩大使用热塑性弹性体和树脂,以有利于废旧橡胶产品的回收利用;四是开发和培育第二类天然橡胶,如杜仲橡胶、蒲公英橡胶和银菊橡胶,以满足特种性能的需要和缓解天然橡胶依赖进口的局面;五是开发生物及生物基材料,代替合成材料,逐步减少橡胶工业对化石资源的依赖。

(2)全面推进智能工厂、智能生产、智能物流建设

加快推动新一代信息技术与橡胶工业制造技术融合发展,把智能制造作为“两化”深度融合的主攻方向;着力发展智能橡胶机械装备、自动化生产线和智能制造工厂,推进生产过程智能化,培育新型生产方式,全面提升企业研发、生产、管理和服务的智能化水平。

a.提高橡胶机械单机智能水平,首先密炼机、挤出机、成型机、硫化机等主要设备要达到工业3.0标准,制造商由提供单机、裸机向提供智能设备转变;

b.主要工序如炼胶、挤出、成型、硫化等实现自动化连续生产;

c.在以上基础上,根据CPS系统开发适合各种橡胶产品的智能工厂架构平台,实现企业全面智能生产;

d.物流是橡胶工厂不增值的环节,要首先推广已经成熟的传送带和自动导引车(AGV),实现工厂内部原材料、半成品和成品的物流自动化,淘汰电瓶车、叉车以及人力车搬运的落后状况。

到2020年,橡胶工业重点领域智能化水平显著提升,试点示范项目运营成本降低30%,产品生产周期缩短30%,不良品率降低30%。到2025年,橡胶工业重点领域全面实现智能化,试点示范项目运营成本降低50%,产品生产周期缩短50%,不良品率降低50%。

(3)逐步推出智能橡胶产品

智能橡胶产品是将传感器、处理器、通信等融入产品,成为信息终端,具有感知、通信等能力,进而实现橡胶产品可追溯、识别、定位,延伸制造服务。首先着手生活用橡胶产品,如轿车轮胎、胶鞋等智能安全产品的开发应用,继而是工业用智能橡胶产品,如卡车胎、工程胎、输送带、液压胶管等。根据轮胎、胶鞋等使用情况,开发发电轮胎、胶鞋,节能输送带、传动带等产品。

(4)建立橡胶工业智能制造标准体系

智能工厂的标准化,是指为了智能工厂实现

整个工作过程的协调运行,提高工作效率等目标,而对作业的质量、数量、时间、程序、方法等制定统一规定,即标准,是不同于现在传统橡胶工厂的工艺规定和国家产品标准的,要从试点企业开始着手制定,进而制定行业标准。

(5)建立智能制造产业联盟

现在推行智能制造的困难是互联网企业不了解制造业,对橡胶工业更是知之甚少,而制造业又不懂互联网,橡胶企业大部分还停留在PC+制造层面上。根据美国、德国、日本等推行智能制造的经验,组成互联网和制造业的联盟是一个好办法。要根据不同产品,橡胶企业与有实力的互联网企业或者高校、科研单位以及行业协会,组成若干橡胶产品智能制造产业联盟,搞好试点,逐步推动整个行业的智能制造。

橡胶企业也可以由上下游企业组成产业创新联盟,利用互联网,建立制造服务平台,以延伸发展服务型制造和生产性服务业,改变传统的恶性竞争销售模式,如工程胎制造服务联盟和平台、输送带制造服务联盟和平台等势在必行。新兴产业也有必要创立产业联盟,如集成杜仲种植、提胶、应用以及大健康产业链的杜仲产业联盟已运行多年,应进一步完善,建立杜仲产业链平台,充分发挥其交流、合作和市场开发的作用。

(6)全面推行绿色制造

加快橡胶工业绿色改造升级。大力推广余热余压回收、水循环利用、废旧橡胶资源化、废气治理等绿色工艺技术装备,加强绿色橡胶产品研发应用,推广轻量化、低功耗、易回收等技术工艺,大力促进橡胶工业绿色低碳发展。要继续完成《绿色轮胎技术规范》和《轮胎标签制度》的阶段性实施,开展“绿色轮胎安全周”活动,推动产品向节能、环保、安全、耐磨的绿色轮胎方面进行技术升级,努力扩大绿色轮胎生产比例。开发全天然材料的绿色新概念轮胎,如采用杜仲橡胶、生物基纤维为主的绿色轮胎等。

努力构建高效、清洁、低碳、循环的绿色橡胶工业制造体系,加强废旧橡胶综合利用,开发推广全自动化、封闭、无污染的废旧橡胶综合利用生产线,利用互联网构建集废旧橡胶材料采购、生产和销售的平台。

(7)完善橡胶工业创新体制

目前我国先后设立了众多的橡胶与相关产业科技研发机构,如国家工程实验室、国家工程研究中心等。但技术创新体制仍有待完善。企业是需求的主体、研发投入的主体及成果实施的主体,企业要加大研发投入。政府要制定相关政策,鼓励企业加大研发投入,支持企业开展科技创新。

科技成果转化率低的一个重要原因,既不可能要求院所完成从技术原理到全部产业化的研发任务,也不可能要求企业的研发从技术原理起步。因此,要在开发研究与成果产业化之间架设起桥梁,建立为全橡胶行业服务的,基于互联网的开放式创新平台,如“众研网”等。同时,鼓励建立名副其实、确有实效的产学研用协同创新联盟。共性技术创新平台应是独立的,能为大中小企业服务,并兼有工程人员培训的功能。

(8)推行现代企业模式

现代科学技术和社会经济的发展,促使工业企业模式不断发生变化,现在我国橡胶企业,不是计划经济时期的单一橡胶产品制造工厂。现在已经进入工业4.0的变革时代,橡胶企业应当充分利用现代高新技术、现代管理模式和现代资本运营,改进企业经营模式,促进企业新发展。

现代资本运营是指企业将自身所拥有的各种生产要素或社会资源,通过兼并、收购、重组、参股、控股、交易、转让、租赁等形式予以优化配置,以实现企业利润最大化、市场占有率最大化以及风险最小化目标的一种经营活动。

a.鼓励、支持、引导风险投资、创业投资以及民间资本进入传统橡胶产业,借助资本运营,实施兼并重组、促进橡胶工业智能制造的发展,进而改造传统橡胶工业,提高运行质量,加快我国橡胶工业向强国发展的步伐。

b.拟通过上市公司兼并重组、品牌共享兼并重组、上下游企业兼并重组等方式,建立纵向资产重组企业、横向资产重组企业、品牌共享重组企业、轮胎电商企业、橡胶制品电商企业和境外投资企业。

c.继续推进“6S”、“六西格玛”和“精益生产”等现代企业管理方法,这些方法对于智能制造来说,网络化、数字化、物联网、智能网都是服务于精益生产的技术手段，都将成为工业4.0中将各项先进技术整合为一体的最佳工具，通过精益运营，能更加有效地保证智能制造的实施。

(9)充分利用金融资本，助力橡胶工业智能制造

企业应该加大对智能制造的投入，转变过去只重视扩大产能的投资倾向。我国金融业今后将步入重构阶段，为实体经济发展提供更多的金融产品，这将为橡胶行业的发展提供强有力的支持。

我国将实行IPO注册制，三中全会决定“推进股票发行注册制改革”，2015年国家加大金融改革力度，推进股票发行注册制改革，这对推动智能制造是个好消息。

现在已形成“两所”、“两系统”多层次资本市场，即深交所和上交所，全国股份转让系统（新三板）和中证企业报价系统。特别是正在推进的互联网金融都是可以充分利用的金融资本手段，都将为橡胶工业智能制造提供强大的融资支持。

鼓励、支持、引导风险投资、创业投资以及民间资本进入橡胶工业智能制造，借助资本改造传统橡胶工业，提高运行质量，加快我国橡胶工业向强国发展的步伐。

(10)大力推动重点领域突破发展

瞄准橡胶新材料、智能制造装备、“两化”融合等战略重点，引导企业和有关大学、科研单位协作，开发和建设一批对行业发展有重大影响的项目，推动橡胶工业智能制造快速发展。

a. 继续完善10条自动化生产线。中橡协提出落实橡胶工业智能制造的10条自动化生产线已经取得重大进展。10条自动化生产线是轮胎全自动化生产线，摩托车胎全自动化生产线，自行车胎全自动化生产线，输送带全自动化生产线，切割V带全自动化生产线，模压橡胶制品全自动化生产线，3D打印橡胶制品全自动生产线，胶鞋工业智能设备及自动化生产线，再生胶（胶粉）全封闭、自动化生产线，橡胶助剂全自动化生产线。这10条线有的已经试生产，有的在调试，都需要进一步完善，成为达到国际先进水平的示范自动化生产线。

企业应该结合自身情况，制定智能制造路线图，引进信息化、数字化、自动化等人才，逐步推进智能制造，通过自动化实现机器换人，通过信息化减人，提高劳动生产率。

b. 创建电商新模式，延续橡胶工业智能制造。经过十几年的酝酿、探讨、实践、失败和总结，终于在2014年迎来了轮胎等橡胶产品电商的元年，初步走出了符合轮胎特点和国情的轮胎电商路子。不仅有天猫等通用网络平台，还有专业的途虎养车网、轮库、麦轮胎、好事网等电商网站，新的轮胎等橡胶产品电商网站也不断出现，可以说是风起云涌并开始冲破传统营销方式。轮胎销售商联合成立以电商为主的联合轮胎股份后，引起连锁反应，相继又有几家联合轮胎销售公司成立，涉足轮胎电商。几家大轮胎厂纷纷以各种电商形式销售轮胎；非轮胎产品电商也受到关注，已经出现以橡胶管带为主的橡胶制品的电商平台。要继续探讨发展适合中国国情的跨境轮胎电商平台和跨境橡胶产品电商平台，延续橡胶工业智能制造到终端，以适应柔性制造和自由定制模式的需要，实现彻头彻尾的智能制造系统，也可以考虑建立轿车轮胎和鞋类自由定制平台示范，然后逐步推广。

c. 重点开发建设项目。轮胎试验场建设项目、乘用子午线轮胎全自动化生产线、绿色轮胎技术研究及产业化项目、全天然概念轮胎、摩托车胎、自行车胎全自动化生产线、开发高粘合力的粘合体系、开发力车内胎自动硫化系统、热塑性弹性体芳纶输送带智能生产线、助力转向器及冷却水胶管项目、切割V带自动化生产线、PA吹塑管总成、橡胶制品全自动化生产线、核工业耐高强辐射密封产品、防震橡胶仿真模拟设计研究、特种防护功能胶鞋研究、胶鞋工业智能设备及自动化生产线、聚氨酯避孕套的研发应用、乳胶制品生产包装智能生产线、3D打印技术在乳胶制品模型设计上的应用、低滚动阻力炭黑品种系列、高性能轮胎炭黑品种系列、特种炭黑品种系列、万吨废旧轮胎绿色自动化粉碎示范生产线、废旧轮胎生产再生橡胶万吨自动化示范生产线、轮胎活络模自动化生产线、钢质活络模具型腔制造技术及产业化、促进剂M清洁生产工艺、不溶性硫黄气化一步法连续生产工艺、促进剂生产工艺自动化和信息化技术、超高强度钢帘线和胎圈钢丝开发利用、年产1万吨芳纶帘帆布项目、生物基纤维尼龙65帘布的开发和应用。

10. 战略支撑与保障

(1)取消天然橡胶进口关税

随着橡胶工业对天然橡胶需求量的增大,国产天然橡胶根本无法满足国内企业需求,80%依靠进口。建议逐步取消进口关税乃至达到零关税,取得资金支持。

(2)天然橡胶价格调控政策

建议政府出台相应价格调控政策,通过建立价格稳定基金等,在胶价低于一定价位时给予胶农一定的补贴,在价格过高时对价格进行平抑,通过对天然橡胶市场进行调控,保证植胶生产者和下游产业的利益。

(3)建立橡胶行业第三方检验测试平台

国家出台政策并给予资金支持,依托技术实力强的研究院建立原材料第三方检验测试平台,为整个行业服务。

(4)支持电子商务的发展

对于开展轮胎、橡胶制品电子商务活动的主体在税收方面给予一定的政策支持,减少税负;同时,对于涉及到跨境电商的部分,在关税方面也给予一定的政策支持。

(5)国家政策指导

通过国家政策的鼓励以及《绿色轮胎技术规范》和《轮胎标签制度》的阶段性实施,推动企业将产品向节能、环保、安全、耐磨的绿色轮胎分级等方面进行技术升级,努力扩大绿色轮胎生产比例。对绿色轮胎生产先行企业在投资、信贷、财税等方面给予扶持。

(6)健全多层次人才培养体系

人才是第一资源,推行橡胶工业智能制造,建设橡胶工业强国,不仅需要一大批从事橡胶工业科研开发、生产技术、企业管理、产品营销等的专业人才,而且更加需要一批跨学科、跨行业的复合人才。

在智能制造中,随着人机交互及机器间的对话越来越普遍,重复性的体力和脑力工作将逐渐被智能机器所代替,人在其中的角色也将由服务者、操作者转变为规划者、协调者、评估者、决策者。因此,智能制造时代,不会出现绝对意义上的"无人工厂",人的重要性越来越凸显,即使是最先进的软件和最好的信息系统,如果没有人对其进行规划和控制,都无法发挥出应有的功效。智能制造中各个环节必须进行跨学科合作,需要不同学科之间相互理解对方立场和方法,在战略、业务流程和系统上采用综合眼光分析问题,并提出解决方案。智能制造时代,大量需要"数字－机械"交叉人才、数据科学以及用户界面专家。

今后,我国橡胶工业强国战略人才发展的总体目标是:培养和造就一支素质优良、富于创新、乐于奉献的橡胶人才队伍,确立我国橡胶工业人才竞争优势,建设国际一流的橡胶人才队伍,为实现我国橡胶工业强国奠定人才基础。

要坚持把工人、企业经营管理人才和专业技术人才这三支队伍建设好。要通过培训和引进国内外人才等方式,全面提高企业管理水平和竞争力。

根据国内轮胎等企业集中到东南亚建厂的情况,在东南亚建立国际橡胶学院。

要重视现代职业教育,考虑到现在国内最近几十年,高校自身教学学科调整,橡胶工艺、橡胶机械等学科先后被调整为高分子化工或橡塑化工等,学生学习面广而不精。从建设橡胶工业强国战略考虑,拟建立综合的"现代橡胶技术职业学院",设立天然橡胶、合成橡胶及热塑性弹性体、轮胎、橡胶制品、废橡胶循环利用等专业,全面培养建设橡胶工业强国所需要的人才。

要加强智能制造人才的培育,可以通过内部学习与外部学习,一般教育与职业教育相结合的方式,以及企业与高校之间合作培养跨界人才。

(范仁德)

主要橡胶制品及其配套行业

轮　　胎

2014 年，全球经济增长放缓，国内经济处于“三期”叠加的新常态，汽车增速回落；轮胎主要原材料天然胶价格全年处于低位震荡状态；轮胎出口形势不容乐观，加之美国对我国乘用及轻卡轮胎“双反”案的影响，出口交货值明显下降；复合橡胶标准修改和天然橡胶进口关税提高，给轮胎行业发展带来极大的困难。我国轮胎产能、产量虽然增长，但增速均低于近年来的平均水平；行业龙头企业纷纷调整技术、营销和生产经营策略，提升自身品牌知名度、产品附加值及市场竞争力。

【基本情况】

1. 轮胎行业基本情况

(1) 2006～2015 年全国轮胎产量。表 1 显示，2006～2014 年全国轮胎产量平均增速为 8.86%，其中全钢子午胎增速为 14.47%，半钢子午胎为 13.39%。而 2014 年全国轮胎产量同比（下同）增长 6.2%，全钢子午胎增长 4.7%，半钢子午胎增长 8.1%，均低于 9 年来的平均增速水平。2014 年全国轮胎产量 5.62 亿条，其中子午胎产量 5.11 亿条，增长 7.4%，斜交胎产量 0.51 亿条，下降 3.8%，子午化率达 90%。在子午胎产量中，全钢子午胎 1.12 亿条，半钢子午胎 3.99 亿条。

从上表年均增速可以看出，2006～2014 年轮胎产量年均增速为 8.86%，高于 2011～2014 年年均增速 7.22%。究其原因，一是近年来国外经济形势不景气，国内经济也进入“新常态”，国内外轮胎市场需求不旺；二是中国汽车行业增速放缓。据中国汽车工业协会发布的数据，2014 年中国汽车产销量分别为 2372.3 万辆和 2348.9 万辆，分别增长 7.26% 和 6.86%。据中国汽车工业协会预测，“十三五”期间，汽车行业继续维持低速发展态势。详见表 3 和表 4。

表 1　2006～2015 年全国轮胎产量　　亿条

项目	2006	2007	2008	2009	2010	2011	2012	2013	2014	2014 年同比增长/%	2015（预测）	2011～2014 年均增长/%	2006～2014 年均增长/%
总产量	2.85	3.37	3.55	3.85	4.43	4.56	4.70	5.29	5.62	6.2	5.63	7.22	8.86
子午胎	1.84	2.37	2.67	3.01	3.75	3.98	4.14	4.76	5.11	7.4	5.18	8.69	13.62
全钢子午胎	0.38	0.51	0.57	0.68	0.87	0.91	0.95	1.07	1.12	4.7	1.08	7.17	14.47
半钢子午胎	1.46	1.86	2.10	2.33	2.88	3.07	3.19	3.69	3.99	8.1	4.10	9.13	13.39
斜交轮胎	1.01	1.00	0.88	0.84	0.68	0.58	0.56	0.53	0.51	-3.8	0.45	-4.20	-8.19
子午化率/%	65	70	75	78	85	87	88	89	90	/	92	/	/

注：数据为中国橡胶工业协会轮胎分会测算数据。

(2) 2014 年中橡协统计轮胎生产企业主要经济指标。从表 2 可以看出，2014 年行业产量指标继续向好，销量上升，销售收入下降同比下跌，利润同比下跌，库存处于高位。

表 2　2014 年中橡协统计轮胎生产企业主要经济指标

项目	2014 年	2013 年	同比/%
工业总产值(按现行价计算)/万元	21651700.9	21604816.6	0.22
轮胎产值	20468683.9	20590735.1	-0.59
子午胎产值	17914618.4	18038126.2	-0.68
工业销售产值(按现行价计算)/万元	20671860.5	21787695.9	-5.12
轮胎销售产值	19342404.9	20153984.7	-4.03
出口轮胎交货值/万元	6957588.4	7116899.8	-2.24
子午胎出口交货值	6352970.8	6523218.4	-2.61
全钢子午胎出口交货值	3495693.4	3717968.3	-5.98
综合轮胎外胎产量/条	386858439	350384860	10.41
子午胎产量	348657707	311962079	11.76
全钢子午胎产量	90075870	85766539	5.02
出口轮胎交货量/条	180607347	157268344	14.84
子午胎出口交货量	167789230	144925215	15.78
全钢子午胎出口交货量	29506166	27776037	6.23
销售收入总额/万元	20161499.5	21241307.9	-5.08
轮胎销售收入	18283213.7	19333220.9	-5.43
子午胎销售收入	16329231.4	17144102.0	-4.75
全钢子午胎销售收入	10449571.2	11848930.0	-11.81
实现利润总额/万元	934737.1	943198.8	-0.90
实现利税总额/万元	1298735.9	1327285.0	-2.15
轮胎产成品存货/万元	1841100.4	1553566.0	18.51
全员劳动生产率(10/22 * 12/12 * 10000)/元·人年$^{-1}$	206647	221158	-6.56
销售收入利润率(35/24) * 100%/%	4.64	4.44	0.20

注:数据来源于中国橡胶工业协会轮胎分会。

(3)汽车行业基本情况。我国汽车工业的发展速度直接影响着轮胎行业的发展速度,从表 3、表 4 可以看出,中国乘用车增速放缓,但总的汽车保有量仍然比较可观。

表 3　我国汽车整车分车型产量预测

项目	保守预测		乐观预测	
	2015	2020	2015	2020
乘用车/万辆				
基本型	1510	1820	1950	2690
交叉型	220	190	280	280
小计	1730	2010	2230	2970
商用车/万辆				
轻型客车	38	48	45	
中型客车	11	14	13	
大型客车	10	13	12	
微型货车	47	59	57	
轻型货车	232	299	294	
中型货车	33	42	40	
重型货车	99	125	119	
小计	470	390	600	580
合计	2200	2400	2830	3550
乘用车占比/%	78.6	83.7	78.8	83.7

注:数据来源中国汽车工业协会。

表 4　我国汽车保有量预测　　万辆

年份	总保有量	乘用车保有量	商用车保有量	千人平均保有量/辆
2015	15356	11340	4016	118
2016	17418	13003	4415	134
2017	19509	14715	4794	150
2018	21633	16479	5154	166
2019	23794	18303	5491	183
2020	25996	20192	5804	200

注:①保有量按每年报废 5%,进口汽车与出口汽车大致持平测算;②数据来源中国汽车工业协会。

2.2014 年部分轮胎企业销售收入及利润情况

2014 年中橡协轮胎分会会员企业销售及利润情况见表 5。

表 5　2014 年中橡协轮胎分会会员企业销售及利润情况

年份	单位数量/个	销售收入/亿元	单位数量/个	利润额/亿元	利润率/%
2010	43	1530.80	41	64.73	4.23
2011	45	1846.04	43	53.47	2.90
2012	43	2055.71	41	89.17	4.34
2013	48	2094.84	46	99.36	4.74
2014	46	1895.82	44	88.16	4.65

注:数据来源中国橡胶工业协会轮胎分会,有两家单位未参加利润统计。

从表 5 可以看出,46 家会员企业 2014 年轮胎销售收入 1895.82 亿元,44 家企业实现利润 88.16 亿元,利润率为 4.65%,较 2013 年略有下降。轮胎销售收入排前 10 位的企业见表 6。

表 6　2014 年轮胎销售收入前 10 位企业

排名	公司名称	销售收入/万元
1	中策集团	2022127.2
2	三角集团	1750488.6
3	佳通(中国)	1496828.6
4	山东玲珑	1020419.0
5	正新集团	1002970.0
6	赛轮金宇	887078.0
7	兴源轮胎	858894.0
8	风神股份	815247.2
9	双钱集团	813290.7
10	盛泰集团	605353.6
	46 家企业合计	18958220.0
	前 10 家合计/46 家合计	59.5%

注:数据来源中国橡胶工业协会轮胎分会。

从上表可以看出,前 10 强企业的销售收入占 46 家企业销售收入的 59.5%,2013 年前 10 强企业销售收入占比为 59.2%,基本持平。这也说明 2014 年销售收入前 10 家企业发展较为平稳,未有大的销售波动。

3. 轮胎出口情况

(1)轮胎出口比例趋稳。2014 年轮胎出口虽然受到了美国对华乘用及轻卡轮胎“双反”案件的影响,但出口交货值仍保持一定的比例。据对 46 家企业统计分析,出口交货值 697.47 亿元,占销售收入 1895.82 亿元的 37%。

(2)主要轮胎企业出口交货值排序。2014 年轮胎出口交货值前 10 位企业见表 7。

表 7　2014 年轮胎出口交货值前 10 位企业

排名	公司名称	出口交货值/万元
1	佳通轮胎(中国)有限公司	701580.4
2	中策橡胶集团有限公司	637133.2
3	三角集团有限公司	597247.0
4	赛轮金宇股份有限公司	548362.0
5	山东玲珑轮胎股份有限公司	525527.2
6	风神轮胎股份有限公司	398181.3
7	双钱集团股份有限公司	279114.7
8	盛泰集团有限公司	260136.8
9	浦林成山(山东)轮胎有限公司	236995.0
10	江苏韩泰轮胎有限公司	231379.5

注:数据来源中国橡胶工业协会轮胎分会。

(3)子午胎主要出口国家。2014 年半钢子午胎、全钢子午胎主要出口国家见表 8。

表 8 2014 年子午胎主要出口国家

半钢子午胎		全钢子午胎	
国 家	出口量/吨	国 家	出口量/吨
美国	547520.08	美国	656690.47
英国	154053.05	阿联酋	151983.63
澳大利亚	63216.30	俄罗斯	135386.19
加拿大	60378.25	墨西哥	122448.13
德国	58242.95	沙特阿拉伯	120302.24
墨西哥	57458.78	澳大利亚	89635.98
荷兰	51011.25	尼日利亚	64319.89
巴西	48941.76	巴基斯坦	62024.58
阿联酋	48008.76	伊朗	59693.99
沙特阿拉伯	45503.34	阿尔及利亚	53154.36

注:数据来源于中国海关。

(4)2014 年会员企业轮胎分类产量和出口交货量情况。2014 年中橡协统计会员企业轮胎分类产量和出口交货量见表 9。

表 9 2014 年会员企业轮胎分类产量和出口交货量 万条

产品名称	轿车胎	轻载胎	载重胎	工程胎	工业胎	农业胎	实心胎	合计
总产量	21895.69	6277.74	7993.46	236.71	958.16	1191.71	132.37	38685.84
子午胎	21894.98	5056.76	7854.63	43.4	12.08	3.74	0	34865.59
斜交胎	0.7	1220.98	138.82	193.31	946.08	1187.97	132.37	3820.23
出口量	11551.84	2901.05	2779.87	88.22	393.27	270.91	75.58	18060.74
子午胎	11551.84	2475.01	2709.53	32.83	6.75	2.97	0	16778.93
斜交胎	0	426.04	70.33	55.39	386.53	267.94	75.58	1281.81

4. 科研投入

近年来,内资上市公司科技研发投入占销售额的比例有所增加,但研发费用投入的绝对值金额与外资公司相比仍有较大差距。2012~2013 年国外轮胎公司研发费用见表 10,2013~2014 年我国上市轮胎公司研发费用见表 11。

表 10　2012～2013 年国外轮胎公司研发费用

百万美元

公司名称	2012 年	2013 年
普利司通	847.6	912
米其林	826.6	853.9
固特异	370	390
大陆	271.8	271.8
倍耐力	236.4	264.5
住友	174.3	194.2
韩泰	39.8	121.6
正新(玛吉斯)	68.8	89.9
东洋	63.6	86.9
固铂	50.8	51.1

注:数据来源于各公司年报。

表 11　2013～2014 年我国上市轮胎公司研发费用情况

百万元

公司名称	2013 年	2014 年
双钱股份	344.8	317.9
风神股份	317.1	343.9
贵轮股份	200.5	170.9
赛轮股份	155.1	226.5
双星股份	36.6	107.7

注:数据来源于各公司年报。

一些知名的跨国公司在研发方面的资金投入约占年销售额的 5%,如普利司通 2013 年研发费用为 9 亿多美元,米其林每年用于研发的费用 8 亿多美元,固特异 2013 年研发费用也达到了 3.9 亿美元。

【行业大事】

1. 完成《中国橡胶工业强国发展战略研究—轮胎篇》编写工作

由轮胎技术专家、骨干组成了“橡胶轮胎工业强国发展战略研究－轮胎篇”编写小组,制定了我国轮胎工业今后 10～15 年的发展路径,并由中国橡胶工业协会统一出版发行。在此基础上,启动了轮胎行业“十三五”发展规划指导纲要编写工作。

2. 绿色轮胎产业化和产品结构调整进程加快

(1)备受关注的《绿色轮胎技术规范》自律标准正式由中橡协发布,为我国轮胎“标签制度”早日推出打下了坚实基础。

(2)中橡协成立了“绿色轮胎产业促进工作委员会”。并在双钱集团轮胎研究所设立了“绿色轮胎技术服务中心”,落实了服务绿色轮胎产业化的技术推进、绿色轮胎标签制度的技术标准和分级程序制定等工作。中橡协承接国家工信部委托项目,启动了我国绿色轮胎标签制度研究工作。

(3)内资企业绿色轮胎制造又有新进展。双钱、风神、三角、中策、玲珑、贵轮、华南、双星、赛轮金宇、双喜、延长、万达宝通等企业的低滚动阻力轮胎产品先后通过美国环保署的 SmartWay 认证,我国载重子午胎在世界市场上形成了强有力的竞争优势。

在海外市场上,玲珑的 ATLAS 乘用子午胎、森麒麟的路航乘用子午胎(LS288)等在欧洲权威测试机构组织的夏季轮胎测试对比中均取得了较好成绩。

在巨型工程子午胎领域,双钱、三角、桂林、海安、泰山、银宝等轮胎企业相继开发了 36.00R51、37.00R57、40.00R57、46/90R57、53/80R57、53/80R63、59/80R63 等产品,并在国内形成批量生产。

(4)轮胎试验场建设获得实质性进展。2014 年 7 月 1 日,玲珑集团与西班牙 IDADA 就中亚轮胎试验场合作运营签订战略合作意向。该试验场是中国首家由轮胎企业投资建设的大型专业轮胎室外试验场项目,总投资 11.3 亿元,占地 2400 亩。该试验场与 IDADA 的合作不仅保证了试验场的独立性和公允性,而且引进了世界一流的管理经验和运营模式,未来将面向中国乃至全球轮胎行业提供服务。

(5)双钱、三角、双星、中策、华南、南京锦湖等骨干轮胎企业都加大环保建设投入,加快老厂技术改造、易地搬迁和淘汰落后产能。

3. 国家和地方相继出台规范轮胎行业政策

(1)2014 年 9 月 17 日,工信部发布了《轮胎行业准入条件》,突出了绿色、环保、节能、降耗的硬指标要求,鼓励企业在产品性能、生产工艺、降低能源和资源消耗等方面优化升级,淘汰落后产能。该准入条件于 10 月 1 日正式实施。2015 年 2 月,与之配套的《轮胎行业准入公告管理暂行办法》出台。

(2)山东省政府出台《化解产能严重过剩矛盾的实施意见》,山东省石化业协会和橡胶行业协会制定了《山东省轮胎产业转型升级实施方案》,这些政策将对淘汰落后产能、规范市场和产业升级起到积极的引导和促进作用。

(3)经过中橡协和企业多年努力,国家财政部、税务总局于 2014 年 11 月 25 日取消了汽车轮胎消费税目,减轻了企业税务负担。

4. 积极应对贸易摩擦

(1)积极组织对美“双反”案集体应诉。2014 年 6 月 3 日,美国钢铁工人联合会(USW)代表本国乘用车及轻卡车轮胎产业向美国商务部和美国国际贸易委员会提出申请,要求对我国输美乘用车、轻型卡车和拖车轮胎启动反倾销和反补贴调查,涉案金额 33.7 亿美元。在中橡协组织下,涉案企业积极进行无损害抗辩,40 多家轮胎企业参加了集体应诉,如佳通、赛轮等企业提供了很有说服力的材料。在政府指导,协会、企业、律师和美国下游产业协会及进口商共同努力下,美方初裁的产品范围有所缩小,仅限于乘用车和轻卡轮胎,排除了满足一定条件的拖车胎(STR)、ATV 胎和备用胎。初裁调整后的结果:佳通 30.46%,赛轮 23.36%,固铂 24.52%,平均税率为 23.77%,全国税率为 100.02%,并对国有企业采取了歧视性作法,给予国有企业全国税率。

面对不利局面,轮胎企业继续坚持进行无损害抗辩。2015 年 7 月 14 日,美国国际贸易委员会裁决中国轮胎对美国产业造成损害。2015 年 8 月 6 日,美国商务部发布了“双反”税令,规定实际执行的反倾销和反补贴合并税率为:佳通 52.1%,赛轮 30.61%,固铂 31.85%;倾销分别税率企业为 39.33%;全国税率企业 107.07%;永盛为 192.79%。

(2)2014 年 9 月 10 日,欧亚经济委员会(俄、白、哈关税同盟)对我国卡客车轮胎发起反倾销调查,协会组织涉案企业进行集体应诉,争取从法律层面解决问题。

据统计,从 2002 ~ 2014 年,轮胎行业发生 22 起贸易摩擦案件,发起国达 24 个之多,涉案产品涵盖卡客车胎、乘用车胎、小客车胎、工程胎等几乎所有轮胎类型。频繁的国际贸易摩擦给轮胎行业敲响了警钟,要自觉维护好出口市场的经营秩序,自觉加快产品结构调整,提升品牌形象,提高产品质量和附加值。

5. 天然橡胶进口关税提高及复合橡胶国家标准制定

2014 年年底,国家税则委调高了天然橡胶进口从量关税,由 1200 元/吨调至 1500 元/吨,于 2015 年开始实施;国家标准委发布了《复合橡胶通用技术规范》,并于 2015 年 7 月 1 日实施。中橡协和轮胎企业表示坚决反对,并向国家有关部委递交了报告。行业中的人大代表在全国人大会议上也提出建议,要求尽快取消天然橡胶进口关税和暂缓执行《复合橡胶通用技术规范》。

6. 探索经营模式转变,加快走出去步伐

(1)内资轮胎企业在收购重组、战略合作方面加强探索。继赛轮与金宇、沈阳和平实现战略合作后,双钱集团与新疆昆仑轮胎也完成控股并购。部分企业正在探索新的合作形式,如利用各自技术、品牌和渠道等资源优势,互为代加工产品,共同生产有市场、有品质、有效益的受消费者欢迎的轮胎,从而达到优势互补实现双赢。

(2)国内轮胎企业加快国际化布局,实施“走出去”战略,积极应对国际贸易保护主义的打压。赛轮金宇在越南的轮胎工厂继一期项目投产后,二期项目紧接着开工,将形成年产 780 万条半钢子午胎和 1.5 万吨全钢工程子午胎的生产规模;玲珑轮胎(泰国)公司一期项目 2014 年 2 月全线开工,二期项目也已投入施工,届时将形成年产 1320 万条高性能子午胎生产能力;中策橡胶集团在泰国投资建立年产量 500 万条乘用胎工厂项目正在加速启动,2015 年 5 月全线贯通投产;2015 年 8 月青岛森麒麟轮胎有限公司在泰国投资建立的年产 1200 万条高性能半钢子午胎项目投产;中化集团、三角、双钱等大型轮胎公司也在全球范围积极寻求开拓建立跨国轮胎公司和工厂,推进原料供应和市场销售多元化。

7. 替代材料的发展和应用取得进展

一是鼓励支持杜仲橡胶发展。2014 年已生产出约 1000 吨杜仲胶。

二是鼓励与支持生物基橡胶发展。玲珑公司利用提取的蒲公英橡胶制造出了蒲公英橡胶玲珑概念胎,在 2014 年 9 月 16 日举办的国际橡胶会议上推出。

三是鼓励支持异戊橡胶(IR)发展。IR 是可以替代天然橡胶(NR)的合成胶,发展 IR 是碳五资源综合利用的最好途径。

8. 轮胎企业试水电商

目前,轮胎企业电商模式主要有以下几种:一是借力第三方电商平台,比如京东、天猫等,这种模式目前比较普遍,大部分轮胎企业选择这种方式;二是轮胎企业依托自有网站,打造独立的电商渠道等;三是利用第三方轮胎电子商务交易服务平台,具有代表性的有麦轮胎、轮库等;四是借助社交工具及移动终端开展电商营销。

电商销售模式的出现,从一定程度上说,彻底颠覆了轮胎传统营销模式。在普遍看好轮胎电子商务发展的同时,也伴随诸多问题,如电商渠道与现有销售渠道的市场冲突、电商产品的服务难度、线上销售与线下经销商的利益分配等。目前,国内一些龙头企业正在努力创建具有国内轮胎行业特色的电商模式,相信未来两三年,将取得较大进展。

9. 智能化助推中国轮胎行业发展

森麒麟年产 500 万条的自动化、智能化和信息化工厂正式投产,并运用自有独特的自动化解决方案真正地完成物料运送自动化,实现生产全线自动化生产的衔接;同时采用一整套生产信息化管理系统,利用网络实现对生产计划的执行、生产过程的追溯、设备运行状态及时反馈,高效利用设备、工艺参数智能输入,保证产品质量、生产物流运输调配等多个维度的集成管理,实现生产全线的信息化和智能化。

10. 做强做大,品牌先行

有调查显示,消费者在购买汽车时,关注轮胎品牌和性能的仅为 18.5%,而更换轮胎时关注轮胎品牌和性能的消费者为 88.6%;消费者选购时考虑产品性能占 57.2%;考虑使用寿命为主要因素的占 28.7%,考虑价格因素只占到 8.5%。这意味着,已有了一定品牌认知度的中国消费者,在衡量本土品牌与世界品牌差距的时候,更愿意相信国际品牌的品质保障。国内市场与海外市场消费观念的差异,也阻碍了本土轮胎品牌上升空间。

内资企业近年来加强了对品牌的建设,频频赞助体育赛事、积极参加国内外汽配及轮胎展,更好地传递和展现民族产品多年来在品牌和技术、管理方面的进步。同时,加强市场调研分析,增强消费者对民族品牌的认知度和接受度。龙头企业双钱牌、三角牌、玲珑牌、前进牌、万力牌上榜 2014 年协会推荐品牌产品,15 家轮胎企业进入中国橡胶工业百强企业行列。

【存在问题】

1. 轮胎行业结构性过剩矛盾突出,产品同质化、企业间趋同。

2. 企业创新能力弱、品牌意识弱、渠道建设弱。

3. 轮胎产业集中度、集团化程度低。

4. 受海外市场贸易壁垒影响严重。

5. 天然橡胶进口关税调高和《复合橡胶通用技术规范》国家推荐标准的实施,大大推高轮胎企业生产成本。

【展　望】

1. 产业发展趋势分析

(1)总体趋势。一是我国经济步入“新常态”;二是轮胎市场竞争激烈,产能扩张收敛,价格竞争还将有所延续;三是“双反”案和全球总体需求不振将使出口形势变得更加严峻;四是轮胎企业生产成本开始攀升,盈利能力降低,将促使轮胎企业加快结构调整、转型升级步伐。

(2)有利条件。一是中央经济工作会议明确稳中求进总基调,实施积极稳健、精准调控的财政政策和改善民生拉动内需计划;二是《轮胎行业准入条件》和准入公告管理暂行办法的执行,将有利于推动轮胎企业转型升级,为绿色轮胎产业化发展创造有利条件；三是市场导向有望从数量扩张和价格竞争为主逐步转向提高质量、效益和增值服务，促使轮胎行业规范竞争秩序，低价倾销无序竞争情况将逐步得到好转。

(3)困难挑战。一是轮胎产业作为相对饱和的传统产业，外部投资热情会降低，融资难度会增加，经营不善资金链断裂风险将加大；二是随着环保、能源、交通等资源环境约束加剧，天然橡胶进口从量关税提高和进口复合胶大门被关闭，将使轮胎生产经营成本大幅提高，产品价格调整的滞后性将使轮胎行业利润再探新底；三是国际经济发展的不稳定和贸易保护主义的抬头，给轮胎出口市场带来严峻挑战，同时也将波及国内市场的竞争越发激烈；四是人力资本质量提升，技术科研和装备水平提高，品牌影响力和市场渠道拓宽，“两化”融合深度，将成为竞争胜负的关键要素。

2. 轮胎产量预测

2015 年，预计全国轮胎生产总产量将在 5.63 亿条左右，与上年持平，其中子午胎 5.18 亿条左右，增长 1.4%，斜交胎 0.45 亿条左右，下降 11.8%，子午化率 92%。其中，全钢子午胎 1.08 亿条，下降 3.6%，半钢子午胎 4.1 亿条，增长 2.8%。

【采取措施】

1. 规划“一带一路”走出去实施方案

2015 年，是轮胎行业极不平凡的一年，既是“十二五”收官之年，又是中国橡胶工业诞辰百年和中国橡胶工业协会成立 30 周年，也是中国轮胎工业诞辰 80 周年。我国轮胎工业风雨兼程，百折不挠，尤其在改革开放以后获得了快速发展，取得了可喜成就。但当前轮胎行业发展呈现出一系列主要趋势性变化，既面临着严峻挑战，又面临着新机遇，我们应站在新的起点上做好工作。

随着国家“一带一路”战略的确立，将促进与沿线地区的贸易，我国将用 10 年左右的时间同“一带一路”沿线地区的国家年贸易额突破 2.5 万亿美元。我国轮胎企业在“十三五”期间应抓住机遇，积极融入，抢占商机，培育新经济增长点。

(1)建议轮胎企业应与政府有关部门和协会保持沟通协调，扶持轮胎产业与金融业、服务业和运输业协同走出去，统筹安排，集聚优势，加快走出去步伐。

(2)已走出去或正在准备走出去的轮胎企业，应结合自身优势，充分利用双边和多边合作机制，积极开拓新兴市场，重点研究和探索“一带一路”沿线国家、地区主要轮胎市场及需求情况，寻求合作商机。

(3)建议各级政府部门支持轮胎企业与横向和上下游产业的重组联合，从资金等方面扶持走出去建工厂、设公司，形成跨国轮胎集团，进行国际化运营。

(4)轮胎企业走出去面临的一个突出问题是除天然橡胶外，其他大宗原材料几乎仍在国内采购。因此，希望政府税务部门要调整进出口税率，降低原材料采购成本，提升我国轮胎在国际市场的竞争力。

2. 坚持转型升级创新驱动，转变传统发展思路

“中国制造 2025”战略坚持创新驱动、智能转型、强化基础、绿色发展，促进工业化和信息化深度融合。工业 4.0 的概念也上升到了国家战略层面。

轮胎企业无论是老厂还是搬迁建新厂，都要坚持走集约化、专业化、差异化、特色化之路。产品要向高端发展，摒弃技术同质化、产品同质化、装备同质化和市场同质化。当前，转型升级创新驱动要接地气，企业要高度重视“两化”深度融合，自觉应用高新技术，用创新方式去提高轮胎产品价值和生产效率，探索更科学高效的管理模式、营销模式，既要把轮胎做得更好，更要把轮胎销得更好，树立中国轮胎品牌新形象。

目前，国内橡胶行业多家龙头企业已经在谋划、建设智能化工厂或智能化生产线。除此之外，国内已有不少轮胎厂开始采用 AGV(自动搬运车机器人)和机器人。第一步要从降低能耗和提高装备自动化、轮胎生产物料输送和装备智能化控制等方面的开发应用入手，着手打造示范性的生产线。

3. 尊重知识产权，轮胎企业要培养并留住人才

要尊重和保护知识产权，新产品研发既要花

大量的时间、人力，又要有不小的资金投入，需历经无数的反复试验，才能获得成功，实属来之不易。多数轮胎企业十分重视技术人才培养，但也有一些企业靠吃“现成饭”。建议轮胎企业要建立“集聚人才、留住人才、用好人才”激励机制，要创造人尽其才的人文环境。轮胎行业要重视轮胎专家组队伍建设，要调整和充实专家组队伍成员，充分发挥专家组作用，引导行业技术进步，开拓轮胎技术创新新局面。

4. 密切关注行业发展的热点难点，组织企业积极应对

继续应对美国和“俄、白、哈”等国家的“双反”调查，并在 WTO 规则下解决贸易争端，健全完善政府和协会带领涉案企业协同作战的职能，建立反倾销应诉的预警机制。重点做好四方面工作：一是全行业要联合起来，积极参加仲裁阶段集体抗诉打好官司，配合律所在各重要时间节点做好法律层面工作；二是要在律所指导下开展公关游说工作，发出有利于我们的声音；三是要加强反思，积极开展行业自律活动；四是要积极争取国家商务部的指导和支持，努力争取最好结果。

5. 推进绿色轮胎产业化发展

继续做好《轮胎行业准入条件》公告管理宣贯工作，使符合准入条件的轮胎企业尽快享受相关政策支持；抓紧完成工信部委托的《轮胎标签制度研究》课题相关工作，并努力使《绿色轮胎技术规范》由行业自律标准上升为国家强制性标准；组织推广节能、降耗、环保、新技术、新材料和新设备在轮胎行业内的应用；倡导和推进使用“绿色轮胎”的消费文化。

6. 倡导企业内外兼修

倡导理性投资，主动淘汰落后轮胎产能，开拓新兴市场，调整轮胎产品结构，丰富产品种类，增加产品附加值，内外销比例要适中，降低外销依存度，实现由产品出口向品牌输出转变。

7. 继续争取国家政策支持，促进轮胎行业健康发展

争取国家有关部门支持绿色轮胎产业化发展，从法规、税收和资金等方面鼓励扶持绿色轮胎生产先行企业；对淘汰低档次斜交胎、普通型子午胎产能的企业，建议政府给予资金补偿；恳请国家在土地、资金、税收等政策上支持轮胎试验场建设和运营；呼吁国家指导汽车行业建立轮胎商务认证制度，明确汽车企业配套轮胎商务认证的程序和标准，建立国内轮胎企业进入汽车配套的通道。通过政策法规支持国产轮胎翻新，扶持废旧轮胎循环利用，节能环保。

继续呼吁国家将天然橡胶视同石油等稀缺性战略原料，进口关税调为零；暂缓执行《复合橡胶通用技术规范》；轮胎出口实行全额退税。

8. 编制“十三五”规划

抓紧时间与轮胎专家一起，完成轮胎行业“十三五”发展规划指导纲要。

（史一锋　刘　宁）

航 空 轮 胎

航空轮胎担负着飞机的起飞、着陆、滑行,是维系飞机安全的重要部件。作为轮胎工业的一部分,在国民经济中有着不可或缺的地位。航空轮胎产业是技术密集型、资本密集型产业,具有产品技术性能复杂、对技术和设备的依赖程度高、研发人员在职工人数上所占比重较大、需要较多资本投入等特点。

【基本情况】

目前,我国有3家航空轮胎生产企业,即中国化工集团曙光橡胶工业研究设计院有限公司、三橡有限公司、银川佳通长城轮胎有限公司。全国航空轮胎生产能力约28万条/年,其中斜交轮胎27.7万条/年,子午线轮胎3000条/年。

经过50多年发展,我国航空斜交轮胎在设计、制造、试验/测试方面已达到技术成熟,与国际先进水平齐头并进。3家企业先后开发出近200多种规格的航空轮胎,满足国产飞机配套、维修需求,部分规格可满足进口大型客机(波音/空客系列)维修需求。

中国化工集团曙光橡胶工业研究设计院有限公司(以下简称:曙光院)为国有企业,前身是桂林特种轮胎研究所,创建于1970年,2014年8月起用现名。经过40年发展与建设,曙光院已成为国内唯一的特种轮胎专业科研单位和重要的航空轮胎生产基地。建有化学工业特种轮胎工程技术中心,航空轮胎工程技术研究中心。建有化学工业特种轮胎质量监督检验中心,是国内主要特种轮胎检验中心和国家试验室、全国航空轮胎标准化分技术委员会依托单位、航空轮胎技术标准归口单位。

曙光院是目前国内率先掌握航空子午线轮胎技术并取得唯一装机使用资格的单位,是我国唯一获得美国联邦航空管理局(FAA)颁发适航证书(TSOA)的企业,也是国内首家获得我国民用航空总局(CAAC)颁发适航证书(CTSOA)的企业。拥有10万条/年生产能力;生产航空斜交轮胎、航空子午线轮胎2个品种结构的80多种规格航空轮胎,满足国内外70多种机型需求。

三橡有限公司(以下简称:沈阳三橡)为民营企业,前身是沈阳第三橡胶厂。拥有10万条/年斜交航空轮胎生产能力,可生产近100种规格航空轮胎,满足国内外70多种机型需求。

银川佳通长城轮胎有限公司(以下简称:银川佳通)为外资企业,位于宁夏回族自治区银川市,前身是银川橡胶厂。拥有8万条/年斜交航空轮胎生产能力,可生产50多种规格航空轮胎,满足国内外40多种机型需求。

我国航空轮胎生产企业普遍使用进口生产装备,如GK400、F270密炼机,以及国内新型的S型四辊压延机、自动胶囊反包成型机、B型胶囊硫化机等整套先进的轮胎工装设备。在航空轮胎模具加工方面,普遍应用CAD、CAE和CAM进行设计,应用数控机床、电火花工艺和专用刻字设备进行加工,曲线轮廓加工精度从“十一五”之前的0.3mm提高到了0.005mm。

使用的试验/检测设备有航空轮胎动力模拟试验机、大压力自动控制的轮胎爆破试验机、静负荷试验机、美国Micro Poise公司静平衡试验机、美国孟山都公司X射线检查试验机、德国Steinbichler公司数字式全息试验机、轮胎耐久性试验机、轮胎静平衡试验机、RPA2000橡胶加工性能试验机、橡胶臭氧老化试验机等。在标准化方面,已经建立起航空轮胎和航空轮胎系列及相应试验方法的国家标准体系,并按期进行标准制/修订。

除上述3家航空轮胎生产企业外,国内还有近10家航空轮胎维修企业,承包国内航空公司的轮胎维修业务。主要企业有普利司通飞机轮胎(中国)有限公司、晋江邓禄普太古飞机轮胎有限公司、无锡翼龙航空设备有限公司、凌云科技集团有限责任公司和四川奥特附年维修有限责任公司等。

普利司通飞机轮胎（中国）有限公司为外资企业，位于山东省青岛市。成立于2005年，是日本航空轮胎制造商——普利司通公司在中国的航空轮胎加工、检测、维修及售后服务基地。可翻修14种规格品种航空轮胎，其中子午线轮胎、斜交轮胎各7种，翻修轮胎能力约4万条/年，可满足国内各大航空公司的绝大多数飞机型号营运需要。

晋江邓禄普太古飞机轮胎有限公司为合资企业，位于福建省泉州出口加工区内。成立于2008年，每年可维修2.5万条航空轮胎，主要面向亚太地区，服务波音737、波音747和空客320等重要机型。

无锡翼龙航空设备有限公司为民营企业，创建于2001年，位于无锡市扬名高新技术产业园内，可翻新波音737、波音737NG和波音757轮胎。

凌云科技集团有限责任公司为国营企业，总部位于湖北省武汉市，是一家集航空装备修理、改装，航空部件及设备研制，建筑幕墙和节能门窗设计、安装于一体的跨行业、跨地区现代企业集团，总资产26亿元，年产值20余亿元；可维修伊尔－76、图154和Y－7、Y－8、Y－12飞机起落架（含轮胎）。

四川奥特附件维修有限责任公司为民营企业，总部位于四川省成都高新区，可维修空中国王B200/B300公务机起落架（含轮胎）。

【新建项目】

青岛森麒麟轮胎有限公司计划2015年建设并形成1万条航空轮胎新胎的生产能力，2019年形成8万条航空轮胎的产能（其中3万条新胎、5万条翻新胎）。该项目已于2012年1月研制成功波音737－700/800型飞机主轮胎并通过国家实验室航空轮胎动力试验测试；2013年8月通过适航审查，2014年6月获颁CTSOA适航证书。目前，该公司是国内第一家取得航空轮胎适航证的民营企业。

2015年1月，中国航空产业基金4亿元入股青岛森麒麟轮胎有限公司，成为森麒麟航空轮胎战略合作伙伴。据了解，中国航空产业投资基金由中国航空工业集团公司与中国建设银行共同发起设立，是我国第一支投资于航空产业及相关应用领域的产业投资基金。

【专利状况】

截止到2014年底，在航空轮胎领域共有103项中国专利申请，产生有效专利66项，其余37项在审。申请人（专利权人）来自27家企业/机构和2位自然人，其中外国企业/机构3家。上述数据来自国家知识产权局专利检索与服务系统，检索时采用的主要关键词是：飞机轮胎、航空轮胎、航空子午线轮胎。有效专利是指已通过技术审查并获得授权，且专利权人按规定缴纳了年费，专利权处于法定保护期限内的专利。在审专利是指已履行申请手续，目前处于接受技术审查阶段的专利。将航空轮胎技术分为：产业链核心技术（航空轮胎设计制造/工艺工装/试验检测）、产业链上游技术（航空轮胎原材料）、产业链下游技术（航空轮胎产品应用/维修维护/回收再利用）。航空轮胎专利分布状态见表1。

表1　航空轮胎专利分布状态

申请总量	按法律状态		按专利类型		按技术内容		
	有效	在审	发明	实用新型	产业链核心	产业链上游	产业链下游
103	66	37	69	34	75	2	26

涉及航空轮胎产业链核心技术，包括航空轮胎设计制造/工艺工装/试验检测的专利申请共有75项，其整体分布状态见表2，申请人（专利权人）排名见图1。

表 2　航空轮胎产业链核心技术专利分布状态

序号	企业/机构	申请数量/项	占比/%
1	中国化工集团曙光橡胶工业研究设计院有限公司	41	54
2	米其林集团公司	11	15
3	固特异轮胎橡胶公司	9	12
4	青岛森麒麟轮胎有限公司(森泰达集团有限公司)	4	5
5	银川佳通长城轮胎有限公司	2	3
6	天津隆达伟业橡胶机械有限公司	2	3
7	桂林电子科技大学	2	3
8	北京化工大学	2	3
9	哈尔滨工大宏图橡塑科技有限公司	1	1
10	无锡翼龙航空设备有限公司	1	1
合计		75	100

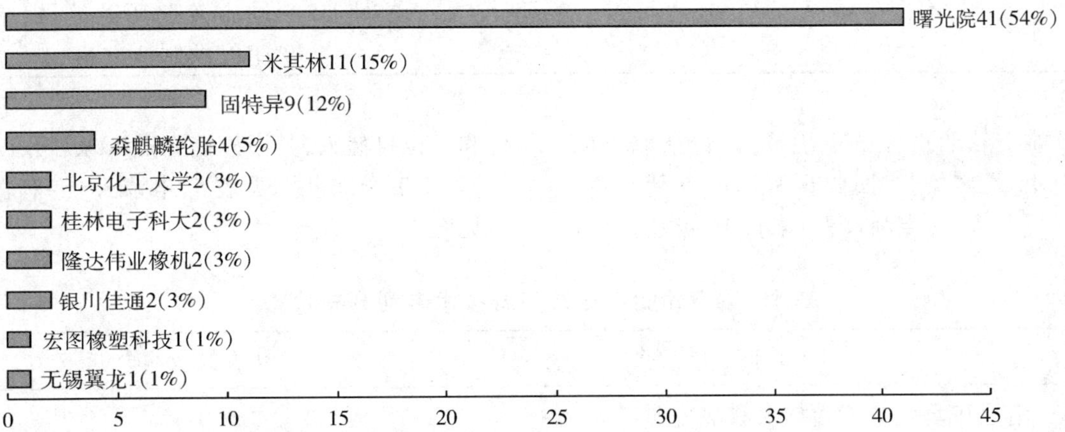

图 1　航空轮胎领域核心技术申请人排名

在 75 项航空轮胎产业链核心技术专利中,航空子午线轮胎专利有 14 项,其分布状态见表 3。

表 3　航空子午线轮胎技术专利分布状态

序号	企业/机构	申请数量/项	专利类型及法律状态		占比/%
			发明	实用新型	
1	中国化工集团曙光橡胶工业研究设计院有限公司	11	8(有效 3,在审 5)	3(有效)	79
2	固特异轮胎橡胶公司	2	2(有效)	/	14
3	银川佳通轮胎有限公司	1	/	1(有效)	7
	合计	14	10	4	100

作为国内航空轮胎领军企业，中国化工集团曙光橡胶工业研究设计院有限公司在专利申请、获得授权方面同样位列前茅。截止到2014年底，该院已申请航空轮胎核心专利41项（占该领域中国专利申请总量的54%），其中申请航空子午线轮胎专利11项（占该领域中国专利申请总量的79%）；拥有有效专利27项（占该领域中国专利的57%），其中航空子午线轮胎专利6项（占该领域中国专利的67%）。

世界航空轮胎三巨头之一的法国米其林集团公司早在2001年就开始在中国进行专利布局，目前已拥有7项有效专利，且均为发明专利，并另有4项发明专利申请在审。另一家三巨头之一的美国固特异轮胎橡胶公司从2006年开始在中国申请专利，现有6项有效专利（也全部是发明专利），并另有3项发明专利申请在审。这两家外国企业在中国申请的专利权限重点覆盖航空轮胎先进结构、关键部件配方等核心技术。

我国涉及航空轮胎产业链上游技术（航空轮胎原材料）的专利申请，目前主要集中在骨架材料，共有2项。申请人（专利权人）、法律状态及专利技术摘要见表4。

表4　航空轮胎产业链上游技术专利状态

企业/机构	申请数量/项	专利类型	法律状态	技术摘要
山东海龙博莱特化纤有限责任公司	1	实用新型	有效	航空轮胎用芳纶复合帘子布
亚东工业（苏州）有限公司	1	发明	在审	航空轮胎用芳纶/锦纶复合帘线的制造方法

涉及航空轮胎产业链下游技术，包括航空轮胎产品应用/维修维护/回收再利用的专利申请，共有26项；申请人（专利权人）来自16家企业/机构和2位自然人，其中外国企业1家（爱尔戴克公司）。专利分布状态见表5，申请人（专利权人）排名见图2。

表5　航空轮胎产业链下游技术专利分布状态

序号	企业/机构/个人	申请数量/项	占比/%
1	南通华夏航空工程技术有限公司	3	12
2	成都东科信航空自控设备有限公司	3	12
3	爱尔戴克公司	2	8
4	金坛市嘉灵仪表有限公司	2	8
5	哈尔滨工业大学	2	8
6	魏恩贵	2	8
7	中国航空工业集团公司沈阳飞机设计研究所	1	4
8	中国航空工业集团公司西安飞机设计研究所	1	4
9	中国飞行试验研究院	1	4
10	中国航天空气动力技术研究院	1	4
11	西安新宇航空维修工程有限公司	1	4

续表 5

序号	企业/机构/个人	申请数量/项	占比/%
12	北京固瑞驰航空设备技术有限公司	1	4
13	中国人民解放军空军沈阳航空四站装备修理厂	1	4
14	北京城乡建设设备安装工程有限公司 中国航空规划建设发展有限公司	1	4
15	中国民航大学	1	4
16	黑龙江大学	1	4
17	北京化工大学	1	4
18	李竟儒	1	4
	合计	26	100

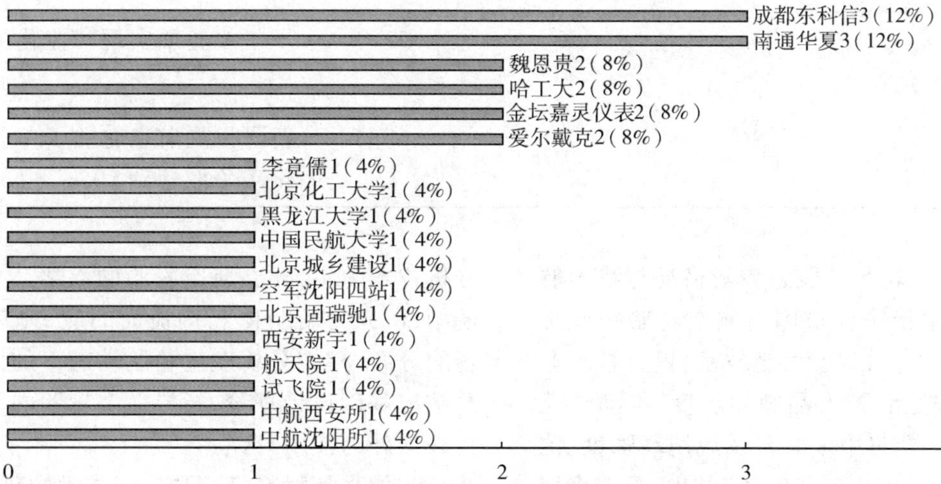

图 2　航空轮胎产业链下游专利技术申请人排名

航空轮胎在使用过程中,引入智能化管理,是当前的一个技术创新亮点。哈尔滨工业大学将其自主研发技术申请了 2 项发明专利(目前在审),其主要内容如下:(1)一种通过几何尺寸在线检测航空轮胎可靠性的方法——飞机着陆后,通过几何尺寸测试设备在线检测航空轮胎的几何尺寸,将尺寸输入编制的程序,直接反馈出航空轮胎当前物理性能、剩余使用次数及可靠性评价;(2)航空轮胎内部缺陷在线检测及可靠性评价方法——飞机着陆后,通过手持式超声检测设备在线检测航空轮胎的内部缺陷,将所测试出的帘线断裂数量、气泡的数量及大小、裂纹的长度及数量输入编制的程序,直接反馈出航空轮胎当前物理性能、剩余使用次数及可靠性评价。

【强国战略】

据我国民航总局统计数据显示,截至 2014 年底,民航全行业运输飞机期末在册架数 2370 架,比上年增加 225 架;通用航空企业适航在册航空器总数达到 1798 架,其中教学训练用飞机 486 架。按照飞机轮胎总使用寿命为 150 次起落计算,全年我国航空业需要 28 万条航空轮胎。

据波音民用飞机集团最新发布的《当前市场展望》称,未来 20 年我国需要 5580 架新飞机,民航机队的规模是现今3倍。在此期间,我国国内市场客运量年均增幅为7%,航空轮胎年均需求增幅为6%。

目前我国民用/通用航空业每年消耗的航空轮胎除小部分由本土企业提供外,大部分由国外轮胎公司提供。除国产飞机基本采用国产轮胎外,进口民用飞机的航空轮胎国产化率不到5%,发展空间巨大。为此,中国橡胶工业协会(以下简称:中橡协)提出,要将壮大民族航空轮胎产业,提高航空轮胎国产化率作为该领域强国战略的首要目标。计划"十三五"期间,我国航空斜交轮胎要达到国际先进水平,航空子午线轮胎要实现产业化,达到国际水平。节能和环保方面借鉴汽车轮胎工业的经验,保持同步水平。航空轮胎产量达到20万条/年,并扩大在国内民用市场的份额,进入国内大型民用客机OE配套轮胎供应商行列。

"十四五"期间,航空轮胎产品质量整体达到国际先进水平。新研机型航空轮胎子午化率争取达到60%。航空轮胎产量达到30万条/年,进入国际民用大型客机OE配套轮胎供应商行列。航空轮胎市场需求预测和强国目标见表6。

表6　中国航空轮胎市场需求预测和强国目标

时段	国内市场需求/万条·年$^{-1}$	目标产量/万条·年$^{-1}$	国产化率/%	子午化情况	翻新次数
"十三五"期间(2016～2020年)	36	20	55	子午线轮胎实现产业化	3
"十四五"期间(2021～2025年)	46	30	65	新研机型航空轮胎子午化率争取达到60%	5

面对国际航空轮胎发展趋势新格局与我国航空业发展需要,中橡协要求国内航空轮胎企业必须增强自主研发能力,掌握关键技术,提升核心竞争力,发展绿色轮胎,扩大品牌知名度,推动经营模式转变,提高产业集中度。普及应用高强度、抗疲劳纤维,推广"子午化+芳纶化"技术,更多采用低断面和无内胎结构,并逐步实现绿色环保与智能化。

同时,为促进航空轮胎工业强国战略目标的实现,中橡协制定了六项配套措施:

1.加强研发队伍建设,加大资金投入

航空轮胎业是技术密集型和资金密集型的产业,因此必须拥有一支高素质的研发队伍,要把人才的引进、培训和使用列入企业的发展战略,扶持和组建国家级航空轮胎研发中心。同时加大研发资金的投入,为提高企业的核心竞争力提供必要的经费支持。

2.加强航空轮胎基础理论研究

加强航空轮胎基础理论的研究,特别是航空子午胎的理论研究,以计算机技术和有限元仿真分析技术为主,建立航空轮胎的数学、力学和热学模型,研究轮胎胎体和接地面的应力应变及温度场的分布,模拟分析航空轮胎动态下的力学特性,总结出基础设计理论,指导航空轮胎的设计研发,打破国外的技术封锁。

3.加强新材料、新配方、新技术的研究和应用

航空轮胎的骨架材料已普遍采用强度高、耐热性能好、抗冲击强度高的锦纶帘线。近年来,国外已研究应用芳纶和芳纶复合帘线作为航空轮胎的胎体骨架材料和带束层材料,国内也应加强新型骨架材料性能的研究及应用。同时,加快新型绿色橡胶配合剂应用速度,使国内航空轮胎整体品质得到有效提升。

今后航空轮胎的发展方向是智能化。目前排在世界前列的航空轮胎企业也只处于调研或初试阶段,这是我国航空轮胎企业第一次与国外企业在同一起跑线上,面临世界科技创新格局调整的新机遇。为此,我国应及时立项,制定目标,尽早开展研究,努力实现该技术领域的原创性突破。

4. 加强产品制造技术、在线检测技术、成品检测技术的研究，加快工装设备的升级换代

进入 21 世纪，国际轮胎工业开始了新一轮的技术革命，推出了“全新概念技术”。我国航空轮胎工业要紧跟国外先进技术，自主开发新设备，加快轮胎制造过程、在线检测过程和成品检测过程的工装升级步伐。

5. 加强翻新航空轮胎的研究和发展

翻新航空轮胎的价格约为新胎价格的25% ~ 35%。由于在民用航空领域，大多数飞机使用国外轮胎企业的航空轮胎，国内企业航空轮胎的新胎保有量非常有限，因此导致了国内企业虽然在航空轮胎翻新方面有较多的研究，但实际翻新胎数量少，无法形成规模较大的翻胎生产线。国家相关部门应适当调整政策，积极引导国内翻新轮胎产业发展，使国内翻新航空轮胎的实际市场占有率有较大的提高。

6. 追踪国际先进标准，加强标准化建设

长期以来，我国航空轮胎使用的主要标准 TSO - C62x《技术标准规定 - 航空轮胎》是由美国联邦航空管理局制定的；ISO3324 - 1《航空轮胎 第 1 部分：规范》是由国际标准化组织制定的；SAE AS4833《斜交或子午线航空轮胎新胎标准》是由美国机动车工程师协会制定的；MIL - PRF - 504J《条形花纹充气航空轮胎通用规范》是由美国空军制定的。而我国最新版本的民用航空轮胎国家标准 GB 9745《航空轮胎》，则是参照 ISO 3324 - 1:1997《航空轮胎 第 1 部分：规范》和 TSO - C62e《技术标准规定 - 航空轮胎》制定的。现行的航空轮胎国家标准和军用标准不能满足行业发展的需要，因此国内有关部门应加快研究和制定我国先进的航空轮胎标准体系。

（邓海燕）

力 车 胎

【基本情况】

2013～2015年，我国力车胎行业从高速发展进入"新常态"运行。近年来，由于行业急速扩张，产品供求严重失衡，企业销售困难，促销手段升级，行业面临复杂多变的市场环境，风险逐步积累。2014年，由于摩托车、电动自行车整车产量继续下滑，影响到力车胎行业，据中国橡胶工业协会力车胎分会统计数据显示，统计企业产量产值平稳，原材料价格下滑，行业利润降幅增大，出口额下降（海关统计全国数据是增长）。2014年力车胎分会39家会员企业部分统计指标见表1。

表1　2014年力车胎分会39家会员企业部分统计指标

指标名称	2014年	同比/%
工业总产值（现价）/亿元	180.9	4.8
销售收入/亿元	176.6	1.0
产品出口交货值/亿元	42.69	-4.80
实现利润/亿元	8.36	-16.00
全员劳动生产率/元·人$^{-1}$	200427.0	-4.99
自行车外胎产量/万条	35834.4	8.2
电动自行车外胎	14244.7	15.00
自行车内胎产量/万条	38345.6	-4.80
摩托车外胎产量/万条	15294.2	0.30
摩托车内胎产量/万条	18743.0	0.40
丁基内胎产量/万条	41299.0	20.2
内胎丁基化率/%	72.34	5.52

【市场供需】

1. 配套方面

2014年，力车胎配套的摩托车、电动自行车产量下降，自行车产量经多年下滑后逐步稳定。2014年全国摩托车产量2126.78万辆，同比（下同）下降7.08%，二轮车、三轮车均下降。根据自行车行业数据估算，2014年两轮脚踏自行车产量为5987.8万辆，增长1.3%；电动自行车产量为3551万辆，下降3.9%左右。配套车胎需求下降，对力车胎行业造成较大影响。

近两年，传统自行车功能正发生改变，运输、代步功能逐渐减弱，娱乐休闲、健身运动功能逐渐增强。由于自行车功能的改变，小规格休闲娱乐车胎占自行车胎比重较大，运动型自行车胎向宽断面方向发展。国际上对适合亚洲人的27.5吋和适合欧美人的29吋山地自行车比较推崇。

2. 维修方面

根据有关部门及摩托车、自行车行业的统计，估算2015年全国摩托车社会保有量为1亿辆,脚踏自行车3.2亿辆,电动自行车2亿辆。近年摩托车和自行车保有量在下降,电动自行车保有量快速增长,值得注意的是,三轮摩托车、三轮四轮电摩市场保有量逐步增加。各种车胎维修更换保持一定需求量。

近两年,电动车已成为老百姓不可缺少的交通和谋生工具,它既减轻了城市交通压力,也提高了城市空气质量。在农村,随着电动车的普及和新产品的不断涌现,三轮、四轮电动车受到农民欢迎,其作为低收入者自谋出路的一种重要交通工具,在载客、短途运输货物等方面发挥了很大作用。三轮、四轮电动车保有量已突破1000万辆,未来几年还会保持供求两旺的局面。

3. 出口方面

2014年我国力车胎产品出口平稳增长。据海关数据,力车胎(摩托车内外胎、自行车内外胎)出口额10.24亿美元,增长7.23%。其中,摩托车外胎出口量持续增长,出口106204.67吨,增长14.83%;摩托车内胎出口79824.81吨,下降8.17%;自行车外胎出口81505.08吨,增长0.35%;自行车内胎出口46034.70吨,增长5.69%。2014年自行车外胎、内胎出口量见图1和图2,2014年摩托车外胎、内胎出口量见图3和图4。

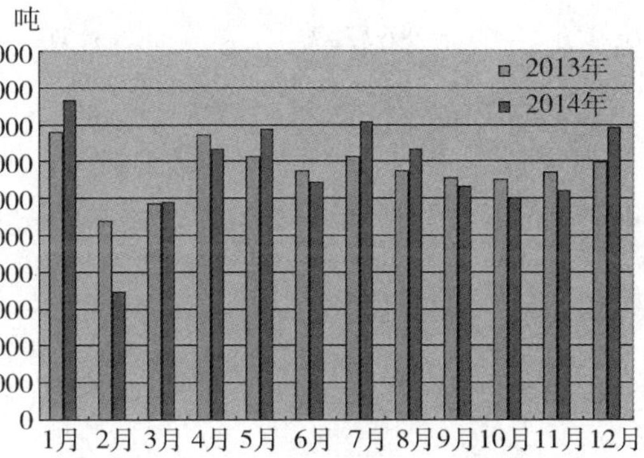

图1 2014年自行车外胎出口量

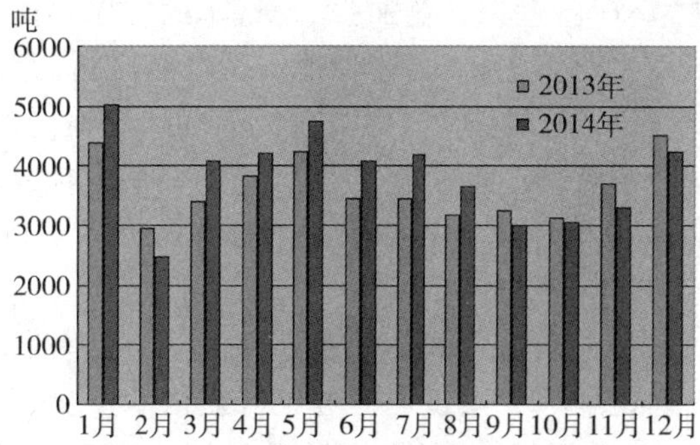

图2 2014年自行车内胎出口量

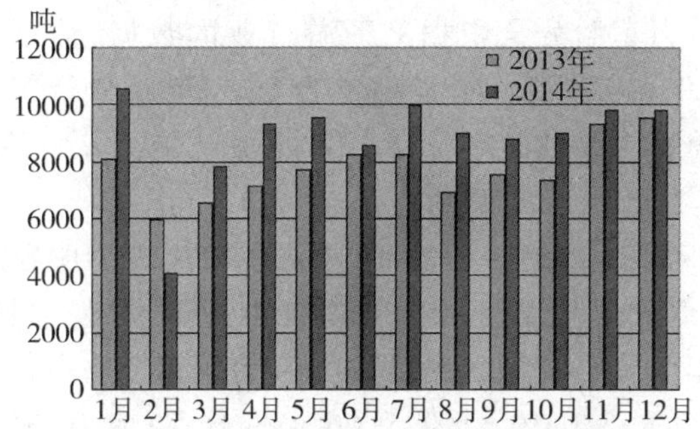

图3 2014年摩托车外胎出口量

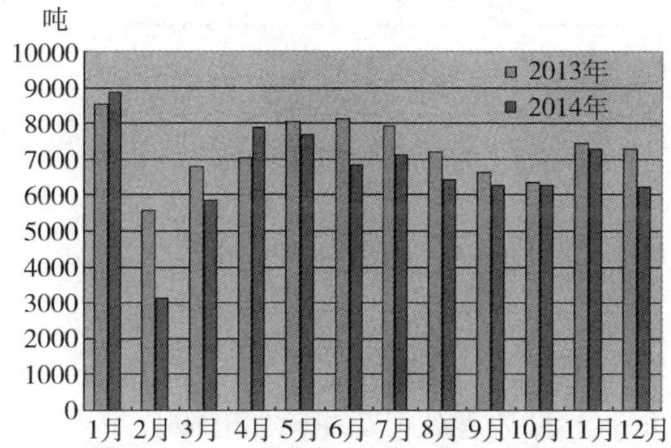

图4 2014年摩托车外内胎出口量

【生产与效益】

2014年,力车胎行业与其他行业一样,产能过剩,市场供过于求,销售平淡,企业普遍开工不足。生产产值、销售均增长缓慢,行业经济效益大幅下降。摩托车胎生产、销售都很疲软,但三轮、四轮(含电摩)车胎是市场热点,规格变化大,主要市场在山东、华北、东北等地,正逐步向西北和南方普及,主要用于短途运输。

电动车经过前几年的高速发展,两轮电动车市场保有量急速增加。因此,虽然2014年电动车产量下降,但由于维修需求,电动车胎产量仍继续增长,这也可以认为是一种惯性增长。自行车胎产量连续多年下滑后逐步稳定,近年来,自行车胎产品逐渐表现转型升级,向时尚商品化发展。随着健康、环保意识日益加强，自行车的使用功能发生了很大变化。运动、健身锻炼、休闲等时尚用途逐步取代了运输、代步功能，新一代的时尚自行车胎以细花纹、安全、舒适为主，26、27.5、29 吋等自行车胎需求逐步增加，断面向宽大（2.50～4.00）流行，胎侧薄，颜色多。

丁基内胎已经成为内胎的主流品种，内胎丁基化率达到 72.34 %。但近年行业内胎产量逐步下滑，主要原因：一是真空胎质量逐步提高，受到消费者喜爱，市场份额增加；二是丁基内胎质量提高，耐用程度大幅提升，使用寿命延长。

力车胎分会根据上下游行业的数据，估算全国 2014 年摩托车外胎销量为 1.7 亿条，自行车外胎销量为 3.2 亿条，电动车外胎销量为 2 亿条。力车胎内胎总产量为 9 亿条。

新建、扩建企业增加，行业规模出现了明显变动，部分企业规模萎缩，一些企业快速发展。根据力车胎分会统计数据，2014 年，前 5 家企业占行业销售的 55.04%，下降 1.66 个百分点；前 10 家占行业销售的 79.98%，与上年持平。综合内胎前 5 强市场占有率 69.05%，下降 0.73 个百分点，前 10 家企业市场占有率 83.83%，下降 2.57 个百分点。

成本和利润方面。2014 年，受经济大环境影响，力车胎生产用各种原材料价格全面下滑。据力车胎分会对会员企业统计，2014 年国产标准 5 号胶价格下降 28.24%，高耐磨炭黑价格下降 3.11%，尼龙帘子布 1260 价格下降 6.71%。

2014 年，企业管理成本继续增高，主要在用工成本、环保费用，包括改善生产环境等方面，且投入改进维护费用比重越来越大。在销售疲软、竞争激烈、管理成本增加等多种原因下，力车胎行业 2014 年利润大幅下滑，下降 16%，行业平均销售利润率仅为 4.73%，下降 1 个百分点。

2014 年力车胎分会会员企业销售收入、利润前 10 名企业见表 2，自行车外胎产量、自行车内胎产量前 10 名企业见表 3，摩托车外胎产量、摩托车内胎产量前 10 名企业见表 4。

表 2　2014 年力车胎分会会员企业销售收入、利润前 10 名企业

排名	企业名称	销售收入/万元	实现利润/万元	销售利润率/%
1	厦门正新橡胶工业有限公司	328061.0	41302.0	12.59
2	中策橡胶集团有限公司	274696.9	8677.7	3.16
3	新东岳集团有限公司	132845.3	6161.0	4.64
4	青岛喜盈门双驼轮胎有限公司	119040.2	1838.7	1.54
5	四川远星橡胶有限责任公司	117380.0	4185.0	3.57
6	江苏三元轮胎有限公司	113598.0	2736.0	2.41
7	青岛东方工业品（集团）有限公司	101970.0	608.0	0.6
8	天津万达轮胎集团有限公司	87177.0	407.0	0.47
9	江苏飞驰股份有限公司	81672.0	718.0	0.88
10	山东佳程橡胶工业有限公司	56101.0	5341.0	9.52

表 3　2014 年自行车外胎产量、自行车内胎产量前 10 名企业　　万条

排名	企业名称	外胎	排名	企业名称	内胎
1	中策橡胶集团有限公司	8360.4	1	厦门正新橡胶工业有限公司	11076.0
2	天津万达轮胎集团有限公司	5917.0	2	中策橡胶集团有限公司	9545.1
3	厦门正新橡胶工业有限公司	5137.0	3	河北协美橡胶制品有限公司	4105.0
4	青岛东方工业品(集团)有限公司	2372.0	4	江苏飞驰股份有限公司	4035.0
5	新东岳集团有限公司	1876.0	5	天津万达轮胎集团有限公司	3151.0
6	江苏飞驰股份有限公司	1377.0	6	上海天马万虹胶制品有限公司	1044.6
7	江苏三元轮胎有限公司	1367.3	7	伊诺华橡胶(平湖)有限公司	983.9
8	四川远星橡胶有限责任公司	1215.0	8	新东岳集团有限公司	975.3
9	山东佳程橡胶工业有限公司	1170.9	9	福建和兴橡胶工业有限公司	814.9
10	河北协美橡胶制品有限公司	1117.0	10	广州飞旋橡胶有限公司	648.9

表 4　2014 年摩托车外胎产量、摩托车内胎产量前 10 名企业　　万条

排名	企业名称	外胎	排名	企业名称	内胎
1	青岛喜盈门双驼轮胎有限公司	2511.2	1	江苏飞驰股份有限公司	3544.0
2	新东岳集团有限公司	2059.2	2	青岛喜盈门双驼轮胎有限公司	2511.2
3	厦门正新橡胶工业有限公司	1968.0	3	新东岳集团有限公司	2466.0
4	江苏飞驰股份有限公司	1233.0	4	厦门正新橡胶工业有限公司	2090.0
5	四川远星橡胶有限责任公司	998.0	5	青岛德基工具有限公司	1680.0
6	山东佳程橡胶工业有限公司	775.5	6	四川远星橡胶有限责任公司	1455.0
7	山东新轮轮胎有限公司	727.1	7	福建和兴橡胶工业有限公司	887.5
8	江苏通用科技股份有限公司	718.5	8	山东新轮轮胎有限公司	730.0
9	中策橡胶集团有限公司	580.0	9	江苏通用科技股份有限公司	544.8
10	徐州汉邦轮胎有限公司	443.1	10	青岛华达橡胶制品有限公司	518.0

【进出口】

2014 年,我国力车胎产品出口稳步增长。力车胎分会统计重点企业产品出口交货值为 42.69 亿元,下降 4.8%,出口销售额占行业销售额的 39.07%,出口比例逐步提高。海关总署数据显示,全国力车胎出口额增长 7.23%。2014 年力车胎分会会员企业出口交货值前 10 名企业见表 5,2014 年摩托车内外胎、自行车内外胎各月出口量见图 5,2014 年全国摩托车胎和自行车胎出口情况见表 6。

表 5 2014 年力车胎分会会员企业出口交货值前 10 名企业

排名	企业名称	出口交货值/万元	同比/%	主要出口产品
1	青岛东方工业品(集团)有限公司	90072.0	-7.58	自行车胎
2	厦门正新橡胶工业有限公司	85306.0	5.04	自行车胎、摩托车胎
3	青岛喜盈门双驼轮胎有限公司	37757.0	21.16	摩托车胎
4	江苏飞驰股份有限公司	37659.0	16.16	自行车胎、摩托车胎
5	中策橡胶集团有限公司	33714.3	-22.05	自行车胎、摩托车胎
6	江苏三元轮胎有限公司	17443.0	3.12	自行车胎、摩托车胎
7	天津万达轮胎集团有限公司	16018.2	-28.14	自行车胎、摩托车胎
8	广州飞旋橡胶有限公司	13000.5	3.97	自行车胎
9	四川远星橡胶有限责任公司	12442.0	10.23	摩托车胎
10	青岛茂润轮胎有限公司	11023.0	12.26	摩托车胎

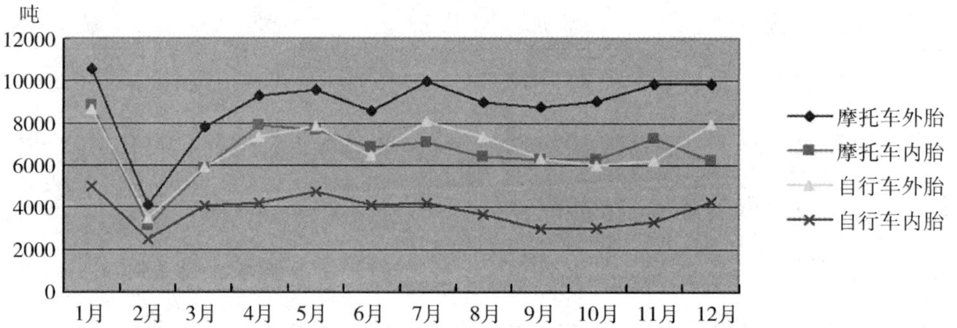

图 5 2014 年摩托车内外胎、自行车内外胎各月出口量

注:数据来源为海关总署。

山东省出口摩托车内外胎量仍然远超其他地区,摩托车内胎占全国出口量 70% 多。厦门自行车内外胎出口一直稳居第一名,总体南方地区出口自行车胎量较大。天津是我国较大的自行车生产基地,天津的自行车胎出口在北方一枝独秀。南方的杭州、广东也是主要出口基地。

表 6 显示,2014 年我国力车胎产品出口市场差异明显。摩托车胎主要出口到非洲、东南亚、南美洲等国家和地区,自行车胎的出口市场则从欧美到发展中国家全面覆盖。主要原因:在欧美,摩托车用途主要是运动、娱乐,需要装配子午线摩托车胎,但国内企业还没有能力批量生产子午线摩托车胎,外资企业少量出口到欧美国家;在自行车胎出口方面,很多发展中国家自行车仍担负运输、代步的主要功能,传统的自行车胎在这些国家需求量比较稳定,但随着这些国家的经济发展,他们的运输工具会逐步升级到摩托车。所以,近年我国摩托车胎出口量持续稳步增长,当然,销售国基本上是发展中国家。2013 ~ 2014 年摩托车和自行车进出口量价对比见表 7 和表 8。

表 6　2014 年全国摩托车胎和自行车胎出口情况

项　　目	摩托车外胎	摩托车内胎	自行车外胎	自行车内胎
出口总量/千克	106204673	79824813	81505083	46034699
出口总额/美元	332752444	219531939	258155311	213825074
出口均价/美元·千克$^{-1}$	3.13	2.75	3.17	4.64
出口方式				
进料加工	51302621	39750979	27260449	198681840
一般贸易	40373635	46289979	50602991	22815991
企业类型				
外商独资	1936808	677649	2511907	1507855
国有企业	347138	42485	1024732	155637
集体企业	519278	463576	517552	115856
中外合资	2155394	267730	977846	601233
私人企业	4855931	4771105	2890471	1855320
发货地	山东青岛 2939236	山东青岛 3822480	厦门特区 1398170	厦门特区 806519
	浙江杭州 777929	山东潍坊 297078	浙江杭州 695251	深圳特区 490737
	广东广州 768205	江苏张家港 244593	深圳特区 642618	浙江杭州 402194
	厦门特区 532244	广东广州 179100	天津西青 549506	江苏南通 360341
	山东济宁 513631	山东东营 162865	广东广州 529251	广东广州 221550
出口国别（地区）	尼日利亚 2141352	尼日利亚 1144868	墨西哥 865996	德国 453038
	哥伦比亚 619384	巴西 827374	土耳其 492643	巴西 401740
	墨西哥 425585	墨西哥 383428	日本 408467	美国 260251
	肯尼亚 422461	泰国 371591	德国 357903	加纳 209005
	菲律宾 417593	菲律宾 332297	意大利 344373	意大利 208945

注:数据来源为海关总署。

表 7　2013～2014 年摩托车和自行车胎出口量价对比

项目	2013 年			2014 年		
	出口量/千克	出口额/美元	出口均价/美元·千克$^{-1}$	出口量/千克	出口额/美元	出口均价/美元·千克$^{-1}$
摩托车外胎	92484684	288463544	3.12	106204673	332752444	3.13
摩托车内胎	86930832	227438498	2.62	79824813	219531939	2.75
自行车外胎	81216878	240752557	2.96	81505083	258155311	3.17
自行车内胎	43555796	198681840	4.56	46034699	213825074	4.64

注:数据来源为海关总署。

表 8　2013～2014 年摩托车和自行车胎进口量价对比

项目	2013 年			2014 年		
	进口量/千克	进口额/美元	进口均价/美元·千克$^{-1}$	进口量/千克	进口额/美元	进口均价/美元·千克$^{-1}$
摩托车外胎	225851	2197810	9.73	1002642	5048079	5.03
摩托车内胎	64333	364180	5.66	107268	292914	2.73
自行车外胎	1466045	14934074	10.19	2010415	19328941	9.61
自行车内胎	165390	1723989	10.42	232129	1854969	7.99

注:数据来源为海关总署。

近两年,我国力车胎企业生产成本大幅增加,产品出口价格随之逐步上升。这种上升趋势来自于:①我国力车胎产品质量逐步提高,受到进口国的认可;②招工困难,工人工资上升;③环保费用增加;④燃油、路费等运输成本上升;⑤管理成本提高;⑥人民币汇率上升。因此,虽然出口产品价格上升,但多数原因是被动上涨,企业出口利润实际不高。由于国内力车胎产能过剩,出口是一条消化国内过剩产能的主要途径。

我国每年也进口部分摩托车胎和自行车胎,基本是比较高档的产品。从进出口价格比较,国外力车胎进口价是我国出口价的 1～2 倍,说明我国力车胎产品竞争力还有一定提升空间。

【产业布局】

经过近两年力车胎行业一轮新建、扩产高潮,行业产能大幅增加,对整个行业经营、产销造成了很大压力。大部分企业采取促销手段,在这种情况下,强弱逐步分化,已有山东临沂、浙江天台的力车胎企业清算结业,部分企业亦已有出售计划,行业格局将发生较大变化。

由于市场饱和,行业生产销售下降,2014 年力车胎行业基本没有较大的投资和基建项目,行业主要发展精力放在前几年新上项目的完善和改造上。

目前,我国力车胎生产企业数量没有准确的统计数,估计有 300～400 家。比较集中在山东省、江苏省、天津市、河北省、浙江省、广东省、福建省、川渝地区等。新的发展趋势出现在中西部。随着东部沿海地区工资成本及能源成本、环保治理、地区发展政策等方面的变化,中西部凸显了地区优势,同时也符合国家发展政策,合理分布企业,减少运输费用。这些因素成为近两年中西部力车胎行业发展速度接近东部发展的主要原因。

四川远星橡胶有限责任公司第三期项目已投入正常生产,主要生产精品车胎,目前公司生产能力日产车胎超过 12 万条外胎。2014 年,四川远星内胎硫化工序改造用机器人操作,目前安装 5 台机器人,操作 60 副模具。

万达轮胎集团有限公司河北分公司目前主要生产摩托车、自行车和电动车内胎,占地 700 亩地,2014 年底已安装 9 条内胎生产线。

2014 年,新东岳集团有限公司新建一个精品车间,配备了∮200/∮150 复合挤出机、胶囊反包成型机、双向导热胶囊硫化机、动平衡试验机,使企业产品质量上了一个台阶。目前,公司日产车胎 7 万条。

山东佳程橡胶工业有限公司完成了电动自行车外胎的扩建,另外增加了 3 条内胎生产线,全厂 2014 年产值超过了 5 亿元,企业第一次进入行业前 10 名。

新轮轮胎有限公司 2014 年完成了车间改造,新增隔膜硫化机 40 台,新增占地面积 130 亩。目前公司日产外胎 1.7 万条,内胎 3 万条,产品供不应求。

江苏汉邦轮胎有限公司搬迁工程进入设备采购阶段,新厂房占地 200 亩,计划生产摩托车胎、电动自行车胎、自行车胎,规划生产能力日产 5 万条、年产1600万条。

在国内企业发展萎缩的同时，外资企业在国内稳步发展，企业以产品质量作为基础，扩大国内市场份额。

蚌埠伊诺华轮胎有限公司已基本完成搬迁，平湖工厂在2014年停产。大陆合肥公司2011年已正式生产，计划国内工厂的自行车胎产能达到1300万条/年。

2015年3月份，正新、建大、华丰3家台资企业相继宣布2015年自行车胎产能增长10%～15%。

【技术进步】

力车胎行业在前几年的黄金发展时期积累了发展资金，具备了发展动力，也吸引了部分社会资金。因此，近两年行业急速扩展，更新设备，改造厂房，涌现了一批新工艺、新设备，提高了生产自动化，推动了行业的工艺技术进步。

1.向自动化发展提高生产效率

随着社会发展，力车胎行业劳动强度大、生产效率低、招工困难的问题慢慢影响到行业发展。这两年，行业越来越多的企业意识到逐步提高自动化生产的必要性，纷纷与设备制造厂及研究机构开发自动化生产设备。如威海腾森几年前实现了摩托车外胎机械臂装胎硫化操作；四川远星研制出内胎硫化机器人，每个机器人可操作6台双层硫化机；福建某公司正试制另一形式的内胎硫化装胎机械手。

除了机器人、机械臂等，行业也在各工序进行改造革新，提高劳动效率，减少用工。如科炬源公司在内胎生产线加装用滚轮自动对气门嘴胶垫涂胶浆，自动贴嘴装置，如果改造成功，每条内胎生产线可省2人以上。20多年前，国内曾引进多工位内胎接头机，由于各种原因，消化吸收不成功，2015年某公司开始组织人力重新设计多工位接头机，如果成功，将把现在内胎接头效率提高3～5倍。另外，也有不少企业在车间上空加装运输线，使半成品、成品的物流有序，减少小车和用工。

2.双向导热隔膜硫化工艺引领创新

双向导热隔膜硫化工艺在国内上世纪八九十年代已经出现，但当时产品主要是自行车胎，由于技术、投入及管理等各种原因，一直没有普及这种先进工艺。随着我国力车胎行业发展需要，由于隔膜硫化具有提高产品质量、提高生产效率、减轻劳动强度、解决招工困难等优点，使得隔膜硫化近年来在力车胎行业得到大力推广。目前，大中型企业在摩托车外胎和电动车外胎生产中都逐步采用双向导热隔膜硫化，部分生产中高档自行车胎的企业如正新、中策等已基本全厂采用双向导热隔膜硫化。杭州数通与中策公司共同开发的三层隔膜硫化机改进了中心机构、气缸上移等技术后，使硫化工操作更方便，女工也能轻松操作。

3.制定行业能耗自律标准

近年来，国家对环保、节能日益重视，力车胎行业同样也面临降耗的环保压力。2014年中橡协力车胎分会完成了《力车胎行业单位产品能源消耗限额》协会自律标准编写，由中国橡胶工业协会2015年1月1日发布，2015年7月1日起执行。

两年来，力车胎行业在多方面做了不少节能降耗的技术改造工作，在细节上虽然不是大改革，但积累起来却有明显效果。如疏水阀改造、硫化机隔热保温、蒸汽尾汽冷凝水余热回收等技术，某些项目节能达20%。在双向导热隔膜硫化工艺逐步普及过程中，行业还在边普及边改进。如试验一段充氮气硫化，回收氮气，使得该工艺更节能。目前虽然还不成熟，但这是行业节能发展的一个方向。

在环保方面，2015年，中国橡胶工业协会发布了《E系轮胎再生橡胶》协会自律标准，这个标准以淘汰污染严重的煤焦油使用为目的。力车胎行业大中型企业也逐步减少或不使用有毒有害再生胶。橡胶行业除再生胶外，气味也是一种污染，目前行业也采取多种除味方法，有添加除味剂，也有过滤法，都是保护环境、保护工人健康的新方向。

4.开发适应市场的新产品

从2014年开始，由于产能过剩，行业感受到经营困难，这时候，开发市场适销产品可以帮助企业渡过难关。在国内摩托车胎、电动车胎市场饱和，竞争激烈的时候，国内外自行车胎产品正发生升级换代，休闲、娱乐的27.5吋和29吋宽断面车胎成为各自行车展的当红产品。一些市场反应快、产品设计技术力量较强的企业很快就推出新产品抢占市场,获取丰厚利润。

在传统产品市场饱和,库存积压局面下,一些企业利用自己技术力量另辟蹊径,开发生产一些批量小但利润率高的产品,如实心胎、特殊规格异形胎等。这些企业的新产品拓展了市场,找到立足点,增加了自身竞争实力。

5. 检测和标准

近年,摩托车电动车配套厂家和出口市场对力车胎产品质量要求越来越高,即使维修市场产品也有不同性能的要求。为了保证产品满足配套或市场需要,很多企业建立了满足力车胎基本性能的检测室,检测手段有了较大幅度提高。很多企业配备了硫化仪、强力试验机、老化箱、磨耗机等,但实验人员操作技术水平与实际要求有差距,需要加强培训。

现在知名的摩托车厂家要求力车胎企业产品配套需要做动平衡检测,一些出口车胎产品也要求有动平衡检测报告。目前,部分力车胎企业已经或准备配备摩托车胎动平衡检测机。但我国至今没有摩托车胎动平衡的检测标准,一般以双方商定合同协议为标准。

这两年,力车胎行业标准工作取得一些成绩。根据会员企业的建议,2014 年分会技术经济专家组制定了《力车胎行业工艺技术规范》自律标准,中国橡胶工业协会 2015 年 1 月 1 日发布,2015 年 7 月 1 日起执行。近几年,电动自行车胎市场需求旺盛,但电动车胎标准迟迟没能发布,使企业无所适从,与车厂时有摩擦,更有发生事故,诉诸法庭。在各方面推动下,2015 年 5 月 15 日,国家正式发布了电动车胎国家标准,从 2016 年 2 月起执行。2014 年,国家还发布了《摩托车轮胎性能试验方法》(GB/T 13203—2014)。上述多个标准将对提高力车胎质量水平,缩小与国际标准差距起推动作用。

6. 丁基内胎成为内胎主流品种

丁基内胎的配方技术、装备的先进性和工艺水平都已达到令人欣慰的程度。天津万达公司在河北广宗新建的工厂,丁基内胎生产线效率高、质量好。内胎挤出前为冷喂料过滤机连接供胶机,∮150挤出机现场实测每分钟 34 条胎管,3 台双工位立式接头机在线接头。气动式单层内胎硫化机,175℃ ×160s 为一个硫化周期,一个硫化工操控 10 台机,每台硫化机都装有半浮球式疏水器实行蒸汽闭路循环。据了解,内胎在半空中的大运输带上运行 12 小时后,一个人在大运输带尾部进行外观检查。然后进入自动抽气机工序,已抽气的内胎在半自动卷胎机卷胎并包装。目前已有企业丁基内胎硫化周期缩短到 140s。

【问题与建议】

1. 行业发展缺乏整体规划

由于近年来力车胎行业扩产或新建企业多,产能过剩,造成行业集中度低,市场混乱,这种情况阻碍了行业发展。力车胎行业大部分是民营企业,没有长远规划。目前,行业还没有一家上市公司,且在规模、资金上明显实力不足。行业至今没有出现过兼并重组等情况,集中度不但没有提高,近年反而下降。力车胎行业要继续发展,需要一些有实力的企业进行重组整合,大中企业应有长远发展规划。希望国家出台扶持政策,提高力车胎行业准入门槛,控制企业数量,推动行业健康发展。

2. 自动化程度较低,与国外比有相当大差距

我国力车胎生产装备多数是消化吸收的设备,“形似质不同”,较为粗糙,设备的精度、自动化程度都不及先进国家所生产的设备。因此,生产出来的成品、半成品质量均一性差、尺寸波动大、不够精致,耗能高,效率低。应该在设备制造上精益求精、不断创新,力求生产设备的维护成本低、效率高、耗能低,确保半成品和产成品的质量均一稳定。

3. 行业创新缺乏动力,创新力弱

一些创新成果得不到国家政策和行业的支持,很多企业不愿投入更多的创新研发经费,大部分达不到销售额的 1%。要走向力车胎强国,就必须从国家、行业支持创新,企业加大创新经费的投入,不断地推动技术进步,才能增强迈向强国的动力。国家应从政策、资金等方面支持专业研究单位或获“国家级、省级”的企业技术中心从事力车胎基础理论和产品标准的研究。使力车胎行业

从标准体系、专用试验仪器设备、专用原材料、专用工艺装置及设备、产品系列等方面，建立自己完善的体制。

4. 坚持环保绿色生产

推广应用高科技的疏水器和高压热水泵，把蒸汽冷凝水直接打入锅炉体内，形成蒸汽闭路循环硫化系统，从而节约煤耗20% ~30%。推广双向导热快速硫化工艺和氮气循环利用等措施，建立全员节能长效管理机制。按照《力车胎行业单位产品能源消耗限额》行业自律标准，“十三五”末，75%生产企业能耗达到500千克标准煤/吨产品标准，25%企业达到耗能≤390千克标准煤/吨产品。坚持循环经济理念，大力推进绿色产品生产，逐步减少使用有毒有害物质生产力车胎产品。提倡在力车胎产品中掺用无味无害的再生胶，达到节省资源，改善工艺，以循环经济理念发展力车胎行业。

（杨灿光）

胶　管

2014年国内外胶管市场竞争日趋激烈，多年来快速增长的汽车行业产销增长率开始变窄，机械工程等下游行业周期性调整、景气度下降，面对多重困难和挑战，胶管企业积极应对。一方面，对成本、市场、生产做全面分析、调整，抓重点部位和薄弱环节，提升管理水平和经营效益，防范和化解生产经营风险，稳定增长；另一方面，加快结构调整和转型升级的步伐，寻找和把握新的增长点和突破口，制定可持续发展战略，为由大向强发展谋篇布局。

【基本情况】

1. 行业概况

据中国橡胶工业协会胶管胶带分会对103家会员企业统计，2014年，管带产值完成1555646.28万元，同比（下同）下降2.34%；主导产品胶管完成23364.60万Bm，增长8.35%。其中，钢编胶管完成11195.63万Bm，增长19.17%；汽车专用胶管完成398578311根，增长9.04%。管带产品出口交货值368703.46万元，增长14.90%；胶管出口量4541.38万Bm，下降17.47%。

综合来看，2014年胶管行业利润总额及实现利税总额继续增长，但四季度增幅有所收窄，行业内部分化明显。由于汽车工业产销保持一定增长，并且原配市场门槛较高，汽车胶管市场竞争相对不及其他胶管产品激烈，国内市场延续了逆势增长态势，没有出现明显市场波动。尽管如此，在国内经济有所下行的形势下，这些产品都面临下游持续不断的降价压力，导致原材料价格滑落却利润提升空间有限。

胶管行业内不同企业之间的分化更加明显。有的企业生产经营困难，处于停产或半停产状态；有的则由于把握市场机会和产品结构调整的成功，产销两旺，甚至多项经济指标均创历史最好水平。

2. 品牌建设

（1）按照《输送带、胶管和V带产品评定行业十强实施办法（2014年修订）》和《评选胶管胶带行业最具成长性企业办法》，经胶管胶带分会专家组根据2013年和2014年上半年会员企业主要经济技术指标完成情况确定入围企业，对入围企业及产品近年获得名牌或驰名（著名）商标称号、国家与省（市）科技进步奖励次数、高新技术企业认定资质以及本专业发明（实用新型及外观设计）专利授权件数和奖项件数、近年参与起草本专业标准以及中国橡胶工业协会质量授信复审等相关情况，打分综合评定，分别确定“2013～2014年度全国胶管产品10强企业”和“2013～2014年度胶管胶带行业最具成长性企业”，见表1和表2。

表1　2013～2014年度全国胶管产品10强企业

序号	企业名称
1	天津鹏翎胶管股份有限公司
2	山东美晨科技股份有限公司
3	漯河市利通液压科技有限公司
4	欧亚管业股份有限公司
5	四川川环科技股份有限公司
6	南京七四二五橡塑有限责任公司
7	河北恒宇橡胶制品集团有限公司
8	山东悦龙橡塑科技有限公司
9	陕西延长石油西北橡胶有限责任公司
10	广州天河胶管制品有限公司

表 2　2013 ~ 2014 年度胶管行业最具成长性企业

序号	企业名称
1	浙江峻和橡胶科技有限公司
2	青岛三祥科技股份有限公司
3	河北中美特种橡胶有限公司

(2)2015 年,天津鹏翎胶管股份有限公司、美晨科技股份有限公司、浙江峻和橡胶科技有限公司、欧亚管业股份有限公司、四川川环科技股份有限公司进入中国橡胶工业百强企业名单。

3. 行业亮点

(1)美晨科技实施资产重组,通过客户结构优化、产品升级换代等措施,保持了极高成长性。该公司 2014 年营业总收入增长 89.69%,实现净利润增长 221.56%,使公司面向乘用车市场的销售额占母公司总营业额的比例由 2013 年的 13% 提升至 2014 年的 21%。此外,该公司积极关注环保产业发展,寻找合适的转型契机及业务领域,以求形成互补性的业务组合,实现多元化发展战略。2014 年公司启动了重大资产重组事项,完成了对赛石集团的收购,由单一从事非轮胎橡胶制品研发、生产、销售和服务转变为同时拥有非轮胎橡胶制品和园林绿化两块业务,成功进入环保领域,实现战略转型的关键一步。

(2)山东安能全面展示研发能力、质量体系和产品性能,2014 年向市场推出了防井喷胶管、耐高温胶管、耐低温胶管、超耐磨胶管等液压胶管,以及高压清洗胶管、蒸汽胶管、加油机胶管等工业胶管及总成解决方案。

(3)天津鹏翎胶管股份有限公司针对国内商用车特别是中重卡领域市场不景气的恶劣环境,积极开拓新市场,提前布局乘用车、工程机械等领域,增加产品盈利能力,2014 年营业总收入增长 9.53%,其营业利润和利润总额分别增长 22.69% 和 26.23%。此外,立足自主创新,推进技术升级。2014 年 ,公司以客户需求为导向,夯实稳固冷却系统管路、燃油系统管路产品的领先地位,集中资源加大空调系统管路、天窗排水系统管路、涡轮增压系统管路等产品开发;加大研发投入,新增一批先进检测仪器、设备;加强技术中心人才梯队建设,储备多方面专业技术人才;新申请专利 11 项(其中发明专利 9 项),新授权专利 10 项(其中发明专利 5 项)。

该公司积极推进项目建设工作:一是快速推进首次募集资金投资项目的建设工作,于 2014 年 7 月 31 日达到预定可使用状态。至年底,"助力转向器及冷却水胶管项目"已达到了预计效益目标;"汽车流体管路系统研发中心项目"虽不直接产生效益,但其效益体现于最终的胶管产品和服务;"新型低渗透汽车空调胶管及总成项目"已经实现部分产品小批量生产,下一步将重点推进合资品牌的认可进度,尽快形成配套能力,提高市场占有率。二是快速推进江苏鹏翎胶管有限公司建设工作,截至 2015 年 2 月 25 日,江苏鹏翎整体建设工作已全部完毕,年设计产能 1 亿件橡胶板、管、带及橡胶制品项目,其中一期年产 6000 万件,经验收正式进入了批量生产阶段。三是决定在天津中塘工业区(现厂区西侧)投资建设汽车涡轮增压 PA 吹塑管路总成项目,并申请非公开发行股票募集资金约 3.5 亿元用于项目建设。

【科技创新】

1. 发动机可变长度进气管

研发可变进气歧管项目已进入 ET 交样阶段,引领了汽车研发的新趋势,使每一气缸具有细长和短粗两个装车调试,且状态良好,达到改善中、低速和中、小负荷时的动力性、燃油经济性及排放净化性目的,2015 年 6 月进入 OTS 阶段。该项目市场潜力巨大,将提高产品市场占有率,具有良好的经济、社会效益。

2. 环保防腐型刹车制动用双层卷焊管的研发

在材料技术及深加工项目上的研发进一步扩大了应用范围,解决了卷焊管深加工难以解决的质量难题,也弥补了国内企业在卷焊管高端产品深加工方面的技术难题,试验 3000 小时不出现腐蚀、湿热不出现腐蚀或镀层破裂。

3. 环保材料天窗导水管项目

TPO 材料是 EPDM 跟 PP 共混的热塑性弹性体,该技术及工艺研发的完成提高了环保材料天窗导水管的技术,真正实现环保可回收利用。

4. 波纹硅胶管成型新工艺

通过特殊的波纹结构设计以及成型工艺，可以有效吸收中冷器各部件之间产生的振动，提高各部件的使用寿命，提升整车舒适性。

5. 水辅成型进出气管路项目

通过研究水辅注射成型，完成了发动机冷却系统管路研发项目，实施后不仅能使辅助注塑技术更加先进，还优化了设计方案和产品结构，使冷却系统管路减重，减少支架焊接和成型时间等。

6. 新型氟硅胶管开发项目

通过验证缠绕筒状管胚在异型模具上套管工艺，降低在异型模具上缠绕过程人工因素的影响，降低硅胶管生产成本，保证质量的一致性和稳定性，提高了产品质量、成型效率，降低了制造成本。

7. 校企合作

成立天津市企业重点实验室和学术委员会，加强校企合作，推动汽车流体管路系统研发中心建设，研发引导市场需求的胶管材料配方。

8. 适应低碳环保要求，布局新型产品

“汽车涡轮增压 PA 吹塑管路总成”项目的产品技术开发与推广工作取得成果。

【建　议】

1. 创新智能胶管生产新模式

在转型经济的背景下，以人工成本和廉价资源为代表的成本优势已经逐渐丧失，以节能、信息化、精益系统管理为代表的软技术将为企业提供新的竞争优势。创新智能胶管生产新模式提升企业的综合竞争力，做好产品结构调整，提升产品质量和制造核心能力。我们已经拥有比较成熟的导入射频技术、智能机器人、信息技术为载体的智能化制造，打造智能化工厂，实现自动化制造、半成品物流自动化、输送自动化、成品检验与入库自动化、全自动智能化立体仓储系统，以及对整个体系进行综合管理的 MES 管理系统，实现从原材料、部件、成型、硫化、检测、入库自动化、信息化、智能化生产。

（1）ATMSS 系统

从密炼到胶管成品硫化的全自动制造系统。首先是从原材料到密炼的物流自动化系统，包括原材料自动仓储系统、物料自动输送系统、原材料和小料自动输送系统，实现以密炼为中心的立体化管理模式。其次是半成品物流自动化系统和成品自动物流系统，实现工厂所需要的各种半成品全部先进先出，自动存储、运输，采用激光、导引、叉车进行各种半成品的运输，并通过 MES 系统对成型机台给出规格和时间，及时将半成品部件输送到机台位置，实现半成品的输送自动化。

（2）MES 系统

对生产过程管理与过程检测管理系统。采用先进的过程检测系统，实现信息化生产计划管理、设备和工艺管理、标准管理为一体的过程管理体系；采用最优化的方案，以硫化设备利用率最大化进行胶管成型生产规格的调整，以最大化进行半成品部件的计划编制，根据产品规划工艺做好半成品的准备工作，计划员在办公室就可以掌控生产全局，实现生产现场有条不紊；条码管理系统作为 MES 系统的重要组成部分，为基础数据的建立、采集、传输提供有效保障，通过条码可在 MES 中进行追诉硫化；通过全网络式的管控，准确分析半成品的存量，有效做到物料先进先出，大大提升了工艺质量的稳定性和生产效益。

（3）WMS 系统

成品仓储智能化系统。节约用地，减轻劳动强度，提升仓储自动化水平和管理水平，降低损耗，消除差错，有效地减少流动资金的积压，提高物流效率。

2. 提高产业集中度，遏制恶性竞争

积极推进以大型骨干胶管企业为龙头的跨地区、跨行业、跨所有制的兼并重组，优化资源配置，发展拥有国际竞争力的胶管企业集团，提高产业集中度。促进优势企业通过兼并重组等方式扩大高端产品制造能力，鼓励上下游企业组成战略联盟，进行产业链整合。坚持集约化发展原则，鼓励企业通过合并、股权收购、资产收购、资产置换、债务重组等多种方式，实施强强联合，兼并有市场和技术的优势企业，实现产能合理布局。

化解产能严重过剩矛盾，是当前和今后一个时期推进产业结构调整的重中之重，胶管行业不能等待观望、回避矛盾、把问题往后拖，延误时机。破解产能过剩迷局，实现行业的可持续发展，企业坐等通过市场手段与政策引导是不可取的，要科学研判行业发展规律和市场供需形势，关注监管政策、产业政策，主动通过自身转型升级，推动过剩产能早消化、技术工艺早升级，尽快实现包袱早卸掉、风险早化解、问题早解决，深刻认识化解过剩产能对自身发展的紧迫性和重要性。

3. 深入下游行业，最大限度满足市场需求

胶管的下游企业为降低采购成本，也在寻找战略合作伙伴来作为产品产业链的配套。鼓励企业进一步向下游产业链延伸。胶管产品属于配套使用的部件，大多不是最终使用的产品，通过向下游延伸不仅可以扩大市场份额，而且能够提升附加值，甚至可以深加工，不仅减少销售环节和成本，还能更有效地为下游行业服务。

4. 优化产业链

鼓励引导企业从产能过剩领域向战略性新兴产业和公共事业领域转移，实现产业适度的梯度转移。

5. 鼓励部分企业由生产经营型企业转型为行业服务型企业

可以承担生产企业的产品售后服务、保养维护服务等，可以从事地方产业集群或行业的技术创新平台、信息平台、检测中心平台、物业平台、市场开拓平台、物流平台、人才培训平台、环保与节能减排平台、对外贸易平台、电子商务平台等。

6. 引导部分企业全部或部分退出产品市场竞争

行业转型升级可以由退出竞争的企业承担开发或提供服务，实现胶管行业整体减产增效，达到多赢的效果。

7. 开展胶管行业价格监测

开展行业价格监测是推进行业调结构转方式的有效措施，以引导行业价格水平逐步走向合理，改变价格与价值长期背离现象，遏制不正当压价行为。

一是规范市场行为，逐步形成有序公平的竞争环境，可以使先进产能得到保护，落后产能及低价倾销失去市场，从而促进产品结构优化升级，促进企业走质量效益型发展道路。

二是改善行业市场环境的有效举措。提供一个基于对业内重点骨干企业产品监测而形成的相对科学的行业水平价，对提高生产者信誉与维护用户权益，加强行业价格自律，营造健康有序的市场环境都是一项有效的举措。

三是发挥行业管理支撑作用的有效途径，可以为政府部门提供准确的行业经济信息和价格变动信息，为政府制定出台相应的支持或限制政策提供依据，为主管部门打击违法违规行为提供可借鉴的监督标准，并可协助政府部门进行调查，为维护市场正常秩序开展服务。

四是维护行业根本利益的有效保证。开展价格监测，发布行业水平价格，可以为企业开展价格谈判提供支持，争取产品价格的话语权。还可以逐步改变出口价格一再走低的不合理状况，为企业拓展国际市场，应对国际"双反"调查提供有力证据。提供一系列相对客观的价格数据，发布监测价格具有一定代表性，尤其是单项最高价、最低价等价格信息，如实反映市场现状，可营造价格自律、诚信经营的工作氛围。价格监测可为用户采购提供参考依据。

【展　望】

1. 对 2015 年经济形势的基本判断

(1) 国际经济形势

全球经济复苏力度将会加大，以美国为首的发达国家将推动全球经济恢复性增长，新兴经济体的增速则呈现放缓趋势。全球经济增长在持续低迷之后有望出现回升，全球经济增长将好于 2014 年。根据国际货币基金组织预测，2015 年全球经济增长 3.8%，比 2014 年预测值增加 0.5 个百分点。

(2) 国内经济形势

我国经济内生增长动力正在逐步形成，工业经济增速有望小幅提升。

投资增速降中趋稳，但增量依然可观。考虑到近期国家发改委密集批复了 16 条新建扩建铁路、5 个机场，总投资金额近 7000 亿元，并且另有早前批复的 3 项特高压工程已于 2014 年 11 月初正式开工，这些基建项目的批复和开工将在一定程度上稳定投资。总的来看，2015 年投资增速将缓中趋稳，预计工业固定资产投资增速约为 12.0%；虽然投资增速有所放缓，但考虑到巨大投资基数，投资增量依然可观。

消费总体稳中趋缓，新亮点正在逐步形成。虽然部分领域的紧缩性宏观调控政策短期内仍将持续，对消费产生一定抑制作用，但部分享受型消费和新兴领域消费仍将保持活跃。综合来看，我国消费总体将延续稳中趋缓态势，预计2015年消费增速约11.0%。

出口形势将有所改善。2014年以来，国务院先后出台了《关于支持外贸稳定增长的若干意见》和《关于加强进口的若干意见》，旨在促进我国贸易平稳健康发展；同时受益于发达经济体特别是美国和欧元区经济复苏，我国出口形势有所好转，工业出口增速稳步回升。考虑到美国量化宽松政策有可能退出，美元升值预期增强，以及我国自由贸易区建设的加快和"一带一路"建设的推进，预计2015年我国工业出口交货值增速约7.5%。

2015年我国整个经济发展仍处在去库存、去过剩产能的环境下，且占整个投资比重较大的房地产投资放慢，基础设施投融资体制制约基建持续高速增长，外需也难以大幅度提升。总体来看，2015年我国经济发展增速将低于2014年。

2. 下游行业形势的前景分析

(1)煤炭行业

煤炭行业已经历了近两三年的市场洗礼。针对煤炭行业的严寒，国家和地方政府密集出台了一系列措施，如恢复征收"外煤进口"关税、降低"出口煤"关税、加大金融支持力度、降低煤炭企业负担、建立小煤矿退出机制等，但煤炭行业低迷态势2015年仍难以改观，原因是煤炭行业发展"黄金10年"积累的问题积重难返，煤炭供给全面过剩局面已经形成，行业的深度调整仍需要持续较长的时间。

2015年煤炭市场供大于求压力仍然不小，预计社会库存高位和下游需求不旺仍会伴随着煤炭市场，对煤炭价格形成遏制作用。预计2015年，发热量5500大卡煤炭港口交易价会稳定在550元/吨左右的低位水平，不会出现大幅上涨。

(2)汽车行业

据中国汽车工业协会统计，2014年汽车产销增长7.26%和6.86%；乘用车拉动汽车总体增长，商用车产销增幅回落；中国品牌乘用车市场份额下降明显；汽车出口和进口一降一升；行业集中度提高；新能源汽车产销爆发式增长；行业主要经济效益指标保持较快增长；摩托车产销量为2007年以来新低，出口下降。

2015年1~8月，汽车产销1518.24万辆和1501.72万辆，产量下降0.24%，销量持平，产销增速环比继续回落。其中，乘用车产销1297.06万辆和1278.21万辆，增长2.44%和2.59%；商用车产销221.17万辆和223.51万辆，下降13.49%和12.62%。8月，汽车生产156.97万辆，环比增长3.41%，同比下降8.44%；销售166.45万辆，环比增长10.74%，同比下降2.98%。其中，乘用车生产134.16万辆，环比增长3.10%，同比下降9.41%；销售141.85万辆，环比增长11.81%，同比下降3.39%。商用车生产22.81万辆，环比增长5.24%，同比下降2.28%；销售24.60万辆，环比增长4.95%，同比下降0.55%。

2015年固定资产投资、社会消费品需求将略有增长；但钢铁、煤炭、水泥等相关行业仍处于低迷期；在政策法规上，甩挂运输、治理超载、冷链物流、油价波动与新能源等方面的相关政策，将对汽车市场销量及结构有一定影响。综合以上因素，受GDP增速缓中趋稳的影响，汽车增速大幅下滑，预计将维持平稳。

(3)工程机械行业

2014年我国工程机械行业经历了持续走低时期，行业需求进一步小幅下行，供给增长明显放缓。经过10年的高速发展，从2012年开始，我国工程机械行业进入了滞销调整的发展阶段，盈利能力滑坡远大于销售收入，出口降幅超过行业平均降幅。

虽然近几年中国工程机械行业发展进入了低谷，但在近3年里，工程机械行业转型升级取得了阶段性成果，各企业基本实现了产品的升级换代。如今，随着中国提出"一带一路"战略，高速铁路和高速公路等基础建设将迎来新的发展，对工程机械的需求会有所增加。此外，新型城镇化建设、长江经济带建设以及京津冀一体化的推进必将带来城市基础设施建设的提速，拉动对工程机械的整体需求。

3. 胶管行业形势预测

当前，胶管行业正在进入市场需求增速减缓、成本上升、国际竞争力加剧、科技创新力凸现、市场机制更强的新常态。预测2015年胶管市场需求增长有限:一是胶管行业最主要的应用领域是煤炭、汽车、工程机械等,这些行业都是产能严重过剩或存在限制增长产能的行业,国家和地方政府陆续出台更加严厉淘汰这些行业落后产能的政策,为减少传统汽车产能的扩大及其对环境的危害,国家和地方政府正在陆续出台对其限产的路线图和时间表;二是国家和地方控制碳排放量的强制规定会大大减少对煤炭的需求,同时国家从加强安全生产的角度,出台关闭部分煤矿的强制措施;三是汽车限购等方面的一系列政策和新能源汽车的政策扶持,对胶管和传动带的市场需求势必会产生后续影响。

因此,我们必须转变观念,认识到行业发展要从要素驱动、投资驱动转向创新驱动,从数量的增长转变为质量的增长,提升发展质量和水平,加快推进胶管由大向强发展。同时,新的产业革命相继推行,加快推动由大向强转变,成为行业发展的主旋律。

以下就2015年胶管行业做预测分析:

汽车胶管将面临三大挑战。一是汽车产能过剩和汽车胶管产能过剩双重市场压力。据统计,目前国内生产汽车胶管的厂商有60多家,其中外资企业20家,占1/3左右,占据着大部分配套市场,2014年下半年开始我国汽车产销增幅急剧收窄,产能过剩凸显,鉴于当前国内汽车零部件市场为买方市场,价格竞争成为市场竞争的重要手段,同类产品生产厂家的降价促销活动对汽车胶管的产品价格构成长期压力。二是目前一级城市汽车限购逐渐增加,城市限购限行有可能大面积实行,造成汽车胶管需求疲软。三是符合环保要求受国家政策扶持的新能源汽车,不再使用燃油胶管。

汽车胶管生产行业与汽车行业密切相关。最近几年我国汽车行业保持了快速增长的态势,未来汽车行业增长持续的时间以及具体增速都将直接影响汽车胶管制造行业的增长水平。同时,汽车行业会受到宏观经济运行状况的影响和制约,与宏观经济的波动周期在时间上和振幅上有较为明显的对应关系。若汽车整车行业增长停滞甚至下滑将会削弱汽车胶管制造行业的盈利能力。目前部分城市已经实行了小客车数量调整及限购政策,如若其他城市效仿出台类似政策,会一定程度上减少汽车需求总量。同时,未来电动汽车政策的不断完善及国家相关鼓励政策的出台,将会在一定程度上减少汽车燃油胶管产品的市场需求。

与此同时,新型城镇化发展必然会催生大量新的汽车消费,加剧二三级市场刚性需求的增长,这对汽车行业又是一个难得的历史机遇。东部和西部的经济发展差距巨大,南方和北方的气候环境也大不相同。在消费者越来越追求个性和自我的时代,汽车市场消费的区域化也将越来越明显,又为汽车胶管的发展提供更大发展契机。

综上所述,2015年胶管行业必须调整产品结构,加快发展节能、环保、安全的绿色制品、采用绿色原材料;加快发展差异化、高性能、高附加值产品,淘汰落后产品和产能,以绿色产品、高端产品引领新增长,加快产品升级换代,化解产能结构性过剩矛盾。调整市场结构,以开拓新市场为主,调整产品配套、维修、出口的比例,增加高端产品、高附加值产品的比例。调整组织结构,以推动集团化为主,通过兼并重组整合资源,优化布局、淘汰落后,推进产业结构调整,提高发展质量和效益,增强抗风险能力和市场竞争力。调整资源投向,坚持有所为有所不为,更加注重节能环保,更加注重产品的附加值和贡献性,营造核心竞争力,增强企业的盈利能力。

2015年,胶管行业将进入转型升级、提升发展质量和水平、由大向强发展的新阶段,主动适应经济发展新常态,把转方式、调结构放到更加重要位置,突出创新驱动,强化风险防控,促进胶管行业平稳健康发展。行业通过践行《中国胶管胶带行业自律公约》,正在推出一系列议案全面引导行业自律,遏制恶性竞争,同时开展节能减排达标和建立胶管产品行业内的出口预警机制,踏踏实实做好基础工作推动以能耗和生态环保为首要标准的胶管准入条件出台。

(陶大君 李 鸿)

胶　带

2014年,全球经济形势依然严峻,国内经济增长减缓,市场需求不振,国内外胶带市场竞争日趋激烈,钢铁、水泥、煤矿等部分下游客户周期性调整、行业景气度下降,使胶带行业的结构性过剩矛盾更加突出,行业内同质化竞争进一步加剧。而人工、能源、环保、资金、物流等成本走高,行业及企业经济效益走低,行业、企业所面临的生产经营形势复杂严峻。尽管如此,胶带行业在优秀企业家的带领下,紧紧围绕"坚定信心、凝聚共识、统筹谋划、协同推进"的行业发展思路,进一步树立科学发展观,积极应对经济环境的持续低潮。

【基本情况】

1. 行业概况

据中国橡胶工业协会胶管胶带分会对103家会员企业的统计,2014年,主导产品输送带完成48137.03万m^2,同比(下同)增长1.36%。其中,钢绳带完成9363.88万m^2,增长2.44%;V带完成194132.54万Am,增长8.40%。V带产品中,线绳V带完成189193.10万Am,增长8.46%;汽车专用V带完成69103987根,增长9.88%。出口输送带4596.15万m^2,小幅下降1.76%。亏损企业7家,亏损额2246.56万元。

综合全面情况看,2014年胶带行业整体生产经营呈现下行,尤其经济效益不好,行业内部分化明显。

汽车传动带由于汽车工业产销保持增长,并且原配市场门槛较高,市场竞争不及输送带等产品激烈,国内市场延续了逆势增长态势;普通传动带因为产业集中度相对于其他产品来说高一些,没有出现明显市场波动。尽管如此,在国内经济有所下行的形势下,这些产品都面临下游持续不断的降价压力,导致原材料价格滑落但利润提升有限。

输送带产品由于产能一再放大,出现量大价低、库存增加、经济效益差的局面,部分企业加大出口力度,进一步加剧了本已不景气的国际市场竞争,致使国内国外两个市场隐患无穷。

胶带行业内不同企业之间的分化也更加明显。生产经营困难的企业处于停产或半停产状态;把握市场机会和产品结构调整成功的企业,产销两旺,甚至多项经济指标创历史最好水平。

2. 行业自律标准

2014年为贯彻落实国务院《节能减排"十二五"规划》和《"十二五"节能减排综合性工作方案》以及科技部、工业和信息化部组织制定的《2014~2015年节能减排科技专项行动方案》(国科发计〔2014〕45号),切实做好输送带行业的节能减排工作,履行社会责任,制定全行业统一的单位产品能源消耗限额,中国橡胶工业协会组织完成了《输送带单位产品能耗限额》自律标准。该标准可促进输送带生产企业改进工艺技术、加强管理、提高产品质量和经济效益,不断降低单位产品能源消耗和企业的综合能耗。

3. 品牌建设

(1)按照"输送带、胶管和V带产品评定行业10强实施办法(2014年修订)"和"评选胶管胶带行业最具成长性企业办法",经中橡协胶管胶带专家组根据分会统计的2013年和2014年上半年会员企业主要经济技术指标完成情况确定入围企业,对入围企业及产品近年获得首次各级名牌或驰名(著名)商标称号、近年获得国家与省(市)科技进步奖级别与次数、首次获得各级高新技术企业认定资质、近年获得本专业发明(实用新型及外观设计)专利授权件数及获得发明专利奖项件数、近年参与起草各级本专业标准以及获得中国橡胶工业协会质量授信复审等相关情况,打分综合评定,分别确定"2013~2014年度输送带和V带产品10强企业"和"2013~2014年度胶管胶带行业最具成长型企业",名单详见表1、表2和表3。

表1　2013～2014 年度输送带10强企业

排序	企业名称
1	浙江双箭橡胶股份有限公司
2	青岛橡六输送带有限公司
3	山东安能输送带橡胶有限公司
4	浙江三维橡胶制品股份有限公司
5	无锡宝通科技股份有限公司
6	阜新环宇橡胶(集团)有限公司
7	山东祥通橡塑集团有限公司
8	阳泉煤业(集团)有限责任公司奥伦胶带分公司
9	保定华月胶带有限公司
10	安徽中意胶带有限责任公司

表2　2013～2014 年度 V 带10强企业

排序	企业名称
1	三力士股份有限公司
2	浙江三维橡胶制品股份有限公司
3	浙江奋飞橡塑制品有限公司
4	宁波丰茂远东橡胶有限公司
5	河南省金久龙实业有限公司
6	浙江沪天胶带有限公司
7	宁波伏龙同步带有限公司
8	杭州中策橡胶有限公司永固分公司
9	尉氏县久龙橡塑有限公司
10	浙江保尔力胶带有限公司

(2)为进一步实施名牌战略,中国橡胶工业协会继续对胶管、传动带、输送带系列产品开展质量授信。2015 年河南省金久龙实业有限公司5件胶带产品获得协会质量授信:汽车 V 带、一般用传动 V 带、农业机械用变速 V 带、普通用途输送带、一般用途阻燃输送带。

(3)2015 年有18家胶带企业进入中国橡胶工业百强名单,见表4。

表3　2013～2014 年度胶管胶带行业最具成长型企业

排序	企业名称
1	浙江峻和橡胶科技有限公司
2	青岛三祥科技股份有限公司
3	江苏凯嘉胶带有限公司
4	山东晨光胶带有限公司
5	河北中美特种橡胶有限公司
6	山东瀚邦胶带有限公司

(4) 2015 年度4家胶带企业4件产品获协会推荐品牌产品,见表5。

4. 行业亮点

面对多重困难和挑战,行业许多优秀企业家及广大从业员工立足当前,兼顾长远,积极应对。一方面,对成本、市场、生产做全面分析、调整,抓重点部位和薄弱环节,提升管理水平和经营效率,防范和化解生产经营风险,稳定增长;另一方面,加快结构调整和转型升级的步伐,寻找和把握新的增长点和突破口,制定可持续发展战略,为转型升级、由大向强发展谋篇布局。不少企业在种种不利的环境下依然取得了较好的生产经营成绩,为行业发展提供了宝贵的借鉴经验。

表 4　2015 年进入中国橡胶工业百强的胶带企业

序号	企业名称	主营业务收入/亿元
1	山东安能输送带橡胶有限公司	13.66
2	山东祥通橡塑集团有限公司	11.06
3	天津鹏翎胶管股份有限公司	10.99
4	浙江双箭橡胶股份有限公司	10.97
5	阳煤集团有限责任公司奥伦胶带分公司	9.36
6	浙江三维橡胶制品股份有限公司	9.3
7	三力士股份有限公司	9.05
8	尉氏县久龙橡塑有限公司	6.73
9	青岛橡六输送带有限公司	6.55
10	浙江峻和橡胶科技有限公司	6.22
11	保定华月胶带有限公司	5.93
12	浙江奋飞橡塑制品有限公司	5.34
13	阜新环宇橡胶(集团)有限公司	5.23
14	安徽中意胶带有限责任公司	5.07
15	无锡宝通科技股份有限公司	5.04
16	河南省金久龙实业有限公司	5.04

表 5　2015 年度中橡协品牌推荐产品

产品名称	商标	企业名称
钢丝绳芯管状输送带	双箭	浙江双箭橡胶股份有限公司
钢丝绳芯管状输送带	银河德普	山东安能输送带橡胶有限公司
农业机械用变速 V 带	耐驰	尉氏县久龙橡塑有限公司
农业机械用变速 V 带	金久龙	河南省金久龙实业有限公司

(1)通过异地搬迁，橡六输送带有限公司实施脱胎换骨的改造，实现了以信息化提升传统产业，2014 年形成新的生产能力。以创建国家级技术中心为动力，以高新技术为手段，率先引进机器人操作现代化输送带生产线，打造我国智能信息化的输送带生产基地，为国企转型升级提供了示范经验。

(2)上市公司浙江双箭橡胶股份有限公司 2014 年通过资源整合提升竞争力，确定以输送带业务为中心，把企业实施品牌战略从单一的输送带产品打造成一流的物料输送系统、整体解决方案的提供商，并延伸至相关产业，扩展服务领域，抓好新的利润增长点。同时，该公司还涉足社会公益养老服务业。

(3)山东安能通过发展配套产品，形成拥有生产聚酯、阻燃剂、钢丝绳等产品的大型输送带工业集团，不仅为降低输送带成本打下了基础，也同时保障了产品质量。该公司"低滚动阻力节能钢丝绳芯输送带"项目入选国家科技部2014年国家火炬计划项目。这种新型输送带，通过改良输送带下盖胶的配方并进行特殊工艺设计，改变输送带与辊筒之间的摩擦系数，将橡胶因蠕变而消耗的能量集中用于输送带驱动，从而降低运转能量的消耗，提高输转效率，延长使用寿命，可为客户节约近20%的固定投资费用和12%以上的运行费用，适用于长运距、大运量、高负荷的物料运输。该项目通过了山东省科技厅组织的科技成果鉴定，鉴定结果为综合技术达到国际先进水平，并先后被列为山东省优秀节能成果、山东省自主创新成果转化重大专项。

(4)三力士在下游行业景气度不佳的大环境下，不断开拓市场、丰富产品种类、实施产品结构调整、加强内部管理、降低生产成本，虽然2014年实现营业总收入增长2.66%，但营业利润和利润总额均增长34%以上。

(5)2014年，由无锡宝通科技股份有限公司承担的国家高技术研究发展计划(863计划)"国产芳纶II复合材料制备及应用关键技术研究——芳纶橡胶复合材料在大型输送带中的应用开发"和江苏省重大科技成果转化项目"无卤阻燃橡胶纳米复合材料在煤矿用叠层阻燃输送带中应用的研发及产业化"，正按照项目计划稳步实施。2013年立项的物联网应用示范项目(A类)"输送带生产智慧工厂建设项目"于2014年提交验收。该公司科技创新工作开展顺利，先后完成了7项新产品开发，"金属橡胶互穿网络式长寿命输送带"、"高强度长距离耐高温钢丝绳芯输送带"两项成果2014年通过了中国石油和化学工业联合会科技成果鉴定，达到国际先进水平。此外，2014年该公司还召开了"输送带技术及创新服务主题研讨会"，向客户代表介绍输送带的新产品、新技术，推广创新服务模式，拉近与下游客户距离。

(6)有关输送带企业研发节能、环保、高性能化、功能化、智能化的产品取得明显进展。

【建　议】

1.创新智能胶带生产新模式

在转型经济的背景下，以人工成本和廉价资源为代表的成本优势正逐渐丧失，以节能、信息化、精益系统管理为代表的软技术将为企业提供新的竞争优势，传统胶带行业以软技术为突破迫在眉睫。创新智能胶带生产新模式，是提升生产企业的综合竞争力，做好产品结构调整，提升产品质量和制造核心能力的必由之路。胶带行业应推广导入射频技术、智能机器人、信息技术为载体的智能化制造，打造智能化工厂，实现半成品物流自动化、输送自动化、成品检验与入库自动化、全自动化智能化立体仓储系统，以及对整个体系进行综合管理的MES管理系统，实现从原材料、部件、成型、硫化、检测、入库自动化、信息化、智能化生产。

2.提高产业集中度，遏制恶性竞争

积极推进以大型骨干胶带企业为龙头的跨地区、跨行业、跨所有制的兼并重组，优化资源配置，发展拥有国际竞争力的胶带企业集团，提高产业集中度。促进优势企业通过兼并重组等方式扩大高端产品制造能力，鼓励上下游企业组成战略联盟，进行产业链整合。坚持集约化发展的原则，鼓励企业通过合并、股权收购、资产收购、资产置换、债务重组等多种方式，实施强强联合、兼并有市场和技术优势的企业，实现产能合理布局。

化解产能严重过剩，是当前和今后一个时期推进产业结构调整的重中之重，胶带行业不能等待观望、回避矛盾、把问题往后拖，延误时机。破解产能过剩迷局，实现行业的可持续发展，企业坐等通过市场手段与政策引导是不可取的，要科学研判行业发展规律和市场供需形势，关注监管政策、产业政策，主动通过自身转型升级，推动过剩产能早消化、技术工艺早升级，尽快实现包袱早卸掉、风险早化解、问题早解决，深刻认识化解过剩产能对自身发展的紧迫性和重要性。

3.深入下游行业，最大限度满足市场需求

胶带的下游企业为降低采购成本，也在寻找

战略合作伙伴。鼓励企业进一步向下游产业链延伸。胶带产品属于配套使用的部件,大多不是最终使用产品,通过向下游延伸不仅可以扩大市场份额,而且能够提升附加值,甚至可以深加工。输送带产品向带式输送机领域延伸,传动带向带传动系统延伸等。这些都是针对同样的应用领域,不仅减少销售环节和成本,还能更有效地为下游行业服务。

4. 优化产业链

鼓励引导企业从产能过剩领域向战略性新兴产业和公共事业领域转移,实现产业适度梯度转移。

5. 鼓励部分企业由生产经营性企业转型为行业服务性企业

可以承担行业内生产经营性企业的产品售后服务、用户的保养维护服务等,从事地方产业集群或行业的技术创新平台、信息平台、检测中心平台、物业平台、市场开拓平台、物流平台、人才培训平台、环保与节能减排平台、对外贸易平台、电子商务平台等。

6. 引导部分企业退出产品市场竞争

行业转型升级中,鼓励部分企业退出竞争承担开发或提供服务,实现胶带行业整体减产增效,达到多赢效果。一些骨干企业的成功经验值得行业借鉴学习。

浙江双箭橡胶股份有限公司利用4.3亿元购买北京约基工业股份有限公司(专业生产和从事长距离、大运量带式输送技术解决方案的总承包服务商)58%股份,由此进一步打通产业上下游,完善公司产业链,由单一的输送带业务全面进入整个物料输送系统工程领域,从而转型为物料输送整体解决方案提供商;同时还发展养老服务公益产业。

无锡宝通科技股份有限公司完善产业链,大力推进产业转型升级。一方面,从单一从事输送带研制的企业,向输送带上游延伸,与无锡市永立工业帆布厂合资成立控股子公司——无锡宝强工业织造有限公司,研发、设计、制造、加工输送带新型骨架材料,包括高强力帆布,互穿式金属复合材料,工业帘子布、网,工业高强度线绳等,不仅大大延伸了产品链,同时也以进一步提升橡胶输送带使用性能,提高产品的整体质量,降低生产成本,增强产品综合竞争能力,促进公司向科技含量更高的输送带产品升级,也为其下一步做好输送带总包服务奠定了技术、产品基础。另一方面,为增强抵抗单一行业周期风险的能力,该公司设立了全资子公司——无锡宝通医疗投资有限公司,布局医疗健康产业,把握医疗产业市场化的机遇,迅速培育公司未来新的业务增长点。2014年公司通过引进、聘请该行业相关技术、管理、市场人才,组建了一支医疗产业核心团队,搭建公司医疗健康产业平台,通过投资具有较强经营实力、技术实力、优秀管理团队、高成长性的优质医疗健康服务企业,快速拓展业务领域、提升盈利能力,实现公司多元化发展,提高抗风险能力。

2014年,山东安能集团公司实体经济快速发展,先后与德国大陆、比利时贝卡尔特、奥地利山普瑞特等3家跨国公司形成新的战略合作关系。同时,与倍耐力再度联手,新上通力轮胎项目,重新使用2003年创立的"陆通"品牌,生产更适合中国市场的中高端载重胎。资本运营方面,抓住国家全面深化改革和资本市场发展的机遇,在国有企业混合所有制改革、互联网金融和医药产业等领域主动作为,积极参与,投资了一批具有良好发展前景的优质企业。医疗产业方面,组建济宁医学院附属医院兖州院区,形成了政府领导、华勤投资、附院管理的发展新格局;正式启用新院区,全面推进各项改革,提升信息化水平,实施医药分离,推行先看病后付费,引入全新的人事管理制度,各项工作取得长足进步,药品占比从原来的50%以上降到了40%以下,让老百姓得到了实实在在的实惠。

胶带行业通过践行《中国胶管胶带行业自律公约》,正在推出一系列议案全面引导行业自律,遏制恶性竞争,开展节能减排达标,建立胶带产品行业内的出口预警机制,踏踏实实做好基础工作,推动以降低能耗和生态环保为首要标准的胶带准入条件出台。

【展　望】

2015年是国家全面深化改革的关键之年和全面推进依法治国的开局之年,也是橡胶工业全面完成“十二五”规划的收官之年和实施橡胶工业强国战略的开局之年。

1. 钢铁行业

2014 年，在行业增速放缓的背景下钢铁企业通过产品结构升级、对外产能转移等多种方式积极转型，已经开始慢慢摆脱大面积亏损的局面；钢铁出口持续增长；铁矿石价格下跌带来钢铁产品毛利率提升。据中钢协统计，2014 年钢铁行业利润总额创近 3 年新高。虽然钢铁主业略有盈余，但加上非钢产业，钢铁企业的销售利润率仅有 0.7%，在所有工业行业中排名末位。

2014 年钢铁行业改善主要是原材料价格下降，铁矿石、焦炭、煤炭等能源价格的回落，但钢材价格并没有上涨，钢铁行业整体仍处于调整期。

冶金工业规划研究院预测，2015 年我国钢材实际需求量约为 7.20 亿吨，增长 1.41%；随着钢铁工业盲目扩张得到遏制，对钢价起到支撑作用。此外，新型城镇化和老旧城区改造是拉动钢铁业发展的主力；在“一带一路”、淘汰落后产能、区域发展等国家战略的引导下，我国钢铁行业仍有发展机遇。

2. 煤炭行业

针对煤炭行业的严寒，国家和地方政府密集出台了一系列措施，如恢复征收“外煤进口”关税，降低“出口煤”关税，加大金融支持力度，降低煤炭企业负担，建立小煤矿退出机制等。但煤炭行业低迷态势 2015 年仍难以乐观，原因是煤炭行业“黄金 10 年”积累的问题积重难返，供给全面过剩局面已经形成，行业的深度调整仍需要持续较长时间。

2015 年煤炭市场供大于求压力仍大，预计社会库存高位和下游需求不旺仍伴随煤炭市场，对煤炭价格形成遏制作用。预计 2015 年，发热量 5500 大卡煤炭港口交易价稳定在 550 元/吨左右的低位水平，不会出现大幅上涨现象。

3. 水泥行业

水泥是国民经济的基础原材料，与经济建设密切相关，在未来相当长的时期内仍将是人类社会的主要建筑材料。作为传统建材行业，水泥一直以来被称为“两高一资”行业，不仅产能严重过剩，而且是仅次于冶金、化工行业的第三大耗能大户。但由于受新农村建设步伐加快，交通运输业快速发展因素的影响，水泥需求量呈增长态势。在国家产业政策的支持下，高度分散的中国水泥行业将迎来重组和整合时代。

随着经济发展方式的加快转变，国内市场对水泥总量需求将由高速增长逐步转为平稳增长，增速明显趋缓，但水泥材料及制品发展加快。预测水泥年均增长 3% ~4%，2015 年国内水泥需求量为 22 亿吨左右。水泥行业未来仍有发展空间。

4. 汽车行业

据中国汽车工业协会统计，2014 年汽车产销分别增长 7.26% 和 6.86%，总体平稳增长；乘用车拉动汽车总体增长，商用车产销同比回落，中国品牌乘用车市场份额下降明显；汽车出口和进口一降一增；行业集中度提高；新能源汽车产销爆发式增长；行业主要经济效益指标保持较快增长；摩托车产销量为 2007 年以来新低，出口下降。

预计 2015 年汽车销量为 2513 万辆，增速为 7%。汽车市场需求总量约 2583 万辆。受 GDP 增速缓中趋稳影响，汽车市场随之也进入相对稳增长阶段，在今后不出现影响较大刺激政策前提下，我国汽车市场预计会维持平稳增长水平。

5. 工程机械行业

2014 年我国工程机械行业经历了持续走低时期，行业需求进一步小幅下行，供给增长明显放缓。经过 10 年高速发展，从 2012 年开始，我国工程机械行业进入滞销调整阶段，盈利能力滑坡远大于销售收入下降，出口降幅超过行业平均降幅。

虽然近几年中国工程机械行业发展进入低谷，但近 3 年中国工程机械行业转型升级仍取得阶段性成果，各企业基本实现产品升级换代。随着中国提出“一带一路”战略，高速铁路和高速公路等基础建设将迎来新的发展时期，对工程机械的需求会显著增加。此外，新型城镇化建设、长江经济带建设以及京津冀一体化的推进必将带来城市基础设施建设的提速，拉动对工程机械的整体需求。中国工程机械行业有可能重新止跌企稳，进入平稳发展时期。

据中国工程机械工业协会预测，2015 年工程机械行业将承接前两年的低速增长态势，全行业营业收入将在 2014 年基础上增长 7% 左右，出口形势将略好于2014年。

综上预计2015年胶带市场需求增长有限:一是胶带行业最主要应用领域是煤炭、汽车、钢铁、水泥等,这些都是产能严重过剩或存在限制增长产能的行业,国家和地方政府陆续出台更加严厉的淘汰落后产能政策,钢铁和水泥行业首当其冲;这些行业又是环保和节能减排的重点针对目标,为减少产能及对环境的危害,国家和地方政府正在陆续出台对其限产的路线图和时间表。二是国家和地方控制碳排放量的强制规定会大大减少对煤炭的需求,同时国家从加强安全生产的角度,出台关闭部分煤矿的强制措施。三是国家在汽车限购等方面的一系列政策和对新能源汽车的政策扶持,对传动带市场需求势必会产生后续影响。

因此,胶带行业必须转变观念,认识到行业发展要从要素驱动、投资驱动向创新驱动,从数量增长转变为质量增长,提升发展质量和水平,加快推进胶带由大向强发展。

1. 输送带

输送带被认为是物料搬运与加工中解决环境、能源、交通、空间拥挤、劳动力和生产安全性最为有效的方式之一。随着科技进步,新技术、新设备的逐渐普及与应用,工业生产自动化程度显著提高,输送带的使用范围越来越广,尤其是轻型输送带市场前景更加广阔。

由于煤炭开始作为限制采用的能源品种,传统输送带品种市场受到遏制,在行业竞争加剧、整体利润受压缩的背景下,煤炭行业势必将面临新一轮洗牌。国家有关部门从政策引导的角度,推动煤炭行业整合,提高产业集中度,促进资源向技术领先、生产安全高效的企业集中,行业将迎来新一轮兼并重组,所以2015年煤矿用输送带需求增长空间不大。

钢铁工业用输送带要适应淘汰钢铁产能的形势需要,输送带要相应转型,满足用户降低输送带使用成本和节能两大要求。我国钢铁行业持续进入微利时代,面对严峻的市场环境,国家对钢铁企业能源消耗限额规定了严格要求,降低能源消耗不仅牵扯钢铁行业的降本增效,还是关系每一家钢铁企业能否生存的大事。因此,降低输送带本身重量和运行的滚动阻力,减少物料输送过程中的能耗,以高强度、高模量、轻量化的输送带,实现减轻带体重量,提高输送带工作寿命,提高单位输送量,降低工作能耗,成为输送带发展的关键课题。

2015年输送带市场还将延续降价销售的态势。一是由于输送带行业准入门槛没有设立,巨大的产能投入市场,微利或亏损的输送带企业不得已以降价销售扩大市场份额的方式摊薄成本;二是相对于输送带企业而言,轮胎企业如果进入输送带行业则拥有生产成本优势,势必加强国内外输送带市场的竞争。

2. 传动带

传动带要承受两方面的挑战,一是符合环保要求,受国家政策扶持的新能源汽车不再采用传动带;二是同步带在一些应用领域被链条传动所取代。由于各行业陆续出台了能耗限额标准,节能传动带前景广阔。普通V带的传动效率一般只有85%~92%,最高仅为95%,整体能量损失巨大。在节能减排的大环境下,传动带的传动效率成为考核性能的重要指标。

2015年胶带行业发展必须调整产品结构,加快发展节能、环保、安全的绿色制品;加快发展差异化、高性能、高附加值产品,淘汰落后产品和产能,以绿色产品、高端产品引领新增长,以加快产品升级换代化解产能结构性过剩矛盾。调整市场结构,以开拓新市场为主,调整产品配套、维修、出口的比例,增加高端产品、高附加值产品的比例。调整组织结构,以推动集团化为主,通过兼并重组整合资源,优化布局、淘汰落后,推进产业结构调整,提高发展质量和效益,增强抗风险能力和市场竞争力。调整资源投向,坚持有所为有所不为,更加注重节能环保,更加注重产品的附加值和贡献性,营造核心竞争力,增强企业的盈利能力。

2015年,是中国橡胶工业建立100周年,胶带行业将迈上具有划时代意义的新起点,进入转型升级、提高发展质量和水平、由大向强发展的新阶段,主动适应经济发展新常态,把转方式、调结构放到更加重要位置,突出创新驱动,强化风险防控,促进胶带行业平稳健康发展。

（陶大君　李　鸿）

胶　鞋

【基本情况】

中国经济目前已进入转型升级关键期，胶鞋行业作为传统制造业同样也面临着转型升级的新形势、新挑战和新机遇，在国外技术壁垒和国内人工成本提高及招工难的多重压力下，胶鞋行业不得不进行转型升级。另外，国内许多原来给国际品牌代工的外资独资或合资鞋企，因为中国大陆优惠政策的减少或取消，以及人工成本的增加，已将工厂逐步迁向越南、孟加拉等国家，还有一些给国际品牌代加工企业关闭，这些都对胶鞋企业以及胶鞋上游企业都有着深刻影响。

国内企业在品牌知名度方面与国际知名品牌仍有较大差距，大多数胶鞋企业是靠代加工来维持生存，胶鞋行业仍然是劳动密集型企业，自动化程度相对橡胶同行业较低，且目前存在产能过剩、企业利润极低甚至连续亏损。另外，全行业的研发和创新投入不足，只有极个别企业在提升企业创新能力方面做出了积极勇敢的探索。

对于整个胶鞋行业来讲，提升创新能力，由“制”造向“智”造方向的发展是必然，所以未来10年胶鞋行业主要课题就是创新驱动发展，以智能制造替代传统制造。

【产品产量】

根据中橡协胶鞋分会对2014年部分重点企业统计数据显示，2014年产销量均有不同程度下滑。胶鞋产量33534.17万双，同比（下同）下降3.40%。其中，布胶鞋为30444.35万双，下降4.27%；全胶鞋1554.43万双，下降3.18%。实现胶鞋销售量28264.62万双，下降3.64%，其中内销量26002.22万双，下降6.41%。2014年和2015年1～6月胶鞋分会会员企业产量前10名见表1，2014和2015年1～6月各省市胶鞋产量情况见表2。

表1　2014年和2015年1～6月胶鞋分会会员企业产量前10名　　万双

企业名称	2014年	同比/%	2015年1～6月	同比/%
四川省资阳市征峰胶鞋有限公司	6100.00	－3.68	2559.00	－13.3
际华3537制鞋有限责任公司	4558.13	－4.76	2063.00	－11.9
际华3517橡胶制品有限公司	3153.00	0.06	1509.7	－9.20
际华3539制鞋有限公司	1785.10	－10.72	843.90	－9.00
山东鲁泰鞋业有限公司	1700.00	15.10	894.00	－8.50
青岛环球集团股份有限公司	1671.00	－8.29	935.00	5.60
浙江环球鞋业有限公司	1542.92	16.66	644.7	21.00
上海回力鞋业有限公司	1411.40	－40.01	601.00	－3.50
重庆强步鞋业有限公司	1267.00	1.77	332.00	2.50
浙江中远鞋业有限公司	1220.00	28.42	607.00	22.60

注：数据来源于中橡协胶鞋分会。

表 2　2014 和 2015 年 1～6 月各省市胶鞋产量情况　　万双

地区	企业数/个	2014 年	2013 年	同比/%	2015 年 1～6 月	2014 年 1～6 月	同比/%
全国	78	49353	44704	10.4	22955	20151	13.9
北京	2	131	114	14.8	81	57	42.9
天津	3	1071	1054	1.6	757	487	55.6
河北	1	902	847	6.6	332	418	-20.5
辽宁	2	192	222	-13.7	94	117	-19.8
上海	4	512	629	-18.6	207	273	-24.1
江苏	3	528	536	-1.5	370	350	5.4
浙江	25	5500	4531	21.4	2555	2917	-12.4
安徽	2	569	129	339.9	325	108	199.8
福建	9	6596	5200	26.8	3929	3547	10.8
江西	3	214	191	12.0	216	228	-5.7
山东	1	50	763	-93.4	24	23	4.3
河南	2	4823	4777	1.0	2210	2276	-2.9
湖北	1	75	0	—	42	0	—
湖南	2	9340	7679	21.6	1270	47	2578.1
广东	3	1007	862	16.8	674	588	14.6
重庆	7	12264	11833	3.6	6988	5786	20.8
四川	3	0	0	—	179	137	30.7
贵州	3	5112	4788	6.8	2395	2515	-4.8
云南	1	468	549	-14.7	221	247	-10.7
西藏	0	0	0	—	0	0	—
陕西	1	0	0	—	88	30	191.8

注：以上数据来源于中国石油和化学工业联合会。

【品种与质量】

目前，鞋类没有统一的分类方法，主要以工艺来区分，分别是热硫化工艺、冷粘工艺、浇注工艺，而胶鞋生产对于三种工艺均有采用。

热硫化工艺的胶鞋在技术上是最传统、最经典的工艺产品，主要是生产成本较低，款式及材料变化不如冷粘鞋那么多，但适合日常休闲和一般运动穿用，市场较广泛。一些企业为提升自身竞争力和抗风险的能力，已由单一热硫化工艺向冷粘、注塑与热硫化相结合的方向发展，许多专业生产硫化鞋的企业购入了冷粘鞋生产线、注塑鞋机和浇注鞋机，也开始生产冷粘鞋和浇注鞋。冷粘鞋主要适合运动穿用，目前大多数专业运动鞋都是用冷粘工艺制作，还有一部分特殊运动鞋采用硫化与冷粘工艺相结合完成，冷粘鞋所用的鞋底材料，都采用硫化技术完成。在个人防护用品行业，主要以防水全胶鞋和绝缘鞋为主，浇注工艺主要生产防砸、防穿刺为主的安全鞋。

近年来，胶鞋产品在保证穿用的基础上，主要增加了环保、健康、安全评价指标，对原材料、生产工艺、胶粘剂、产成品等均做出了要求，例如对材料甲醛含量、pH值、可分解芳香胺染料、六价铬及铬总量、重金属、异味、含氯酚、富马酸二甲酯等都有要求，鞋类质量发展趋势是耐穿用与环保健康安全相结合。

【经营效益】

据中橡协对胶鞋行业的统计数据显示，2014年实现胶鞋工业总产值53.9亿元，增长3.15%；销售产值52.6亿元，与上年基本持平；实现产品出口交货值8.1亿元，增长6.43%；实现利润总额3.7亿元，增长37.96%。2014年亏损企业1家，亏损额1647万元，比上年减少1家，亏损额减少845万元。2014和2015年1～6月重点胶鞋企业经济指标完成情况见表3，2014年和2015年1～6月胶鞋会员企业实现利润前10名见表4，2014年和2015年1～6月胶鞋行业主要经济指标完成情况见表5。

表3　2014年和2015年1～6月重点胶鞋企业经济指标完成情况

项目	2014年	同比/%	2015年上半年	同比/%
工业总产值(现价)/万元	538992	3.15	249423.50	1.70
销售产值(现价)/万元	525703	0.8	24110	1.80
产品出口交货值/万元	81104	6.43	29060.6	-0.5
产品产量/万双	33534	-3.4	14761.6	-5.8
出口量/万双	3450	1.78	1335.1	13.9
销售量/万双	28264	-3.64	13967.5	-9.5
内销量/万双	26002	-6.41	12655.1	-11.0
销售收入/万元	603280	0.26	399727.5	21.2
利润总额/万元	37171	37.96	13471.9	0.7
天然胶消耗量/吨	41533.82	5.19	16370.57	-6.45
全部职工平均人数/人	30230	-0.02	23683	-3.64
职工工资总额/万元	82403	7.53	33276.19	-26.84

表4　2014年和2015年1～6月胶鞋会员企业实现利润前10名　　万元

企业名称	2014年	同比/%	2015年1～6月	同比/%
际华3537制鞋有限责任公司	11880.00	22.94	3340.6	-36.0
际华3517橡胶制品有限公司	9924.00	207.24	1875.2	35.6
浙江中远鞋业有限公司	2229.00	31.12	1646.0	75.1
四川省资阳市征峰胶鞋有限公司	2110.00	-2.99	754.0	-20.4
际华3539制鞋有限公司	1872.52	73.80	805.0	2.5

续表 4

企业名称	2014 年	同比/%	2015 年 1 ~ 6 月	同比/%
鹤壁飞鹤股份有限公司	1475.42	12.37	84.6	-79.3
莆田市双威体育用品有限公司	1374.00	7.09	745.0	-0.5
浙江环球鞋业有限公司	1134.00	27.70	535.0	38.6
浙江天宏鞋业有限公司	917.00	11.02	377.0	0.30
浙江人本鞋业有限公司	876.00	7.67	440.0	17.0

注:表 3 和表 4 数据来源于中橡协胶鞋分会。

表 5　2014 年和 2015 年 1 ~ 6 月胶鞋行业主要经济指标完成情况　　万元

经济指标	2014 年	同比/%	2015 年 1 ~ 6 月	同比/%
统计企业数/个	496	—	531	—
亏损企业数/个	44	9	67	24.1
亏损额	13141	-32	9777	9.4
应收账款	539415	12	551372	10.0
产成品	255433	13	225315	3.2
流动资产平均余额	2152843	8	2024615	3.2
存货	534119	2	495001	-2.1
资产总计	3829256	14	3734860	9.3
负债合计	1845569	5	1745427	1.9
主营业务收入	6924538	8	3619542	12.2
产品销售成本	6110929	8	3234167	13.0
产品销售税金及附加	45854	17	22422	21.3
产品销售费用	134336	5	69034	12.0
管理费用	236835	10	122172	10.2
财务费用	61629	3	26641	-13.0
利息支出	55108	29	20882	-17.6
利润总额	332526	10	151503	10.6
利税总额	566693	12	256361	9.5
应交增值税	188313	15	82436	5.0

注:以上数据来源于中国石油和化学工业联合会。

【基建技改】

目前,东南沿海传统制鞋产业区正逐步向中西部转移,中部地区也积极建设产业园区吸引投资。河南省制鞋销售收入在2014年首次进入全国前5名,仅次于东南沿海的福建、广东、浙江和江苏。近年来,河南省漯河市、周口市,以及上蔡县、睢县等地承接制鞋产业转移步伐加快,温县、偃师等地产业也有一定规模。

目前,郑州正在积极打造“中国中部国际鞋都”、“国家级鞋业研发中心”和“国家级鞋业特色旅游观光文化产业园”,项目建成后,入驻企业每年可直接产生23亿元收入、2亿元税收、2.1亿元利润,直接用工人员约2.5万人。安徽宿州市也积极承接东部地区制鞋产业转移,目前,已经有60余家知名鞋企入住,全部建成后可实现年销售收入410多亿元,税收约35亿元,吸纳10万多工人就业。瑞安市将于2016年建成中国首个休闲鞋主题国际商贸综合体——瑞安鞋都,项目地址位于高铁新城商贸区,一期总占地面积45298平方米,总建筑面积101919平方米,布局规划为“一城九区十中心”,包括品牌展贸区、国际贸易区、时尚名品区、金融服务区、流行潮流区、奥特莱斯区、工厂集成区、电商产业区、商务延展区等。

中部地区制鞋产业的兴起,对接内销市场,盘活农村闲散劳动力,已经初步形成龙头带动、园区承载、集群推进的思路。但是目前面临的最大问题是产业链配套问题,此外还有员工产业素质低及季节性不稳定导致效率偏低的问题,转移进来多为外销代工而没有自主品牌的问题,临近县域经济集中做产业集聚区而产生的定位无差异化、恶性竞争的问题,相对缺乏对当地长期产业发展进行培育规划等方面问题。因此,当务之急是打造完善产业链,积极建设鞋材市场、质量检测、人才培训等公共服务平台,两手抓硬件建设和软件服务,才能留住转移进来的企业,实现良性可持续发展。

2012~2013年间,由于胶鞋行业的繁荣以及低门槛的准入机制,各地加码上项目和流水线,导致了胶鞋产业竞争加剧,一些地区甚至出现了企业之间相互抄袭,大打价格战的不良行为。国家统计局对橡胶鞋靴制造业2014年和2015上半年固定资产投资情况给出的数据可以看出,2014年和2015年的计划投资和实际完成的项目数量均有下降,胶鞋行业产业投资热度有所回落。2014年和2015年1~6月国家橡胶鞋靴制造行业固定资产投资情况见表6和表7。

表6　2014年国家橡胶鞋靴制造行业固定资产投资情况

固定资产投资	2014年	2013年	同比/%
计划投资/万元	1196002	1256592	-4.8
实际完成/万元	766484	797862	-3.9
施工项目/个	227	254	-10.6
新开工项目/个	151	206	-26.7
竣工项目/个	177	170	4.1

表7　2015年1~6月国家橡胶鞋靴制造行业固定资产投资情况

固定资产投资	2015年1~6月	2014年1~6月	同比/%
计划投资/万元	1196002	1256592	-4.8
实际完成/万元	766484	797862	-3.9
施工项目/个	227	254	-10.6
新开工项目/个	151	206	-26.7
竣工项目/个	177	170	4.1

注:表6和表7数据来源于中国石油和化学工业联合会。

【科技创新】

在中国劳动力红利不断减少的大背景下，无论鞋类生产企业还是配套企业都加快了技术改革、工艺创新的步伐。

1. 企业技术改造

际华3537制鞋有限责任公司2014年的“胶鞋环保水基黏合剂配方及工艺研究应用产业化”项目，获得集团公司第五届科技成果三等奖。其与四川大学联合开发的“鞋用橡胶高效硫化新技术开发应用成果转化与推广”项目，获得2014年贵州省科技进步成果转化一等奖。其自主研发完成了“耐高温轻质高弹高聚物中底材料研究与应用”、“吸湿快排抗菌防臭高减震鞋垫”、“高黏性高强力接枝胶乳研究应用”、“高档布面胶鞋吸湿仓材料的研究与应用”，这些项目的研究应用达到了行业领先水平。

际华3539制鞋有限公司用水性乳胶浆代替汽油胶浆用于粘合化纤面料，在高档胶鞋去异味上取得了成果。同时，该公司自主研发了一次模压成型橡胶胶靴设备，省略了贴合、成型、进硫化罐等工序，简化了工艺流程，大大提高了生产效率。

鹤壁飞鹤股份有限公司在全胶鞋的穿着舒适性上做了改革，通过在靴身和靴底添加高分子发泡材料，能够有效起到缓冲、吸收能量、化解冲击力的作用，对脚趾具有良好的保护作用，从而避免脚趾受伤，该技术目前已成功申请了实用新型专利。公司还设计了胶靴内单独的发泡中底，可以随时拿出替换，保持了靴内干爽。

2. 智能设备的研发与应用

当前，行业内对“机器换人”的呼声愈来愈高，越来越多的智能设备问世，主要有三维鞋楦扫描、自动排版、智能裁切、自动钉扣、智能刷胶机、飞织鞋面、连帮注塑、鞋类自动装配生产线等。晋江明伟鞋服有限公司引进全自动罗拉针车生产线后，年产量提高了4成，用电量减少35%，员工生产效率提高50%。

目前，整个制鞋行业仅有10%的厂商使用全自动或者半自动生产线。全自动生产设备的投入对于低附加值的胶鞋生产企业来说是一笔很大的开支，企业对于智能生产线的热情很高，但很多停留在观望阶段，这需要智能鞋机生产厂商设计出价低质高的产品来满足不同鞋企的需求。同时，一些智能化设备企业也利用金融杠杆来推进设备销售，比如可以分期贷款、以租代买等。在晋江和广州等地区，政府也对企业智能化设备的引进和更新给予了财政支持。

3. 鞋材辅料技术革新

福建鞋底制造企业设计了“开窗”式的橡胶鞋底，鞋底设有大面积的气孔可排出多余的汗气，并散发脚部的多余热量，保证双脚始终干爽的同时兼具防滑和透气的功能。广东企业研发出一种抗湿滑性和抗冰滑性橡胶材料，主要是通过非极性橡胶与极性橡胶或改性橡胶共混，提高鞋底橡胶的抗湿滑性和抗冰滑性。

4. 企业清洁生产

新环保法出台后，对企业的清洁生产要求更高。上海上宏鞋业有限公司采取电加热导热油供热取代原煤锅炉蒸汽供热，这样每年可减少排放二氧化碳1251吨、二氧化硫10.3吨、氮氧化物6吨和烟尘3.4吨。在四川等一些地热资源丰富的地区，企业采取了天然气替换原煤锅炉蒸汽供热，进一步降低了成本，保护了环境。

5. 运动鞋基础研究起步

行业内的一些运动鞋生产企业，开展了一系列基础研究，例如足底压力测量、鞋底回弹性能与新材料的研发等一系列基础研究，推动了上下游关联行业的技术进步。

【进出口贸易】

1. 中橡协统计出口数值

根据中橡协统计数据显示，2014年重点胶鞋企业实现出口交货值8.11亿元，增长6.4%；胶鞋出口量为3450万双，增长1.77%。2015年1～6月胶鞋出口交货值为2.91亿元，微降0.5%；胶鞋出口量为1335万双，大幅提高13.9%。2014年和2015年1～6月胶鞋会员企业出口交货值前10名见表8。

2. 海关统计出口数据

海关进出口数据显示，2014年全部橡胶鞋靴出口量为266601万双，增长15.57%；进口量为2406万双，增长51%。2015年1～6月出口量为132511.26万双，增长4.9%；进口量为2051.52万双，增长57%。橡胶鞋业的进出口额都有不同

表 8　2014 年和 2015 年 1 ~6 月胶鞋会员企业出口交货值前 10 名　　万元

企业名称	2014 年	同比/%	2015 年 1 ~6 月	同比/%
荣光集团有限公司	19331.00	91.15	—	—
山东赛格鞋业有限公司	11625.00	5.14	6248.0	-20.4
浙江中远鞋业有限公司	11295.00	16.68	6760	27.7
青岛赛威鞋业有限公司	8902.00	2.91	—	—
浙江大桥鞋业有限公司	7188.40	-2.49	4107.4	-1.7
大连金弘橡胶有限公司	6321.00	0.43	1969.0	-32.2
上海回力鞋业有限公司	5092.09	-11.63	1941.5	-6.4
广州思迪嘉鞋业有限公司	3654.20	-5.43	1894.0	8.2
山东鲁泰鞋业有限公司	3198.00	-10.22	2326.0	-4.0
启东胶鞋厂有限公司	2460.00	-28.34	1808.7	46.3

注:数据来源于中橡协胶鞋分会。

程度提升,出口形势回暖。2014 年以来,国家通过调整关税、国内设立自贸区、国外签订自由贸易协定等政策来促进进出口贸易发展,进口量以每年 50% 左右的速度增长,国外品牌和产品的涌入势必会冲击国内胶鞋市场,做强我国本土品牌迫在眉睫。另外,胶鞋出口单价与进口胶鞋的平均单价差距明显,显示我国胶鞋产品低端出口和高端进口的格局并没有改变。2014 年我国胶鞋进出口情况见表 9,2015 年 1 ~6 月我国胶鞋进出口情况见表 10。

表 9　2014 年我国胶鞋进出口情况

产品	出口					进口				
	数量/万双	同比/%	金额/亿美元	同比/%	均价/美元·双$^{-1}$	数量/万双	同比/%	金额/亿美元	同比/%	均价/美元·双$^{-1}$
橡胶制鞋面的中、短统防水靴(过踝但未到膝)	5904.43	18.20	4.82	25.02	8.48	4.33	-39.13	0.008	-27.98	17.36
其他橡或塑外底及鞋面的防水鞋靴	2579.21	-12.92	1.12	-0.19	6.10	9.96	75.00	0.013	25.20	13.18
橡或塑外底,纺织材料鞋面运动鞋靴等	8476.90	-4.12	8.98	5.72	11.39	78.46	58.61	0.167	50.16	21.32
其他橡胶或塑料外底,纺织材料鞋面的鞋靴	249640.76	16.71	109.89	25.16	4.49	2313.73	51.08	4.076	50.57	17.62
合计	266601.29	15.57	124.81	23.24	—	2406.47	51.00	4.264	50.17	—

表 10 2015 年 1～6 月我国胶鞋进出口情况

产品	出口					进口				
	数量/万双	同比/%	金额/亿美元	同比/%	均价/美元·双$^{-1}$	数量/万双	同比/%	金额/亿美元	同比/%	均价/美元·双$^{-1}$
橡胶制鞋面的中、短统防水靴(过踝但未到膝)	2629.06	-2.0458	2.23	8.5966	8.16	2.01	-2.23	0.004	29.5963	21.15
其他橡或塑外底及鞋面的防水鞋靴	576.37	-51.4439	0.35	-27.5362	4.35	4.39	-8.22	0.006	1.2442	14.27
橡或塑外底,纺织材料鞋面运动鞋靴等	3560.57	-20.473	4.05	-13.9987	10.59	74.10	116.95	0.148	129.09	19.93
其他橡胶或塑料外底,纺织材料鞋面的鞋靴	125745.26	6.6277	56.44	12.2452	4.40	1971.02	55.79	3.362	53.23	17.05
合计	132511.26	4.9367	63.07	9.6294	—	2051.52	57.06	3.520	55.21	—

注:表 9 和表 10 数据来源于中国海关。

【实施标准】

2014～2015 年,胶鞋及关联行业共有 24 个新标准实施,其中产品标准 12 个,方法标准 12 个,详见表 11。

表 11 2014～2015 年胶鞋行业实施新标准

序号	标准编号	标准名称	代替标准	实施日期
1	GB/T 15107-2013	旅游鞋	GB/T 15107-2005	2014-06-1
2	QB/T 2171～2173-2014	拉链标准 金属拉链 注塑拉链 尼龙拉链	QB/T 2171～2173-2001	2014-11-1
3	HG/T 2870-2014	乒乓球运动鞋		2014-10-1
4	HG/T 3663-2014	胶鞋抗菌性能试验方法(琼脂平板法)	HG/T 3663-2000	2014-10-1
5	HG/T 2877-2014	橡塑拖、凉鞋帮带拔出力试验方法	HG/T 2877-1997	2014-10-1
6	HG/T 4620-2014	鞋类 橡胶部件喷霜试验方法		2014-10-1
7	HG/T 4621-2014	鞋用胶乳海绵		2014-10-1
8	HG/T 3689-2014	鞋类耐黄变试验方法	HG/T 3689-2001	2014-10-1
9	GB/T 30907-2014	胶鞋、运动鞋减震性能试验方法		2014-12-1
10	GB/T 30909-2014	胶鞋 丙烯腈迁移量的测定		2014-12-1
11	GB/T 30779-2014	鞋用水性聚氨酯胶粘剂		2014-12-1
12	GB/T 30910-2014	胶鞋 2-巯基苯并噻唑、二硫化二苯并噻唑迁移量的测定		2014-12-1
13	HG/T 2018-2014	轻便胶鞋	HG/T 2018-2003	2015-04-1
14	GB 19340-2014	鞋和箱包用胶粘剂	GB 19340-2003	2015-05-1
15	GB/T 2909-2014	橡胶工业用棉本色帆布	GB/T 2909—1994	2015-08-1

续表 11

序号	标准编号	标准名称	代替标准	实施日期
16	HG/T 4808 - 2015	鞋用网眼布		2015 - 10 - 1
17	HG/T 4809 - 2015	越野胶鞋		2015 - 10 - 1
18	HG/T 3664 - 2015	胶面胶靴(鞋)耐渗水试验方法	HG/T 3664 - 2000	2015 - 10 - 1
19	HG/T 4805 - 2015	胶鞋 胶制部件与织物黏合强度的测定		2015 - 10 - 1
20	HG/T 4806 - 2015	胶鞋 鞋底试验方法 压缩变形性		2015 - 10 - 1
21	HG/T 4807 - 2015	胶鞋内底、衬里及鞋垫试验方法 抗汗性		2015 - 10 - 1
22	GB 30585 - 2014	儿童鞋安全技术规范		2016 - 01 - 1
23	GSB 16 - 1451 - 2014	布鞋外观缺陷标准样照		有效期 5 年
24	GSB 16 - 1452 - 2014	胶鞋外观缺陷标准样照		有效期 5 年

2015 年 4 月 1 日开始施行的 HG/T 2018 - 2014《轻便胶鞋》与原来的 HG/T 2018 - 2003 相比,主要的变化是增加了胶鞋整鞋耐屈挠性能,修改了耐黄变性能的要求,要求底板厚度不得小于 1.8mm,同时对整个外观质量的要求也重新做了调整。2015 年 5 月 1 日实施的 GB 19340 - 2014《鞋和箱包用胶粘剂》(代替原标准 GB 19340 - 2003)为国家强制性标准,规定了鞋和箱包用胶粘剂的黏结性能、有害物质限量及其试验方法。与原标准相比,增加了水基型胶粘剂的种类及其总挥发性有机物的限量指标,且溶剂型胶粘剂中对 1,2 - 二氯乙烷的限量要求也被单独列出。因此,新修订标准适用范围更广,要求更加严格,符合鞋和箱包用胶粘剂环保发展方向。

【品牌建设】

中国橡胶工业协会 2015 年评选出橡胶行业百强企业和中国橡胶工业协会品牌推荐企业,其中胶鞋行业有 4 家企业和 4 个品牌入选,详见表 12 和表 13。

表 12　获 2015 年度中国橡胶工业百强的胶鞋企业

序号	企业名称	主营业务收入/亿元
1	际华 3537 制鞋有限责任公司	8.23
2	四川省资阳市征峰胶鞋有限公司	7.19
3	上海回力鞋业有限公司	6.71
4	际华 3517 橡胶制品有限公司	5.05

表 13　获 2015 年度中国橡胶工业协会推荐品牌的胶鞋产品

产品	品牌	企业名称
帆布硫化鞋(山地越野胶鞋)	3537	际华 3537 制鞋有限责任公司
帆布硫化鞋(胶鞋、作训鞋)	3517	际华 3517 橡胶制品有限公司
帆布硫化鞋(布面胶鞋、布鞋)	3539	际华 3539 制鞋有限公司
帆布硫化鞋(运动鞋、休闲鞋)	回力	上海回力鞋业有限公司

2015年，在中国橡胶工业协会成立30周年之际，协会表彰了30年来对协会和行业发展作出贡献的人员和企业及优势品牌。其中，授予9家胶鞋企业“企业创新发展奖”，授予9个企业品牌“优势品牌奖”。同时，胶鞋分会也积极鼓励企业参加国家、省、市驰名商标和著名品牌的参评，旨在扩大胶鞋品牌在市场上影响。获中橡协“优势品牌奖”的胶鞋企业和品牌见表14，获“企业创新发展奖”的胶鞋企业见表15。

表14　获中橡协“优势品牌奖”的胶鞋企业和品牌

序号	企业名称	品牌
1	际华3517橡胶制品有限公司	3517
2	际华3537制鞋有限责任公司	3537
3	鹤壁飞鹤股份有限公司	飞鹤
4	浙江人本鞋业有限公司	人本
5	山东鲁泰鞋业有限公司	鲁泰
6	际华3539制鞋有限责任公司	3539
7	浙江环球鞋业有限公司	环球
8	山东赛格鞋业有限公司	赛格
9	四川资阳市征峰胶鞋有限公司	征峰

表15　获中橡协“企业创新发展奖”胶鞋企业

序号	企业名称
1	上海回力鞋业有限公司
2	际华3517橡胶制品有限公司
3	际华3537制鞋有限责任公司
4	鹤壁飞鹤股份有限公司
5	浙江人本鞋业有限公司
6	际华3539制鞋有限公司
7	青岛环球集团股份有限公司
8	荣光集团
9	浙江中远鞋业有限公司

近两年，高速增长的线上销售份额让很多鞋企都投身到电商大潮中。在电子商务方面，胶鞋是橡胶行业众多产品品类中发展最快的。根据东丽咨询发布的中国鞋业品牌网购优选排名，在“休闲硫化鞋/帆布鞋”细分目录下，中国本土的人本、回力等8个硫化鞋品牌和美国Converse匡威、Vans万斯入选十佳，详见表16。

表 16 网购硫化鞋十大品牌

名次	品牌	企业名称	企业地点
1	人本	浙江人本鞋业有限公司	浙江瑞安
2	回力	上海回力鞋业有限公司	上海
3	Converse	匡威	美国
4	环球	浙江环球鞋业有限公司	浙江瑞安
5	Vans	万斯	美国
6	飞耀	浙江大博文鞋业有限公司	浙江瑞安
7	思威琪	莆田市双威体育用品有限公司	福建莆田
8	亿尔发	瑞安市三联鞋业有限公司	浙江瑞安
9	YIDI	浙江华建鞋业有限公司	浙江瑞安
10	一步赢	山东鲁泰鞋业有限公司	山东临沂

注:以上数据来源于东丽咨询。

【存在问题】

与发达国家和国际知名品牌相比,尽管我国胶鞋行业有长足进步,但整体实力水平还有较大差距,主要表现在:

1.产品制造方面,以前主要依靠低廉劳动力成本优势,但随着劳动力成本上升和招工难的出现,企业实现转型升级能力较差,有的企业出现关停。中国劳动力成本“红利”消失,给劳动密集型的胶鞋企业带来巨大成本压力,且新型劳动务工人员就业观的改变,导致企业“用工荒”问题十分突出。

2.行业研发投入不足,整个行业研发投入占销售收入不足1%,而国际知名品牌研发投入均都在3%以上,这直接导致企业核心技术竞争力较低,技术创新意识和研发能力不足。特别是在鞋类基础研究方面与国际知名品牌还有相当距离,例如某些国际品牌早在20多年前就开展了基于生物力学的基础研究,研究成果可以直接应用于新材料、新工艺、新产品和新商业模式的开发,而我国开展这方面研究的企业很少,应用成果更少。

3.自主品牌的创造力差,缺乏世界级的民族品牌。我国胶鞋行业仅有部分龙头骨干企业创出中国名牌,占据中国的中低端市场,还没有形成与世界名牌抗衡的实力。我国海关出口的硫化鞋有90%是贴牌出口,自有品牌出口的仅占极少部分;大多数胶鞋生产企业开拓海外市场的能力有限,被动适应市场,有70%是通过代理商转口到目标市场,而直接到海外建立销售网络的企业更少,国内消费市场被欧美国际品牌所蚕食,高端品牌在占领一线市场的同时,又相继进入二三线城市,挤占国内市场份额,内销市场竞争激烈,国内企业面临较大的市场竞争压力。

4.节能减排和清洁生产方面技术水平亟待提升。胶鞋行业由于受到工艺限制,在热能消耗和清洁生产方面缺口较大,特别是针对行业的节能减排和清洁生产指标不明确,技术装备水平低,导致能源充分利用率低。

5.绿色环保健康产品技术水平亟待提升。10多年前,企业主要受发达国家出口技术壁垒限制而被动提升产品绿色环保水平,近年来中国国内也开始实施绿色环保健康产品标准,但受各种条件限制,胶鞋行业在绿色产品鉴定和认证方面还很欠缺,由于绿色成本较高,企业主动性较差。另外,生产过程中产生的工业垃圾处理问题日益突出。

6. 胶鞋行业智能装备水平较低，在智能密炼、智能缝纫、智能成型、智能立体仓储等装备方面亟待提升。

7. 有的发达国家(例如美国)提出了制造业再回归战略，而且这种回归是转型升级后的回归，这对以制造业为主的中国来说是一个巨大挑战。我国制鞋业同样面临这样的问题，胶鞋企业生存遭遇了比较严重的威胁。

8. 企业营销模式处于转型期，特别是在电子商务与传统营销模式争夺天下的形势下，企业怎样更好的处理网上店铺和实体店的利益平衡问题，考验着企业的经营智慧。

9. 消费者消费理念日趋成熟，市场监管日趋成熟和严格，对企业来说怎样保证进入流通领域，每一双鞋的产品质量是一个巨大挑战。

【采取措施】

1. 建议国家有关部委对传统产业转型升级，特别是鞋类这种劳动密集型产业加大支持力度，设立专项资金鼓励企业进行转型升级和技术改造。

2. 建立行业技术联盟，建立独立的公共技术服务中心，投资和开发行业内公共的高端技术，例如智能装备及工业机器人、工业设计、新型环境友好型原材料、智能仓库、电子商务平台等。

3. 企业应加大科研投入，鼓励企业走产学研合作之路，提升创新能力，用创新驱动发展。国家在研发经费和税收优惠方面应进一步加大力度。

4. 产品开发方面应融入工业设计因素，开发集时尚性、功能性为一体的产品，例如开发防滑系列产品、防水透气系列产品，并且针对专业运动特性开发适合不同运动的专业运动鞋；在个人防护领域重点研发符合欧盟和国家强制标准的安全鞋。

5. 原材料及加工工艺应符合国家环保和人体健康技术规范，保证产品为环境友好型产品，符合可持续发展理念。中橡协将制定相关绿色鞋类技术规范，协助企业做好绿色产品认定工作。

6. 提高企业的信息化管理能力，提高应用信息技术单一业务环节与所有业务环节的比率，提高单一业务环节的集成程度，应用现代化管理系统，实现生产管理信息化、数字化，应用产品自动记录分析系统，实现产品可追溯识别等管理创新。比如，应用智能密炼技术，从原材料入库采用条形码技术，再通过具有自动称量功能的上辅机，智能投料到密炼机中，减少人工和劳动强度，极大改善环境。

7. 利用数字化技术，改变传统手工产品开发模式，推广应用先进的 3D 辅助设计软件，综合完成脚型、样楦的激光扫描测量，进行楦型修改设计、样帮设计的展平、配色、最后完成楦型刻制，样板扩缩和裁剪等任务。采用相似性原理，利用原有款式，建立信息描述，模块化、系列化的设计体系，快速响应市场需求，降低成本，提高质量，缩短开发周期。

8. 通过使用高新技术对现有生产工艺流程再造创新，提升胶鞋生产的智能化程度；生产工艺采用标准化，即从刷浆、裁断、车缝、成型各个环节形成标准化流程，推广使用成型工序局部自动化设备，对劳动强度大、环保要求高、危险岗位等建议应用智能操作。

9. 加快企业自有品牌建设步伐，提高市场认知度，对任何一个品牌都有适合自己的细分市场和空间，实现销售额的增长；国内品牌应推进成熟的终端营销体系，发挥原有的营销渠道和终端运营优势，稳固自身的竞争力，制定和实施品牌战略。企业在注重创品牌的同时，更要强化保品牌的意识，找准品牌定位，与时俱进，建立与市场竞争相适应的营销体系，适时开展品牌公关，提升品牌销售力。

10. 推进电子商务的快速发展，建立行业公共电子商务平台，帮助行业内企业快速、低成本的进入电子商务领域。

【展　望】

1. 按《中国制造 2025》规划发展战略

《中国制造 2025》为胶鞋行业指明了智能制造和转型升级的具体方向，胶鞋行业要按照这个战略规划好自身的发展战略，一定可以实现多方共赢的良好局面。

2. 抓住“一带一路”战略机遇

要顺应我国经济结构调整的大趋势，抓住国

家“一带一路”战略机遇，找准定位，将企业发展战略与国家发展战略相吻合，上下游企业根据自己的实际情况沿“一带一路”路线图布局发展。认清“经济结构——产业结构——就业结构——人口规模(结构)”的发展导向关系，抓住东部制造业向中西部梯度转移的机遇，把握经济发展走向“区域化”和“梯度化”的大趋势，确立行业分层定位、企业区域定位的方向。比如企业按所处区域产业结构定位找到自己所处位置：一般性制造业、支柱型制造业，还是战略性新兴产业、现代服务业等。而胶鞋行业整体应该是分层定位发展的，由此确立企业在本区域持久立足的发展条件，是外接订单生产型、自有品牌生产型，还是品牌服务型运作模式等。

3. 建立行业公共技术服务中心

鼓励行业建立公共技术服务中心，由协会发起成立，行业内企业共同投资建立。公共技术服务中心重点将投资和研发行业新材料、新工艺、新技术，重点在智能制造方向，包括工业机器人领域、工业设计领域、公共检测领域、新型原材料领域、高档智能产品领域，同时还将推广信息化在行业内的应用，通过公共技术服务中心的建立使企业以较低成本获得研发成果。

4. 建立专业电子商务平台

协会将发起建立行业内电子商务平台，联合有能力的企业建立个性定制平台，为行业内企业提供良好的专业电子商务服务。

5. 发展绿色鞋类产品

胶鞋产品是与老百姓生活密切相关的民用产品、民生产品，环保安全健康问题日益受到各国的重视，国家也出台了各种与鞋类相关的环保标准。为此，中橡协将适时推出绿色鞋类认定规范，帮助企业从源头严控产品质量，特别是环保安全健康的质量。

6. 加强业内协作互助，推动品牌企业集群转型发展

品牌企业集群转型发展是一个渐进的过程，是一个市场化竞争的过程，是各相关企业互动的过程。我们设想，可按“东南西北”方位逐渐形成4个重点转型区域：东部－鲁豫地区，南部－浙赣地区，西部－渝川地区，北部－晋冀地区。转型内容是以品牌资源为核心(纽带)，向产业链两头(供销)延伸，以市场(产品)融合为先导，逐步实现产业链融合，这里的“融合”即是“合作”，是以品牌资源整合社会其他资源，用“无形资源”引领、集控“有形资源”，符合国家创新驱动发展战略方向，使企业发展模式从粗放型向集约型转变。

胶鞋企业必须加强《中国制造 2025》和“一带一路”战略学习，充分领会其中的实质内涵，努力运用这一战略思想指导自身转型发展，为实现中华民族伟大复兴的“中国梦”作出胶鞋行业应有贡献。

(刘兰翎　王　刚　苗林林)

橡 胶 制 品

【基本情况】

据中国橡胶工业协会橡胶制品分会对 56 家重点会员企业统计,2014 年橡胶制品行业主要经济指标均保持增长。完成工业总产值 2802239 万元,同比(下同)增长 21.47%,较前三季度增长 7.08 个百分点。橡胶制品产值 2042626 万元,增长 25.66%,较前三季度增长 8.95 个百分点。出口交货值 887020 万元,增长 63.04 %,较前三季度增长 37 个百分点。其中,出口交货值占工业总产值的 31.65%,提高 8 个百分点。实现销售收入 2609931 万元,增长 12.16%,增幅收窄 3.61 个百分点,较前三季度收窄 0.31 个百分点。实现利润总额 231780 万元,增长 15.04%,增幅收窄 2.48 个百分点,较前三季度收窄 8.62 个百分点。11 家企业亏损,亏损面 11.64%,扩大 5.36 个百分点;亏损额下降 23.48%。

2014 年第四季度,除利润总额下降 2.9% 外,其他主要经济指标均有不同程度增长,其中工业总产值、出口交货值、销售收入分别增长 38.9%、150.5%、11.42%。2014 年主要经济指标同比增长情况见图 1。

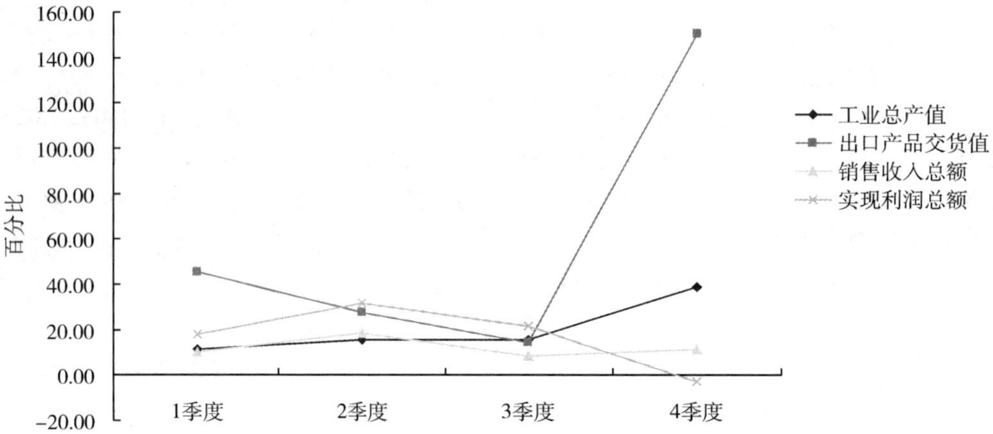

图 1　2014 年橡胶制品行业主要经济指标同比增长情况

2014 年 12 月,销售收入基本与上年同期持平,其他主要经济指标均保持增长,工业总产值、出口交货值、利润总额分别增长 28.29%、274% 和 13.93%。出口交货值占工业总产值的比例为 38.56%。2014 年主要经济指标同比增长情况见图 2,环比增长情况见图 3。

【产品产量】

2014 年,在中橡协橡胶制品分会统计的 17 种主要产品中,9 种产品产量有所增长。桥梁支座、橡胶止水带和橡胶防腐衬里增幅较大,分别增长 287%、70.57% 和 40.74%。骨架油封、工业胶布、汽车减震制品、伸缩缝、出口汽车橡胶配件也均有不同程度增长。2014 年生产出口汽车橡胶配件 1063767.12 万个,增长 21.18%。产量出现下滑的产品有 O 型密封圈、纯胶密封条、复合密封条、橡胶水坝、制动皮碗皮膜、胶辊、铁路减震制品和橡胶护舷,其中铁路减震制品降幅最大,达到 32.82%。2014 年中橡协统计主要橡胶制品产量见表 1。

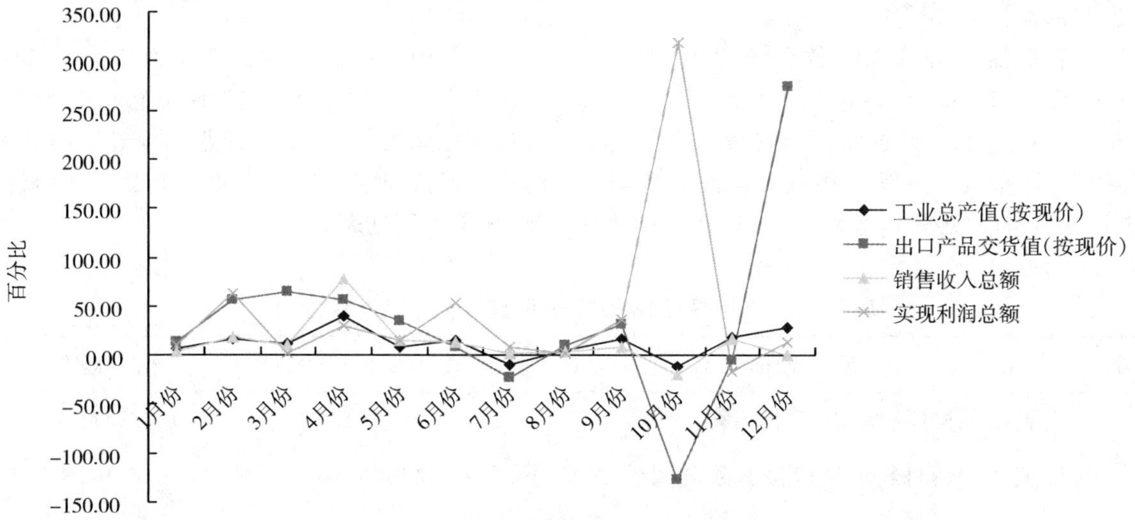

图 2　2014 年全国橡胶制品行业主要经济指标同比增长情况

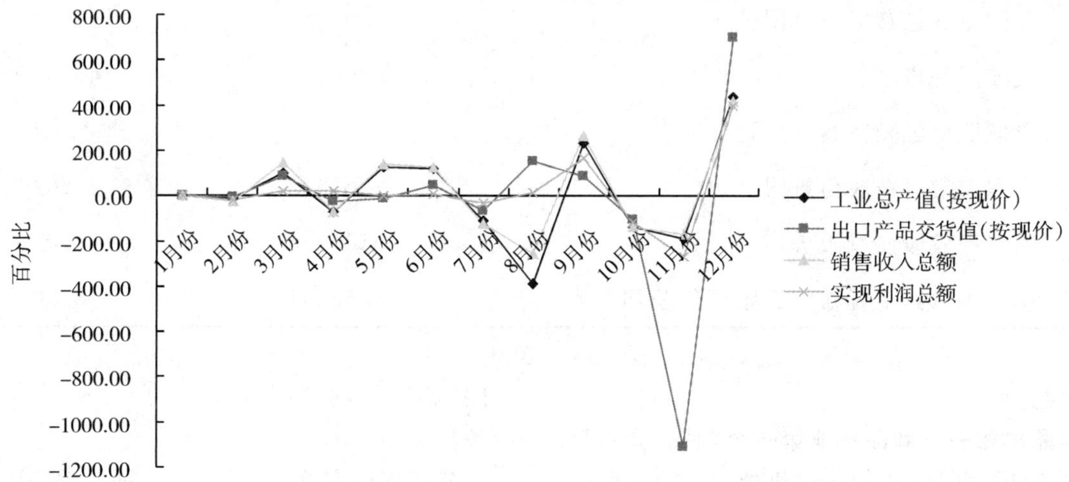

图 3　2014 年橡胶制品行业主要经济指标环比增长情况

表 1　2014 年中橡协统计主要橡胶制品产量

序号	产品名称	2014 年	2013 年	同比/%
1	O 型密封圈/万个	147753.30	162457.48	-9.05
2	骨架油封/万个	89778.77	82953.49	8.23
3	复合密封条/万米	5803.51	5863.71	-1.03
4	汽车减震制品/万个	447139.20	384397.52	16.32
5	铁路减震制品/万个	1492.66	2221.82	-32.82
6	制动皮碗皮膜/万个	687.39	741.90	-7.35
7	橡胶防腐衬里/平方米	26185.88	18605.38	40.74
8	桥梁支座/万个	50099.77	12944.49	287.04

【生产销售】

2014 年制品行业前 10 名企业销售收入 233.16 亿元（2013 年 195.65 亿元），增长 19.17%。其中，安徽中鼎控股（集团）股份有限公司、江阴海达橡塑股份有限公司和大连巅峰集团的销售收入高速增长，分别增长 35.30%、47.34% 和 49.02%。

安徽中鼎控股（集团）股份有限公司 2014 年销售收入 102.53 亿元，成为制品行业首个销售收入过百亿元的企业，稳坐行业龙头。从排名来看，前 4 名保持稳定。2014 年橡胶制品行业销售收入前 10 名企业见表 2。

表 2　2014 年橡胶制品行业销售收入前 10 名企业

序号	单位名称	销售收入/万元	同比/%
1	安徽中鼎控股（集团）股份有限公司	1025286	35.30
2	株洲时代新材料科技股份有限公司	423096.74	1.59
3	宁波拓普集团股份有限公司	251859.8	16.03
4	陕西延长石油西北橡胶有限责任公司	195017.82	13.46
5	江阴海达橡塑股份有限公司	96752	47.34
6	大连巅峰集团	94390	49.02
7	贵航股份红阳密封件公司	73162	2.47
8	山东美晨科技股份有限公司	63302	4.63
9	衡水橡胶股份有限公司	55266.6	5.05
10	衡水中铁建工程橡胶有限责任公司	53441	10.09

【主要企业】

1. 中鼎集团——制品行业第一个“百亿企业”

中鼎集团经过 35 年的努力拼搏，目前已成为以机械基础件和汽车零部件为主导的大型现代化企业，2014 年实现了“百亿中鼎”的目标，仅“十二五”以来，累计上交税金超过 20 亿元。2014 年，中鼎公司第四度跻身全球非轮胎橡胶制品 50 强排行榜，名列第 36 位。

中鼎集团下属各类投资企业 30 余家，遍布全国各地，并在美国、德国等地设有 10 余家境外企业。其中，核心控股企业——安徽中鼎密封件股份有限公司于 2006 年通过资产重组在深交所挂牌上市，为中国密封件行业第一股。

中鼎集团技术装备先进，具有雄厚的技术开发和创新能力，拥有“国家级企业技术中心”、“博士后科研工作站”和“国家认可检测试验中心”。近年来，公司进行了大规模的技术改造，斥巨资从美国、德国等国家引进先进的生产、检测及试验设备。

公司积极实施“走出去”发展战略，由单一外销出口变为全球范围内的研发、设计、制造、物流、销售，形成了完备的一体化产业链。同时，企业积极制定并实施了全球发展战略，本着“以我为主，博采众长”的原则，大胆走出国门，先后与日本、韩国、德国、美国等国家的先进企业进行战略合作，现已成为布局全球的国际化企业。

2003 年，中鼎在美国设立全资中鼎美国公司；2008 年，在德国设立中鼎欧洲公司；2010 年，收购天津飞龙橡胶制品有限公司，进入军工、铁路等行业橡胶件配套领域；2011 年，收购美国 COOPER 公司，进入高端油封的研发和制造领域。同年，中鼎首次跻身全球非轮胎橡胶制品 50 强，名列第 45 位。

按照“集团化管理，专业化生产”的发展原则，中鼎推进实施企业内部结构战略调整和重组，逐步完善母子公司体制和内部治理结构，建立企业集团化运营架构。同时在生产管理上，引进了先进的管理方式，先后引进5S现场管理和精益生产方式。

2. 时代新材——轨道交通领域科技先导企业

南车集团株洲时代新材料科技股份有限公司是从事高分子减震降噪产品、高分子复合改性材料和特种涂料及新型绝缘材料三大系列产品的研制开发、生产、销售和服务的股份制企业。公司建立了集材料技术基础性研究和新技术应用研究与新项目孵化器于一体的国家认定企业技术中心，拥有新材料系统结构领域企业博士后科研工作站、国内唯一的国家轨道交通高分子材料及制品检测中心，形成了材料技术、系统与结构、工艺装备、检测分析四大核心技术，实现了新材料领域和产品结构技术相结合的重大突破。目前公司已取得国家授权专利200余项（其中发明专利80余项），承担10多项国家“863”和“火炬”计划等重大科研项目。

近年来，南车时代新材随着国际化、信息化、高科技步伐的逐渐深入，销售收入保持持续增长，国际行业影响力逐步提升。2014年，公司以2.9亿欧元（约合24.2亿人民币）成功收购了德国采埃孚集团下属橡胶与塑胶业务资产，企业整体规模效应和全球化运营能力得到进一步提升，有望进入世界非轮胎橡胶行业前20强。

该公司不进入高度竞争的市场，不追求同质化严重的技术，坚持高端科技人才储备和高比例科研费用投入，不断完善产品性能，提升产品质量，主要从事“填补空白、替代进口”的高端产品研发工作，走高新科技企业发展之路。

该公司致力于通过重点项目的选择和突破来增加规模和效益，坚持“以业绩论人才，以成败论英雄”的评价标准，坚持收入增长必须低于效益增长，坚持干部岗位的设置必须以销售和利润的规模为前提，坚持所有的管理创新都要有利于提高公司整体效率和效益。

把管理从复杂走向简单，划小业务核算单元，进一步简化工作流程，简化不必要的规定，减掉不必要的会议多余甚至是不特别重要的层级，通过提升内部管理提高对市场的反应速度。

3. 2015年度百强企业

在中国橡胶工业协会2015年度百强企业推荐活动中，橡胶制品行业入围企业见表3。

表3 橡胶制品行业入围中橡协2015年度百强企业

序号	企业名称
1	安徽中鼎控股（集团）股份有限公司
2	株洲时代新材料科技股份有限公司
3	宁波拓普集团股份有限公司
4	陕西延长石油西北橡胶有限责任公司
5	江阴海达橡塑股份有限公司
6	大连巅峰集团
7	贵航股份红阳密封件公司
8	山东美晨科技股份有限公司
9	衡水橡胶股份有限公司
10	衡水中铁建工程橡胶有限责任公司

4. 企业创新发展奖

2015年是中国橡胶工业协会成立30周年，30年来橡胶制品行业获得了快速发展，取得了巨大成就。同时涌现出一批优秀企业，为橡胶工业的和谐、快速发展作出了突出贡献。13家橡胶制品企业获得中国橡胶工业协会颁发的“企业创新发展奖”，详见表4。

【工程橡胶】

随着国家对基础设施建设投资力度的不断加大，工程橡胶行业发展迅速。目前，我国工程橡胶产业主要分布在三大区域：河北衡水、四川新津、江浙一带；有两大产业集群：河北衡水工程橡胶产业集群、成都新津路桥构件产业集群。江浙一带企业较为分散，没有集群效应。各区域市场份额见表5。

表 4　橡胶制品行业获"企业创新发展奖"企业

序号	企业名称
1	株洲时代新材料科技有限公司
2	安徽中鼎密封件股份有限公司
3	陕西延长石油西北橡胶有限责任公司
4	西北橡胶塑料研究设计院有限公司
5	马鞍山宏力橡胶制品有限公司
6	大连巅峰橡胶机带有限公司
7	成都盛帮密封件股份有限公司
8	烟台泰鸿橡胶有限公司
9	北京城南橡塑技术研究所
10	衡水宝力工程橡胶有限公司
11	衡水中铁建工程橡胶有限责任公司
12	衡水橡胶股份有限公司
13	衡水市橡胶总厂有限公司

表 5　各区域市场份额

地域	衡水	新津	江浙	其他地区
市场份额/%	60	21	14	5

1."十二五"发展成果

"十二五"末，全国工程橡胶生产企业 200 余家，其中 138 家在衡水地区，20 余家在新津地区。行业内两大地区行业组织分别是河北衡水工程橡胶产业协会和新津路桥构件行业协会。河北衡水工程橡胶产业协会会员单位发展到 57 家，其中生产企业 46 家(年产值均在 3000 万元以上)，金融单位 6 家，流通企业 1 家，大中专院校 4 家，会员单位涵盖湖南、湖北、江苏等地。

"十二五"期间，虽然一度出现紧缩银根、铁路建设速度放缓等形势，但工程橡胶产业仍保持了稳步发展态势。预计"十二五"期间全国工程橡胶产品用量达到 1100 亿元，年均用量 220 亿元左右，其中衡水工程橡胶产业 2015 年总收入将达到 140 亿元。预计"十三五"期间，国家对工程橡胶产品的需求将在 1000 亿元以上。

工程橡胶产品除在众多国内重点工程中应用之外，还有约 10% 的产品打入国际市场，出口到美国、德国、墨西哥、缅甸等 20 余个国家和地区。

2013 年底，全国工程橡胶行业专利达到 590 项，其中衡水地区专利总数达到 418 项，占全国同类产品专利的 70% 以上。预计到"十二五"末，全国工程橡胶专利总数将达到 770 项以上。

全国获得公路桥梁支座产品生产许可证的企业 130 家，其中河北省工程橡胶产业制造基地获证企业达到 78 家，占全国获证企业的半数以上；全国获得橡胶止水带产品生产许可证的企业共计 147 家，其中河北省获证企业达到 88 家，占全国获证企业半数以上。

全国共有 20 家企业的盆式支座产品、10 家企业的桥梁伸缩装置产品、46 家企业的橡胶止水带产品通过铁道部 CRCC 认证，进入铁路建设市场。

河北衡水拥有"群力"牌、"恒力"牌两个中国驰名商标。8 家企业的 27 种产品获得"中国交通企业名牌产品"称号。自占地 3150 亩的河北省重点产业支撑项目"中国(衡水)工程橡胶产业制造基地项目"建成后，又多个工程橡胶新建、改扩建项目入园，形成了高度聚集、高度产业化的工程橡胶产业专业化园区。园区目前总占地 4000 余亩，园内企业 60 多家，年销售收入 120 多亿元。

2. 工程橡胶产业发展存在的问题与主要差距

(1) 缺乏国际知名品牌；

(2) 产品同质化，恶性竞争严重；

(3) 缺乏技术含量高的高端产品；

(4) 产业转型步伐较慢；

(5) 产业融资面临瓶颈，对再发展产生影响。

3. 工程橡胶行业"十三五"发展形势

国外市场广阔，培育出国际名牌，在国际市场将具有很大竞争力。

工程橡胶市场受国家基础设施建设投入影响较大，预计"十三五"国家对基础设施建设投入力度有增无减，市场会持续高位。

国家对产品质量要求越来越严格，会有部分产能小、产品质量无保障的小企业倒闭或被重组。

4. 工程橡胶发展目标

(1) 淘汰落后产能，禁止低水平项目重复建设，建立产业准入机制，提高集中度。在工程橡胶产业集中度较高的衡水和新津两地，政府部门规划专业的工业园区发展工程橡胶产业，严格控制新建企业，避免重复建设，鼓励新技术、新产品开发和科技含量高的项目优先建设，对技术含量低、高耗能的项目不予审批。

（2）发展高技术含量、自主创新和特色产品。在两个集中度高的产业集群所在地建设高级别、高标准的工程橡胶研究院，推动产品创新。

（3）加强行业自律，扩大产品质量授信范围，培育品牌和名牌产品。中橡协和地方协会加强产业自律管理，建立表彰、宣传、推广机制，鼓励企业提升产品质量和名牌创建。

（4）坚持循环经济理念，大力推进绿色产品生产，调整工艺、节约能源、保护环境。“十三五”期间企业节能指标提高 5 个百分点，环保指标提高 8 个百分点。

【浙江宁海汽车配件产业】

汽配产业是宁海县六大支柱产业之一，有 150 余家企业，从业人员 2 万多人，已经形成了龙头产业集群及较为完整的产业链和配套协作体系。

宁海县汽配行业把技术创新、管理创新以及人才培养放在首位，转变观念，改良结构，改善组织模式和工作方式，加速应用先进的汽配设计和制造技术，以适应新形势的发展。汽配产业着重发展 CAD/CAM/CAE、快速成形、反求工程、精密成形、虚拟制造和网络制造以及 IT 管理等先进制造技术，软件建设和硬件建设达到了一定的档次，绝大多数规模企业的产品均与国内 15 家主机厂配套合作，部分产品出口欧美、日本、韩国等品牌汽车厂。主要产品有密封系列产品（骨架油封）、减震制品系列产品、传动制动系列产品、点火线束产品、管路系统产品、底盘、仪表盘和汽车保险杠等系列产品。汽配产业拥有高新技术企业 11 家，市级以上名牌产品 5 个，市级以上著名商标 5 件。

宁海县汽车零部件产业呈现以汽车橡胶零部件为特色，与压铸、冲压、塑料等汽车零部件并存的繁荣发展局面。

【采取措施】

在行业发展“新常态”形势下，面对 2015 年国内外市场的变化和各种不确定因素，对于国内中小型制品企业来说，提高自身综合竞争能力，要在做专、做强方面下功夫。

（1）加强品牌培育，创立民族品牌，加强自主知识产权产品的研发，推动行业共性技术进步。

（2）加强行业自律，规范行业行为，避免恶性竞争。

（3）加强人才培养，制定人才培养计划，重视高端人才与复合型人才的引进，注重培养与引进人才相结合。

（4）加强标准化体系建设，建立信息系统、利用信息技术、实现技术进步。

（5）加速专业化、特色化生产。当前，我国橡胶密封企业大多着力于抓眼前效益，对行业分工、自身特色和特长不太关注，形成了百厂一个样的行业环境，低水平重复，没有突出竞争优势，难以形成最佳经济效益模式，不利于长远发展。因此，企业在寻求眼前经济效益的同时，要放眼长远，加速实现专业化、特色化生产。

（6）完善技术创新平台建设。行业发展需要技术创新体系和技术平台支持，特别是对中小企业尤为重要。

（7）加快行业计算机网络、电子商务和信息化发展，实现信息共享。企业通过网络平台可获取国内外相关信息。未来电子商务将为橡胶制品企业带来新的经济增长点，传统销售方式将会面临新挑战。

（8）提高模具加工技术和橡胶加工设备水平，进而带动橡胶工艺技术发展，提高橡胶制品行业整体技术水平。

（9）加强技术创新与产业链整合。通过现有橡胶制品产业优势，带动上游产业链及材料技术创新，反过来通过上游技术创新拓展新的橡胶制品市场。积极推动上下游互动，加强技术创新链与产业链的整合，促进基础研究和成果应用，不断推动产业技术创新。

（10）促进绿色橡胶材料及循环经济发展，推动材料应用从“末端治理”向“源头治理”的转变，以一些产量规模大的橡胶制品为切入口，加强对相关材料及其工艺的研究投入，鼓励发展降低能耗、节约资源和使用环境污染少的材料与工艺，鼓励大量采用可再生资源和最大限度地利用废弃物资源，推进生态化模式和循环经济发展。

(11)统一能耗标准，加快节能减排。

【展　望】

1.建设行业基础理论和共性技术研究开发平台

进行橡胶制品行业新技术基础研究、新材料应用和新产品研发，为中小企业的产品优化设计、数字化制造和检测试验技术及装备、标准化等方面提供公益性服务，向企业有偿转让科技成果。

2.设立橡胶制品共性技术研发基金

对包括橡胶制品行业科研院所、大学和大型企业的国家认定企业技术中心、国家工程技术研究中心、博士后科研工作站进行行业共性关键技术研发项目和技术攻关项目给予政策支持。研发成果要为全行业服务。

3.将橡胶材料纳入国家重点支持的新材料产业

充分发挥橡胶材料的重要作用，尤其是要把具有相对独特物理化学性能、适宜在特殊领域或特定环境下应用的先进高分子材料，如氢化丁腈橡胶、氯化聚乙烯橡胶、全氟醚橡胶、氟硅橡胶等纳入国家新材料攻关计划项目之中。充分认识橡胶材料在装备制造业乃至国民经济、居民生活和国防建设中的作用，从战略高度提高我国橡胶材料及制品在国民经济发展中的战略地位，加快解决我国橡胶材料对可持续发展的制约问题。

4.国家有关部委应设立橡胶制品产业化发展专项

建议国家有关部门尽快设立橡胶制品产业化发展专项，促进其产业化进程，支持高端橡胶制品开发。通过专项的实施，带动整个橡胶制品行业快速发展。为了提高重点企业技术开发能力、装备自动化水平和信息管理化水平，国家有关部门应安排一定的资金额度，支持有条件的企业进行技术改造，对这些企业给予资助和贷款贴息。

5.加强橡塑密封行业自律，全面推进诚信经营

大力推进行业自律建设，营造公平竞争的市场环境，规范竞争行为，要以人为本、以德为先，以和为贵，形成竞争与合作相结合的企业关系。

6.支持产业集群基地技改

支持以行业龙头企业为主导的地方橡塑密封产业集群基地的技术升级发展，提升规模效益和流程效益。

目前已有安徽宁国橡塑密封件产业基地（国家火炬特色产业基地）、中国（宁海）汽车橡胶密封件生产基地和中国（衡水）工程橡胶产业制造基地。

7.继续支持橡胶制品企业“走出去”发展战略

开拓和巩固海外市场，对出口企业（基地）的薄弱环节要有政策与资金的支持，培育数家国际化企业。

8.积极支持中小型橡胶制品企业健康发展

大力培育具有“精专特新”特色的中小型橡胶制品企业。鼓励走专业化、特色发展之路。在融资、贷款、税收方面给予中小型橡胶制品企业切实支持。

汽车行业是橡胶制品企业最重要的客户，2015年汽车市场前景如何对制品行业影响至关重要。

对于橡胶制品行业来说，近年来，多数汽车零配件生产企业之间属于同质化竞争、过度压价竞争。大部分企业规模较小，缺乏自主研发能力，技术水平提升缓慢。随着外商合资或独资企业的建立，本土化率的提升，其产品价格进一步下降，给国内企业带来了不小压力。“优胜劣汰”的现象在2015年将更加明显，一些中小型制品企业将在残酷的竞争下退出市场。

纵观整个制品行业，预计2015年制品行业会出现第二个“百亿企业”——株洲时代新材料科技有限公司。中鼎集团和时代新材这两个“百亿企业”作为国内制品行业的领头羊，将带动和推进行业技术、市场和效益的进步，为橡胶制品行业做大做强发挥积极作用。

根据近几年橡胶制品行业发展情况，2015年制品行业仍将承接前两年的低速、稳定增长态势，全行业仍处于转型升级的过渡期，企业面临的生产经营形势依然严峻。随着国家对铁路、能源、水利设施、新型城镇化等基础设施投入的不断加大，为制品行业发展带来新的发展机遇。2015年铁路减震制品及出口橡胶配件增幅将会有较大提升，预计2015年行业主要经济指标增速将在10%左右。

（杨　莉）

乳胶制品

国外乳胶制品企业近年来大幅扩产，国际乳胶制品市场的竞争日趋激烈，我国手套类乳胶制品出口受阻。2014年天然胶乳平均价格同比（下同）下降了29.38%，企业效益增长40%。国内企业因劳动用工、环保、能源运输等费用大幅增加推动成本上涨。企业面对跌宕起伏的市场环境，着力调整产品结构，积极开辟多元化市场，努力推动技术进步，同时加强行业自律，抵制低价无序竞争。据中国橡胶工业协会乳胶分会统计，乳胶行业主要技术经济指标除出口交货值下降1.29%，销售收入增长0.96%，其余各项指标都取得了一定增长，经济效益增长较显著。

【基本情况】

乳胶产品出口一直占有较大份额。2014年出口受阻的局面依然严峻，为此企业着力抓好国内市场，不断挖掘潜力，加大科技创新力度，保持乳胶行业稳定发展。2014年乳胶行业主要技术经济指标（分会29家统计企业数据汇总）完成情况见表1。

表1　2014年中橡协统计乳胶行业主要经济指标完成情况　亿元

指标名称	2014年	2013年	同比/%
产品销售收入	34.61	34.28	0.96
工业总产值	34.15	33.56	1.76
工业销售产值	33.97	33.96	0.03
工业增加值	8.75	8.61	1.63
出口交货值	13.80	13.98	-1.29
实现利润总额	1.68	1.19	41.18
实现利税总额	2.75	2.05	34.15

从表1可以看出，2014年乳胶行业出口交货值下降1.29%，其余各项同比均取得一定的增长。但产品销售收入、工业总产值、工业销售产值3种主要经济技术指标增幅有所放缓，分别减少2.34、0.28、3.26个百分点；实现利润总额、利税总额增幅较大，分别增加14、20.78个百分点；工业增加值减少10.31个百分点，行业经济效益保持稳步增长。

【国内外贸易】

2014年乳胶行业生产销售基本稳定，手套类产品的出口与内销有较大反差，反映出目前国外与国内乳胶制品市场的供需关系正在发生较大变化。

1. 生产销售基本稳定

2014年，乳胶行业主要产品（分会29家统计企业数据汇总）避孕套、检查手套、织物浸渍胶乳防护手套产销量增幅较大，家用手套产销量下降幅度较大，外科手套销量基本持平。

从表2可以看出，2014年行业主要产品避孕套、织物浸渍胶乳防护手套产销量与2013年相比有较大幅度的增长，成为行业生产销售中的一个亮点。外科手套销量有一定增长，但产量下降1.62%，表明企业根据生产经营情况，有计划的控制产量。家用手套、工业手套产销量大幅下降，主要原因是出口受阻以及国内市场疲软，生产企业适度调整了生产规模。总体而言，乳胶制品生产销售形势正向好的方向发展。

表 2　2014 年中橡协统计主要乳胶制品生产销售情况

产品名称	2014 年	2013 年	同比/%
避孕套/亿只			
产量	38.13	34.84	9.44
销量	37.33	34.88	7.05
外科手套/亿副			
产量	4.26	4.33	-1.62
销量	4.46	4.39	1.59
检查手套/亿只			
产量	15.98	15.46	3.36
销量	15.72	15.17	3.63
家用手套/亿副			
产量	1.627	1.84	-11.48
销量	1.5555	1.86	-16.43
工业手套/亿副			
产量	0.8675	1.02	-14.93
销量	0.9206	1.02	-9.45
织物浸渍胶乳防护手套/亿副			
产量	2.4956	1.67	49.09
销量	2.4238	1.64	48.14

2. 内需增加外销下滑

多年来乳胶制品出口比值一直超过一半以上。但近年由于受金融危机和马来西亚等国家乳胶制品产能大幅扩张的影响，产品出口比值逐年下降，降幅也逐年加大。至 2014 年出口比值下降为 40.59%，减少了 2.01 个百分点，并呈持续下降的趋势，主要乳胶制品出口和内销差异明显扩大，见表 3。

橡胶避孕套、外科手套、医用检查手套等乳胶制品归类于医疗器械产品，家用手套、工业手套、织物浸渍胶乳防护手套、指套等乳胶制品与民众生活以及安全防护密切相关。在国家扩大消费、以人为本等政策措施的大力推动下，民众生活以及安全防护类乳胶制品的国内需求将呈快速增长势头，但外科手套等产品出口呈现不同程度的下降，外销状况不容乐观。

表 3　2014 年中橡协统计主要乳胶制品内销和出口情况

产品名称	2014 年	2013 年	同比/%
避孕套/亿只			
内销	24.54	24	2.25
出口	12.79	10.88	17.56
外科手套/亿副			
内销	3.24	2.87	12.89
出口	1.22	1.52	-19.74
检查手套/亿只			
内销	7.25	6.4	13.28
出口	8.47	8.77	-3.42
家用手套/亿副			
内销	0.46	0.54	-13.59
出口	1.09	1.32	-17.59
工业手套/亿副			
内销	0.59	0.65	-10.49
出口	0.33	0.36	-7.57
织物浸渍胶乳防护手套/亿副			
内销	1.11	0.68	62.77
出口	1.31	0.95	37.62

3. 乳胶制品进口大增

海关统计，2014 年我国进口橡胶避孕套 3209.30 吨（折合约 10.59 亿只），下降 5.67%；进口平均单价 88.3386 美元/千克（折合约 0.2677 美元/只），是出口避孕套平均单价的 6.17 倍，增长 92.21%。显示出随着我国民众生活水平的不断提高，国内中、高端避孕套消费市场仍在继续扩大。橡胶避孕套进口以马来西亚、泰国、日本、韩国、德国、美国及印度等国家为主。

同期，进口橡胶外科手套 1231.30 吨，下降 1.27%；进口均价 6.3102 美元/千克，比出口高 0.96%，进出口价格基本平衡，进口量也有所下降。橡胶外科手套的进口以马来西亚、印尼、泰国、美国、法国等国家为主。

进口橡胶其他手套 20295.47 吨，增长 20.65%；进口均价 5.2782 美元/千克，下降 11.60%，低于出口均价 14.22%。显示出国外大量质量低劣的“垃圾产品（裸手套）”正以逐年增长的趋势充斥国内市场。橡胶其他手套的进口以马来西亚、泰国、越南、印尼、韩国、中国台湾、斯里兰卡及日本等国家和地区为主。

【生产与效益】

乳胶制品企业充分利用国家稳定经济，扩大内需及主要原材料天然胶乳持续回落的有利条件，加强企业管理，提质降耗，挖掘内部潜力，进一步提高企业生产经营经济运行质量。

1. 重点抓好经济运行质量，保持行业持续稳定发展

2014 年乳胶行业产品销售收入前 10 名企业见表 4。

表 4　2014 年乳胶行业产品销售收入前 10 名企业　　万元

排名	企业名称	2014 年	2013 年	同比/%
1	山东星宇手套有限公司	50523.00	36756.00	37.46
2	桂林紫竹乳胶制品有限公司	27631.90	28283.60	-2.30
3	北京华腾橡塑乳胶制品有限公司	25131.60	26106.80	-3.74
4	上海科邦医用乳胶器材有限公司	20018.00	20004.00	0.07
5	福建三信制造有限公司	16316.00	19936.00	-18.16
6	广州双一乳胶制品有限公司	16174.00	14239.00	13.59
7	张家港大裕橡胶制品有限公司	15270.81	16914.04	-9.72
8	北京瑞京乳胶制品有限公司	13543.00	14294.70	-5.26
9	青岛双蝶集团股份有限公司	12956.00	11915.00	8.74
10	苏州嘉乐威企业发展有限公司	12750.00	15432.00	-17.38

从表 4 可以看出，前 10 名企业中，有 4 家企业比上年取得了一定的增长，其中山东星宇、广州双一、青岛双碟增幅分别为 37.46%、13.59%、8.74%。但总体来看，企业销售收入增幅放缓，超过 10% 以上的企业数减少了 1 家；同时有 6 家企业销售收入增幅下降，比上年增加了 2 家。

2. 出口形势有所好转，国家政策支持需加大

2014 年乳胶行业出口交货值前 10 名企业见表 5。

表 5　2014 年乳胶行业出口交货值前 10 名企业　　万元

排名	企业名称	2014 年	2013 年	同比/%
1	山东星宇手套有限公司	27309.00	21241.00	28.57
2	北京华腾橡塑乳胶制品有限公司	18204.40	18823.40	-3.29
3	张家港大裕橡胶制品有限公司	13927.26	14952.59	-6.86
4	张家港宏裕乳胶手套有限公司	10242.82	12652.94	-19.05
5	镇江苏惠乳胶制品有限公司	8898.00	12753.00	-30.23
6	广州双一乳胶制品有限公司	8070.00	5101.00	58.20
7	青岛双蝶集团股份有限公司	8064.00	8394.00	-3.93
8	安徽豪杰塑胶制品有限公	7447.00	6011.00	23.89
9	天津中生乳胶有限公司	5785.00	5230.00	10.61
10	湛江嘉力手套有限公司	4397.00	4314.00	1.92

从表 5 可以看出，出口交货值前 10 名企业中，有 50% 的企业取得一定的增长。其中广州双一积极开拓避孕套出口市场成绩显著，出口交货值增长 58.2%。出口交货值出现负增长的企业家数减少了 37.5%。国家自 2013 年 8 月 15 日起取消了包括橡胶避孕套、外科手套及其他手套等乳胶制品在内的 1507 个工业制成品的出口商品检验，但又在 2015 年 1 月开始提高对企业生产用进口天然胶乳征收 10% 或 900 元/吨关税，削弱了我国乳胶制品在国际市场上的竞争能力。因此，行业出口形势有所好转但仍不容乐观。

【百强和品牌】

获得 2014 年中国橡胶工业协会百强企业的乳胶企业有北京华腾橡塑乳胶制品有限公司、山东星宇手套有限公司、桂林紫竹乳胶制品有限公司、上海科邦医用乳胶制品有限公司。

获得 2014 年中国橡胶工业协会推荐品牌的企业有桂林紫竹乳胶制品有限公司高邦牌一次性使用橡胶外科手套、上海科邦医用乳胶制品有限公司科邦牌一次性使用橡胶外科手套。

【科技与创新】

1. 调整结构，促进行业转型升级

（1）加强工艺技术创新。充分发挥乳胶行业专家组的作用，加快行业技术进步，改进产品性能、增强产品功能、提高产品档次。加大力度开发低蛋白质天然胶乳及聚异戊二烯、聚氨酯等系列合成胶乳制品；继续加强材料企业和制品企业的密切配合，做好聚氨酯避孕套的上机试产工作，力争在 2015 年将水性聚氨酯避孕套及系列产品成功推向市场，真正实现避孕套的转型升级，改变国外品牌聚氨酯避孕套一统天下的局面。

（2）加大新型节能、环保材料的使用。行业应加强节能手模、环保型助剂等新材料的推广和使用，改变传统的强酸碱洗模工艺，使用环保型洗模剂，减少对环境污染。

（3）提高设备自动化程度和生产效率、降低人力成本。作为劳动力密集型的乳胶制品行业，更应在实现设备自动化、智能化方面有所作为。不久将实现避孕套自动铝箔包装机及 3 只装避孕套装盒机的全面使用，手套包装自动化设备的引进和改造，提高包装效率。有针对性的引进国外最新高效率乳胶手套生产线进行消化、吸收和推广，提高设备效率和自动化程度，跟上国际先进技术的发展步伐。

2. 强化管理，提高行业整体水平

（1）强化各类认证工作，建立企业内部审核制度和外部审核，找出体系管理中存在的具体问题进行持续改进，夯实企业管理基础，实现长远发展。

（2）引入先进的科学管理手段和工具。结合自身实际开展“精益管理”，实现持续改善，并将其作为企业管理的目标和方向。建立和完善企业的管理体系，实现员工观念转变、企业管理水平的整体提高。

3. 提升品牌，提高产品附加值

有条件、有实力的企业，要实施品牌战略，培育和发展自主品牌，全面提升企业品牌的知名度和信誉度，赶超国际知名品牌，实现中国品牌走向世界。

4. 创新营销模式

乳胶制品企业应顺应时代变化，转变营销理念，掌握和运用新型营销手段，利用电商平台，扩大网络销售渠道。

5. 以人为本，履行社会责任

（1）安全环保方面。史上最严厉的《中华人民共和国环境保护法》已于 2015 年 1 月 1 日开始实施，违法企业将付出惨重代价。国家开始禁止新建并逐步淘汰 20 吨以下高污染燃煤锅炉，使用集中供热蒸汽或改用清洁燃油、天然气、电等清洁能源，以减少大气污染。企业应自觉围绕安全环保新要求，逐步改进和完善企业环保设施，对生产过程中产生的废水、废气、废渣严格按国家规定的排放标准进行处理和排放。

（2）安全生产方面。及时排查和治理安全隐患，把安全生产工作落到实处。

6. 稳定产品价格，维护行业利益

在乳胶价格持续低位徘徊的时候，防止部分企业恶意低价竞争扰乱市场价格，避免乳胶行业陷入无谓的自相残杀。企业之间要达成共识，站在行业发展的高度，共同自觉维护乳胶行业的整体利益。

7. 维护行业诚信，实现行业健康发展

近年来，国内外出现了中国避孕套生产企业的负面消息，这给避孕套企业敲响了警钟，规范的避孕套企业更应该自觉维护行业的诚信，脚踏实地，维护行业的健康发展。

【基建与技改】

乳胶行业中民营企业发展迅速，在2014年医用手套、检查手套市场需求强劲的利好形势下，民营企业抓住有利时机扩大生产规模。江西贝诺通医疗器械有限公司新建并投入运行一条高效能医用手套生产线，上海科邦医用乳胶器材有限公司在建4条高效能医用手套生产线、山东星宇手套有限公司引进韩国先进设备，新增8条劳保手套生产线。全国在建并投产的医用手套、丁腈手套生产线不低于40条。

桂林紫竹乳胶制品有限公司计划整体搬迁至临桂秧塘工业园、苏州嘉乐威企业发展有限公司（江阴嘉乐威乳胶制品有限公司）计划搬迁至苏州新厂区、上海科邦医用乳胶器材有限公司在江西丰城市工业园区扩建新厂区。企业将利用搬迁契机，合理布局规划，优化流程、更新设备，按照GMP规范新建厂房设施，实现企业长远发展。

企业变革方面，2014年中国化工橡胶株洲研究设计院更名为中国化工株洲橡胶研究设计院股份有限公司；广州广橡企业集团有限公司双一乳胶厂更名为广州双一乳胶制品有限公司。

【存在问题】

1. 用工成本不断攀升，生产成本居高不下

随着《劳动合同法》的实施以及企业受“用工荒”的持续影响，乳胶行业用工成本大幅攀升。据行业29家企业报表显示，2014年企业月人工平均费用达到3929元，增长6.8%。

2. 环保压力增大，企业投入增加

随着新环保法的实施，企业面临的环保压力剧增，在环保设施投入、锅炉改造、废气、废水、废渣处理等方面需要投入大量的人力、财力和物力。

3. 原料乳胶进口征税，乳胶制品进口免税

2015年1月1日起，国家将天然胶乳进口税率从720元/吨调至900元/吨或10%，两者从低的政策。而按照东盟自由贸易区的降税模式，我国橡胶避孕套、橡胶医用手套、橡胶其他手套及橡胶海绵等乳胶制品从2010年开始都实现了进口零关税。天然胶乳进口征税，增加了国内乳胶制品生产成本，降低了与国外产品竞争的能力；而乳胶制品进口免税，却为国外乳胶制品大举进入中国创造了有力条件。

4. 国外企业产能持续扩大，乳胶制品进口激增

我国乳胶制品出口受阻，而国外乳胶制品进口却大幅增加（除橡胶外科手套外），应该引起行业和政府有关部门的高度重视，积极应对，制定相应的对策措施，保护国内乳胶制品企业的利益。

5. 行业自主创新能力薄弱，管理相对落后

由于乳胶行业进入门槛低，行业规模小，很多企业限于自身的经济实力和创新理念，在管理、工艺、设备上自主创新投入的人力、物力不足，无法推动行业整体水平的提高。

【采取措施】

1. 国内外经济环境逐步向好

欧美国家采取了一系列刺激经济发展的措施，各国也在加强推动经济发展的各项措施，实体经济发展出现了一些好的势头。

2. 天然胶乳价格持续低价徘徊

主要原因是全球橡胶市场供应连续多年超过需求，且东南亚主要橡胶出口国早已结束橡胶出口限制，橡胶市场的低价运行行情或将延续。这对原材料成本占产品成本比重较大的乳胶制品行业来说是利好消息。

3. 增强乳胶行业各企业间的团结与合作

企业通过技术交流，对行业焦点、热点问题的研究和探讨等形式，能够增强企业间的相互了解和信任，共同面对和解决行业发展中出现的诸多问题，特别是在应对环保压力、行业产品价格自律、诚信经营等方面。

【展　望】

展望2015年，全球经济复苏仍然艰难曲折。世界发达国家乳胶制品需求疲弱，国外乳胶制品企业集团大幅扩充产能，并低价位充斥我国市场，国内乳胶制品的出口将面临更大的挑战。

国内经济发展速度放缓，进口乳胶关税的调高等不利因素，乳胶制品企业发展将面临严峻的困难。随着国家继续有效实施积极的财政政策和稳健的货币政策、创新宏观调控思路和方式等政策的支持，乳胶行业仍将保持一定幅度的增长势头。总体预测，2015 年我国乳胶行业将以 3% 左右的增长率实现平稳发展。

（涂燕玲）

废橡胶综合利用

废橡胶(含废旧轮胎,下同)的来源主要是废橡胶制品,即报废的轮胎、力车胎、胶管、胶带、胶鞋、工业杂品,以及橡胶产品生产过程中产生的边角余料和废品。由于轮胎产品消耗生胶约占橡胶消费量的65%,其他产品占35%,因此废橡胶70%来自废旧轮胎。

【基本情况】

中国是世界上最大的橡胶消费国,世界约1/4的橡胶在中国消费;是世界废橡胶产生量最多的国家,每年仅废旧轮胎产生量超过1000万吨;是世界再生胶生产大国,2014年再生胶产量达到410万吨,占世界再生胶产量72%左右;是世界胶粉生产大国,生产再生橡胶的主要材料是胶粉,410万吨再生胶需350万吨胶粉,加上直接应用胶粉55万吨,胶粉产量达405万吨。中国还是一个天然橡胶资源匮乏的国家,80%天然橡胶依赖进口。为此,充分利用废橡胶生产胶粉、再生胶,将其变为可利用的橡胶再生资源,对缓解生胶资源短缺,避免废橡胶带来的环境污染,成为我国橡胶工业科学发展的必然选择。2008~2014年橡胶消耗量见表1,2008~2014年废橡胶处理量见表2,2008~2014年废橡胶利用主要产品见表3。

表1　2008~2014年中国橡胶消耗量　　万吨

项目	2008年	2009年	2010年	2011年	2012年	2013年	2014年
天然橡胶	253	270	300	320	345	420	470
增长/%	7.7	6.7	11.1	6.67	7.81	21.7	11.9
合成橡胶	297	318	345	370	385	410	400
增长/%	10.0	7.1	8.5	7.25	4.05	6.49	-2.4
合计	550	588	645	690	730	830	870
增长/%	8.9	6.9	9.7	6.98	5.8	13.7	4.82

注:数据来源为中国橡胶工业协会测算数据。

表2　2008~2014年中国废橡胶处理量　　万吨

项目	2008	2009	2010	2011	2012	2013	2014
再生胶	245	250	270	300	350	380	410
硫化橡胶粉	25	25	30	36	40	50	55
合计	270	275	300	336	390	430	465
处理废旧轮胎	324	330	396	403.2	468	516	558
废旧轮胎产生量	740	765	860	970	1018	1080	1145
占比/%	43.8	43.1	46.0	41.6	46.0	47.8	48.7

注:数据来源为中国橡胶工业协会废橡胶综合利用分会测算数据。

表3　2008～2014年中国废橡胶利用主要产品 万吨

项目	2008年	2009年	2010年	2011年	2012年	2013年	2014年
再生胶	245	250	270	300	350	380	410
增长/%	25.6	2.0	8.0	11.1	16.7	8.6	7.9
硫化橡胶粉	25	25	30	36	40	50	55
增长/%	0	0	20.0	20.0	11.1	25	10
合计	270	275	300	336	390	430	465
增长/%	22.7	1.85	9.1	12.0	16.07	10.26	8.14

注：数据来源为中国橡胶工业协会废橡胶综合利用分会测算数据。

用废橡胶生产再生胶、胶粉，使其变废为宝成为可再生利用的资源，是我国废橡胶综合利用的主要方式。20世纪90年代，我国自主完成“动态脱硫新工艺”研发，使我国再生胶生产得到了快速发展，产量每年增幅均保持在10%左右，成为世界上再生胶生产与应用最多的国家。2014年再生胶利用率见表4。

表4　2014年再生胶利用率

行业分类	消耗比例/%	数量/万吨
轮胎	30.00	123.00
非轮胎	70.00	287.00
力车胎	40.00	164.00
胶管胶带	15.00	61.50
胶鞋	5.00	20.50
橡胶制品	10.00	41.00

2014年，世界经济进入深度转型调整期，我国橡胶行业面对全球经济各种不确定因素，艰难负重爬坡，增速持续低迷，国际贸易保护主义重新抬头，继续依靠扩大出口拉动经济增长的难度明显增大。

由于全球经济进入后金融危机时期，直接影响到大宗原材料的需求，天然橡胶、合成橡胶价格一直处于低位徘徊，致使再生胶、胶粉价格跌降频繁。天然橡胶由年初每吨1.6万元左右降到目前的1.2万元左右，降幅达30%，通用型丁苯橡胶、顺丁橡胶价格降幅达到25%以上。废橡胶综合利用行业的煤焦油再生胶难以适应橡胶行业环保要求，带来再生橡胶产量、销售受阻，受此影响，整个废橡胶综合利用行业出现亏损趋势。

中橡协废橡胶综合利用分会对35家会员企业2014年统计分析来看，再生胶、硫化橡胶粉总产量同比（下同）下降0.78%；销量下降0.85%；工业总产值下降6.56%；出口交货值增长11.19%；工业增加值下降6.56%；销售收入下降7.87%，实现利润下降4.52%；实现利税总额下降18.24%。

2014年再生胶销售收入、产量以及硫化橡胶粉产量前10名企业见表5～表7，2014年再生胶及硫化橡胶粉主要经济指标完成情况见表8。

从全年统计分析，再生胶出口还有一定的市场空间；微利产品的胶粉产量增长17.89%，显示废橡胶回收价格下跌，低门槛胶粉生产量有所加大；全员劳动生产率（人）增长0.25%，表现生产自动化水平有所提高；产业亏损主要表现在下半年。满足国内外用户对绿色再生橡胶资源的需求是2015年的关键。

据中橡协废橡胶综合利用分会2015年1～3月对32家会员单位统计，再生橡胶、硫化橡胶粉产量（其中包括普通再生橡胶、特级轮胎再生橡胶、特种合成再生橡胶、胶粉、胶板）下降11.44%，销量下降12.6%，工业总产值下降19.41%，销售收入下降19.97%，实现利税下降1.46%，亏损企业占比12.5%。

表 5　2014 年再生胶销售收入前 10 名企业

排名	企业名称	销售收入/万元
1	南通回力橡胶有限公司	88092.73
2	南京金腾橡塑有限公司	74435.00
3	江西国燕高新材料科技有限公司	48484.77
4	唐山兴宇橡塑工业有限公司	39400.00
5	莱芜市福泉橡胶有限公司	31356.00
6	京东橡胶有限公司	30791.42
7	福建环科化工橡胶集团有限公司	25356.29
8	安徽宏磊橡胶有限公司	24808.00
9	仙桃市聚兴橡胶有限公司	19972.00
10	浙江杭园特种橡胶有限公司	18134.00

表 6　2014 年再生胶产量前 10 名企业

序号	企业名称	产量/吨
1	南通回力橡胶有限公司	149125.60
2	南京金腾橡塑有限公司	129676.00
3	唐山兴宇橡塑工业有限公司	109200.00
4	京东橡胶有限公司	71636.61
5	江西国燕高新材料科技有限公司	69894.96
6	莱芜市福泉橡胶有限公司	66121.00
7	广西远景橡胶科技有限公司	51163.89
8	福建环科化工橡胶集团有限公司	49293.40
9	仙桃市聚兴橡胶有限公司	48853.00
10	安徽宏磊橡胶有限公司	42920.00

2015 年 1～3 月再生橡胶销售收入、产量前 10 名企业、主要经济指标完成情况及硫化橡胶粉产量前 10 名企业、硫化橡胶粉主要经济指标完成情况见表 9～表 12。

从 2015 年 1～3 月再生橡胶销售收入、产量和主要经济指标分析看，在天然橡胶、合成橡胶价格继续走低的情况下，特级（高强力）再生胶因属于污染型再生胶范畴，在绿色橡胶工业框架对环保原材料要求大趋势下受到重创，销售市场明显萎缩并将逐步退出应用市场。再生胶产品符合欧盟 REACH 法规多环芳烃、重金属含量限值成为废橡胶综合利用行业可持续发展绿色转型的必然。

表 7　2014 年胶粉产量前 10 名企业

序号	企业名称	产量/吨
1	南通回力橡胶有限公司	70773.00
2	广西远景橡胶科技有限公司	51163.89
3	安徽宏磊橡胶有限公司	42920.00
4	湖北宏鄂远橡塑环保科技有限公司	30860.00
5	山东舜合胶业有限公司	25705.00
6	临沭县中泰橡胶制品有限公司	21715.00
7	泸州市万发橡胶厂	17316.00
8	仙桃市聚兴橡胶有限公司	11909.00
9	邹平县友海金属制品有限公司	9906.00
10	莱芜市福泉橡胶有限公司	5967.00

表 8　2014 年再生胶、胶粉主要经济技术指标完成情况

项　目	2014 年	2013 年	同比/%
工业总产值(按现行价)/万元	551494.07	590241.46	-6.56
再生胶产值	354389.63	396680.76	-10.66
工业销售产值(按现行价)/万元	570803.21	599473.43	-4.78
产品出口交货值(现价)/万元	28550.45	25676.84	11.19
工业增加值/万元	137873.52	147560.37	-6.56
再生胶产量(合计)/吨	772296.5	814077.67	-5.13
通用型再生胶产量	479931.48	506459.54	-5.24
特级再生胶产量	156676.13	175958.83	-10.96
特种再生胶产量	135688.89	131659.3	3.06
胶粉产量(合计)/吨	357541.91	303275.84	17.89
产品销售率/%	95.68	95.74	-0.06
应收账款/万元	90815.07	85152.56	6.65
产成品库存(按现行价)/万元	14011.06	14527.9	-3.56
产品销售收入/万元	575234.53	624344.85	-7.87
实现利润总额/万元	34868.62	36521.14	-4.52
实现利税总额/万元	96012.36	117434	-18.24
全员劳动生产率(人)/万元	95.13	94.89	0.25

注:数据来源为中橡协废橡胶综合利用分会统计。

表 9　2015 年 1 ~ 3 月再生胶销售收入前 10 名企业

排名	企业名称	销售收入/万元
1	南通回力橡胶有限公司	14179.87
2	福建环科化工橡胶集团有限公司	8856.20
3	莱芜市福泉橡胶有限公司	8726.00
4	仙桃市聚兴橡胶有限公司	6125.00
5	江西国燕高新材料科技有限公司	5351.35
6	京东橡胶有限公司	5343.33
7	安徽宏磊橡胶有限公司	4438.00
8	唐山兴宇橡塑工业有限公司	3700.00
9	天津祥润成橡胶制品有限公司	2364.00
10	江西亚中橡塑有限公司	2332.00

表 10　2015 年 1 ~ 3 月再生胶产量前 10 名企业

序号	企业名称	产量/吨
1	南通回力橡胶有限公司	31755.01
2	莱芜市福泉橡胶有限公司	20630.00
3	仙桃市聚兴橡胶有限公司	18120.00
4	福建环科化工橡胶集团有限公司	15855.00
5	京东橡胶有限公司	13784.21
6	唐山兴宇橡塑工业有限公司	10500.00
7	晋江华鑫塑料橡胶制品有限公司	9589.00
8	广西远景橡胶科技有限公司	8916.07
9	江西国燕高新材料科技有限公司	8715.79
10	安徽宏磊橡胶有限公司	8343.00

表 11　2015 年 1 ~ 3 月胶粉产量前 10 名企业

序号	企业名称	产量/吨
1	南通回力橡胶有限公司	14023.90
2	广西远景橡胶科技有限公司	8916.07
3	安徽宏磊橡胶有限公司	8343.00
4	山东舜合胶业有限公司	6371.00
5	唐山兴宇橡塑工业有限公司	6000.00
6	仙桃市聚兴橡胶有限公司	4296.00
7	清远结加精细胶粉有限公司	4206.00
8	泸州市万发橡胶厂	3460.00
9	丹东市富润橡胶有限公司	2650.00
10	莱芜市福泉橡胶有限公司	2210.00

表12　2015年1~3月再生胶、胶粉主要经济技术指标完成情况

项　目	2015年(1~3月)	2014年(1~3月)	同比/%
工业总产值(按现行价)/万元	88616.82	109962.1	-19.41
再生胶产值	61534.41	76479.70	-19.54
工业销售产值(按现行价)/万元	88621.31	109705.12	-19.22
产品出口交货值(现价)/万元	5472.67	3882.45	40.96
工业增加值/万元	22154.21	27490.53	-19.41
再生胶产量(合计)/吨	143868.8	162718.35	-11.58
通用型再生胶产量	84795.38	86475.88	-1.94
特级再生胶产量	33198.73	34320.84	-3.27
特种再生胶产量	25874.69	41921.63	-38.28
胶粉产量(合计)/吨	63319.27	71237.23	-11.11
产品销售率/%	95.34	96.61	-1.31
应收账款/万元	52636.45	47796.7	10.13
产成品库存(按现行价)/万元	20740.41	13815.75	50.12
产品销售收入/万元	86819.37	108489.01	-19.97
实现利润总额/万元	5885.22	5971.71	-1.45
实现利税总额/万元	12704.35	12892.84	-1.46
全员劳动生产率(人)/万元	2.98	3.62	-17.64

【政策指导】

1.国家政策

2014年1月27日,国家工业和信息化部发布了《关于推荐新时期重大技术装备项目的通知》([2014]75号)。

2014年2月18日,国家发改委在网上公开征求《再生橡胶清洁生产评价指标体系》意见。《指标体系》要求,清洁生产必须采用先进的工艺技术与设备,同时改善管理,加强综合利用,从源头削减污染,提高资源利用效率,减少或避免在产品生产和使用过程中污染物的产生和排放,以减轻或者消除对人类健康和环境的危害。特别对再生橡胶行业清洁生产评价制定了严格否决项内容,包括使用矿物系焦油作为再生软化剂企业;企业污染物排放总量控制或能源消耗总量未达到国家相关规定要求;企业近3年发生过重大环境污染事故等。该《指标体系》将作为再生橡胶和硫化橡胶粉制造业清洁生产水平评价、审核的依据。

2014年2月18日,国家工信部为贯彻落实国务院《关于印发大气污染防治行动计划的通知》(国发〔2013〕37号),推进重点行业企业实施清洁生产技术改造,降低大气污染物排放强度,促进大气环境质量持续改善,组织编制了《重点行业清洁生产技术推行方案》(征求意见稿)。

2014年4月24日,第十二届全国人民代表大会常务委员会第八次会议通过了《中华人民共和国环境保护法》,2015年1月1日开始施行。保护环境成为废橡胶综合利用行业更迫切的任务。

2014年5月23日,工信部对符合《轮胎翻新行业准入条件》、《废轮胎综合利用行业准入条

件》企业名单（第一批）23 家企业进行了公告。

2014 年 6 月 9 日，国家发改委召开《关于印发<资源综合利用产品及劳务增值税优惠政策目录>的通知（征求意见稿）》座谈会。2015 年 6 月，胶粉、再生橡胶、翻新轮胎被列入“享受增值税优惠政策的资源综合利用产品目录”，享受增值税 50% 即征即退的税收优惠政策。

2014 年 10 月 9 日，国家发改委发布《中国资源综合利用年度报告（2014）》，显示 2013 年，我国废旧轮胎产生量约 1000 万吨，其中翻新轮胎约 1400 万条，再生橡胶产量约 380 万吨，胶粉产量约 25 万吨，用于生产改性沥青 15 万吨。废旧轮胎综合利用已成为与天然橡胶、合成橡胶并列的橡胶资源渠道。

2014 年 12 月 16 日，国家发改委在“中日合作城市典型废弃物循环利用体系建设及示范试点项目成果发布会”上，就再生资源回收包括废旧轮胎回收问题表示，由于综合利用行业存在不正规企业现况，国家政策目前不能一步到位，需要如“准入制”手段，将正规与不正规企业区分，扶持正规企业，通过增值税、所得税优惠，项目资金扶持等措施，拉大与不正规企业的距离，倒逼不正规企业走向规范，在一个水平上公平竞争，节能减排、清洁生产、环保生产。

2014 年 12 月 31 日，国家发改委、科技部、工信部、财政部、环保部、商务部联合发布《重要资源循环利用工程（技术推广及装备产业化）实施方案》的通知（发改环资［2014］3052 号），废橡胶列入重点任务和领域，其中关键技术与装备研发包括：废橡胶新型环保再生技术与装备、废轮胎常温粉碎和深加工技术与装备、活化胶粉改性道路沥青技术与装备。先进技术与装备推广：推广废旧轮胎回收精细胶粉全自动设备、硫化橡胶粉常压连续脱硫成套装备。

2015 年 1 月 27 日，工信部对符合《轮胎翻新行业准入条件》、《废轮胎综合利用行业准入条件》企业名单（第二批）9 家企业进行了公告。

2. 行业支持

2014 年 1 月 3 日、9 月 4 日、12 月 16 日中橡协废橡胶综合利用分会分别参加了由国家发改委、中国社会科学院、日本协力机构组织的中日合作“中国城市典型废弃物循环利用体系建设及示范试点项目”废旧轮胎循环利用专家会议。对《青岛废旧轮胎回收和利用管理办法》规范青岛市废旧轮胎回收和综合利用，扭转废旧轮胎回收利用过程中的二次环境污染，对废旧轮胎等城市典型废弃物循环利用体系建设和国家与地方层面的循环经济法制建设议题进行了探讨。

2014 年 1 月 4 日，中日合作“中国城市典型废弃物循环利用体系建设及示范试点项目”办公室组织行业专家对青岛汽配城、新天地崂山区分拣中心和即墨市废旧轮胎回收集散地进行了调研，由于 2013 年废橡胶、废旧轮胎销售价格一路走低，2/3 从事废橡胶回收业的从业人员已退出。

2014 年 1 月 21 日，中国橡胶工业协会与世界可持续发展工商理事会在京交流有关废轮胎环保议题。在交流中，中橡协废橡胶综合利用分会从中国机动车保有量现状、中国废旧轮胎产生量现状、中国废旧轮胎回收和利用方式、中国政府出台的有关政策等 5 个方面介绍了中国废轮胎情况，希望加强合作，结合中国国情，探讨借鉴参照国外科学可行的报废轮胎（ELT）成功经验，防止废旧轮胎大量产生对中国环境造成危害。

2014 年 7 月 11 日，中橡协废橡胶综合利用分会接待了山东枣庄市公安局来员，坚决支持公安系统打击污染环境、浪费再生资源的“土炼油”行动，支持将“土炼油”行为通过立法由犯法提升到犯罪，进行严厉打击。

2014 年 8 月，中橡协废橡胶综合利用分会在广州对惠州润泰橡塑材料有限公司考察时了解到，由于国家严厉打击废橡胶、废轮胎非法土炼油措施到位，使得废轿车轮胎基本无人回收，废卡车轮胎多由山东省和河北省回收，每吨售价不足 1000 元。可以看出，在国家加大环境保护的态势下，废橡胶和废旧轮胎作为有价物质商品的形式正在发生变化。

2014 年 9 月 3 日、11 月 5 日，中橡协废橡胶综合利用分会两次接待了日本 JSR 株式会社，就中国废旧轮胎资源和冷冻胶粉市场进行了交流。

2014 年 10 月 13 日，日本橡胶工业代表团对无锡市万丰橡胶厂进行了考察，并向其介绍了中国特色的废橡胶生产再生胶方式。

根据国家发改委《关于请协助做好“十三五”

资源综合利用规划前期重大课题研究并提供有关材料的函》文件精神，中橡协按时完成了《关于“十三五”废橡胶综合利用规划前期重大课题研究的汇报》、《关于我国废橡胶综合利用行业现状与“十三五”发展目标建议》。其中，我国废旧轮胎产生量和再生橡胶生产量数据被国家发改委采纳，汇编至《中国资源资源综合利用年度报告(2014)》。

2014 年 10 月，由中国石油和化学工业联合会、中国橡胶工业协会组织编制的《橡胶工业污染防治技术政策》(征求意见稿)进行了讨论修改，使技术政策编制更加科学完善，有效指导企业污染防治工作。

下一步还要加大工作力度，贯彻国务院 2013《关于加快发展节能环保产业的意见》精神，落实谁污染谁治理政策；按《废旧轮胎综合利用准入条件》要求，提高行业准入门槛；建立废橡胶资源回收的准入制度，帮助有资质的企业在各地级市建立城市废橡胶绿色回收站，依法规范个体回收行为，最终形成全国废橡胶回收利用网络体系。在完善废橡胶回收政策的基础上，采取经济补偿或税收杠杆两项政策，从根本上解决废橡胶回收环节上的发票问题。

3. 编写《中国橡胶工业强国发展战略研究》

中国已经成为世界橡胶工业制造大国，但大而不强，由此也产生了资源浪费，为改变这种不利于橡胶工业发展的现状，中国橡胶工业协会及时启动《中国橡胶工业强国发展战略研究》，对行业情况进行梳理。废橡胶综合利用行业通过找出与世界发达国家的差距，制定了行业“十三五”、“十四五”发展目标规划。废橡胶分会组织撰写小组，分别于 2014 年 2 月 21 日在唐山玉田、3 月 13 ~ 14 日在浙江玉环和天台、4 月 24 日在江苏南京、7 月 3 日在四川峨眉山、7 月 24 日在上海奉贤召开了 5 次会议，发动专家、企业家的智慧，群策群力，按时完成了《中国橡胶工业强国发展战略研究》废橡胶综合利用篇编写工作。

4. 行业自律

(1) 改变脱硫方式

2014 年 2 月 20 日，根据行业转变再生胶脱硫工艺热点问题，常压连续脱硫设备与工艺技术高峰论坛召开。会议一致认为，硫化橡胶粉常压连续脱硫再生工艺，是继动态脱硫生产再生胶后又一次在技术上的重大突破。推进常压连续脱硫设备与工艺技术是废橡胶综合利用行业贯彻落实《国家鼓励的循环经济技术、工艺和设备名录》关于改变脱硫工艺的重要举措。

9 月 24 日，在山东临沂召开“2014 全国废橡胶利用信息与技术交流研讨会”，组织与会代表参观莒县东盛橡胶有限公司、山东舜合胶业有限公司的硫化橡胶粉常压连续脱硫设备应用，对推动塑化机推广应用起到良好作用。

10 月 20 日，上海肖友橡胶有限公司研发的“常压联动环保再生橡胶装备及技术”和台州中宏废橡胶综合利用有限公司研发的“废橡胶资源化、无害化、智能化螺杆挤出再生新技术”，被中国石油和化学工业联合会、中国化工环保协会授予“石油和化工行业环境保护与清洁生产重点支撑技术(设备)”。

目前，都江堰市新时代工贸有限公司、山东金山橡塑装备科技有限公司、莒县东盛橡胶有限公司、平陆康乐橡塑科技开发有限公司、江阴迈森金属制品有限公司、台州中宏废橡胶综合利用有限公司、江西国燕高新材料科技有限公司、山东新智机械有限公司、青岛科技大学高分子材料加工机械研究所等多家企业和高校，进一步完善硫化胶粉常压连续脱硫成套设备，改进设备环保、安全的脱硫方式。同时，出口到韩国、印度、马来西亚、新加坡、泰国、越南、土耳其、阿尔及利亚、加拿大、西班牙、法国和美国等国家。

根据中国橡胶工业强国发展战略，“十三五”期间实现常压连续脱硫装备应用达到 80% 目标。

中橡协废橡胶综合利用分会 2015 年在全国部分省、市对应用常压连续脱硫设备企业进行了调研。通过调研来看，由于设备制造厂家不断总结、改进、提高，常压连续脱硫机运行基本平稳，故障率明显下降。再加上使用厂家对配方不断调整试验，目前生产出的再生胶质量有较大提高，基本满足下游用户的需要。工艺方面，大家一致认为对胶粉及配合剂进行预搅拌比原来边上胶粉边喷油质量要稳定。不论是采用双螺旋还是单螺旋均可以满足生产需要。但也发现常压连续脱硫机仍存在不足之处，主要是设备密封性差，耐磨程度有待提高，加热系统不稳定、易损坏，还有一些辅助配件易损坏等问题。

据粗略统计，常压连续脱硫工艺与设备已在国内外200多个厂家应用，并已取得较好效果，设备制造厂家根据使用过程中用户反映出现的问题不断修改完善。因此，常压连续脱硫工艺与设备在行业的推广是一个方向，也是再生胶行业安全、环保的保证，更是再生胶行业脱硫工艺转型的必然。

（2）淘汰煤焦油

近几年，由于再生橡胶产业和橡胶制品行业观念与理念进入误区，70%以上的再生橡胶产品在高强力、高复原橡胶含量等指标的误导下，一味追求高物化性能指标，大量采用煤焦油系列软化剂等原材料，使再生橡胶多环芳烃含量严重超标。污染型系列再生橡胶产品被广泛应用在橡胶制品中，造成使用再生橡胶生产符合欧盟REACH法规要求的橡胶制品难度加大。

2014年6月，根据中国橡胶工业协会《关于组织编制环保型再生橡胶协会自律标准的通知》（中橡协字【2013】85号）要求，以淘汰污染严重的煤焦油使用为目的，参照欧盟标准和我国GB/T 13460－2008《再生橡胶》标准，启动了制定环保型再生橡胶自律规范标准程序。

2015年2月4日，在天津召开了《环保型轮胎再生橡胶》技术规范自律标准预审会；3月26日，在四川都江堰市组织召开了《E系轮胎再生橡胶》自律标准审查会；4月1日中国橡胶工业协会正式发布了《E系轮胎再生橡胶》自律标准，标准号为XXZB/ZSJ－1001－2015，2015年6月1日起实施。

为使再生橡胶产品满足"产品安全、使用安全"、符合欧盟REACH法规要求，依据协会推荐品牌产品工作的通知要求，对通过SGS、普尼、华测等机构检测的再生橡胶产品，推出莱芜市福泉橡胶有限公司新飞亚牌、唐山兴宇橡塑工业有限公司兴宇牌、上海肖友橡胶有限公司肖友牌再生橡胶作为2014度协会推荐品牌；推出昆明凤凰橡胶有限公司昆凤牌、江西亚中橡塑有限公司圣橡牌、江西国燕高新材料科技有限公司国燕牌、都江堰市新时代工贸有限公司龙头牌、江西利新橡胶有限公司利新牌环保型轮胎再生橡胶成为2015年协会推荐品牌。

（3）淘汰"小三件"

为贯彻落实国务院《安全生产"十二五"规划》，废橡胶综合利用行业加大淘汰致残千人的"小三件"（下圈机、切条机、切块机）力度，落实以人为本的安全生产理念。

2014年，通过四川亚西橡塑机器有限公司废旧钢丝子午轮胎回收利用生产线成套设备研发、浙江菱正机械有限公司废旧轮胎常温粉碎核心技术——刀具的创新与发展之激光熔覆技术应用、广州市联冠机械有限公司3E废旧轮胎常温全自动制取胶粒生产线的研发应用、四川乐山亚联机械有限责任公司废轮胎常温机械法制取橡胶粉生产线研发、江阴耐驰机械科技有限公司新型破胶机研发、东莞市运通环保科技有限公司研发的废轮胎回收循环利用生产线、徐州永冠环保科技有限公司研发的轮胎常温破碎机、丹东市富润橡胶有限公司轮胎胎圈下圈设备研发、宜兴市成宏机械设备有限公司常温橡胶精细粉碎生产线设备研发、浙江平湖华达机械厂480精细粉碎机等废橡胶利用设备研发项目实施和完成，建立了废轮胎破碎、粉碎新技术，打造了新工艺设备制造的平台。

目前，我国虽然85%的废轮胎处理仍然使用"小三件"，但唐山兴宇橡塑工业有限公司、江西亚中橡塑有限公司、江西省国燕高新材料科技有限公司、天台荣坤橡胶有限公司、杭州新邦橡胶有限公司、临沭县中泰橡胶有限公司、莒县东盛橡胶有限公司、河南环燕轮胎股份有限公司等近100家企业都选择了国家推荐的轮胎破碎粉碎设备，在提升废轮胎破碎、粉碎工艺的整体安全、自动化水平上迈出了坚实的一步。

【展　望】

2015年是"十二五"最后一年，也是我国转变经济发展方式的关键阶段。新环境保护法执行，倒逼废橡胶综合利用行业加快环保理念改变，国务院发布的《关于加快发展节能环保产业的意见》、《关于推行环境污染第三方治理的意见》以及财政部与国家税务总局将实施的《资源综合利用产品及劳务增值税优惠政策目录》(对再生橡胶和胶粉增值税给予优惠政策),都将为废橡胶综合利用产业的可持续发展带来动力。

2015年2月26日,国家统计局发布了《2014年国民经济和社会发展统计公报》。《公报》显示,2014年末全国民用汽车保有量达到15447万辆(包括三轮汽车和低速货车972万辆),比上年增长12.4%。汽车保有量的增加,加速废旧轮胎产生量的增加。据测算,2015年我国废旧轮胎产生量将达到3.30亿条,总量约1200万吨。

随着社会经济和汽车工业的发展,橡胶工业对橡胶资源的需求将会进一步扩大。中国橡胶资源短缺现象不能改变,再生橡胶成为橡胶资源的补充有着更加合理的市场。

进一步加强对企业考察调研,关注、宣传国家政策,引导企业科技创新绿色转型,以转变环保、安全、清洁生产方式作为重点工作目标。进一步引导、推动,把我国不断增长产生的废橡胶得以充分利用,实现变废为宝。真正实现资源循环利用,立足国内。

按时完成废橡胶综合利用行业“十三五”发展规划编制;积极参与国家产业政策制定,积极向国家反映企业诉求,维护行业适应形势稳定发展;完成万吨常压连续脱硫生产再生胶示范线的专家考评,召开单螺旋、双螺旋、螺杆挤出绿色环保脱硫方式生产现场会,争取2015年通过科技成果鉴定,在行业推广,加快再生胶脱硫工艺的改变;进一步落实行业粉碎、软化剂、脱硫三部曲的安全、环保目标;2015年计划淘汰20%存在严重安全隐患的“小三件”轮胎分解工艺;计划淘汰40%有毒有害的煤焦油生产再生胶工艺;计划改变10%动态脱硫方式目标。

以2015年1月10日“再生橡胶出片全自动计量、自动切片成套设备”专家考评会为契机,在通过专家考评基础上,2015年完成该项目科学技术成果鉴定,为行业“十三五”再生胶生产进入自动化奠定基础。

以2015年1月11日通过专家考评的“动态脱硫内冷式高效废气净化环保装置”会议为契机,减少“先产污后治理”的脱硫罐新增数量,2015年完成该项目科技成果鉴定,为淘汰动态脱硫罐奠定基础。

行业绿色转型势在必行,在国家产业政策指导下,引导无害化回收环保型利用理念的推广,确保废橡胶综合利用行业在“绿色、安全、高效、环保、节能”的实施中得到稳定健康发展。

(曹庆鑫)

天然橡胶

到2014年，我国累计生产天然橡胶近1600万吨，在替代进口、支持国防工业和国家经济建设等方面作出了重要贡献。

【基本情况】

1. 生产情况

(1)天然橡胶物候正常

2014年全国植胶区气候条件基本正常，“两病”(白粉病、炭疽病)较轻，云南省、海南省开割时间正常，广东省因胶价低推迟开割一个月。全年雨水均匀至偏多，年中海南、广东植胶区受超级台风“威马逊”和强台风“海鸥”袭击，但台风路径在主产区之外，对全国天然橡胶生产影响较小。受12月份低温阴雨天和胶价持续下跌的影响，全国胶园提前一周停割。

(2)种植面积略减

天然橡胶价格持续低迷，农户种植橡胶的积极性受到影响，同时受到适宜种植橡胶土地面积的限制，扩大种植的速度明显下降。初步统计，我国2014年橡胶种植面积为1705万亩，同比下降0.6%。我国橡胶种植面积变化趋势见表1。

表1 我国橡胶种植面积变化趋势

年度	2009	2010	2011	2012	2013	2014
种植面积/万亩	1456	1537	1622	1696	1716	1705
比上年增加/万亩	65	81	85	74	20	11
增长速度/%	4.1	5.6	5.5	4.7	1.2	-0.6

(3)天然橡胶有所减产

受2003～2007年以来扩大橡胶树种植面积且已经进入割胶高产期影响，如市场正常，应比上年增产5%以上，但受胶价持续低迷影响，采胶劳动力短缺，部分企业和胶农休割或停割，导致我国天然橡胶产量减收。

据中国天然橡胶协会统计，2014年，我国天然橡胶总产量约83万吨，比上年下降14%，占全球总产量1177万吨的6.2%，从世界第四位跌到第六位，其中海南、云南、广东省产量分别为39.1万吨(调查实际只有37万吨)、42.8万吨(调查实际只有36万吨)和1万吨，占全国的47.7%、49.2%和1.2%。

2. 加工情况

我国天然橡胶生产加工布局进一步优化，初级产品加工厂从2005年的330多家整合到2014年的262家，其中：农垦67家，年加工能力74万吨(云南农垦51家合计37万吨，海南农垦13家合计32万吨，广东农垦3家合计5万吨)；民营195家，年加工能力131万吨(海南80家合计51万吨，云南115家合计80万吨)。95%以上产品为传统的5号、10号标准胶和高氨浓缩胶乳。

在农业部等国家有关部门和军管部门的主持下，海胶集团等企业开展了以满足国家重点建设和国防军工需求，保障国家天然橡胶供应安全为主线的技术创新活动。目前海胶集团已联合清华大学，曙光、北京、沈阳等橡胶研究院，解放军总装备部有关技术部门，中国化工集团等10多家权威单位开展技术攻关，开发新产品，且航空轮胎专用胶已成功开始实战实验。另外，还积极探索了发展下游深加工产业，结合市场需求，初步发展乳胶丝、乳胶制品、胎面胶及翻新轮胎等橡胶产品深加工项目，我国天然橡胶企业开始由传统的种植环节向高端深加工环节迈进。

3. **成本效益情况**

天然橡胶成本构成复杂,从种植到开割,至少需要长达7年非生产期。从成本构成来看,天然橡胶生产成本主要有橡胶树种植成本、割胶人工成本、加工运输成本3部分。

以某国有植胶企业为例,2014年,生产成本构成:一是橡胶树种植成本。开荒、挖坑、定植、锄草、护理、肥料、农药,加上长达8~10年的管护费用,估算天然橡胶种植成本约为8000元/吨。二是割胶人工成本。割胶分摊比例一般为六四分成,即胶工分六成、企业分四成,成本与干胶销售价格直接挂钩。以2014年约14元/公斤的胶水折干销售价计算,每吨干胶中分给割胶工人成本在9200元/吨。三是加工运输成本。工厂设备、电力、人工、税收等成本,再加上部分运输费用以及管理费用,成本在2000元~4000元/吨。综上所述,该企业所生产天然橡胶生产成本在19000元~21000元/吨。结合当年的平均价格14000元/吨来计算,天然橡胶行业严重亏损。

【政策支持】

1. **农业部**

2013年12月,印发《关于做好今冬明春天然橡胶生产工作的意见》。

2014年3月,农业部发展南亚热带作物办公室印发《关于全国第四届割胶工技能大赛的补充通知》。

2014年4月,农业部、中华全国总工会发布了《关于全国第四届割胶工技能大赛获奖情况的通报》。

2014年5月,农业部办公厅、财政部办公厅关于印发《2014年中央财政天然橡胶良种补贴项目实施指导意见》的通知。

2. **财政部**

财政部印发通知,自2015年1月1日起上调天然橡胶关税,其中,天然胶乳关税上调为10%或900元/吨,两者从低;烟胶片20%或1500元/吨,两者从低;技术分类天然橡胶20%或1500元/吨,两者从低。

3. **发改委**

2014年12月,国家物资储备局下发了天然橡胶邀标文件给云南农垦、海南橡胶、中化国际,正式启动了2014年天然橡胶收储,国储收储量预计12.85万吨。

【科技创新】

1. **搭建了协同创新体系**

为了贯彻落实《国务院办公厅关于促进我国热带作物产业发展的意见》(国办发【2010】45号文)精神,强化科技对我国天然橡胶产业发展支撑作用,2011年以来,由热科院橡胶所牵头组建了涵盖种质资源、育种、栽培、植物保护、加工、产业经济全链条的天然橡胶学科创新体系,打造“天然橡胶科技航母”。

2014年,海胶集团牵头,热科院橡胶所、广东农垦和云南农垦合作成立中垦天然橡胶科技有限责任公司,启动天然科技工程创新中心。海胶集团等企业围绕产业链部署创新链,加强与清华大学、下游工业企业的对接与联系,建立了以海胶集团为理事长,有清华大学、海南大学、北京化工大学、青岛科技大学,曙光、北京、沈阳、西北橡胶研究院,中国热带农业科学院,中国兵器集团、株州时代新材料公司、青岛四方车辆、山东玲珑轮胎、风神轮胎等20多家科研、技术、生产单位参加的中国先进橡胶产业联盟,谋求实现产品研发等技术上的突破性进展。

2. **橡胶科技研发推广工作取得很大进展**

目前,我国逐步形成以作物栽培学与耕作学、土壤学、林木遗传育种学为优势学科,以水土保持与荒漠化学科及木材科学与技术学为新兴学科的科研体系。

2014年,天然橡胶科研成果丰硕,橡胶树基因组测序和功能初步注释,橡胶树小筒苗培育技术达到国际领先水平,研发出一种评价橡胶树种质乳管分化能力的方法,获得了30个橡胶树转基因株系,胶园林下资源利用与全周期间作模式研究取得较大进展,新型橡胶树专用肥的研制及应用研究取得进展,全自动干胶含量测定仪荣获了2014年第十二届中国国际科学仪器及实验室装备展览会自主创新金奖,进一步完善了橡胶树气刺微割技术和橡胶树死皮发生机理和防控技术,胶木高值化综合利用技术及产业化研究取得较大进展，橡胶树抗寒高产选育种项目顺利推进。

一批先进规模化良种苗木繁育基地得到建设，新植胶园实现良种苗木全覆盖。通过提高良种补贴标准，大力推行籽苗芽接和小苗芽接技术。

为降低采胶劳动强度，解决采胶劳动力不足的问题，中国天然橡胶协会汇同海南省热作中心、广东阳江昌威刀具厂、中国热科院橡胶所组织开展了采胶工具的创新，成功开发并推出了免磨割胶刀，得到参试胶工的欢迎，同时还探索了电动割胶刀技术并已造出样刀。举办了全国第四届割胶工大赛，发掘了一批爱岗敬业、技艺精湛的优秀割胶技能人才，激励和带动了广大割胶工学技术、用技术的热情，形成了崇尚科技、尊重人才、奋发向上的良好社会氛围，对提高我国天然橡胶生产水平发挥了重要作用。

3. 国家天然橡胶现代产业技术体系建设卓有成效

以中国热带农业科学院为首席专家、植胶区相关研究所和技术推广中心（站）、部分植胶企业、行业组织组成的国家天然橡胶现代产业技术体系工作顺利推进，扎实开展科技服务工作，组织完成了2013年天然橡胶产业技术发展报告，完成了《中国现代农业产业可持续发展战略研究——天然橡胶分册》。获技术专利数10项。

【市场和贸易】

1. 天然橡胶价格情况

2014年，在全球天然橡胶产能快速上升的背景下，受世界经济发展缓慢、天然橡胶消费需求不旺，特别是美国缩减和终止量化宽松政策，大宗商品价格持续走低等多方面因素影响，天然橡胶价格持续下降。虽然在第四季度我国国家物资储备局收储和泰国政府收储支撑价格，但由于同期国际市场石油价格快速下降，带动天然橡胶价格继续下跌。到2014年11月20日，上海期货交易所橡胶主力合约成交均价12835元/吨，跌幅达69%，接近2008年国际金融危机时期的价格水平。

根据全国三大天然橡胶产区市场日成交平均价格分析，2014年国内SCR5（全乳胶为主）天然橡胶全年平均价格为每吨1.47万元，比上年下降27%。价格的持续下跌，造成天然橡胶生产行业的亏损。由于天然橡胶产业整体不景气，导致广大胶农、职工生活面临极大困难，再生产难以维持，海南橡胶外流胶工5000人，雇工割胶的胶园基本停产，一些植胶区已经出现弃管弃割、甚至毁胶改种的现象。据统计，仅云南西双版纳被毁中小胶园达4.8万亩，造成减产。2014年天然橡胶价格走势见图1。

图1 2014年天然橡胶价格走势

2. 天然橡胶消费量继续增长

虽然受到美国对中国出口美国汽车轮胎实施“双反”（反倾销、反补贴）调查的影响，2014年，我国轮胎生产和出口保持一定增长速度，其中产量增长12%，出口量按数量计算增长8%，按重量计算增长13%。在轮胎生产和出口拉动下，我国天然橡胶消费量继续增加。以轮胎产量为主要依据，参考青岛保税区和上海期货库存变化等因素，测算我国全年天然橡胶消费量约为500万吨，比上年增长9.5%。

3. 天然橡胶进口情况

据海关数据统计，2014年我国进口天然橡胶和复合橡胶共422万吨（胶乳未折干），比上年增加21万吨，增长5.1%。其中进口天然橡胶261万吨，比上年增加14万吨；进口复合橡胶161万吨，比上年增加7万吨。估计从越南、老挝、缅甸进口未登记天然橡胶共26万吨，2014年国内天然橡胶供应量达到535万吨。

2014年我国天然橡胶进口5%左右，增速大幅放缓，而过去两年的增速分别在13.7%和19%。随着经济增速的放缓、行情低迷以及行业政策的影响，未来天然橡胶进口很难再重回前期高速增长势头。

按照品种来看,2014 年天然橡胶进口量不同胶种的比例并未发生明显变化。在 12 月份进口大增的情况下,使得复合胶占进口量的比例仍然保持在 42%,而烟片胶小幅下滑至 8%,标准胶维持 50%。上半年复合胶受到融资监管趋严以及行情低迷等因素影响,复合胶进口量持续低位,青岛保税区复合胶库存一度下降至 2 万吨,但复合胶标准调整政策的出台等因素造成其后来逆袭。从企业进口情况来看,2014 年下游企业直接进口量大约 218 万吨。

4. 天然橡胶库存回复正常

尽管天然橡胶进口量增加,国内天然橡胶增产,但由于国内消费保持增长,天然橡胶库存回复正常。2014 年底,青岛保税区的天然橡胶和复合橡胶库存从 5 月份最高 33.7 万吨下降到 12 万吨,接近正常库存水平(10 万吨左右)。上海期货交易所年底库存 15 万吨,同比减少 3.8%。

【国际市场】

1. 天然橡胶需求继续增长

据国际货币基金组织(IMF)2015 年 1 月发布的《世界经济展望(更新)》,预测 2015 年全球经济增长速度达到 3.5%,高于 2014 年 3.3%。其中发达国家的经济增长速度加快,从 2014 年 1.8% 提高到 2.4%;新兴国家为 4.3%;我国也将保持 7% 左右的经济增长速度。

天然橡胶消费量与经济发展速度密切相关,在世界经济增长需求拉动下,全球天然橡胶消费形势将比 2014 年更好。但因胶价持续低迷,采胶劳力短缺,2015 年全球天然橡胶生产乏力,产量不会超过上年或比预想的要少。我国全年产胶量也不会高于 80 万吨。

2. 供应过剩趋向缓和

由于 IRSG 的生产预测过度重视 2005 年以来新种植的橡胶树进入割胶期,在 2014 年初报告中,测算 2013 年全球天然橡胶供应过剩 64.4 万吨,预测 2015 年过剩量为 32.8 万吨,2016 年为 20.2 万吨。但在实际生产方面,由于过低价格导致减少割胶,以及中国和泰国的收储,当前,天然橡胶市场过剩的压力得到缓解。2014 年 12 月 9 日,与 IRSG 关联的橡胶经济学者公司将 2014 年的天然橡胶过剩下调到 18 万吨,并预测 2015 年天然橡胶市场供应可能出现短缺。

3. 海关政策和执行复合橡胶国家标准有利于天然橡胶生产者

从 2015 年 1 月起,标准天然橡胶和烟片胶的进口关税每吨增加 300 元,天然橡胶浓缩胶乳每吨增加 180 元;另外,对不能提供标准天然橡胶或烟片胶检验证明的,海关将视其为其他天然橡胶,征收 20% 价格的关税。进口成本增加直接提升天然橡胶价格。

从 2015 年 7 月起,海关执行国家标准委员会发布的复合橡胶标准,规定复合橡胶中的生胶含量不得高于 88%。受到复合橡胶新标准的适用性限制,预计零关税复合橡胶对天然橡胶原胶市场的冲击将明显下降。

4. 天然橡胶价格下行空间有限

2012 ~ 2014 年,国际市场(马来西亚 SMR20)天然橡胶价格分别下跌 30%、20% 和 32%,累计跌幅达到 62%;而同期布伦特石油价格分别是上升 0.3%,下降 2.7% 和 8.8%,累计跌幅 11%。与相关大宗商品价格比较,当前天然橡胶价格已经严重偏低,向下波动的幅度有限。

其他因素,如泰国政府继续提价收储、人民币战略性贬值、国内货币政策适量放松等也将有利于促进天然橡胶价格上升。

5. 抑制天然橡胶价格的因素仍需要密切关注

(1)全球天然橡胶供大于求继续存在

虽然过低价格限制了产能释放,但达到割胶标准的橡胶树面积不断增加,在割胶的幼龄树产胶能力也在上升,全球天然橡胶供应潜能继续累积。当前,泰国和我国的收储减少了市场上可交易的天然橡胶,但是,海胶集团参与的泰国战略性收储何时以什么方式流向市场仍然难以肯定。

(2)石油价格下降

石油价格从 2014 年 9 月份的每桶 100 美元开始下跌,至 11 月份达每桶 77 美元,但是,欧佩克(OPEC)成员国在 11 月份的会议上宣布维持原油产量不变。至 12 月 31 日,石油价格加剧,下降到每桶 55 美元。高盛等多个国际投资机构预测,由于 OPEC 成员国坚持维持各自市场份额、打压美国页岩气产业和制裁俄罗斯等国家的政治目的，石油价格可能会下跌到每桶30美元甚至25美元。石油价格大幅度下降将拉动天然橡胶价格下降或将天然橡胶价格压制在低位震荡。

(3)美国“双反”严重影响我国轮胎出口

“特保案”结束后，2013年我国出口美国的乘用车和轻型卡车轮胎(重量)猛增49.1%，引发美国开展反补贴、反倾销调查。2014年11月和2015年1月，美国商务部分别宣布了“双反”初裁结果，认定中国出口到美国的乘用车和轻型卡车轮胎存在补贴和倾销行为，2015年8月5日，美国商务部正式发布了对华乘用及轻卡轮胎反倾销及反补贴税令，实际合并执行“双反”保证金率为：佳通52.1%，赛轮30.61%，固铂31.85%。分别税率企业为39.33%，全国税率企业107.07%，永盛192.79%。中国出口美国的乘用车和轻型卡车轮胎占该类出口量的32.5%，“双反”惩罚性关税将影响中国的轮胎出口量，最终抑制中国天然橡胶消费需求。

(4)美元升值

2013年，美国陆续缩减和退出货币量化宽松政策，美元汇率较快上升，引起以美元计价的国际贸易商品价格下降。一些经济学者认为，石油价格从每桶100美元下降到50美元，就是美元升值造成的价格相对下降。随着美国经济好转，美元升值预期不断强化，国际市场天然橡胶价格将相对下降。

【主要问题】

1.可扩大种植面积有限

在现有品种和技术条件下，我国适合橡胶树生长的区域仅限于海南、云南、广东等部分及福建、广西局部地区。目前热区可用于耕作的土地种植格局和种植习惯已基本形成，改扩种橡胶树的面积非常有限。

2.自然灾害多发

各类自然灾害侵袭，使天然橡胶的产量和效益存在诸多不确定性。海南岛和广东雷州半岛等植胶区每年都受不同程度的台风和寒流侵袭，每年损失率达15%以上。此外，胶树在温度低于15℃时将停止生长，我国植胶区橡胶树每年的生长期较东南亚等主产国短2~3个月，生长速度受到影响，非生产期更长，年采胶时间较东南亚主产国家少75~90天，产胶潜力受到影响。我国大多数胶园都处于海拔600~800米山区，开垦胶园时需要修筑梯田、修建道路、营造防护林等，也加大了生产成本。

3.科技应用水平不高

橡胶树生产周期长达几十年，科技推广适应性实验时间长，而科研支持资金相对较少，科研成果产出效率和应用水平不高。近年来，原来已在生产上应用多年的技术成果应用推广均打了折扣，导致植胶水平下降，胶树死皮、风寒病灾频发。

据初步统计，当前我国投产10年以上的胶园，因死皮无法产胶的胶树已占到了20%以上，且每年都以2%~3%速度上升，估计我国每年因技术应用水平低造成的橡胶减收至少达10万吨。

4.生产机械化程度低

受胶价持续低迷的影响，胶工收入偏低，胶工短缺问题较为突出。天然橡胶价格的大幅下跌直接影响了广大胶农的经济收入，极大地挫伤了生产积极性。胶园园间作业机械化程度低，除运输外，一般都由人工操作，特别是割胶，既要起早又要防盗且技术要求高，劳动强度极大，农村年青人一般都不愿意干，加大了劳动成本。

5.胶园定植速度放缓

据统计，受前几年胶价上涨刺激，地方民营开始大面积更新其他作物种植橡胶，但自2012年胶价下跌后，民营不再大面积种植橡胶，而转种其他经济作物，2013年新种面积大幅下滑，2014年出现个别种植户砍伐胶园改种其他经济作物的情况。

6.胶园管理水平不高

受价格波动、投入高、抚育期长，特别是20世纪90年代天然橡胶价格长期处于低谷等影响，大部分老残胶园和低产胶园没有及时更新改造，橡胶树品种和树龄结构调整缓慢。目前，我国树龄在30年以上的老胶园330多万亩，另有100多万亩的幼龄胶园因投入不足、设施不配套、抚管不到位等，投产期推迟，生产能力未能充分发挥。民营胶园由于缺乏完善的生产技术推广和培训等服务，普遍存在重种轻管、抚管不到位、割胶粗放、橡胶园质量差等问题。

7. 经营体制待完善

近几年,农垦经营管理体制改革深入推进,原有的管理体系被打破,但新的管理和技术服务体系尚未完全建立。推行的家庭承包经营制,在制度设计上没有考虑橡胶树特有的生产周期特点以及国有资产这一属性,导致割胶技术水平整体下降,承包者对承包制度和政策的稳定性、连续性心存疑虑,违规割胶、粗放管理的现象时有发生。民营胶园大多以分散经营为主,规模化、组织化和标准化生产水平不高,生产管理水平差异大,抗御市场风险和自然灾害能力较弱。

8. 橡胶企业效益下滑

天然橡胶价格的大幅下跌,导致国内橡胶生产企业整体效益下滑。天然橡胶目前的价格水平已远远低至成本线以下,橡胶产品销售不畅,各橡胶农场及胶厂均处于亏损状态。

【采取措施】

除继续请国家扶持和下游企业支持外,植胶区正在针对自己的问题,在经济发展新常态形势下重点开展以下工作:

1. 执行行业技术标准,加强监管

推进橡胶树栽培技术规程、植保规程、加工技术规程等行业技术标准的执行,规范生产操作行为,加强对生产环节的技术监督。

2. 加大科学技术应用力度

加强天然橡胶基础研究,增强天然橡胶科技创新能力。加大对橡胶树重要病虫害的防治技术研究和应用,推行胶园有害生物监测、综合防控技术。强化胶乳生物凝固和保鲜技术、"三保一护"和良种良法等丰产栽培技术,微割与导胶技术、胶刀免磨和电动采胶技术、橡胶深加工与精加工技术研究和推广力度,推广环境友好型种植和加工技术。加大胶农和胶工培训力度,提高标准化栽培、规范化管理、科学化采胶水平。

3. 加强天然橡胶市场流通体系建设

充分利用上海期货交易所进行套期保值,提高资金周转效益。升级电子商务技术,拓展电子交易功能,完善电子交易手段,实施联合、联结、联盟,形成统一的专业市场,增强价格话语权,实现稳定市场、提高产品竞争力、增加产业收入的目标,为国内乃至世界各地的供应商和需求者创造贸易机会和良好的贸易环境。以物流、商流、信息流、资金流为线,搭建天然橡胶产业供应链,不断提高资源掌控能力。

4. 建立健全合作机制,提升组织化水平

通过发展多种形式的生产、购销、加工合作组织,使胶农实现生产、采购、加工、销售等的合作服务和规模经营。推广发展股份合作经营。通过橡胶树经营权有偿流转,提高胶园规模化管理水平和生产组织化程度。

5. 改善产品结构,提高产品质量

加快淘汰改造落后设备和产能,提升天然橡胶初加工整体水平,提高生产效率,降低生产成本,拓展产品的适用性和认知度,提高产品质量。下大力气开发新产品,改善产品结构,打造专用战略产品和特种产品,提高产品市场竞争力。

6. 创新经营理念,建设现代企业制度

加快植胶农垦改革,建立现代企业制度。加快天然橡胶产业化、集团化进程,实施"协同、交叉、一体化"和"联合、联盟、联营"战略,抱团发展、合作共赢,培育具有市场竞争力、资源控制力和国际影响力的农垦国际大胶商。

7. 坚持"走出去"发展战略

抓住机遇,通过资本重组、兼并、收购、并购、入股、控股等多种方式进入境外天然橡胶产业。利用国外的优质土地资源和适宜的气候条件,逐步扩大天然橡胶资源的控制率和供给力。

8. 树立"一业为主,多种经营"理念

针对当前橡胶价格低,胶农胶工收入下降的现状,各地区因地制宜支持胶工胶农发展林下经济。开发一些投资少、见效快、适合林间生长、适销对路的经济作物,开展多种经营,打破单一产业模式,寻找新的经济增长点,增加职工和农户收入。

【政策建议】

1. 加强天然橡胶基础设施建设

加大对天然橡胶生产基地支持力度,加快植胶区基础设施和配套建设,是建设良种繁育基地,夯实产业发展基础。

2. 加大重点环节技术研发和推广支持力度

良种和割胶技术是天然橡胶生产的关键环

节，直接影响产量和经济周期。进一步加大天然橡胶良种补贴、标准化抚育技术补助、更新改造政策，扩大实施区域，提高补贴标准，使政策惠及更多胶农。同时，通过“阳光工程”等开展培训和举办割胶工技能大赛等多种方式，不断提高割胶技术水平。

3. 加大政策保障力度

给予天然橡胶产业更大支持力度，完善天然橡胶临时收储、价格指数保险、原料胶市场建设政策。研究建立农产品目标价格制度，在市场价格过高时补贴低收入消费者，在市场价格低于目标价格时按差价补贴生产者。加强天然橡胶境外生产、加工、贸易等领域的指导和扶持。

4. 减少走私胶对国内市场的冲击

建议国家有关部门加快研究有关关税政策，减少走私对国内市场的冲击，保护国内天然橡胶产业。

（孙　娟　郑文荣）

合 成 橡 胶

【基本情况】

2014年,全球经济进一步恢复,但新兴经济体环境恶化,中国经济增速放缓,轮胎出口受限制等,使得我国汽车及轮胎等相关行业增速放缓。同时合成橡胶能力增速虽有所放缓,但仍在增加,供应过剩进一步加剧,行业利润率大幅下降,装置利用率下降,整个合成橡胶产业仍处周期低谷状态。

据中国石化经济技术研究院(EDRI)数据,2014年我国合成橡胶(七大基本胶种及SBCs,下同)表观消费量为405万吨左右,同比(下同)下降1.5%。截止到2014年末,我国合成橡胶生产能力为551万吨,年内新增52万吨,装置平均开工率仅在53%左右。全年多数产品价格下降10%~20%。

【生产现状】

1.新增能力继续增加,丁苯橡胶及聚丁二烯橡胶增加较多,丁基橡胶及乙丙橡胶能力快速增长;中国石化、中国石油投资占比提升,外资占比有所下降,民营占比持平。

2014年,我国合成橡胶新增能力52万吨,年末能力突破500万吨关口,达551万吨,增长10.4%,增速放缓。其中,聚丁二烯橡胶、丁苯橡胶、乙丙橡胶新增超过10万吨,丁基橡胶与异戊橡胶也有新能力建成。聚丁二烯橡胶、丁苯橡胶和SBCs三大胶种能力占当年国内合成橡胶总产能的82.8%,下降约3个百分点,这主要是乙丙橡胶、异戊橡胶产能增加所致。2014年我国合成橡胶各胶种生产能力分布见图1。

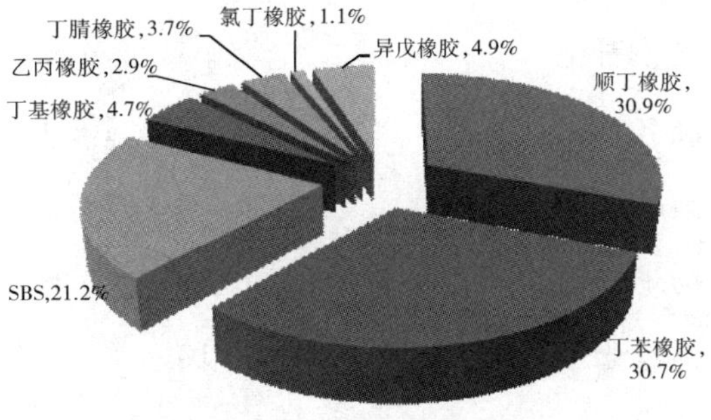

图1 2014年我国合成橡胶各胶种生产能力分布

从投资主体看,2014年我国合成橡胶能力分布变化不大。中国石化集团仍是最大的合成橡胶生产企业,占比小幅提高;民营和地方企业排名第二位,占比25.7%,与上年持平;随后是中国石油集团和外资企业,中国石油集团占比有所提高,而外资企业占比下降。2014年我国合成橡胶各投资主体能力分布见图2。2014年我国合成橡胶生产能力分布情况见表1。

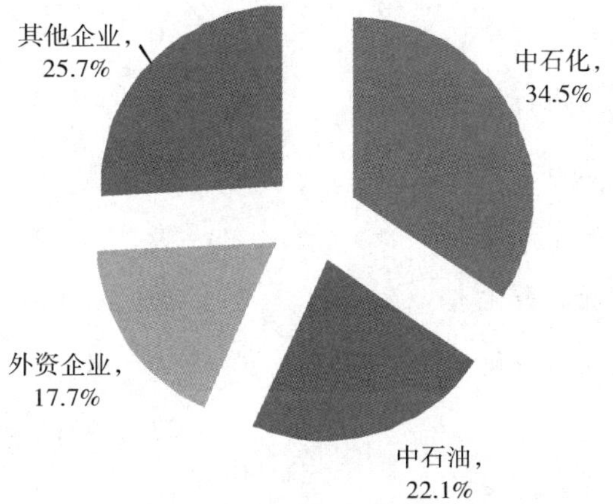

图2 2014年我国合成橡胶各投资主体能力分布

2.合成橡胶总产量小幅减少,仅SBCs、乙丙橡胶产量增加;齐鲁、巴陵和独山子是产量最大的前3家企业

2014年我国合成橡胶总产量为292.8万吨,下降2.9%。从品种看,仅SBCs和乙丙橡胶产量分别增长3.6%和39.2%,其他品种均有所下降。除SBR和BR小幅减少外,其他品种降幅均在10%以上。2014年我国主要合成橡胶企业生产情况见表2。

表 1　2014 年我国合成橡胶企业生产能力分布情况

万吨/年

企业名称	SBR	BR	SBCs	IIR	EPR	NBR	CR	IR	合计
中国石化集团	53	71	42.0	13.5	7.5	0.0	0.0	3.0	190
齐鲁石化	23	7.0	0	0	0	0	0	0	30
燕山石化	3	15.0	6	13.5	0	0	0	3	40.5
巴陵石化	3	6.0	28	0	0	0	0	0	37
茂名石化	0	10.0	8	0	0	0	0	0	18
高桥石化	4	18.0	0	0	0	0	0	0	22
扬子金浦	10	10.0	0	0	0	0	0	0	20
福橡化工	10	5.0	0	0	0	0	0	0	15
上海中石化三井	0	0	0	0	7.5	0	0	0	7.5
中国石油集团	56.5	41.0	9	0	8.5	6.9	0	0	121.9
吉林石化	14	0	0	0	8.5	0	0	0	22.5
大庆石化	0	16	0	0	0	0	0	0	16
兰州石化	15.5	0	0	0	0	6.9	0	0	22.4
独山子石化	7	5	9	0	0	0	0	0	21
锦州石化	0	5	0	0	0	0	0	0	5
抚顺石化	20	0	0	0	0	0	0	0	20
四川石化	0	15.0	0	0	0	0	0	0	15
外资企业	23	7.2	56.0	0	0	8	3	0	97.2
南通申华	18	0	0	0	0	0	0	0	18
惠州李长荣	0	0	32	0	0	0	0	0	32
普通利司(惠州)	5	0	0	0	0	0	0	0	5
台橡宇部(南通)	0	7.2	0	0	0	0	0	0	7.2
台橡(南通)实业	0	0	6	0	0	0	0	0	6
天津乐金(LG)	0	0	6	0	0	0	0	0	6
宁波科元	0	0	10	0	0	0	0	0	10
镇江南帝	0	0	0	0	0	5	0	0	5
朗盛台橡(南通)	0	0	0	0	0	3	0	0	3
山纳合成橡胶	0	0	0	0	0	0	3	0	3
宁波欧瑞特	0	0	2	0	0	0	0	0	2

续表 1

企业名称	SBR	BR	SBCs	IIR	EPR	NBR	CR	IR	合计
其他企业	36.5	51	9.5	12.5	0	5.2	2.8	24	141.5
杭州浙晨	10	0	0	0	0	0	0	0	10
天津陆港	10	0	0	0	0	0	0	0	10
山东华懋	5	10	0	0	0	0	0	0	15
华宇橡胶	0	16.0	0	0	0	0	0	0	16
新疆蓝德	0	5.0	0	0	0	0	0	0	5
山东万达	0	5.0	0	0	0	0	0	0	5
浙江传化	0	10.0	0	0	0	0	0	0	10
齐翔腾达	0	5.0	0	0	0	0	0	0	5
山东聚圣	0	0	6	0	0	0	0	0	6
茂名众和	0	0	3	0	0	0	0	0	3
珠海奥圣	0	0	0.5	0	0	0	0	0	0.5
浙江信汇	0	0	0	6.5	0	0	0	0	6.5
盘锦振奥	0	0	0	6	0	0	0	0	6
青岛伊科思	0	0	0	0	0	0	0	3	3
茂名鲁华	0	0	0	0	0	0	0	1.5	1.5
山东神驰	0	0	0	0	0	0	0	3	3
淄博鲁华	0	0	0	0	0	0	0	5	5
抚顺伊科思	0	0	0	0	0	0	0	4	4
青岛第派	0	0	0	0	0	0	0	1.5	1.5
宁波顺泽	0	0	0	0	0	5	0	0	5
浙江赞昇新材料	0	0	0	0	0	0.2	0	0	0.2
山西合成橡胶(蓝星)	0	0	0	0	0	0	0	0	0
重庆长寿	0	0	0	0	0	0	2.8	0	2.8
浙江维泰	10	0	0	0	0	0	0	0	10
宁波金海晨光	0	0	0	0	0	0	0	3	3
新疆独山子天利实业	0	0	0	0	0	0	0	3	3
双惠橡胶南通有限公司	1.5	0	0	0	0	0	0	0	1.5
全国合计	169	170.2	116.5	26	16	20.1	5.8	27	550.6

注:中石化集团能力含合资企业全部能力,下同。数据来源于中国石化经济技术研究院(EDRI)。

表 2　2014 年我国主要合成橡胶企业生产情况

万吨

企业名称	SBR	BR	SBCs	IIR	EPR	NBR	CR	IR	合计
齐鲁石化	29.8	7.0							36.8
巴陵石化	0.1	0.0	24.8						24.9
独山子石化	4.2	3.8	12.0						20.0
燕山石化	0.0	13.4	1.5	2.6				0	17.5
高桥石化	0.7	14.5			0.6				15.8
茂名石化		6.7	7.8						14.5
南通申华	14.5								14.5
大庆石化		13.1							13.1
吉林石化	9.9				2.7				12.6
兰州石化	7.1					5.4			12.5
扬子金浦	9.7	0.2							9.9
抚顺石化	9.7								9.7
福橡化工	7.1	0.0							7.1
四川石化		5.6							5.6
新疆蓝德		5.2							5.2
普通利司(惠州)	4.8								4.8
杭州浙晨	4.1								4.1
天津陆港	3.4								3.4
镇江南帝						3.4			3.4
台橡宇部(南通)		3.3							3.3
浙江传化		3.2							3.2
山纳合成橡胶							1.9		1.9
重庆长寿							1.9		1.9
宁波顺泽						1.8			1.8
浙江维泰	1.8								1.8
华宇橡胶		0.8							0.8
锦州石化		0.5							0.5
宁波金海晨光								0.2	0.2
山西合成橡胶							0		0.0
其他厂家(估计值)	0.0	2.9	30.9	6.0	0.1	1.2	0.0	1.0	42.1
全国合计	106.9	80.2	76.9	8.6	3.4	11.8	3.8	1.2	292.8

注:数据来源于中国石化经济技术研究院(EDRI)。

丁苯橡胶是我国合成橡胶产量最大的品种，也是唯一产量在100万吨以上的胶种。聚丁二烯橡胶与SBCs的产量仅随其后在80万吨左右，NBR产量在10万吨以上，其他产品的产量均不足10万吨。

从企业产量看，四川石化、浙江维泰等新装置投产，产量增加；茂名石化、大庆石化、浙江传化聚丁二烯橡胶装置开工率提高，兰州石化、天津路港SBR装置开工率提高，产量增加较多。

齐鲁石化仍是国内最大的合成橡胶生产企业，占国内总产量的12.5%；其中SBR产量居国内第一位，占到国内SBR总量的27.9%。

巴陵石化是国内排名第二的合成橡胶生产企业，年产量占国内总产量的8.5%；其中SBCs产量全国排名第一，占国内总产量的31.3%。

独山子石化排名第三位，年产量占比为6.8%。独山子是我国SSBR产量最大的企业，2014年产量为4.17万吨，增长77.3%。

燕山石化是国内橡胶品种最多的企业，但由于SBS和IIR产量下降较多，2014年产量仅占国内橡胶总产量的5.9%。

南通申华仅单一产品，但排行仍居国内第六位，其SBR产量占国内合成橡胶总产量的4.9%，占国内SBR总产量的13.5%。

3.受供应过剩、需求不济、赢利能力大幅下滑等因素影响，2014年国内合成橡胶装置利用率继续下降，行业平均开工率在53%左右

2014年，我国合成橡胶生产能力继续以10.4%的速度增长，而需求下降1.1%，装置平均利用率在上年基础上继续下滑。其中，丁基橡胶、乙丙橡胶因新增能力多，装置利用率下降较大；异戊橡胶也受赢利水平低影响开工，降至不足10%。近年国内合成橡胶各品种平均开工率变化趋势见图3。

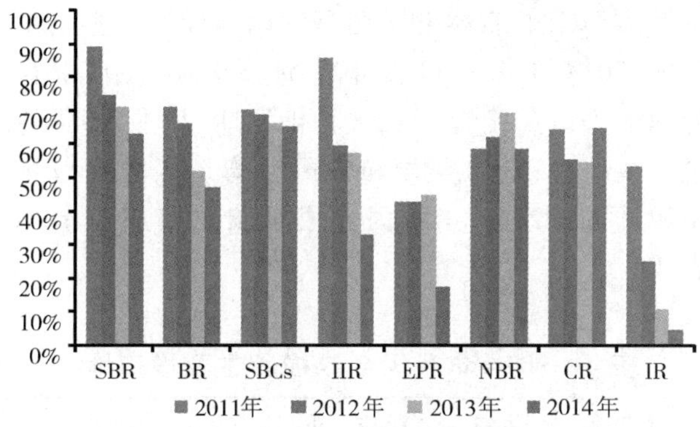

图3 近年国内合成橡胶各品种平均开工率变化趋势

注：开工率以年末能力计算。数据来源于中国石化经济技术研究院（EDRI）。

从企业性质来看，具有原料配套的中国石化和中国石油两大集团总的开工率较高，而民营、外资等企业的开工率较低。

【进出口】

1.进口总量小幅减少，进口金额及单价下跌；来自周边国家的进口量有所减少，俄罗斯降幅最大；山东省和广东省进口下降10%左右

2014年我国合成橡胶（进出口分析数据来自海关，下同）进口量为148.5万吨，下降2.8%；进口金额为39.9亿美元，均价为2685美元/吨，分别下降9.9%和7.4%。

（1）SBR、BR、SBCs、NBR和IR的进口量下降，异戊橡胶减少近一半；EPR、IIR、丁苯胶乳进口增幅较大。2014年我国合成橡胶进口主要品种见表3。

表3 2014年我国合成橡胶进口主要品种

品种	进口量/万吨	同比/%	占比/%
SBR	32.8	-8.9	22.1
EPR	30.1	19.4	20.3
BR	20.7	-11.2	13.9
HIIR	20.4	3.6	13.7
SBR胶乳	10.4	11.8	7.0
NBR	7.4	-6.3	5.0
IIR	6.4	16.4	4.3
SBCs	3.8	-11.6	2.6
IR	2.2	-45.0	1.5
CR	2	0.0	1.3
其他	12.3	-21.7	8.3
合计	148.5	-2.8	100.0

注：进出口分析部分的数据来源为中国海关，除七大合成橡胶及SBCs（固体）外，还含有胶乳等其他产品。

(2)韩国、日本和美国是我国合成橡胶主要来源地,2014 年占进口总量的 54.3%。其中,来自韩国的进口量接近 1/4;来自俄罗斯、日本、韩国的进口量减少;来自美国和中国台湾地区的进口量小幅增加。2014 年我国合成橡胶主要进口地见表 4。

表 4　2014 年我国合成橡胶主要进口地

进口地	进口量/万吨	同比/%	占比/%
韩国	36.2	-2.1	24.4
日本	22.1	-9.6	14.9
美国	22.3	4.9	15.0
俄罗斯	9.3	-35.8	6.2
中国台湾	8.1	2.7	5.5
其他	50.5	5.7	34.0
总计	148.5	-2.8	100.0

(3)2014 年,一般贸易、进料加工贸易仍是我国合成橡胶进口的主要方式,占 85.7%;除一般贸易量增加外,其他方式的进口量有所减少,其中边境小额贸易、保税货物量下降较多。2014 年我国合成橡胶进口贸易方式见表 5。

表 5　2014 年我国合成橡胶进口贸易方式

贸易方式	进口量/万吨	同比/%	占比/%
一般贸易	72.8	7.4	49.0
进料加工贸易	54.5	-0.7	36.7
保税区转储	12.5	-37.8	8.4
来料加工装配	6.8	-2.7	4.6
边境小额贸易	1.0	-46.3	0.7
保税仓库货物	0.8	-25.5	0.6
合计	148.5	-2.8	100.0

(4)我国合成橡胶主要进口省、市是轮胎、制鞋等企业聚集的地区。其中,山东省是进口量最大的省份,但 2014 年进口量出现了除 2008 年金融危机以外的首次减少;广东省则由上年的第二位退居到第四位;江苏和浙江地区的进口量大幅增加。2014 年我国合成橡胶主要进口省、市见表 6。

表 6　2014 年我国合成橡胶主要进口省市

进口省市	进口量/万吨	同比/%	占比/%
山东省	32.76	-10.7	22.1
广东省	21.24	-10.0	14.3
上海市	21.82	-0.4	14.7
江苏省	23.94	21.5	16.1
浙江省	14.42	18.2	9.7
福建省	7.89	-3.8	5.3
其他	26.4	-13.7	17.8
合计	148.5	-2.8	100.0

2. 出口量及出口额下降;出口周边国家和地区大幅下降;SBR、BR、IIR 和 IR 出口下降较多;出口大省山东省减少 4 成,湖南省及江苏省出口增幅较大

2013 年我国合成橡胶出口量为 19.6 万吨,下降 8.2%;出口金额为 5.1 亿美元,均价为 2607 美元/吨,分别下降 8.6% 和 0.4%。

(1)我国合成橡胶主要出口到周边国家和地区,但出口量大幅减少,而出口至比利时、美国、土耳其的增量较大。2014 年我国合成橡胶主要出口地见表 7。

(2)我国合成橡胶出口主要是以一般贸易,且占比提高 7.8 个百分点;进料加工也是主要的贸易方式,占比提高到 1/3 左右;保税区转储占比下降 11.9 个百分点。2014 年我国合成橡胶主要出口贸易方式见表 8。

(3)2014 年我国 SBR、BR、IIR 和 IR 的出口量大幅减少;而 SBCs 的进口量大幅增加。2014 年我国合成橡胶主要出口品种见表 9。

表7　2014年我国合成橡胶主要出口地

出口地	出口量/万吨	同比/%	占比/%
泰国	1.67	-41.6	8.5
中国香港	1.73	-28.2	8.8
印度	1.29	-36.8	6.6
印度尼西亚	1.29	-25.4	6.6
越南	1.74	6.1	8.9
马来西亚	0.75	-46.0	3.8
土耳其	1.32	13.8	6.8
中国台湾	0.68	-34.6	3.5
美国	1.29	35.8	6.6
比利时	1.56	129.4	8.0
韩国	0.62	17.0	3.2
其他	5.61	15.4	28.7
合计	19.55	-8.2	100

表8　2014年我国合成橡胶主要出口贸易方式

贸易方式	出口量/万吨	同比/%	占比/%
一般贸易	9.69	8.9	49.6
进料加工贸易	6.43	13.2	32.9
保税区转储	2.71	-50.7	13.9
来料加工装配	0.42	-40.8	2.1
保税仓库货物	0.17	-51.4	0.9
边境小额贸易	0.1	-30.0	0.3
其他	0.1	26.7	0.4
合计	19.55	-8.2	100

(4)出口主要集中在合成橡胶企业所在地。2014年江苏省、湖南省合成橡胶出口增量较大，而山东省、上海市、浙江省、山西省等地出口下降较多。2014年我国合成橡胶主要出口省、市见表10。

表9　2014年我国合成橡胶主要出口品种

出口品种	出口量/万吨	同比/%	占比/%
SBR	6.39	-26.8	32.7
BR	2.48	-26.4	12.7
IIR	1.01	-32.7	5.2
SBCs	2.21	84.2	11.3
SBRL	0.73	4.3	3.7
NBR	0.67	26.4	3.4
CR	0.31	-11.4	1.6
EPR	0.44	41.9	2.3
IR	0.18	-30.8	0.9
HIIR	0.13	62.5	0.7
其他	5.0	16.8	25.6
合计	19.55	-8.2	100

表10　2014年我国合成橡胶主要出口省、市

出口省市	出口量/万吨	同比/%	占比/%
山东省	2.9	-41.2	14.8
江苏省	5.72	20.2	29.3
广东省	4.41	2.1	22.6
上海市	1.74	-29.6	8.9
浙江省	1.26	-21.7	6.4
湖南省	1.64	54.7	8.4
河北省	0.39	-40.9	2.0
北京市	0.47	-2.1	2.4
山西省	0.18	-18.2	0.9
其他	0.84	7.7	4.3
合计	19.55	-8.2	100

【消　费】

2014 年我国汽车产销增速放缓，产销量约 2372 万辆，增长 7.3% 左右，增速降低 7.5 个百分点。国内经济低迷，用车强度下降，轮胎需求增速减缓；加之 6 月 3 日美国钢铁联合会（USW）向美国商务部（DOC）和美国国际贸易委员会（ITC）提出对华乘用车及轻卡轮胎实施“双反”调查申请等因素影响，2014 年我国轮胎等橡胶制品产量及出口增速也放缓。全年轮胎外胎出口 2.76 亿条，增长 11.5%，降低 4 个百分点。其中，出口美国为 7236 万条，增长 9.6%，下降 31.4 个百分点。我国鞋靴产品出口量达到 107.4 亿双，增长 1.5%，减少 3.5 个百分点。

橡胶制品业增速放缓使得橡胶消费增速下降，加之消费库存较多以及天然橡胶的替代，2014 年合成橡胶表观消费量为 404.9 万吨，小幅减少。

除乙丙橡胶表观消费量增加较多、丁基橡胶小幅增加外，其他胶种的表观消费量均有所减少。其中，异戊橡胶消费下降 45% 左右，主要是天然橡胶价格大幅下跌，异戊橡胶装置没有效益开工率降低。2014 年我国合成橡胶消费情况见表 11。

表 11　2014 年我国合成橡胶消费情况

品种	产量/万吨	进口量/万吨	出口量/万吨	表观消费量/万吨	消费量同比/%
SBR	106.9	32.8	6.4	133.3	-3.7
BR	80.2	20.7	2.5	98.4	-2.3
SBCs	76.9	6.2	4.6	78.5	-2.7
IIR	8.6	26.9	1.14	34.4	2.8
EPR	3.4	30.0	0.4	33.0	22.0
NBR	11.8	7.4	0.7	18.5	-12.9
CR	3.8	2.0	0.3	5.5	-11.9
IR	1.2	2.2	0.1	3.3	-45.3
合计	292.8	128.2	16.1	404.9	-1.5

注：表中合成橡胶仅指七大合成橡胶及 SBCs（固体）。数据来源于中国石化经济技术研究院（EDRI）。

【价格与毛利】

1. **合成橡胶价格继续大幅下跌 10%~20%**

进入 2014 年，合成橡胶价格继续上年末的跌势下行，3 月中旬触底反弹到 9 月底，四季度随着原油价格的大幅回落，合成橡胶价格又随之下滑，年末跌速加快。年内最高价格出现在 9 月末，聚丁二烯橡胶（高顺）及丁苯橡胶（松香）周平均价格分别为 13763 元/吨和 13250 元/吨；年内最低价格出现在年末，两胶种的周平均价格分别为 9788 元/吨和 10050 元/吨，年内最大波幅分别达 40.6% 和 31.8%。

2014 年国内市场聚丁二烯橡胶（高顺）及丁苯橡胶（松香）年均价格分别为 12115 元/吨和 12262 元/吨，分别下降 13.4% 和 11.8%。

合成橡胶价格跌幅远低于天然橡胶。2014 年天然橡胶价格一路震荡下跌，国产全乳胶和沪胶价格由年初的 16625 元/吨和 16914 元/吨下跌到 12 月上旬的 11138 元/吨和 12127 元/吨，中下旬价格略有回升。2014 年国产全乳胶和沪胶的平均价格分别为 13507 元/吨和 14364 元/吨，分别下降31.6%和30.8%。2014年我国合成橡胶及原料价格走势见图4。

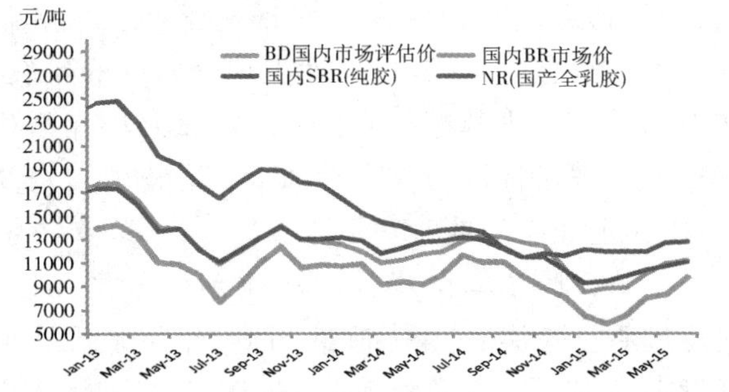

图4　2014年我国合成橡胶及原料价格走势

2. 合成橡胶赢利水平较上年下降

2014年，丁二烯价格走势与合成橡胶基本一致，国内市场评估价年均价格由上年的11228元/吨下跌到9939元/吨，下降15.5%左右。

同年，原料苯乙烯价格跌幅也较大，国内市场年均价格同比下跌13.9%。2014年合成橡胶与原料价格均呈下降趋势，但原料跌幅较小，橡胶各产品毛利空间进一步压缩。其中，丁苯橡胶装置亏损扩大，聚丁二烯橡胶装置由略有赢利下降至基本平衡。2014年我国合成橡胶毛利变化趋势见图5。

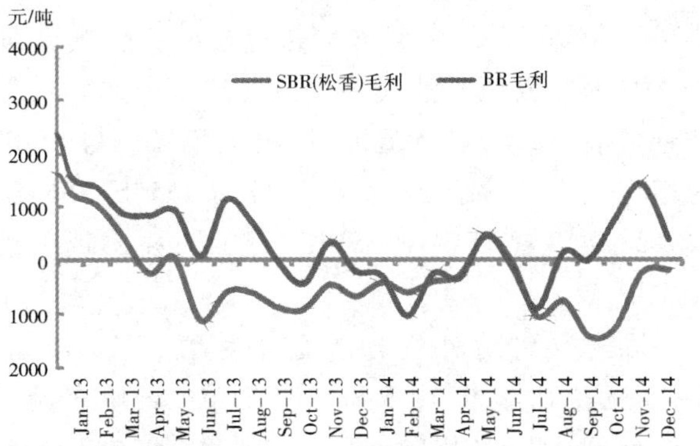

图5　2014年我国合成橡胶毛利变化趋势

【基建与技改】

1. 国内首套合资乙丙橡胶装置在上海建成投产

上海中石化三井弹性体有限公司年产7.5万吨三元乙丙橡胶装置于2014年11月26日在上海漕泾化学工业园区建成投产。该项目2013年6月开工，是中国石化公司和日本三井化学公司按50/50的股比出资设立的合资公司，采用日本三井化学的茂金属催化剂溶液法聚合技术，是目前国内规模最大、工艺最为先进的茂金属三元乙丙橡胶生产装置，其产品可广泛用于汽车工业、电线电缆、建筑和其他橡胶制品等众多领域。

2. 新疆天利碳五综合利用项目投产

2014年11月2日，独山子天利实业公司碳五综合利用及苯乙烯项目工程全线流程打通，生产出合格产品。这是独山子石化千万吨炼油百万吨乙烯工程的石化产业链延伸工程。

项目投资23.2亿元，包含15万吨/年碳五分离、3万吨/年异戊橡胶装置、2万吨/年间戊二烯石油树脂装置、7万吨/年戊烷装置、4万吨/年粗汽油中苯乙烯回收利用装置等5套主要工艺装置及辅助生产装置，可以生产出天利牌异戊橡胶、混合芳烃-3(DCPD)、石油树脂、异戊烷、正戊烷、环戊烷、发泡剂及苯乙烯等十几种产品。

3. 独山子石化橡胶连续聚合试验装置试车

2014年9月25日，独山子石化公司研究院橡胶连续聚合装置完成装置建设及工艺试车，生产出合格异戊橡胶产品，标志着独石化已具备稀土异戊橡胶的连续聚合工艺技术评价能力。

试车进行了稀土异戊橡胶的连续聚合试验，为独山子天利实业总公司建设的稀土异戊橡胶工业装置(引进俄罗斯技术)开工提供技术支持。试车过程中，独石化公司研究院、独山子天利实业总公司及俄罗斯专家齐心协力，攻克了催化剂制备、催化剂加量不稳定、产品门尼调节难度大等多项技术难题。

该橡胶连续聚合试验装置作为独石化橡胶产品研发、质量升级的核心装置，主要用于稀土异戊橡胶、丁苯橡胶、热塑性橡胶、聚丁二烯橡胶等橡胶产品的连续聚合工艺研究评价试验。

4. 中国科学院建立合成橡胶重点实验室

“中国科学院合成橡胶重点实验室”于2014年8月在长春应用化学研究所成立，这是合成橡胶专业唯一的国家级重点实验室。实验室的成立将强化与国内外相关企业的“产学研”合作，使实验室成为国内合成橡胶领域高新技术的重要发源地和创新基地，为我国向合成橡胶强国迈进提供持续的技术支撑；有利于提高行业的创新能力和核心竞争力，促进合成橡胶新技术、新品种、新牌号的开发。

5. 吉林石化自主设计的乙丙橡胶装置新线建成投产

中国石油吉林化学工业公司具有自主知识产权的4.0万吨/年乙丙橡胶装置于2014年9月建成投产，并实现了装置的连续稳定生产。该装置是首套利用国内自主技术设计建设的乙丙橡胶工业生产装置，由中国石油集团公司自主开发，2条生产线，可生产二元、三元及充油型乙丙橡胶产品。

【科技创新】

1. 巴陵石化成功试产丁苯橡胶新牌号

巴陵石化合成橡胶事业部在SIS装置上进行SSBR新产品工业试生产取得成功。为推进SBS产品结构调整，事业部对部分装置进行了适应性改造，达到联产SSBR的功效。

新产品首次在SIS生产装置上进行试生产，没有经验和相关数据可借鉴。生产车间在生产方案编制过程中，综合SBS装置的丁苯橡胶试生产报告、方案与总结，在产品聚合投料关键阶段，技术人员根据过程情况分12次加料，精细操作，首釜产品分子量达到预定指标，聚合投料一次成功。

新产品能否成功实现工业生产取决于后处理装置的运行状态。为降低后处理开车难度，该事业部结合新产品挤出成粉的情形，降低凝聚岗位首釜搅拌转速，关闭二元喷嘴热水，降低凝聚釜温度，最大限度提高胶粒粒径。同时，后处理工段通过降低螺杆转速、增大模板孔径、模头蒸汽升温、限制胶粒膨化等措施，稳定生产。

2. 兰州石化开发20余种橡胶新品

兰州石化公司合成橡胶厂生产20多种产品，其中耐热、耐寒、阻燃、高抗冲等新产品受到市场欢迎。

该厂立足现有丁苯、丁腈装置，加大合成橡胶新、特、专产品的研发和生产力度，完成了环保型丁腈橡胶NBR3305E和丁腈硬胶NBR1704、NBR2707、NBR3604的工业化生产。并根据客户需求，定制生产丁苯油胶SBR1778E及液体橡胶等新产品。

SBR1778E橡胶致癌物含量低，是一种环保型橡胶产品，但此前国内尚未大批量生产。了解到这一市场信息后，橡胶厂立即组织该胶种的研发，在10万吨/年丁苯橡胶装置上严格按照环保型橡胶技术经济指标配方组织生产，产品满足用户要求，成为企业新的效益增长点。

丁腈橡胶车间全年开发4个新牌号产品，全部通过质量检测。其中，在5万吨/年丁腈装置上开发的环保型丁腈橡胶NBR3305E完全满足用户对环保性要求。

该厂还凭借在特殊牌号橡胶产品研发上的优势，通过改变凝聚温度、洗涤槽搅拌速度、洗涤水流量等条件，顺利生产出丁腈硬胶NBR1704、NBR2707、NBR3604等牌号产品，满足了国防军工的需要。此外，新投建的液体橡胶装置也为国家航天事业作出了贡献。

3. 独石化研发环保型SSBR新品

独山子石化公司自主研发的2557S、2564S、721612S和2557－TH 4个牌号的环保SSBR已全部投放市场。

针对环保型SSBR产品和中国石油克拉玛依石化公司重质环烷基油资源和产量优势，独石化公司开展了以克拉玛依环保型环烷基填充油（NAP）为橡胶填充油代替原引进技术中的非环保型芳烃油（DAE）技术研究，解决了环保油与SSBR的相容性难题，成功开发出牌号为2557S、2564S、72612S的3个环保型SSBR新产品，并实现了规模应用。

同时又针对外资轮胎企业对填充TDAE油SSBR的迫切需求，深入研究了TDAE油填充量对生胶性能的影响规律，开发出牌号为2557－TH环保型TDAE油填充SSBR产品，并在外资企业进行推广。

4. 环保充油溶聚丁苯橡胶T2830在轮胎胎面胶中的应用研究

中国石化上海高桥分公司研发中心与中策橡胶集团有限公司科研人员合作，以环保充油乳聚丁苯橡胶SBR1723作对比，研究环保充油溶聚丁苯橡胶T2830在轮胎胎面胶中的应用。结果表明：与SBR1723/ NR/BR胶料相比，T2830/NR/

BR 胶料的起硫速度略快、硫化速度略慢；拉断伸长率和撕裂强度较高，硬度、定伸应力和拉伸强度相当；抗湿滑和抗干滑性能相当，干操控性能略差。采用 T2830/NR/BR 胎面胶的轮胎高速性能、耐久性能和滚动阻力与采用 SBR1723/NR/BR 胎面胶的轮胎相当。T2830 可以替代 SBR1723 用于轮胎胎面胶。

5. 齐鲁石化橡胶厂 HVBR 项目通过审查

2014 年 10 月 16 日，由齐鲁分公司橡胶厂牵头完成的“3 万吨/年钼系高乙烯基丁二烯橡胶工艺包开发”科研开发课题通过了中石化科技开发部组织的专家审查。

齐鲁石化橡胶厂 2010 年与青岛科技大学合作开发钼系高乙烯基丁二烯橡胶（HVBR），先后在齐鲁分公司和中石化总部立项进行了聚合技术及中试工艺的开发。2012 年与青岛科技大学、北京化工研究院合作进行 3 万吨/年工艺包开发，完成了中试及充油工艺研究和钼系橡胶工业装置关键设备聚合首釜、末釜和凝聚首釜、末釜的模拟计算和设计开发，将中试产品用于半钢胎胎面，表现出较好的胎面综合性能，集成并采用了自主开发的钼系催化剂合成 HVBR 技术和 30 m^3聚合釜、胶液三釜凝聚和干燥脱挥后处理工艺等专利和专有技术，完成了“3 万吨/年钼系高乙烯基丁二烯橡胶装置工艺设计包”的开发和编制。2013 年 4 月 24 日中试工艺开发通过了中石化科技开发部组织的专家评议。

开发的聚合及应用技术已申报 5 件中国发明专利，形成了 4 项专有技术，目前正在进行钼系催化剂中试工艺开发及胎面胶应用研究，进一步降低催化剂消耗，完善 HVBR 的成套工艺技术，通过深入加工应用研究，明确新产品的使用定位，为尽快使该技术走向市场提供技术支撑。

6. 茂名石化首次采用丁二烯装置新型钝化剂

长期以来，石化企业为了杀死系统内的活性种子和去除设备内铁锈，装置检修完成后必须对设备进行钝化，在此之前都使用经水溶解后的 $NaNO_3$ 钝化剂溶液进行钝化。钝化后，含有一定水分的钝化剂不可避免会残存在设备的一些死角内，以致装置检修后开车到产品水值合格约需 7 天左右的时间，期间将使混合 C_4 物料平衡上处于较被动局面，往往需要将混合 C_4原料作为液化气外卖，从而造成经济效益的流失。

茂名石化 2 号丁二烯装置首次采用新型钝化剂对设备进行钝化，钝化作用和脱水效果非常理想，大大缩短了装置开车后丁二烯产品水值合格时间，新型钝化剂首次试用取得显著成效。

丁二烯装置产品水值控制要求非常严格，控制标准为≤20 毫克/千克以下，而制约丁二烯装置开车的难点在于丁二烯产品水值长时间难以达到工艺指标要求。为此，茂名石化经过调研攻关，使用广东粤首新科技开发公司开发的新型专利钝化剂产品 YS－PS2666 进行钝化技术项目。该新型钝化剂是使用抽余 C_4作为溶剂的一种钝化剂。由于钝化过程不需用水，大大减少了系统带水的可能性，使系统内水值大幅降低，有利于开车后丁二烯产品水值快速合格，从而缩短开车时间。

该技术通过 2014 年 7 月中旬在 2 号丁二烯装置检修后在精馏系统进行首次试用，丁二烯产品水值合格时间比原来缩短 3 天，增效近 600 万元。

7. 液体橡胶制备技术取得进展

中科院长春应化所合成橡胶重点实验室科研人员在稀土催化体系开发及制备共轭二烯液体橡胶方面获得新进展。

该实验室以稀土催化体系制备出具有高顺 1,4－结构含量（98%）、窄相对分子质量分布的液体聚丁二烯和聚异戊二烯，聚合物的相对分子质量可根据需要加以调控。该类液体橡胶由于其高顺 1,4－结构含量，制品具有更为优异的弹性及耐寒性。相关制备技术获国家发明专利授权。

二烯类液体橡胶因其与天然橡胶、聚丁二烯橡胶有良好的相容性，可替代低分子油类作为这些橡胶的增塑剂或软化剂，并在硫化过程中参与交联反应，这种反应性增塑剂不会发生迁移、挥发，也不会被溶剂抽出，从而使硫化胶获得优良物理机械性能和化学稳定性。目前二烯类液体橡胶主要采用自由基和阴离子聚合技术制备，但聚合物的立构规整性不能得到有效控制，难以合成具有高顺 1,4－结构含量的聚合物。

【行业信息】

1.住友公司溶聚丁苯橡胶装置投产

2014年3月,日本住友化工公司在新加坡新建的4万吨/年溶聚丁苯橡胶装置投入商业化生产。该公司正考虑在新加坡增加溶聚丁苯橡胶的生产能力。

2.埃克森美孚新加坡丁基橡胶工厂奠基

2014年10月21日,埃克森美孚在新加坡裕廊岛的2套生产装置举行奠基仪式,分别是14万吨/年卤化丁基橡胶和9万吨/年氢化石油脂,项目预计2017年完工,将新增约140个工作岗位。

3.德国朗盛扩产氯丁胶

德国朗盛集团的德国多尔马根工厂拜耳平固体氯丁橡胶完成产能扩张,年生产能力提升约10%,固体橡胶年产量可达6.3万吨。此次扩产投资约1800万欧元。

通过这次扩能,朗盛向客户提供2个新的拜耳平牌号,即高性能拜耳平HP系列(Baypren-HighPerformance)和绿色后处理拜耳平GF系列(BayprenGreenFinishing)。两款新产品都由干式后处理生产线制造。全新绿色后处理拜耳平GF系列具备更强的交联作用,而高性能拜耳平HP系列具备更佳的流动特性。这些性能有助于加快工业模制品的注射成型过程,并且可以降低能源消耗。据悉,多尔马根工厂的拜耳平生产设施采用创新的干式后处理技术,在生产合成橡胶时,通过特殊挤出装置使橡胶脱水,从而减少生产步骤,节约资源。这意味着用水量大幅降低,同时也减少了废水量。此外,新工艺不再需要使用天然气来干燥橡胶,减少了废气产生量。

4.旭化成计划增产10万吨/年高性能合成胶

旭化成公司表示,该公司将于2016年后在海外建新工厂,增产低油耗轮胎原料的合成橡胶。计划年新增产能约10万吨/年,新厂建设地最有可能是新加坡。

根据上述计划,该公司将在2018年之前投资约600亿日元在海外建新厂。目前,该公司在日本和新加坡均设有SSBR生产基地,年产能总计13万吨。到2015年,新加坡生产基地的年产能将增加约5万吨。

5.巴陵石化医用SEBS生产能力达万吨以上

中国石化巴陵石化公司自主开发的医用SEBS生产技术打破了国外垄断,产品通过了美国USPⅥ医用塑料的检测。目前医用SEBS装置已具备万吨级生产能力,标志着巴陵牌SEBS产品正向医用耗材等高端市场领域拓展。

6.我国终止对丁苯橡胶实施反倾销措施

2014年9月7日,商务部发布公告称,终止对原产于俄罗斯、日本和韩国的进口丁苯橡胶所适用的反倾销措施。

2009年9月7日,商务部发布年度第62号公告,决定自2009年9月8日起,继续按照2003年第49号公告、2005年第81号公告、2006年第65号公告和第68号公告、2007年第86号公告,对原产于俄罗斯、日本和韩国的进口丁苯橡胶实施反倾销措施,实施期限为五年。

2014年3月7日,商务部发布年度第15号公告,宣布上述反倾销措施将于2014年9月7日到期。自该公告发布之日起,国内产业或代表国内产业的自然人、法人或有关组织可在该反倾销措施到期日60天前,以书面形式向商务部提出期终复审申请。

在公告规定时限内,丁苯橡胶国内产业未提出期终复审申请,商务部亦决定不主动发起期终复审调查。鉴此,自2014年9月8日起,对原产于俄罗斯、日本和韩国的进口丁苯橡胶所适用的反倾销措施终止实施。

7.米其林参与生物基丁二烯研发项目

米其林集团与Axens公司和法国石油可再生能源研究所(IFPEN)启动一个植物化学研究合作项目(BioButterfly),旨在开发创新型生物基丁二烯生产工艺,并用于工业化生产合成橡胶,制造环保轮胎。

今后8年,该项目将获得5200万欧元的预算资金支持。法国环境和能源管理署已将该项目纳入“投资未来”计划,并资助1470万欧元。

IFPEN具有对工业化生产过程和催化剂进行高度创新研究的能力,Axens公司在可再生材料转化新技术和市场营销方面具有丰富的经验,米其林在开发高性能轮胎用创新材料方面具有专业知识。三方合作将充分利用各自优势,取长补短。

项目将集中攻克 5 个关键性课题:开发适用范围广的生物基丁二烯生产工艺,并制造出高性能合成橡胶;降低整个生产过程的碳排放量,减小对环境的影响;提高生物基丁二烯的经济竞争力;降低投资成本;为法国生物基合成橡胶工业奠定基础。

【展　望】

2015 年,美欧经济继续向好,但新兴经济体增速放缓,拉低全球经济增速。国内经济仍较低迷,汽车产销增速减缓、用车强度下降,加之产能过剩,以及美国对中国乘用车和轻卡车轮胎实施“双反”等,均不利于国内轮胎行业发展。

国内橡胶消费整体较低迷,但受价差较大,合成橡胶对天然橡胶替代需求增加、上年基数较低(负增长)等因素影响,预计 2015 年国内合成橡胶需求将由上年的负增长转为小幅增长。

合成橡胶产能仍有所增加,但由于市场低迷,现有装置停工降负荷较多,新建装置多处停滞状态或不断推迟投产时间,但总产量仍将有小幅增长。

(杨秀霞)

杜仲橡胶

杜仲橡胶是具有橡塑二重性的优异高分子材料，广义上来讲，分为天然杜仲橡胶与合成杜仲橡胶两类。两者与产于三叶橡胶树的天然橡胶化学成分相同，但分子结构不同，杜仲胶为反式聚异戊二烯，三叶天然橡胶则为顺式聚异戊二烯。世界上有2000多种植物中含有顺式异戊橡胶，而含有反式异戊橡胶的植物却很稀少。天然反式聚异戊二烯橡胶目前主要包括杜仲橡胶、古塔胶和巴拉塔胶。天然杜仲橡胶系从杜仲树的籽、叶、皮、根中通过物理或化学提取法而制得。古塔胶主要由马来亚半岛、印度尼西亚等热带地区产的山榄科植物的树皮和树叶中的胶乳制得。巴拉塔胶主要由产于圭亚那和委内瑞拉等地的一种山榄科植物的胶乳制得。合成杜仲橡胶则由石油裂解后所得的 C_5 馏分中的异戊二烯在特定的催化条件下聚合制得。

杜仲胶作为一种特殊功能型高分子材料，具有优异的耐疲劳、耐磨、防震及抗撕裂性能以及易结晶、熔点低、绝缘性强、耐水湿、抗酸碱、热塑性好和形状记忆优良等特征。基于杜仲胶独特的结构与性能，可以开发出三大类不同用途的材料：橡胶高弹性材料、低温可塑性材料及热弹性材料，广泛应用于橡胶工业、航空航天、国防、船舶、化工、医疗、体育等国民经济各领域，产业覆盖面极广。根据国内外的应用研究和实践证明，杜仲胶独具的橡塑两重性和极高的黏结性能使其在很多方面的性能均优于三叶橡胶树所产之天然橡胶，通过与三叶橡胶和其他合成橡胶及塑料共混或改性，可以制备多种综合性能优异的适用于航空、航海、医疗等领域特殊橡胶制品，也可以用于生产安全、长寿命的节油轮胎及其他橡胶制品。多年研究表明，含有丰富杜仲胶的杜仲树物种或将是破解我国天然橡胶短缺重大难题的最具潜力重要资源。

【基本情况】

杜仲树适应性极强，在我国亚热带至温带的27个省(区、市)均可种植，其地理分布位置约在北纬24.5°～41.5°、东经76°～126°，南北横跨17°左右，东西横跨50°；垂直分布范围约在海拔50m～2500m之间。

我国目前现存杜仲种植资源估计约380万亩。目前杜仲种植比较集中的地区是贵州、湖南、四川、湖北、陕西、河南、重庆、甘肃、安徽、江西等省、市，江苏、广西、云南、山西、山东、河北、北京、新疆等多个省、市也都引种成功。近年来，湖南、山东、河南、安徽、山西等地加大了杜仲资源培育力度，在杜仲资源培育方面正陆续开展良种杜仲规范化种植。粗略统计，近年各地新增良种杜仲种植面积约2万～3万亩，并不同程度地进行了传统林的矮化改造，也有的地区尝试杜仲与其他植物的立体种植以及发展景观种植等。按照目前各地的种植规划，预计2020年全国新增杜仲种植面积约300万亩。

杜仲栽培模式的改良和杜仲良种选育的进展，为杜仲胶的发展奠定了很好的基础。中国林业科学研究院利用杜仲高产胶良种培育的果园化杜仲林每公顷产果量达到3.5～4.5吨，每公顷产胶量达400～600kg，比传统乔林栽培模式提高40～60倍。西北农林科技大学为实现较早获取较高生物产量的杜仲资源，开展了杜仲叶林栽培模式的试验。试验结果表明，杜仲叶林定植3年后，每年每公顷可生产杜仲干叶15吨，杜仲干皮0.5吨，木材22.5吨。每公顷杜仲胶产量500～700kg，这为天然杜仲橡胶的规模化开发奠定了良好基础。

【技术发展】

近年来，我国杜仲胶提取研究主要围绕机械物理粉碎法、微生物发酵法、酶解法和亚临界提取工艺展开。

1. 全酶解提取杜仲胶及其他药物成分

为了在无污染或低污染条件下获得低成本、

高品质的杜仲胶，贵州大学张学俊教授提出了采用全生物酶降解杜仲植物组织提取杜仲胶和天然药物成分的方法，该方法是目前研发的重点和发展方向。生物酶提取方法提取植物中的天然产物优点是酶水解反应具有专一性，不破坏目标物和欲提取天然药物成分的化学结构和活性；酶解反应条件温和，保持了药物成分活性和杜仲胶原来的物理状态；有效破坏植物组织结构和细胞，胞内和胞外的天然成分全部溶于酶解液，达到高效率提取；原料不粉碎，杜仲胶保持原生状态，且分子量分布范围窄，保持原有的结构，物理化学性质稳定。无污染或污染极低，酶活性高，反复地催化降解植物组织，反应溶液体积小，排放量小，用水可以回收循环使用，实现无污染排放；经济性高。该方法可以实现多种组分的同时提取，降低提取成本。生物酶提取的杜仲胶具有分子量高、分布集中的特点。杜仲胶的分子质量达到 10^{-8} 以上，是大分子物质，其分子所含原子数通常达几万、几十万甚至高达几百万个分子。

2. 高收率无污染提取技术

吉首大学提出一种从杜仲翅果中提取高纯度杜仲胶的方法。运用机械法将杜仲翅果中的果仁分离，在处理过的果壳中加入酶解液，35℃ ~ 55℃温度下酶解 3 ~ 10 小时，将酶解后的杜仲翅果干燥至含水率 3% ~ 10%，再以石油醚为溶剂，用索式提取法提取后，加入乙醇，将杜仲胶沉淀，过滤后可得高纯度杜仲胶。据称，索式提取和超声波辅助用于杜仲胶提取，具有反应条件温和、设备要求低、无污染、杜仲胶收率和纯度高的优点。

吉首大学近期提出的另一种从杜仲翅果中提取高纯度杜仲胶的方法是，运用机械法将杜仲翅果中的果仁分离，采用石油醚在 40℃ ~ 54℃ 将果壳中的杜仲胶提取出来，常温方法保温过滤分离得到提取液；将提取液温度调节到 -10℃ ~ 15℃，冷却 2 ~ 10 分钟，析胶；将析出的杜仲胶捞出，压榨去除大部分石油醚；烘干，得成品杜仲胶。利用该方法提取的杜仲胶质量份数可高达 87.7% ~ 95.8%，具有提取成本低、不产生污水、杜仲胶收率高、纯度高、胶丝不被粉碎的特点。

杜仲翅果是杜仲中含胶量最高的部位，含胶量高达 18% ~ 20%。为了提高杜仲提取收率和工作效率，吉首大学张永康教授带领的团队先后开发了杜仲翅果剥壳机、杜仲翅果磨胶机、杜仲翅果打胶机。不仅提高杜仲胶提取效率，且可以有效富集杜仲翅果中的杜仲胶，具有绿色、环保、低成本且可行性强的特点。杜仲果剥壳机目前已在全国推广应用。

3. 连续化自动生产技术

湘西老爹生物有限公司提出一种连续逆流提取装置提取杜仲胶的方法。将杜仲原料（包括根、皮、树皮、叶或果壳）经粉碎、水煮、干燥后，采用连续逆流提取装置提取，经析胶、胶液分离、干燥，制得杜仲精胶。该方法的优点是杜仲胶浸出速度快，可实现连续自动化生产。该公司提出一种浓缩析胶方法，其特征是，将杜仲原料经溶剂提胶后的提取液于 30℃ ~ 120℃ 下浓缩至原体积的 1/5 ~ 1/2，使浓缩液中每毫升溶剂中含 1.0 ~ 20 克杜仲胶；浓缩回收的溶剂再循环至杜仲胶提取系统重复使用，减少生产过程中溶剂的使用量。该方法提高了析胶温度，大幅度减少了杜仲胶生产过程中冷冻析胶时所需的能耗和设备，降低了成本，提高了生产效率。

山东贝隆杜仲生物工程有限公司开发一种杜仲胶精制系统，包括连续溶解装置、连续过滤装置、连续凝聚装置和干燥装置，提高了凝聚的效率和杜仲精胶的产品质量，实现了生产的连续化，同时可以将分离的溶剂直接重新利用，无需二次处理。

4. 气爆法联产杜仲胶和杜仲果油

气爆法联产杜仲胶和杜仲果油是 2014 年诞生的一种新型工艺。北京中科公司利用蒸汽爆破技术将杜仲果实各细胞破裂，使各组分更容易被提取出来。该发明以杜仲果实为原料，经磁选、气爆，再经机械压榨、浸提、过滤、脱酸、脱臭处理等过程制得高品质杜仲果油；油粕经石油醚和乙醇混合溶剂萃取、精制、干燥得到杜仲胶。提胶后的粕渣经强制逆流萃取浓缩为杜仲浸膏。最后不溶于乙醇的剩余物经自然干燥后制成颗粒燃料。

【产业化现状】

自 21 世纪初以来，我国曾有 3 家企业建成天然杜仲胶生产装置,分别是灵宝市天地科技生态有限责任公司、略阳嘉木杜仲产业有限公司和陕西安康禾烨公司。灵宝市天地科技生态有限责任公司自1993年以来利用荒山、荒坡陆续开发种植了约3万亩杜仲林,并在中国林科院的指导下逐步改造为优质果园式杜仲种植基地。该公司2007年与西北农林科技大学、日本大阪大学、日本日立造船公司合作,建立了杜仲胶试验装置,部分杜仲粗胶出口日本。略阳嘉木杜仲产业有限公司和安康市禾烨生物工程有限公司也在21世纪初建成了杜仲胶提取装置,但由于杜仲胶市场还处于待开发阶段,两家企业杜仲胶仅偶有间断性少量生产。

自2011年以来,国家发改委动用中央财政资金已先后支持6家企业开展以杜仲胶为主的杜仲综合利用装置建设试点培育工作。截至2014年年底,已有陕西安康汉阴华晔植物药业有限公司、杜仲科技实业(集团)有限公司(原湖北老龙洞杜仲开发公司)建成百吨级天然杜仲胶及相关综合利用装置。陕西略阳县嘉木杜仲产业有限公司对原杜仲胶装置进行了改造。上述装置已陆续生产一定量的杜仲胶用于应用试验。

湖南湘西老爹生物有限公司的百吨级杜仲胶生产装置2015年上半年建成。近年,该公司已经应用小型装置陆续生产数百千克天然杜仲胶免费提供给轮胎领域、高铁及汽车部件领域、医疗及特高压变电等领域做应用试验。

2013年10月,我国第一套年产能力1.5万吨的合成杜仲胶生产装置建成投产,生产出合格产品。2015年5月,全生物酶解杜仲中试装置在贵州铜仁运行成功,首次投料100千克杜仲皮,通过酶解法成功分步提取出杜仲药物成分和杜仲胶。

【应用进展】

1.轮胎应用

中科院化学所用杜仲胶改性顺丁橡胶,可以明显提高顺丁橡胶的耐撕裂性能。制成的杜仲胶/顺丁胶共混轮胎行驶两年,表面完好无损,无任何撕裂的痕迹。

西北工业大学用杜仲胶/顺丁橡胶/天然橡胶按2:3:5的比例共混作胎面胶,制成了高耐磨、高耐疲劳、高定伸强度、低滚动阻力的轮胎胶;湘西吉首老爹公司与北京橡胶研究设计院合作,用杜仲胶改性NR并与TPI改性NR及纯NR对比,开发新型胎面胶,得到了拉伸强度、撕裂强度、耐屈挠疲劳、低滚动阻力及低生热性能均优于后两者的结果,突显了杜仲胶在新型绿色轮胎中的应用前景。在这些改性的配方中,另一突出特点是耐疲劳性能均有明显提高。

北京橡胶工业研究设计院与湘西老爹生物公司联合开发将杜仲橡胶作为生物高分子材料抗撕裂剂用于轮胎胎面。研究发现,只需少量杜仲胶即可明显改善顺丁橡胶的耐撕裂性能。这不仅可以解决顺丁橡胶抗撕裂强度差的问题,还可以通过使用少量杜仲胶提升轮胎的综合性能,如耐磨、抗撕裂、节能等。由此可以平衡杜仲胶成本过高的问题。

合成杜仲胶在轮胎中的应用试验情况:在轿车和轻载半钢子午胎胎面胶中使用20~25份合成杜仲胶(TPI),可节省燃油2.5%左右,同时加用20份HVBR的胎面胶(样胎C-2),不仅油耗低,而且抗湿滑性能还有所提高。以轮胎使用寿命为10万公里计(实际已超出),平均每条轮胎可节省燃油35升(轿车胎)~50升(轻载胎),而在制造轮胎时,每条胎仅用300~500g的合成杜仲胶。以此计算,1吨合成杜仲胶用于轮胎,可节省燃油70~80吨,减少汽车尾气二氧化碳排放量200吨左右。轮胎是橡胶材料的最大应用市场,高性能节能环保绿色轮胎又是轮胎的发展方向。经过配方的优化,在胎面胶、胎侧胶、基部胶、三角胶中使用合成杜仲胶完全可以生产出节油3%以上的绿色半钢子午胎。

全钢子午胎和工程胎是目前国内许多企业的发展重点,主要使用天然橡胶,硫化体系也有所不同(多数采用半有效硫化体系)。因此,TPI与NR并用胶的性能是TPI能否部分替代NR用于全钢子午胎和工程胎的关键。试验表明,20质量份以内的TPI与NR并用,其硫化特征和一般力学性能如拉伸强度、拉断伸长率、撕裂强度等变化不大,而硬度、定伸强度随TPI用量增加而上升,压缩生热、阿克隆磨耗下降,温度扫描特性(60℃ tgδ值)也证明了滚动阻力的减少。

2. 塑料改性领域

杜仲胶研究院进行了合成杜仲胶/聚丙烯合金的制备。试验表明，在保持合金强度较高的条件下，其悬臂梁缺口冲击强度高达近 $40kJ/m^2$，可以制成超韧性改性的聚丙烯，应用于汽车配件、体育运动器材及其他对强韧性要求较高的器件或配件。

近期又开发了彩色、无味医用夹板专用粒料与片材；在鞋用胶底、胶垫、热塑鞋模等领域的应用开发取得进展；采用合成杜仲胶与聚丙烯共混制成高强韧合金；目前正在开发合成杜仲胶制备 TPV 热塑胶和合成杜仲胶环氧化产品等。

3. 制鞋领域

初步研究表明，杜仲胶在制鞋领域应用前景广阔。杜仲胶因其抗湿滑性能可用于防滑鞋底、因其形状记忆功能可用于马拉松鞋的定性垫，因其绝缘性能和抗酸碱性能可用于军用或劳保鞋，因其环保性能可用于儿童中底，还可以作为改性剂与 EVA 混用来提高胶料的弹性等。上海回力鞋业公司和耐克公司正在积极开展合成杜仲胶在制鞋领域的应用试验。

4. 减震降噪应用

中国南车株洲时代新材料科技股份有限公司对杜仲胶在铁路、汽车减震降噪产品应用方面做了多年研究，研究结果表明，只要在天然三叶橡胶中加入 10% 的杜仲胶，减震橡胶产品的耐疲劳性提高 1 倍以上，胶料的拉伸强度和撕裂强度显著提高。通过检测得出，天然杜仲胶较合成杜仲胶具有熔点更低，金属离子含量更低的优势。拓宽了杜仲胶的应用领域，在高速铁路及汽车领域中具有很大的应用发展空间。

5. 汽车部件应用

山东美晨有限公司、青岛第派新材有限公司与东风汽车公司配合开展了杜仲胶在汽车部件领域的应用开发工作。试验表明，天然橡胶并用杜仲胶制成的减震垫抗疲劳性能比天然橡胶产品增加两倍多。用于制造汽车发动机悬挂减震制品滞后损失降低一倍以上，永久变形、回弹率等性能也有显著改善。

6. 密封材料应用

杜仲胶受热后在外力作用下变形，并通过冷却固定在变形状态。这一状态下的杜仲胶具有记忆能力，它经受热刺激后，仍可恢复原来的形态。利用这一特性已开发出的材料有实验室玻璃仪器接管、真空油泵、真空水泵密封接管等。密封应用领域还开发了飞机遥测遥感雷达天线透雷达波用杜仲胶密封薄膜。小型飞机遥测遥感雷达天线上有许多透雷达波的天线窗口，这些窗口必须用可以透雷达波的薄膜密封起来。已有的可以做薄膜的塑料，如聚乙烯、聚四氟乙烯等和金属天线粘不住。经过改性做成的杜仲胶薄膜既有透雷达波性能，又能实现和金属的黏结，很好地解决了我国自制飞机遥测遥感雷达天线密封薄膜的问题，其性能达到国际先进水平。

7. 骨科矫形材料应用

杜仲胶由于熔点很低，只有约 65℃，因此可以在比其他塑料低得多的温度下进行手工塑型，而不会伤及皮肤，这样在很多需要石膏制模的地方，都可以用杜仲胶代替。根据这一特点，已开发出的低温可塑材料包括：医用代石膏骨科外固定及矫形用杜仲胶夹板、运动员护支具以及假肢支撑腔（假肢套）等。

【研究方向】

1. 开展杜仲胶合成基因研究，提高杜仲胶中反式异戊二烯含量

中国林科院经济林研究开发中心已主持完成了《杜仲全基因组精细图》测序，“十三五”期间通过有效的杜仲胶合成基因研究和转基因试验，大幅提高杜仲中反式异戊二烯含量，力争实现杜仲叶含胶量提高到 6% ~8%，果实含胶量提高到 30% ~40% 的目标，为我国杜仲胶规模化发展奠定基础。

2. 开发和完善无污染、高效率杜仲胶生物酶解提取技术

（1）深入开展杜仲植物组织物理结构和化学成分的分析研究。针对杜仲树皮、杜仲籽皮、杜仲叶的不同植物组织结构，研究底物存在的形式和组成结构，并对这些组织物理结构和化学成分进行分析研究，开展不同功能酶水解这些植物器官的组织结构酶效率、水解速度等酶学特性的研究。

（2）开展新型功能酶的研究，开发更多针对杜仲植物组织结构的功能酶。有针对性地开展酶学特性研究，对高效的功能酶进行酶学性质深入研究。从众多的现有生物酶中进行广泛的杜仲植物组织降解的适应性研究，从适应性好的酶制剂中挑选出适应性突出的各种功能酶进行酶学性质、酶学特性和降解底物的详细研究，全面、充分地掌握降解杜仲植物组织的各种功能酶的催化性能。进行各种酶的组合，有针对性地、高效率地水解杜仲树皮、杜仲籽皮以及杜仲叶的植物组织，达到提取高质量杜仲胶和高活性杜仲药物成分的目的。

（3）建立生物酶资源库。杜仲植物耐细菌感染的能力极强，因此无法从杜仲植物上获得微生物及针对性强的生物酶。只能收集现有的各种生物酶进行筛选有效降解杜仲植物组织，因此需要加强生物酶资源库建设。

（4）研发新型高效酶解机械装备补偿酶化学反应的不足。由于杜仲植物的各个器官组织是由其中各个分类组织相互交错，相互结合，相互包裹在一起的。探索设计和制造新型的高效酶解机械装备必须兼具酶化学降解杜仲植物、疏解植物组织的物理功能。

（5）开发和完善无污染、高效原生态天然杜仲胶提取工艺。开展天然杜仲胶提取设备及生产工艺研究。研发连续逆流提胶技术以及胶液浓缩、冷冻析胶、水法凝聚析胶、杜仲胶精制、干燥等提取关键技术，重点解决出胶率低、提高产品纯度、降低生产成本、清洁生产、降低化学溶剂对环境的影响等关键技术，配套研究自动化加工装备。

进一步完善吉首大学、贵州大学和湘西老爹生物联合开发的三步法提胶技术即物理机械法—生物酶法—化学催化与溶剂提取技术，实现无污染、杜仲胶收率和纯度高的目标。

3. 开展杜仲胶机理基础研究

从分子水平认识杜仲胶的聚集态机制，研究结晶度、晶体结构之间的对应关系，揭示晶相和非晶相的含量、尺度及二相分散情况对热弹性和熵弹性的定量依赖关系，为杜仲胶纳米复合结构应用提供重要理论依据。

研究杜仲胶多相体系多层次结构与提高轮胎耐磨性，降低微粒排放，降低滚动阻力等轮胎应用性能的关系。通过杜仲胶多相体系多层次结构的优化，建立适于绿色轮胎性能的突出杜仲胶耐磨性能好、回弹性高、滞后损失小、滚动阻力低的多相体系。

4. 开展杜仲胶的改性研究

（1）进一步加强杜仲胶改性聚乙烯、聚丙烯的研究。青岛第派新材公司开展的合成杜仲胶/聚丙烯合金的制备，已经实现了在保持合金强度较高的条件下，悬臂梁缺口冲击强度达到近 $40kJ/m^2$，作为一种超韧性改性的聚丙烯材料，可以应用于汽车配件、体育运动器材及其他对强韧性要求较高的器件或配件。

（2）进一步加强杜仲胶氯化、环氧化及接枝改性研究。青岛第派新材公司、沈阳化工大学在杜仲胶氯化、环氧化及接枝改性领域已经做了大量工作，“十三五”期间力争推出商业化产品，从而进一部拓宽杜仲胶应用领域。

5. 进一步加强杜仲胶的应用开发研究

（1）深入开展杜仲胶共混改性橡胶二级网络结构在提高胎面耐磨性、耐撕裂、低滚动阻力、抗湿滑、耐疲劳等性能机理的研究，为开发新型绿色轮胎奠定技术基础；在上述基础上，开发出综合性能优异的杜仲胶共混改性胎面胶轮胎，并直接投入使用。

（2）利用杜仲胶改性橡胶在车辆抗震部件上优良的耐疲劳性能，开发在机车车辆及汽车上的新用途。

（3）基于氯丁橡胶经杜仲胶改性后可大大提高耐屈挠疲劳性能，开发高性能传动带。

（4）利用氯化或环氧化杜仲胶，开发新型无内胎的外胎气密层胶。

（5）利用杜仲胶特有的优良集成特性，开发轮胎各个重要部位的新型胎侧胶、新型子口胶、新型帘子布胶等，发展集成型的领先时代水平的新型绿色轮胎。

（6）开展杜仲胶在航空胎制造中的应用试验。

【展　望】

1.“以油促胶”将大大促进杜仲胶资源培育

国务院办公厅 2014 年 68 号文件把杜仲纳入木本油料发展战略，要求林业部门制定发展规划，把发展木本油料产业与新一轮退耕还林还草、三北防护林建设、京津风沙源治理等国家重大生态修复工程以及地方林业重点工程紧密结合，因地制宜扩大木本油料种植面积。2015 年中央 1 号文件提出，要制定油料、糖料及天然橡胶生产建设规划。杜仲则是我国目前油料和天然橡胶结合的最佳选择。

杜仲籽是杜仲中含胶量最高的部分，籽仁用来榨油，籽壳用于提胶。杜仲的叶、皮均可用于提取橡胶。“以油促胶”，带动农民种植杜仲的积极性，有利于杜仲资源的培育。

在国家主导和各项支持政策的扶持下，未来几年杜仲种植将呈现快速发展势态。杜仲资源的增加是杜仲胶规模化发展的重要基础。这无疑是杜仲胶事业发展的重大利好。

2. 杜仲胶规模和应用市场将不断扩大

杜仲资源的综合开发和杜仲胶提取技术的不断完善已大幅度降低杜仲胶成本，提高了收率，杜仲胶规模化和产业化将伴随着杜仲资源的不断增加其应用市场将不断扩大。

国内已经成功完成杜仲胶改性为弹性体的试验，杜仲胶像普通弹性体一样广泛应用于各相关领域将不再遥远。

3. 天然杜仲胶将为我国生物基橡胶材料的可持续发展作出贡献

2010 年初，欧盟将银胶菊和蒲公英替代三叶天然胶的研究列入“欧盟第七框架计划”。全球领先的橡胶制造企业和轮胎制造商都在积极开发生物橡胶及生物基橡胶单体，日本普利司通、美国固铂、意大利倍耐力等企业已经在与相关研究机构合作建立研究基地，着手银菊胶资源开发及其应用研究。德国马牌轮胎与弗劳恩霍夫分子生物学和应用生态学研究所合作的以蒲公英为轮胎橡胶原料的工业化开发项目已取得突破性进展。法国米其林、美国固特异、日本住友等正在积极开发生物基合成橡胶单体，目标是制造非化石原料轮胎。世界大型橡胶原料生产商德国朗盛公司、美国杜邦公司已成功开发出生物乙丙橡胶、生物异戊橡胶等生物合成橡胶，朗盛公司的生物乙丙橡胶工业化装置已经正式投产。米其林投资 7000 万美元开发生物基橡胶材料，并计划 2020 年实现生物轮胎产业化。

绿色制造将是“中国制造 2025”的重要方向之一。未来的产品制造要考虑产品全生命周期内对环境、资源的影响，从而在原料选择、生产工艺、绿色消费、有效回收等全生命周期各环节统筹考虑绿色发展。杜仲胶是典型的生物基橡胶材料，杜仲橡胶的发展不仅助力我国橡胶工业的结构升级和可持续发展，还将会拉动一个庞大杜仲生态循环经济产业的兴起。

（王凤菊）

骨架材料

【基本情况】

2014年国内经济增长减缓,市场需求不畅,轮胎等橡胶制品结构性过剩矛盾突出。国际贸易保护主义严重,我国轿车轮胎和轻卡轮胎遭遇美国反倾销、反补贴调查,国内外市场压力进一步加大。为加快推动下游轮胎行业转型升级,工信部发布了《轮胎行业准入条件》,鼓励发展节能、环保、安全的绿色轮胎,对骨架材料行业的发展方向和措施办法更加明确。

我国骨架材料行业结构性过剩已存在多年,2014年行业整体开工率在70%左右。受美国"双反"案影响,2014年我国骨架材料行业运行呈现先扬后抑的态势,上半年产销良好,但从6月份开始订单量逐渐减少,库存增加,各工厂开工率逐渐下降。2014年,橡胶用骨架材料产量增长率降到个位数,产值增长率也较低,预计2015年受"双反"案最终裁定结果的影响,骨架材料增速将放缓。

轮胎行业是消耗骨架材料的主要行业,2014年轮胎行业主要经济指标仅实现小幅增长,出口虽有增长,但受美国"双反"影响前景堪忧;行业实现利润增幅持续下滑,库存增加,经济运营形势不容乐观。据中国橡胶工业协会测算,2014年全国骨架材料总产量311.7万吨(不含帆布),同比(下同)增长5.5%。其中,钢帘线产量192.7万吨,增长5.4%;胎圈钢丝64.2万吨,增长0.9%;锦纶帘布32.1万吨,增长5.2%;涤纶帘布22.7万吨,增长22.0%。2014年全国橡胶骨架材料行业完成现价工业产值367.0亿元,增长1.34%。

【生产现状】

我国橡胶工业骨架材料生产已有60余年历史。目前,已建成品种规格基本齐全、产品质量优良、配套设施完善的工业体系,成为世界橡胶工业用骨架材料生产大国。现生产企业约百家,总产量约占世界总量的1/4。

我国橡胶工业用骨架材料与国际上采用的品种类似,主要是锦纶(包括锦纶66和锦纶6)、涤纶和钢丝类,高性能芳纶纤维的用量也在逐渐增加,其中轮胎用骨架材料用量最大。目前,高强度合成纤维工业丝和高强度钢丝是橡胶工业用骨架材料的主导品种。大宗产品已由供不应求转向供需平衡至供大于求,部分产品如锦纶、涤纶、钢丝均有进出口,且出口量逐年增长。骨架材料行业产品包括锦纶66、锦纶6、改性锦纶66、涤纶(含高模低收缩品种)、钢丝、芳纶、玻璃纤维等材料制成的帘布;各类交织帆布;整体带芯织物;传动带和胶管用各类软硬线绳;轮胎、输送带、胶管胶带用各类钢帘线、胎圈钢丝和钢绳;橡胶企业用各类垫布和经处理的各类短纤维;相关配套原材料和设备制造等。

斜交载重胎、工程胎和越野胎以传统锦纶6为主、锦纶66帘布为辅;载重子午胎以钢帘线为主;轻载子午胎,胎体以HMLS涤纶帘布为主,部分规格用钢丝和锦纶66(改性锦纶66),带束层用钢帘线;乘用子午胎胎体以涤纶帘布为主,带束层用钢帘线,部分规格冠带层加用锦纶或芳纶和锦纶或涤纶的复合帘线;芳纶在部分工程胎作缓冲层或在部分子午胎中作胎体层,在轮胎和橡胶管带中的应用量日益增加。自行车胎、手推车胎、摩托车胎、农用轮胎以锦纶6为主。

输送带以涤纶/锦纶交织帆布,或纯涤纶和纯锦纶类帆布,以及涤纶为主的整体带芯帆布;部分输送带采用钢丝绳或芳纶做增强层。传动带、同步齿形带以高强涤纶线绳为主,玻璃纤维线绳、芳纶线绳为辅,其中切割式传动带以高强涤纶硬线绳为主。胶管以高强涤纶为主,其次是钢丝和芳纶。

1. 我国骨架材料生产和消耗情况

中国橡胶工业协会骨架材料专业委员会对30

家主要会员企业统计,2014 年钢帘线产量 190.7 万吨,胎圈钢丝 49.6 万吨,锦纶帘布 25.7 万吨,涤纶帘布 20.4 万吨。从大部分企业统计数据可以看出,钢丝企业利润率下降 0.52%,产品出口比例(量)14.22%,库存率(量)6.4%;纤维企业利润率 3.05%,产品出口比例(量)34.04%,库存率(量)8.4%。近几年骨架材料会员企业产量见表 1。

表 1　2010 ~ 2014 年骨架材料会员企业产量　万 t

项　目	2010 年	2011 年	2012 年	2013 年	2014 年
钢帘线	120.40	135.96	143.70	173.50	190.70
胎圈钢丝	52.10	42.39	53.40	54.10	49.60
锦纶帘布	26.80	25.40	23.10	24.40	25.70
涤纶帘布	11.70	12.99	13.30	17.70	20.40

注:表 1 为中橡协骨架材料专业委员会会员企业统计数据。

2014 年全国轮胎总产量 5.62 亿条,其中子午线轮胎 5.11 亿条,斜交轮胎 0.51 亿条,子午胎中的全钢胎产量 1.12 亿条。据此推算,锦纶帘子布需求约 17.3 万吨,涤纶帘子布 16.0 万吨,钢帘线 169.7 万吨。2013 ~ 2014 年轮胎用骨架材料消耗量见表 2。

表 2　2013 ~ 2014 年轮胎用骨架材料消耗量　万 t

项　目	2013 年	2014 年
钢帘线	160.9	169.7
胎圈钢丝	53.6	56.6
锦纶帘子布	18.1	17.3
涤纶帘子布	14.8	16.0

(1)纤维帘子布生产和消耗情况

①锦纶帘布

锦纶工业丝主要用于橡胶骨架材料,主要用于斜交胎、力车胎和农用胎的帘子布,其次是输送带用涤纶/锦纶和纯锦纶帆布领域。在传动带应用中,锦纶 6 主要用于片基平带,锦纶 66 用于弹性 V 带和弹性多楔带;锦纶 6 帘子布约占 80%,锦纶 66 帘子布约占 20%。

21 世纪初是我国锦纶工业丝及帘布发展高潮期,盲目发展造成产能严重过剩,行业整体效益下滑。近年来,锦纶帘布应用于汽车配套、农业轮胎、工程机械轮胎等市场领域,需求增长缓慢,尤其是 2006 年以后斜交轮胎市场趋于萎缩,我国锦纶帘布产能基本没有再发展,一部分厂家因持续亏损而关停。随着部分企业退出市场,目前行业供需基本平衡,市场竞争趋于理性化,企业利润尚可。近期又有部分企业扩建锦纶 6 工业丝及帘子布项目,如山东时风。

锦纶帘子布主要生产企业有骏马化纤股份有限公司、宁波锦纶股份有限公司、神马集团实业有限公司、江苏海阳化纤有限公司、杭州帝凯工业布有限公司、安徽佳元工业纤维有限公司、山东东平金马有限公司、山东合盛化纺有限公司、山东天衡化纤有限公司、山东时风集团、山东翔宇化纤纺织有限公司、华帘集团、江阴市强力化纤有限公司、张家港市瑞其帘子布有限公司等。2014 年我国主要锦纶帘子布生产企业产量见表 3。

过去几年,我国子午胎保持高速增长,全钢子午胎市场继续扩大,对锦纶传统重点应用产品斜交胎市场挤压严重,锦纶 6 帘子布市场需求逐渐萎缩。但未来几年,随着子午化率增速的放缓,锦纶 6 帘子布市场萎缩速度也将放缓,轮胎对锦纶 6 帘子布的耗用量将维持在 18 万吨/年左右。乘用轿车的迅速发展,使得改性锦纶 66 帘子布销量稳步提高。随着我国基础建设的较快发展,工程轮胎以年均 20% 以上的速度增长,也带动了锦纶 66 帘子布需求的较快增长,扩大了国内锦纶 66 市场。

表 3　2014 年我国主要锦纶帘布生产企业的产量和 2015 年预测

主要生产企业	品种	2014 年产量/t	2015 年产量(预测)/t
神马实业股份有限公司	锦纶 66	60000	60000
骏马化纤股份有限公司	锦纶 6	75600	80000
宁波锦纶股份有限公司	锦纶 6	48000	48000
江苏海阳化纤有限公司	锦纶 6	35480	38000
山东时风集团	锦纶 6	30000	50000

国内锦纶 66 工业丝生产厂家主要有中国平煤神马集团、英威达(上海)、萧山帝凯等。另外,还有一些计划项目,如江阴强力、亚东(苏州)等。锦纶 66 工业丝、帘子布主要厂家产能及规划情况见表 4。预计未来锦纶 66 帘子布在锦纶帘子布中的比例将大幅增加。

表 4　锦纶 66 工业丝、帘子布主要厂家产能及规划情况

厂家	现产能/万 t		规划建设
	原丝	帘布	
神马股份	14	7	计划扩建工业丝及帘子布产能
萧山帝凯	1	0.5	计划扩建
山东康威化纤	0.5	0.5	2014 年形成 0.5 万吨产能,后续 1 万吨项目规划中
江阴强力			计划及筹建中
扬州太极			计划 3500 吨/年锦纶 66 工业丝项目
亚东工业			计划中
宜兴宏昌	0.3		停车
合计	15.8	8	

②涤纶帘布

涤纶帘子布产量快速增加与我国涤纶工业丝产能快速增长密切相关,也反映出我国帘子布产品结构在逐渐发生变化。同时,国家发改委发布的《产业结构调整指导目录(2005 年)》也将“高等级子午线轮胎及配套专用材料、设备生产”列入鼓励发展类项目。这为涤纶帘子布产品提供了强有力政策支撑。但目前涤纶帘布需求量和产能迅速增长,高模量低收缩涤纶帘布市场从开始的供不应求已达到目前的供过于求状态。

目前我国涤纶帘子布主要的生产企业有骏马化纤股份有限公司、晓星化纤(嘉兴)有限公司、山东博莱特化纤有限公司、安徽佳元工业纤维有限公司、亚东工业(苏州)有限公司、联新高性能纤维有限公司、江苏太极实业新材料公司、山东天衡化纤有限公司、浙江尤夫科技工业有限公司、浙江海利得新材料股份有限公司、可隆(南京)特种纺织品有限公司、山东翔宇化纤纺织有限公司等企业。2013 年底已实现年产 27 万吨的生产规模,具体见表 5。

表 5 我国涤纶帘子布产能情况

序号	公司名称	帘子布年产能/万 t
1	浙江海利得新材料股份有限公司	1.5
2	韩国晓星嘉兴有限公司	5.0
3	广东开平联新工业纤维有限公司	4.2
4	无锡太极实业有限责任公司	2.4
5	山东博莱特化纤有限责任公司	1.8
6	安徽佳元工业纤维有限公司	1.2
7	亚东工业(苏州)有限公司	2.4
8	江苏骏马化纤股份有限公司	2.0
9	韩国可隆特种纺织品有限公司	2.0
10	浙江尤夫高新纤维股份有限公司	1.5
11	平煤神马集团	1.0
12	山东天衡化纤股份有限公司	2.0
合计		27.0

2014 年我国涤纶帘子布产量猛增,这归咎于前几年新上涤纶帘子布项目投产,产能持续扩大,以及涤纶帘子布出口大幅增加,缓解国内销售压力。2014 年涤纶帘子布产量两位数的增长,完全依赖于出口量增长,但是未来几年受轮胎"双反"案的影响,涤纶帘子布市场竞争压力很大。2010 ~ 2014 年我国涤纶帘子布进出口量见表 6,2013 ~ 2014 年我国纤维帘子布主要企业生产情况见表 7。

表 6 2010 ~ 2014 年涤纶帘子布进出口统计

年份	出口			进口		
	数量/t	单价/美元	金额/万美元	数量/t	单价/美元	金额/万美元
2010	38939.5	3279.0	12768.1	10816.4	4098.6	4433.2
2011	45747.4	3711.6	16979.7	10652.7	4436.7	4726.3
2012	50920.9	3715.6	18920.1	9955.5	4457.6	4437.8
2013	60125.0	3541.7	21294.4	10462.9	4169.7	4362.7
2014	109609.5	3465.2	37982.2	12626.5	4121.6	5204.2

注:数据来源于海关。

表7　2013～2014年我国纤维帘子布主要企业生产情况　t

企业名称	2013年			2014年		
	锦纶	涤纶	帆布	锦纶	涤纶	帆布
骏马化纤股份有限公司	80000	11000		75600	20600	
宁波锦纶股份有限公司	42000			48000		
神马集团实业有限公司	49741			60000	4500	3000
江苏海阳化纤有限公司	35000			35480		
杭州帝凯工业布有限公司	8824			10446		
晓星化纤(嘉兴)有限公司		52000			53000	
山东博莱特化纤有限公司		14400	11000	487	15151	9792
山东合盛化纺有限公司	—		—	3000		5000
安徽佳元工业纤维有限公司	4680	13500		4500	14000	
亚东工业(苏州)有限公司		15800	11600	4620	16247	
联新高性能纤维有限公司		39000	1300		48000	2000
江苏太极实业新材料公司		18000	12000		20600	6800
山东东平金马有限公司	7500			8800		
山东天衡化纤有限公司	15820	5540	12800	6023	960	1108
浙江尤夫科技工业有限公司	641	4546	9138		5686	10089
台州宏元工艺有限公司			12360			12098
浙江海利得新材料有限公司		3142			5600	
合　计	244206	176928	70198	256956	204344	49887

注:数据为骨架材料专业委员会统计。

(2)钢帘线生产和消耗情况

由于钢帘线产业与汽车产业和轮胎产业息息相关,我国钢帘线生产企业多与汽车企业特别是轮胎产业群及港口和交通发达地区伴生而居,呈现出钢帘线产业发展集中于少数地区的区域特点。国内两大巨头生产企业——江苏兴达和贝卡尔特占据了我国钢帘线市场的半壁江山。由于钢帘线技术含量高生产工艺复杂,质量保证体系的稳定比较难,能够大批量生产结构复杂、质量高、品种多、高性能以及为轮胎厂提供解决方案的企业不多。

我国钢帘线生产企业也大多生产胎圈钢丝,主要生产企业有江苏兴达钢帘线股份有限公司、贝卡尔特(中国)、高丽制钢(中国)、首长宝佳(中国)、湖北福星科技股份有限公司、东京制纲(常州)有限公司、湖北佳通钢帘线有限公司、骏马化纤股份有限公司、山东胜通钢帘线有限公司、山东大业股份有限公司、山西腾升钢帘线有限公司、江苏宝钢精密钢丝有限公司、东台磊达钢帘线有限公司、河南恒星科技股份有限公司、华帘集团、华意帘线有限公司、河北坤辉金属线网有限公司。我国钢帘线企业情况见表8,2013～2014年我国钢帘线主要企业生产情况见表9。

表 8　我国钢帘线企业情况

企业名称	企业性质	建厂时间	生产规模/万 t	地区
江苏兴达钢帘线股份有限公司	民营	1995	56	江苏兴化
山东大业股份有限公司	民营	2009	6.2	山东诸城
嘉兴东方	民营股份制	1994	7	浙江嘉兴
湖北福星科技股份有限公司	民营	2001	15	湖北汉川
山东胜通钢帘线有限公司	民营	2003	34	山东东营
骏马化纤股份有限公司	民营	2004	20	江苏张家港
山东华帘钢帘线	民营	2004	5	山东东营
东台磊达钢帘线有限公司	民营	2007	20	江苏东台
河南恒星科技股份有限公司	民营	2003	10	河南巩义
滕州东方	民营股份制	2008	10	山东滕州
宝钢金属	国企	2011	4	江苏南通
山东西水橡胶集团有限公司	民营	2004	5	山东东营
山西腾升钢帘线有限公司	民营	2010	4.5	山西河津
江苏金峰集团	民营	2014	规划 60	江苏省溧阳市
贝卡尔特(7 家)	外资 + 合资	1992	45	江苏江阴
青岛高丽制钢	外资	2002	3.5	青岛即墨
东京制纲	外资 + 合资	2006	3	常州
华意帘线	合资	2010	5	山东兖州
山东荣成高丽钢帘线	合资	2002	3.5	山东荣成
湖北佳通	外资 + 合资	2005	9	湖北襄樊
山东倍耐力	外资 + 合资	2009	5	山东济宁
日本普利司通沈阳	外资	2005	2.5	辽宁沈阳
韩国(青岛)晓星集团	外资	2003	5	山东青岛
米其林(上海)	合资	2001	1.5	上海
扬子(南通)高丽制钢	外资	2004	3.6	江苏南通
合　计			283.3	

表 9　2013～2014 年我国钢帘线主要企业生产情况　t

生产企业	2013 年生产量		2014 年生产量	
	钢丝帘线	胎圈钢丝	钢丝帘线	胎圈钢丝
江苏兴达钢帘线股份有限公司	469281	69542	520000	80000
贝卡尔特(中国)	500000		385673	
高丽制钢(中国)	60000	60000	75000	80000
首长宝佳(中国)	180000		189000	
安赛乐米塔尔荣成钢帘线有限公司	29000	30000	—	—
恒星科技股份有限公司	—		79111	
湖北福星科技股份有限公司	110000	18000	96546	13337
东京制纲(常州)有限公司	14500		14900	
湖北佳通钢帘线有限公司	20000	20000	—	—
江苏宝钢精密钢丝有限公司	6500		22000	
浙江天伦钢丝有限公司		35132		35300
上海天轮钢丝有限公司		19000		—
骏马化纤股份有限公司	95000		137700	
山东胜通钢帘线有限公司	219300	43100	314954	29863
山东大业股份有限公司	16300	156000	51000	177600
山西腾升钢帘线有限公司	15225		21178	
张家港胜达钢绳有限公司		90000		80000
合　计	1735106	540774	1907062	496100

注:数据为骨架材料专业委员会统计;2014 年高丽制钢(中国)含荣成工厂。

【展　望】

2015 年中国骨架材料行业面临轮胎行业自身经济发展转型和外部市场环境复杂多变的双重考验。在外部需求低迷、国内经济增速持续回落的双重影响下,我国轮胎和骨架材料行业都出现了结构性产能严重过剩,轮胎、钢帘线和涤纶帘子布等产业出现高产能、高库存、低需求、低价格、低效益等问题,企业开工率低,产能浪费严重。

2015 年骨架材料行业直接受美国轮胎“双反”案影响。在此之前,中国轮胎 40% 左右出口,美国一直是我国第一大出口国,约占我国轿车胎出口数量的近 30%,卡客车胎出口数量的 20% 左右。轮胎出口美国受阻,骨架材料需求量也将降低,特别是涤纶帘子布,产品需求量将下降 22%,钢帘线下降 6%。2014 年我国骨架材料出口美国情况见表 10。

表 10　2014 年我国骨架材料出口美国情况

项　目	半钢胎	全钢胎
钢帘线/万 t	2.0	9.3
涤纶帘子布/万 t	5.0	

受上述多种因素影响,2015年我国骨架材料行业将是最艰难的一年,预计全国钢帘线产量194.6万吨,胎圈钢丝65.5万吨,锦纶帘子布32.8万吨,涤纶帘子布19.3万吨。

2015年,骨架材料行业要以科学发展、低碳经济、节能减排为指导,切实转变经济发展方式;要坚持自主创新,推动科技进步,实施技术创新、产品创新、效益创新,以节能、安全、环保产品替代老产品,培育和争创世界名牌产品,提高核心竞争力;坚持以市场为导向,走集团化发展之路,淘汰落后产能,实现产业升级;产品结构进一步优化,节能、环保、安全、高技术含量的产品比例大幅度增加;节能降耗、清洁生产、精益生产达到新水平。

在2015年度百强企业评选中,骨架材料行业有13家企业入选,具体见表11。

表11 2015年度骨架材料行业入选百强企业名单

序号	专业	企业名称	主营业务收入/亿元
1	钢丝	江苏兴达钢帘线股份有限公司	64.54
2	钢丝	山东胜通钢帘线有限公司	50.33
3	钢丝	贝卡尔特(中国)	45.00
4	钢丝/纤维	骏马化纤股份有限公司	27.04
5	纤维	浙江海利得新材料股份有限公司	22.28
6	钢丝	首长宝佳(中国)	18.30
7	纤维	神马集团实业有限公司	18.00
8	钢丝	湖北福星科技股份有限公司	17.79
9	纤维	亚东工业(苏州)有限公司	16.62
10	钢丝	高丽制钢(中国)	13.00
11	纤维	江苏海阳化纤有限公司	13.00
12	钢丝	山东大业股份有限公司	12.99
13	纤维	浙江尤夫科技工业有限公司	10.00

(杨 青)

橡胶助剂

【基本情况】

2014 年 4 月 24 日，十二届人大通过了修改后的《中华人民共和国环境保护法》，即新环保法，并于 2015 年 1 月 1 日开始实施。新环保法首次规定了对违法者采用严厉的行政处罚手段，确保环保治理依法办理，中国橡胶助剂行业也将为贯彻新环保法作出新贡献。

进入新世纪以来，我国橡胶助剂行业始终贯彻中国橡胶工业协会橡胶助剂专业委员会提出的"坚持科技进步，以环保、安全、节能为中心，发展绿色化工，突破关键技术，打造世界橡胶助剂工业强国"的方针，取得持续、健康、稳定的发展。2013 年，我国橡胶助剂产量突破 100 万吨，占世界橡胶助剂总产量的 70.1%，从商业角度来说，在全球已取得绝对话语权。2014 年橡胶助剂产量 113 万吨，占全球 79%，详见表 1。据中国橡胶工业协会橡胶助剂专业委员会会员单位统计，2014 年橡胶助剂产量为 105.92 万吨，同比（下同）增长 13.6%；总销售额 185.26 亿元，增长 13.6%；产品出口量占产量的比例约 32%，出口量增长 21.7%；产品产销量仍居全球第一。

表 1　2001～2014 年我国橡胶助剂产量占全球比例　　万吨

项　目	2001	2002	2003	2004	2005	2006	2007	2008	2009	2010	2011	2012	2013	2014
中国产量	14	18	21	25	30	39	47	52	66	76	82	89	100	113
世界产量	88	92	96	103	105	112	117	114	108	124	129	130	141	143
中国占比/%	15.9	19.6	21.9	24.3	28.6	34.8	40	45.6	61.1	61.3	63.6	68.5	70.9	79

多年来，橡胶助剂产品结构调整成效显著，含亚硝胺的有毒有害产品基本被淘汰，产品绿色化率超过 92%。个别未被完全取代的产品绿色化进程正在加速，在 2012 年国家重点科技支撑计划"橡胶助剂的清洁生产工艺和特种功能性产品开发"项目全面通过验收的基础上，促进剂的清洁生产工艺取得显著成效，行业整体清洁生产技术水平已达国际先进水平。

高热稳定性不溶性硫黄产品和预分散橡胶助剂的开发和生产成为行业的热点。少数产品如防老剂 6PPD(4020) 等产品的无序竞争，严重影响了相关企业的社会经济效益；提高科技创新能力，提高企业实力，克服无序竞争，实现行业自律已成为众多企业的共识。

科技创新、绿色化工是中国橡胶助剂工业永恒的课题，在此基础上中国橡胶助剂行业正进一步掀起自动化、信息化、精细化管理新高潮，将行业做大做强，为世界橡胶工业服务。

【产品与产量】

据中国橡胶工业协会橡胶助剂专业委员会会员单位统计，会员单位产量已占全国产量 90% 以上。会员企业近 10 年来各类橡胶助剂产品产量见表 2。

从表 2 可见，2014 年我国防老剂优秀品种对苯二胺和喹啉类产品的产量占防老剂总产品量的 86.2%，主要代表是防老剂 6PPD 和 TMQ。目前还没有发现其综合老化性能，特别是防臭氧老化性能超过防老剂 4020 的防老剂产品。促进剂仍然是以迟效性次磺酰胺类产品为主导，占促进剂总产量 42.5%，主要代表是促进剂 CBS(CZ)、TBBS(NS) 和 DCBS(DZ)。不溶性硫黄增长 34.6%，

表 2　2005～2014 年会员企业主要橡胶助剂产品产量　　万吨

名称	2005	2006	2007	2008	2009	2010	2011	2012	2013	2014
防老剂合计	8.26	11.3	13.50	16.70	20.50	28.04	28.2	29.22	31.52	36.91
防 6PPD(4020)	2.37	3.63	5.06	6.96	7.69	11.5	12.1	13.5	17.4	21.8
防 4010NA	1.29	1.63	1.90	1.88	2.42	3.50	2.94	2.1	0.32	0.33
防 TMQ(RD)	3.47	4.67	4.98	4.88	7.40	9.8	9.2	9.9	9.47	9.70
防 BLE	0.23	0.01	0.15	0.37	0.33	0.27	0.28	0.23	0.34	0.13
防 A	0.13	0.32	0.10	0.09	0.09	0.12	0.26	0.3	0.14	0.13
防 D	0.12	0.29	0.08	0.09	0.11	—	0.14	—	—	—
酚类及其他	0.65	0.75	1.23	2.51	2.48	1.36	1.52	1.13	1.85	2.82
促进剂合计	13.8	16.39	19.50	21.33	23.21	24.72	27.06	29.73	33.73	37.47
促 MBT(M)	2.86	2.73	2.88	3.81	4.56	5.30	6.78	6.9	6.77	6.14
MBTS(DM)	2.20	2.68	2.98	2.84	3.28	3.70	3.70	4.1	4.4	4.43
CBS(CZ)	2.81	3.11	3.69	4.03	4.50	4.60	4.8	5.5	6.77	6.99
NOBS	0.95	1.09	0.60	0.77	0.67	—	0.59	—	—	—
TBBS(NS)	1.40	2.51	4.22	4.24	4.30	4.30	4.55	5.2	5.6	7.27
DCBS(DZ)	0.55	0.47	0.98	0.68	0.91	0.73	1.17	1.2	1.38	1.67
DPG(D)	0.58	0.83	0.95	0.66	0.88	1.12	1.25	1.4	1.8	1.65
TMTD	1.05	1.10	1.20	2.09	1.85	1.91	1.5	1.5	2.01	1.43
其他	1.40	1.87	2.00	2.21	2.26	3.06	2.83	3.93	5.0	6.39
不溶性硫黄	1.72	2.33	2.50	1.92	3.63	3.87	4.89	5.9	6.84	9.21
黏合体系助剂	2.00	2.90	4.00	4.08	4.44	5.05	6.3	6.0	6.9	8.59
加工助剂和其他	4.02	6.00	7.50	7.58	7.73	8.42	7.2	10.2	14.2	13.74
助剂产量总计	29.8	38.9	47.0	51.7	59.5	70.1	75.73	82.05	93.19	105.92

特别是高热稳定性不溶性硫黄国内还需部分进口，其开发和生产成为国内热点，有望产量和质量快速提升，全面替代进口。黏合体系助剂和加工助剂持续稳定增长。

【主要产品】

1. 促进剂

2014 年促进剂仍然是我国第一大类橡胶助剂，据会员单位统计，全年产量 37.47 万吨，增长 11%，占橡胶助剂总产量 35.4%，与 2013 年持平。

次磺酰胺类促进剂均由促进剂 M 衍生而得，因此，M 清洁工艺至关重要。2013 年由阳谷华泰开发的溶剂法精制粗 M 获得成功，万吨级生产装置已经投产，并通过中国石油和化学工业联合会科技成果鉴定，其中清洁工艺技术达国际领先水平。其他主要促进剂生产企业也针对促进剂 M

的酸碱法精制方法的废水问题做了大量工作,取得显著成效。促进剂生产过程的氧气氧化和双氧水氧化工艺替代传统次氯酸钠氧化工艺也取得重要进展,正不断扩大产业化规模。

促进剂主要生产企业有山东尚舜化工有限公司(上市公司)、山东阳谷华泰化工股份有限公司(上市公司)、科迈化工股份有限公司、东北助剂化工有限公司、濮阳蔚林化工股份有限公司、河南开仑化工有限责任公司、山东斯递尔化工有限公司、荣成化工总厂有限公司、鹤壁联昊化工有限公司、鹤壁华夏化工有限公司、黄岩浙东橡胶助剂化工有限公司、连云港连连化学有限公司、宁波硫化聚合物化工有限公司、江苏卡欧化工有限公司、浙江超微细化工有限公司等。2014 年我国橡胶促进剂产量处于世界领先地位,产品价格自 2013 年有所提升后,仍保持较好的经济效益。

2. 防老剂

2014 年我国防老剂产量 36.91 万吨,约占橡胶助剂总产量的 34.8%,略低于促进剂产量。

防老剂主要品种对苯二胺类和喹啉类产品,主要是 6PPD(4020)、4010NA 和 TMQ(RD),占防老剂产品的 86.2%,其余还有二苯胺类和酚类等如 BLE、DF34、防 264 和防 2246,其中以 6PPD 的综合防老性能最好。为满足市场需求,除江苏圣奥外,6PPD 等对苯二胺类防老剂在尚舜化工、东北助剂、翔宇化工、江苏爱特恩等企业均已投产销售,尚舜化工建成连续自动化包装线,大大提高了生产效率。防老剂 TMQ 在提高防老效果、增加二聚体含量方面取得稳定进展,并开发了固体酸作催化剂的清洁工艺。此外,酚类及其他浅色防老剂仍有发展空间。

防老剂主要生产企业有中石化南京化工公司、江苏圣奥科技有限公司、科迈化工股份有限公司、山东尚舜化工有限公司、江苏爱特恩高分子材料有限公司、山东斯递尔化工有限公司、山西翔宇化工有限公司、河南省开仑化工有限责任公司、山东迪科化工有限公司、南京燕江化工有限公司、宁波海利化工有限公司、东北助剂化工有限公司、常州新兴华大明化工有限公司等。防老剂 6PPD 中间体 RT－培司清洁生产工艺曾获国家科技进步二等奖,防老剂 TMQ 新工艺技术获得天津市科技进步奖。

3. 硫化和硫化活性剂

硫化和硫化活性剂主要包括不溶性硫黄(IS),硫化树脂 201、202、2402,硫黄给予体 DTDM,过氧化物硫化剂以及湿法纳米氧化锌、有机锌、活化剂、抗硫化返原剂 PK－900 等,统计数据不包括普通硫黄和普通氧化锌。

"十一五"国家科技支撑计划"橡胶助剂的清洁工艺和特种功能性产品开发"项目中包括"万吨级高热稳定性不溶性硫黄的技术开发",目前已在山东尚舜化工有限公司建成,并通过科技成果鉴定,获得中国石油和化学工业联合会科技进步一等奖,扩建的第二条万吨级装置已经投产运行,为我国高热稳定性不溶性硫黄的自主开发和满足需求起到了重要的示范作用。目前东北助剂化工有限公司新工艺技术已经通过技术鉴定,阳谷华泰化工股份有限公司、无锡华盛化工、河南省开仑化工有限责任公司、江西恒兴源化工有限公司等企业都已成功开发了高热稳定性不溶性硫黄产品。2014 年不溶性硫黄产量 9.21 万吨,增长 34.6%,预计 2～3 年,我国高热稳定性不溶性硫黄需要部分进口的状况将可以改变,并加大出口量。近年来,高热稳定性硫黄在高分散性能及检测方面取得新进展,对其标准制定的研讨工作提出了积极的建议。

由江苏爱特恩高分子材料有限公司开发的有机锌活性剂和洛阳蓝天化工开发的湿法纳米活性氧化锌获得应用和推广,由于材料的活性高,用量低,有效地降低了锌含量,具有良好的环保效应,有机锌产品已开始出口。

硫化和硫化活性剂的主要生产企业有山东尚舜化工有限公司、山东阳谷华泰化工股份有限公司、无锡华盛化工有限公司、山西太原化工研究院、河南省开仑化工有限责任公司、无锡钱桥(江阴)化工有限公司、无锡强盛化工有限公司、东北助剂化工有限公司、洛阳蓝天化工有限公司和江苏爱特恩高分子材料有限公司等。

4. 加工型橡胶助剂

加工助剂是 20 世纪 80 年代随子午胎引进技术原材料国产化而发展起来的。多年来一直稳定发展,2014 年增幅很大,产量达 13.7 万吨,增长

10%，占橡胶助剂总产量的13%，与2013年持平。主要包括防焦剂CTP，塑解剂SJ103、DBD，增塑剂A，各类分散剂FS-97、FC303、DP600、AT、ZD、TB系列，增粘树脂203、204、TKM、C9复合素树脂，补强树脂205、206、PF，热稳定剂HS-80，流动助剂AT-42，均匀剂H501、40MS、60NS、FR-40、ZD-9，脱模剂DH系列、AT-20、FC-60、好优达SW系列等。多年来，我国防焦剂CTP产量一直在世界领先；随着绿色轮胎白炭黑用量的增加，白炭黑分散剂的研发和生产取得较好效果；抗硫化返原剂的开发效益较好。

主要生产企业有山东阳谷华泰化工股份有限公司、河南永新助剂有限公司、莱茵化学(青岛)有限公司、武汉径河化工有限公司、宜兴卡欧化工有限公司、杭州中德化学工业有限公司、山西省化工研究院、太原元太生物化工有限公司、青岛德慧化工有限公司、青岛福诺化工科技有限公司、上海化大有限公司、承德福瑞化工有限公司、大连厚德橡胶科技发展有限公司、青岛海佳化工有限公司、上海大成化工有限公司、常熟德润精细化工有限公司、大庆华科化工有限公司、郑州金山化工有限公司等。

5. 特种功能性橡胶助剂

特种功能性橡胶助剂包括硅烷偶联剂Si-69，R系列黏合剂RS、RF、RE、RC、RA、RH，HMTA，AIR系列，CS系列和钴盐RC系列RC-N10、RC-S95、RC-D20、RC-B23、RC-B16等。近两年开发的提高气密性助剂和低生热防肩空等新型助剂获得推广应用。2014年特种功能性橡胶助剂产量8.59万吨，增长24.5%，占橡胶助剂总产量8.1%。

主要生产企业有南京曙光化工集团有限公司、江苏国立化工科技有限公司、常州曙光化工厂、宜兴卡欧化工有限公司、河南天益化工有限公司、宁波钴业化工有限公司、山东日照岚星化工有限公司、大连天宝化工有限公司、江苏爱特恩高分子材料有限公司、山东迪科化工公司、烟台宏泰达化工有限公司等。多年来，我国硅烷偶联剂产品在国际上具有举足轻重地位，曾获得国家科技进步二等奖。

2013年南京曙光化工集团在南京化工园区新建家园，体现了高起点、高技术、高自动化水平的建设方针，成为我国橡胶助剂自动化建设的示范工程。2014年4月中橡协橡胶助剂专业委员会组织业内专家和前10名企业去现场参观学习，对推动行业提高自动化水平和精细化管理起了重要作用。

【科技进步】

根据行业做大做强、建设世界橡胶助剂工业强国的目标，2014年4月在考察南京曙光化工公司的工作会议上，中橡协橡胶助剂专业委员会向行业提出了"提高自动化水平、提高劳动生产率、加强精细化管理"的目标；提高人均对企业工业总产值的贡献、提高人均对纯利润的贡献和降低单位产品水、电、煤的消耗。

1. 橡胶助剂产品绿色化率超过92%

经过近10年发展，特别是"十一五"以来，橡胶助剂产品的结构调整持续进行，至2010年次磺酰胺类中仲胺类以NOBS为代表的会产生亚硝胺的产品已被伯胺类绿色助剂TBBS替代，TBBS产量从几千吨增至5.6万吨，2014年产量7.27万吨，全面满足了行业需求，并有出口。目前国内生产促进剂的主要企业已经停止了NOBS的生产，基本解决了仲胺类次磺酰胺致癌问题的困扰，2011~2014年已无生产数据。

防老剂D的β-萘胺致癌机理在20世纪50年代已被确认，但我国始终未能杜绝使用，2005年仍有近2000吨的生产。2008年促进剂NOBS和防老剂D被国家环保部列入高风险、高环境污染产品的目录，2010年被国家工信部列为淘汰产能，使它们的生产得到控制，实现了行业自律。

尚需进一步替代的对人体有害助剂的产品主要有超促进剂秋兰姆类TMTD、TMTM和氨基甲酸盐ZDC等产品，它们也是亚硝胺的问题。其替代品已经开发成功，即为TBzTD(二硫化四苄基秋兰姆)和TiBTM(一硫化四异丁基秋兰姆)。

五氯硫酚类化学塑解剂在欧美等地区已停止使用，其主要替代品是DBD(2,2′-二苯甲酰氨基二苯基二硫化物)，这些替代品在"十一五"期间已被成功开发，"十二五"期间加大替代力度。

上述两类尚需继续替代的产品，2014年总产量已不足4万吨，较前两年有所下降，仅占橡胶助剂总产量5%左右。且它们在橡胶制品中的用量低，有的仅为零点几份，扩散物浓度也较低。

国内大中型企业基本已通过欧盟REACH法规认证。

2. 大力推进行业清洁生产技术，实现绿色化工

大力推进橡胶助剂行业的清洁生产，实现绿色化工是橡胶助剂行业发展的永恒主题之一。

进入新世纪以来，国家将绿色橡塑助剂和清洁生产技术列入国家科技创新指南目录；10余年来，橡胶助剂行业先后获得国家项目支持约百余项，包括中小企业创新基金项目、国家重点新产品计划项目、国家科技支撑计划项目和863项目等。近两年，各省、自治区、直辖市加强了对科技创新的支持，推动了橡胶助剂行业的绿色化工，产业化建设。我国助剂行业绿色化工项目的主要成果见表3。

表3　新世纪以来我国橡胶助剂绿色化工重大项目进展

项目名称	项目来源	完成单位	效果
RT－培司清洁生产工艺技术	国家	江苏圣奥化工	获2004年国家科技进步二等奖，实现对苯二胺类防老剂的清洁生产，达到国际领先水平，并取得美国“337”调查案全胜。
防焦剂CTP新工艺	国家	阳谷华泰化工股份有限公司	建成世界最大的CTP生产装置，获山东省科技进步一等奖。
促进剂TBBS氧气氧化技术和水资源综合利用	国家	阳谷华泰化工股份有限公司	替代次氯酸钠氧化工艺；COD排放达60以下，水资源综合利用率92%以上，TBBS氧气氧化已建成5000吨/年生产装置。
6000吨/年硅烷偶联剂全封闭生产技术	国家	南京曙光化工集团有限公司	大大提升了我国硅烷偶联剂在全球的地位，成为世界前三名，获2002年国家科技进步二等奖。
万吨级TBBS生产技术开发	国家	中橡协材料研究开发中心、阳谷华泰化工股份有限公司	为替代致癌产品NOBS，开发NS快速发展起到了示范作用。
高热稳定性不溶性硫黄生产技术	国家	山东尚舜化工有限公司	建成万吨级一次法生产高热稳定性不溶性硫黄生产线，实现硫黄回收使用，获中国石化联合会科技进步一等奖。
促进剂TBzTD生产技术开发	国家	濮阳蔚林化工股份有限公司	替代会产生亚硝胺致癌物的TT等产品，形成产业化规模。
以高聚物为载体的预分散橡胶助剂	国家	连连化学公司、北京万汇一方科技有限公司	建成万吨级生产装置，带动行业预分散技术发展，实现橡胶助剂剂型改造。
促进剂XT－580生产技术开发	国家	山东迪科化学有限公司	替代会产生亚硝胺致癌物的促进剂NOBS。

续表 3

项目名称	项目来源	完成单位	效果
万吨级湿法氧化锌生产线建设	河南省	洛阳蓝天化工有限公司	建成产业化装置,获中国石化联合会科技进步奖。
有机锌硫化活性剂开发	江苏省	江苏爱特恩高分子材料有限公司	降低活性剂锌元素含量,符合欧盟 REACH 法规要求,形成产业化规模,并有出口。
促进剂 M 溶剂法精制新技术	山东省	山东戴瑞克新材料有限公司	通过中国石化联合会技术鉴定,建成了万吨级溶剂法 M 产业化装置,大大减少了污水排放。
浅色非污染防老剂的技术开发	山东省	山东斯递尔化工科技有限公司	为浅色橡胶制品提供了新型防老剂产品,形成了产业化规模。
提高胶料气密性能助剂开发	山东省	山东迪科化学有限公司	提高胶料气密性能,在轮胎气密层中有广泛应用,形成产业化。
开发固体酸替代盐酸作催化剂的 TMQ 高效新工艺	天津市	科迈化工股份有限公司	提高防老有效成分的含量,大大减少废水排放,新建成产业化规模,获天津市科技进步奖。
低生热,防肩空助剂产品开发	山东省	烟台宏泰达化工有限公司	建成了产业化规模,提高了轮胎使用寿命。

2015 年 4 月 27 日,山东省阳谷华泰化工股份有限公司在上海举办了以绿色环保为中心暨促进剂 M 万吨级溶剂法特别技术和促进剂 TBBS 氧气氧化 5000 吨/年生产技术的新闻发布会,向全世界展示了橡胶助剂行业绿色制造的示范项目。

3. 提高自动化水平、提高劳动生产率、加强精细化管理

自动化水平是制造业水平的重要标志,橡胶助剂行业已充分认识到提高生产自动化水平、提高劳动生产率、加强精细化管理是企业取得可持续发展的重要保证。

不少企业采用 DCS 技术控制生产过程,产品自动包装线逐步形成,使助剂企业逐步由粉尘多、环境差、劳动密集型向现代化企业过渡。

2014 年 4 月中橡协助剂专业委员会在南京曙光化工集团召开现场观摩会,增进了企业家们建设现代化企业的信心,决定以人均对企业工业总产值的贡献、人均对企业纯利润的贡献及单位产品量对水、电、煤等动力消耗作为考核指标,不断提升自我。会议邀请软控股份公司向与会代表介绍了橡胶工业信息化、自动化的进展及橡胶助剂生产过程自动化和产品包装至仓库的现代化管理技术,特别是南京曙光化工集团在南京化工园区建设的全自动生产线和“三废”排放处理技术,为橡胶助剂企业建设现代化工厂起到了重要的示范作用。2015 年,尚舜化工公司建成了先进的万吨级 6PPD 自动包装生产线和自主热电供应站,大大提高了生产效率,降低了生产成本。

【企业发展】

我国橡胶助剂企业不断实现规模化、集约化,产品产量已占世界 70% 以上,2014 年中橡协助剂专业委员会会员单位工业总产值 192.7 亿元,增长 17%。工业总产值 20 亿元以上的企业 2 家,10 亿元以上企业 4 家,5 亿元以上企业 8 家,8 家大型企业的产品集中度达 70%;2 亿元以上的企业 25 家,集中度已达 90%,行业集中度的提高大大提升了下游企业和外资企业对中国助剂的信任度和依赖度。目前上市公司 2 家,2015 年又有 3 家公司在“新三板”上市。随着新环保法的实施,企业不断加大环保投入，有的向工业园区转移，企业的自动化程度不断提高，未来企业的整合势在必行。2014 年产值 5 亿元以上的橡胶助剂企业排行见表 4。

表 4　2014 年产值 5 亿元以上橡胶助剂企业排行

项目	企业名称
10 亿元以上企业	江苏圣奥化学科技有限公司
	山东尚舜化工有限公司
	科迈化工股份有限公司
	山东阳谷华泰化工股份有限公司
5 亿～10 亿元元企业	濮阳蔚林化工股份有限公司
	天津一化化工有限公司
	中石化南京化学工业有限公司
	山西翔宇化工有限公司

【展　望】

尽管从 21 世纪开始，中国橡胶助剂的清洁生产已取得重大突破，总体水平已达到世界前列，但与新环保法要求相比，橡胶助剂的清洁生产仍然任重道远。如前述提到各项清洁生产工艺技术虽然取得重要成果，但离全面推广应用仍存距离，仍需加大推广力度；清洁生产技术投入资金明显不足；部分中小企业对新环保法尚存侥幸心理，致市场出现不公平竞争，这种状况亟须通过行业自律得以解决。

目前，中国橡胶助剂工业在产品数量、质量和清洁生产方面已进入世界橡胶助剂工业强国的行列，但在自动化水平、质量标准和精细化管理等方面仍存在差距。具体表现如下：

(1) 部分重要产品供不应求，依赖进口；如重要的橡胶硫化剂高热稳定性不溶性硫黄是高性能轮胎包括航空胎和军工产品的重要配套材料，年需求量约 6 万吨，虽然国家项目曾给予支持，但由于技术难度大，规模化不足，目前仍 40% 以上依赖进口。且生产技术与国外尚有差距，国外是连续生产，我国大多仍是间歇生产，影响产品质量稳定性。

(2) 产品标准落后，标准指标往往不能反映产品的质量水平特别是应用效果。检测方法、检测仪器不统一，同一样品在不同单位检测数据差异明显，直接影响产品质量和用户使用。特别是对军工使用的产品缺乏有力有效的认证机构。

(3) 清洁生产工艺技术推广、产品结构调整任重道远。个别大吨位产品如促进剂 M 的废水处理虽有示范工程，但全面推广还不够。还有相当部分产品未进行欧盟 REACH 法规注册或未达到相关指标，一定程度上影响产品的出口，也反映了绿色化工的差距。

(4) 对用于军工产品的橡胶助剂没有规范的管理措施，不能确保军用橡胶助剂产品质量，导致军用橡胶制品配方跟不上新材料的发展，甚至还延用落后的、不环保的老产品，影响军品质量。

(5) 整体自动化水平较落后，人均对工业总产值贡献处于行业中等水平，必须加快自动化、信息化步伐，建设现代化生产企业。

1. 突破关键技术、全面实现清洁生产工艺

(1) 促进剂 M 的清洁生产工艺

促进剂 M 是我国 1952 年开发并长期使用的一种通用性噻唑类促进剂，它还是优良品种次磺酰胺类促进剂的原料，年产量 15 万～20 万吨，其中 70%～80% 用作其他促进剂的原料和医药中间体。

目前多数企业采用苯胺法在高温、高压下合成，制得粗 M，再将粗 M 精制。一般反应收率仅为 85%，且精制过程采用酸碱法产生大量废水，通常 1 吨产成品会产生 30～40 吨含盐有机废水，COD 含量在 4000 毫克/升以上，治理非常困难。

因此M的清洁工艺技术成为“十二五”期间行业的重中之重。

“十二五”期间M的清洁工艺技术已经有了一定进展,企业通过对反应过程参数的调节和采用溶剂法替代酸碱法进行精制,大大减少了废水排放,多数企业达到吨产品含盐废水排放在5~10吨。2014年,阳谷华泰首先开发了溶剂法替代传统酸碱法的精制工艺,是M清洁工艺的重大突破,达到国际领先水平,在行业全面推广这一技术十分重要。

(2)次磺酰胺类促进剂的氧气、双氧水氧化工艺

次磺酰胺类促进剂主要以NS和CZ为主导产量,其合成方法均是以促进剂M为原料,与其他不同基团的胺类物质反应,然后氧化制得。其氧化反应是关键,多数企业采用次氯酸钠、氯气、硝酸钠为氧化剂,产生大量含盐有机废水,如促进剂NS,用这种常规的氧化方法,每吨产成品产生含盐有机废水8~10吨。因此,改造氧化工艺,采用最有效的氧气氧化剂或双氧水进行氧化反应,可杜绝含盐有机废水产生,全过程用水量大大减少,是一种清洁生产工艺,当然这项工艺的安全配套措施十分重要。目前,该项技术开发已初见成效,阳谷华泰在建成了千吨级氧气氧化示范工程基础上,2014年已建成了5000吨/年NS氧气氧化生产线,在行业中需进一步推广应用。

(3)不溶性硫黄的气化法一步法生产工艺

我国20世纪70年代已成功开发了两步法生产不溶性硫黄的生产技术,2011年总产量4.5万吨。但随着子午胎胶料和工艺性能要求的提高,普通不溶性硫黄的热稳定性等指标已经不能满足要求。高热稳定性不溶性硫黄的测试指标是在120℃×15分钟条件下,不溶性硫黄的保持率要在40%以上。目前,我国大多数企业的不溶性硫黄在105℃×15分钟条件下保持率可达70%~80%,但在120℃时急骤下降。

“十一五”高热稳定性不溶性硫黄生产技术开发已列入国家科技支撑计划。目前,山东尚舜化工建成万吨级生产装置已经达产并扩大规模,但还不能满足行业需求。“十三五”期间该项目技术的发展和推广将结束我国高热稳定性不溶性硫黄大量依赖进口的局面。

(4)预分散橡胶助剂

预分散橡胶助剂是一种清洁工艺技术开发的成果,也是我国橡胶助剂剂型改造的重要措施,并有利于产品国际化。“十二五”国家科技支撑计划已立项予以支持,连连化学万吨级装置基本建成。目前,大型橡胶助剂企业均建成了预分散生产线,产品在国内外销售。随着我国低温混炼技术的推广应用,预分散助剂将有极好的发展前景。

2. 加强产品结构调整,继续加大替代有毒有害产品的力度

随着全球绿色化、低碳经济的发展,新的法规不断出现,橡胶助剂产品结构调整将是长期的。

(1)秋兰姆类超促进剂等产品的替代

近年来,次磺酰胺类大品种促进剂NOBS被TBBS(NS)等产品成功替代,仅超促进剂TMTD、TMTM及氨基甲酸盐类ZDC等产品由于亚硝胺的问题尚在逐步被替代中,他们的主要替代品TBzTD(二硫化四苄基秋兰姆)和TiBTM(一硫化四异丁基秋兰姆)均已开发成功。

(2)关于含多环芳烃(PAHs)芳烃油的替代

芳烃油是指芳香烃的碳原子占油分子中碳原子20%~30%以上的油品,是橡胶软化剂,在橡胶工业中的消耗量占石油系软化剂的77%,仅橡胶加工行业年需求超过20万吨。

欧盟2005/69/EC法规对苯并芘(BaP)为代表的8种多环芳烃予以限制,从2010年1月1日起,产品中8种多环芳烃含量不得超过10mg/kg,其中BaP<1mg/kg。因此环保型芳烃油的开发迫在眉睫。

我国已有很多企业参与了环保型芳烃油的开发,并以德国汉圣公司VICAEC500为目标。“十三五”期间,仍需加大开发和产业化力度,满足行业需求。

(3)关于氧化锌的减量和替代

欧盟2003/105/EC法规已将氧化锌划为对环境有害的物质清单中,我国对氧化锌的生产也进行了限制。米其林曾提出减少氧化锌用量50%~80%的目标。因此,近年来研制环境污染少、活性高的硫化活性剂,降低氧化锌用量已成为重要课题。开发高比表面积的纳米氧化锌、纳米无机填料载锌技术和有机锌化合物等技术已取得产业化成果，进一步完善这类技术，扩大产业化能力，加强推广应用是未来3~5年的重要任务之一。

总之，中国橡胶助剂工业的发展源之于绿色环保、清洁生产，他们将中国橡胶助剂引向全世界。橡胶助剂的持续发展仍然需要坚持科技进步，坚持清洁生产，清洁生产是橡胶助剂工业发展的永恒主题。

3. 坚持绿色制造，掀起自动化、智能化高潮，全面实现强国目标

2015年是中国橡胶工业协会成立30年的日子，中国橡胶助剂从1985年2万吨产量发展至2013年突破百万吨，占全球产量70%以上。30年岁月，中国橡胶助剂行业交出了一份份合格的成绩单。然而前行重任在肩，我国轮胎行业已提出绿色轮胎、绿色制造、智能制造的战略目标，橡胶助剂行业同样面临着坚持绿色制造、实现低碳经济，掀起自动化、智能化建设，全面实现强国目标的战略。

2014年4月，橡胶助剂行业将自动化、智能化作为一个新起点，提升以人均销售额、人均利润、吨产品动力消耗为新的目标。预计，目前至“十三五”末，橡胶助剂产量和销售额增加率每年仍将保持在7%以上，龙头骨干大企业将达到8%以上，前10名大型企业的产业集中度将达70%~80%；人均销售额由目前80万元增至100万~150万元；通过技术创新、清洁生产技术实现吨产品能耗降低30%，产品绿色化率达95%以上。目前，大型企业基本实现中控自动化生产工艺，并不断由间歇生产向连续化生产过渡。“十三五”期间将加大推广力度，将绿色化、自动化、智能化紧密结合在一起。

未来的“十三五”，将是中国橡胶助剂工业向新目标攀登的5年，行业应继续坚持科技进步，以环保、安全、节能和智能化建设为中心发展绿色化工，突破关键技术，在世界橡胶助剂工业强国的道路上不断攀登新的高峰，真正成为世界橡胶助剂的领头羊。

（许春华）

炭　　黑

2014 年，国际市场继续呈现疲软之势，国内经济增长减缓，轮胎企业遭遇美国“双反”导致产能发挥更加受限，炭黑产品结构性过剩矛盾没有缓解，以低价为核心的同质化营销策略更为普遍，行业内的无序竞争有增无减，环保治理要求更加严厉。多数炭黑企业更加注重对原料油市场、炭黑需求的预测分析，更加重视生产成本、费用的有效控制，更加注重节能和环保，不断提高管理水平和经营效率，主动防范和化解各种生产经营风险，积极寻找新的经济增长点和突破口，注重发展差异化、高性能、高附加值产品，不断加快产品结构调整步伐，充分利用国际国内两个市场和两种资源，不断增强竞争优势。

【基本情况】

2014 年我国炭黑产量保持平稳增长，新增产能速度有所下降，装置开工率有所提高，从这一点上来讲，炭黑行业还是向好方向发展。

据中国橡胶工业协会炭黑分会估算，2014 年全国炭黑产量为 510 万吨，同比（下同）增长 8.5%，增长率降低 0.2 个百分点；全国炭黑总产能为 658 万吨，增长 5.9%。从当年数据计算开工率为 78%，且呈逐年上升趋势。

从前几年炭黑产量增速可以看出，2008 年以前炭黑总产量增长率是持续上升的，金融危机之后的 2009 年也增长显著，但之后炭黑总产量增长率持续下降，详见图 1。

近几年来，炭黑产量仍持续增长，但增速逐年下降。2008～2014 年，平均每年炭黑产量的增加量为 45 万吨。仅从产量的增加量上来看，炭黑行业 8 年来没有大幅变化，基本保持了平稳增长。

行业发展不是单纯以扩大产能为主要增长目标，而应该是在节能减排、尾气综合利用、环境保护等方面不断进步，使炭黑工厂的环境更加优美；产品质量稳定提高，客户满意度不断提升，全方位服务用户的理念不断增强。几家行业骨干企业在

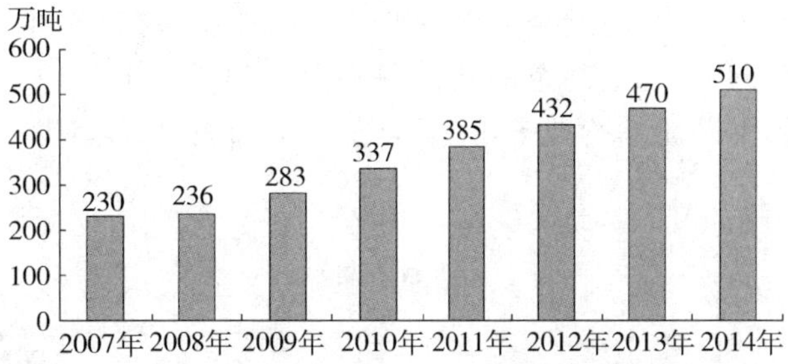

图 1　2007～2014 年全国炭黑产量

品牌和信誉度培育上坚持不懈努力，经过多年的积淀，逐步形成了国内一线优势品牌，例如江西黑猫股份有限公司的黑猫品牌、龙星化工股份有限公司的龙星品牌、苏州宝化炭黑有限公司的宝马品牌等。还有许多炭黑公司在提高产品质量、提升品牌效应上也取得了良好成绩，这些企业的成长都顺应了行业的发展趋势，在提升自身实力的同时也带动了行业的进步。2014 年重点企业炭黑销售收入完成情况见表 1。

表 1　2014 年重点企业炭黑销售收入完成情况

序号	单位名称	销售收入/万元
1	江西黑猫炭黑股份有限公司	537026
2	龙星化工股份有限公司	225547
3	苏州宝化炭黑有限公司	118555
4	山东金能科技股份有限公司	86297
5	大石桥市辽滨炭黑厂	84036
6	石家庄市新星化炭有限公司	81225
7	山西永东化工有限公司	72873
8	河北大光明实业集团公司	70478
9	山东贝斯特化工有限公司	66099
10	山东耐斯特炭黑有限公司	61795
11	杭州中策清泉实业有限公司	60396
12	山西三强炭黑厂	59206
13	曲靖众一精细化工有限公司	58961
14	台湾中橡公司	54350
15	山东华东橡胶材料有限公司	50658
	合计	1687502

【经营状况】

首先，煤焦油市场价格大幅度波动，给炭黑企业带来了强烈冲击，打乱了企业正常生产秩序，更打乱了下游轮胎用户正常的购货计划，造成了一段时间内多数炭黑企业出货困难的局面，对炭黑行业仅有的微利构成了严重威胁。

其次，轮胎企业面临频繁的国外反倾销、反补贴调查，普遍高企的裁定税率对于出口占到40%的中国轮胎行业来讲，无异于雪上加霜，以至于以山东地区企业为代表的轮胎业遭遇了重创，导致炭黑需求量接连下降，且货款支付时间一再拖延。而炭黑企业本身又同时面临着结构调整和转型升级，环境保护治理的资金投入给企业带来压力逐步增大。在多种危机的重压下，炭黑全行业销售收入利润率仅为1.12%，继续名列全橡胶行业末位，濒临行业整体亏损边缘。2014年橡胶各行业销售收入利润率完成情况见图2。

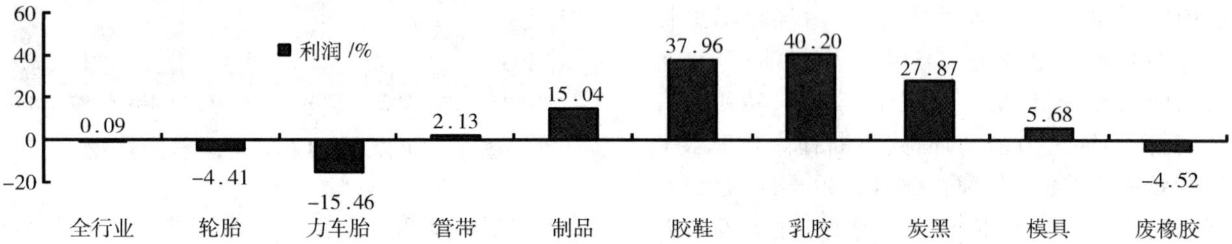

图2　2014年橡胶各行业销售收入利润率完成情况

2014年力车胎行业、轮胎行业及废橡胶行业出现利润率负增长的情况，全行业平均利润率水平与上年持平。但由于2013年炭黑行业的销售收入利润率只有0.16%，因此，即使2014年炭黑行业利润增长达27.87%，部分行业出现利润率负增长，但是整体盈利情况仍然比炭黑行业好很多。2014年橡胶各行业利润增长情况见图3。

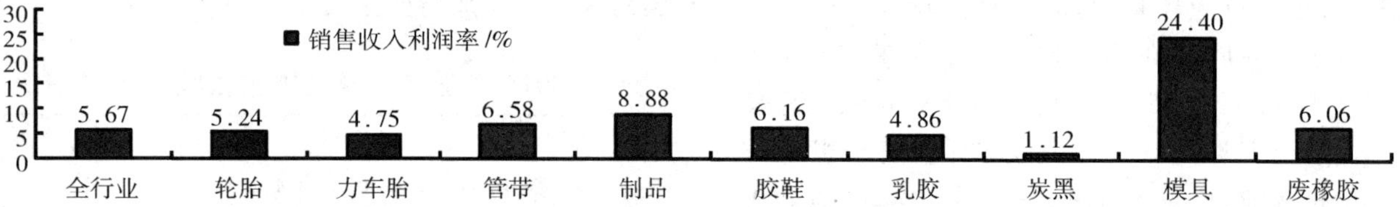

图3　2014年橡胶各行业利润增长情况

【进出口】

据海关统计，2014年我国出口炭黑84万吨，增长16.9%，增加7个百分点；出口金额8.8亿美元，增长15.2%，增加10个百分点；2014年平均出口价格为1046美元/吨。在煤焦油价格下跌的情况下，出口价格保持了较好水平。主要出口国家和地区为泰国、印度尼西亚、日本、印度及中国台湾，上述出口地占出口总量的60%，比较集中，这种状况容易引起贸易争端。2014年我国炭黑主要出口国家和地区情况见表2。

2014年进口炭黑10万吨，增长9.4%，降低2个百分点，增速放缓；进口金额为2.5亿美元，增长7.0%，降低3个百分点；2014年平均进口价格为2450美元/吨，比上年低56美元/吨。主要进口国家和地区为韩国、日本、美国、中国台湾、泰国等，上述国家和地区进口量占总进口量的78%，从数据上来看进口量与金额有所放缓。2014年炭黑主要进口国家和地区情况见表3。

表 2　2014 年我国炭黑主要出口国家和地区情况

序号	国家	出口量/t	金额/万美元	同比/%	
				数量	金额
1	泰国	132086.77	13576.49	15.40	12.40
2	印度尼西亚	116937.81	11722.61	8.90	5.00
3	日本	97570.54	10105.55	46.60	41.20
4	印度	94881.38	9371.47	-4.30	-5.60
5	中国台湾	63055.23	6630.87	22.50	19.80
6	韩国	49576.18	5353.91	16.50	15.00
7	越南	47155.47	4977.65	42.00	46.20
8	波兰	28957.15	2869.66	13.90	1.30
9	马来西亚	27386.84	3267.07	25.60	43.30
10	美国	25584.85	2627.49	24.70	22.60
11	土耳其	19958.53	2172.74	28.70	23.60
12	斯里兰卡	13535.65	1349.79	44.50	43.50
13	菲律宾	8594.96	881.57	32.20	31.60
14	巴基斯坦	8311.06	840.24	-20.50	-19.10
15	其他国家和地区	108193.60	12279.85	6.00	7.00
	合计	841786.02	88026.96	16.90	15.20

表 3　2014 年炭黑主要进口国家和地区情况

序号	国家	进口量/kg	金额/美元	同比/%	
				数量	金额
1	韩国	22070886	42684129	10.20	4.90
2	日本	19337109	48441873	11.00	-2.20
3	美国	19142002	53167048	-4.30	4.60
4	中国台湾	12369445	23749964	65.60	64.40
5	泰国	8540987	14443171	56.70	25.40
6	加拿大	5582450	10179786	41.50	39.40
7	德国	4417721	22905725	1.40	11.30
8	新加坡	2966680	6525088	39.40	23.50
9	荷兰	2518025	8698824	26.50	35.10
10	比利时	2211084	11935055	15.50	18.10
11	意大利	1195360	2792052	-53.40	-45.30
12	捷克	824153	2993291	-53.00	-50.10
13	俄罗斯联邦	533110	819415	-43.8	-38.7
14	其他国家	1023669	2396150	-103.9	-83.40
	总合计	102732681	251731571	9.40	7.00

【设备利用】

所谓炭黑产能过剩，是指炭黑结构性产能过剩，也就是指普通橡胶用炭黑产能过剩，而其他产品，例如绿色轮胎需要的低滚动阻力炭黑、高性能色素炭黑、导电炭黑、高端汽车橡胶制品配件炭黑等产品，不仅产能不过剩，而且还有欠缺。

近几年，炭黑企业的主要投资方向是扩建普通橡胶用炭黑生产线，对我国炭黑行业的发展起到了重要推动作用，但当装置能力快速增长达到一定水平和规模时，生产能力就出现了过剩。这种情况不只出现在炭黑行业，现在已经演变成为一个困扰全国经济发展的大问题。炭黑行业近几年的设备利用率普遍偏低，只有 2014 年设备利用率达到 78%，而且利润率极低。2009 ~ 2014 年炭黑行业设备利用率情况见图 4。

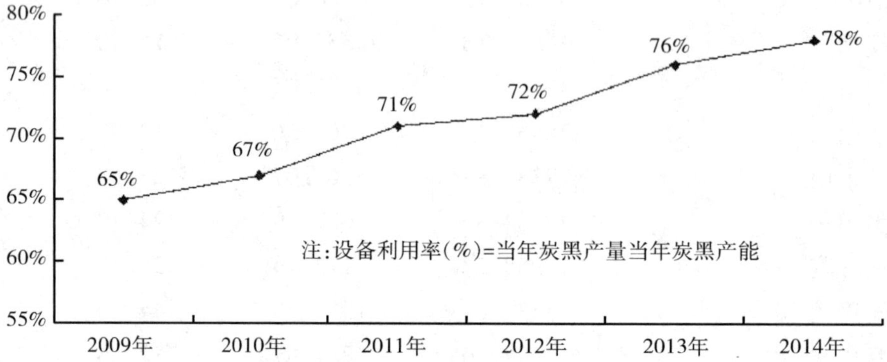

图 4　2009 ~ 2014 年炭黑行业设备利用率情况

基于此，我国炭黑企业今后在制定发展战略时要充分考虑到结构性过剩的风险，重新评估和调整发展规划，适当缩减对常规炭黑的投资规模，使投资更加趋于理性。同时，今后企业还应该切实转变发展方向，从重视基本建设投入转到重视企业升级，从关注数量增长转到关注利润提升。只有这样，炭黑企业才能顺应行业发展趋势，有效规避低端竞争，才能有立足空间，实现可持续发展。

【存在问题】

尽管我国炭黑产业发展很快，但并不均衡，产业结构也不尽合理，主要表现在中低端产品多，行业内同质化竞争激烈，多数企业发展后劲不足，产品质量稳定性与国际领先水平还有一定差距。对高端炭黑产品的研发能力不强，只是少数企业具备在高端市场领域参与国际化竞争的能力。产业结构的不合理和低端企业的密集，成为炭黑产业发展的障碍，需要在新产品研发和设计、国际化品牌建设、高效的管理和服务水准、高等级专业技术人才培育等方面实现跨越，在产品质量升级、企业管理升级、销售服务升级、能源环保升级、产品品种升级等方面真正有所作为。

当前我国炭黑行业面临多重压力，要化解这些压力，必须创新思维，才能转型升级。一是重视品牌建设。提升产品的市场美誉度和客户认可度，并不是只有降低价格这一条路可走，要重视消费者行为需求的变化，改变动辄降价促销的低级竞争方式，通过品牌建设和优质服务来提升产品口碑。二是规范市场竞争秩序。炭黑企业务必理智地适度控制产能增长速度，使供应和需求保持相对平稳，避免因供需关系波动失衡而影响市场情绪、损害市场信心。三是加强新产品研发和技术进步。要以市场需求为导向，既要关注绿色轮胎对炭黑质量的需求，也要关注非轮胎炭黑产品的应用领域，逐渐积累不断提升核心技术，力求发展特色产品来增加经济效益。

在《中国橡胶工业强国发展战略研究》中，提出炭黑企业集中度问题。未来几年，随着炭黑产业集中度的进一步提高，骨干企业的自主创新能力将会进一步增强，品牌影响力也将进一步提升。并购重组也是炭黑行业实现转型升级的重要手段之一，比单纯扩产和上项目更适合当下我国炭黑企业做大做强。

目前,国内炭黑行业中部分企业在市场应对策略上,仍然以降低价格牺牲利润甚至亏本经营作为主要竞争手段,这在很大程度上进一步削弱了炭黑定价话语权。炭黑企业应分享经验,以信息互通为基础建立起一定程度上的互信互动,使同行企业间的竞争趋于理性。应该认识到,合则两利,斗则俱伤。希望炭黑企业通过精诚团结来共同缓解市场压力,这也反映了许多企业的共同心声。炭黑企业尤其是骨干企业,既要遵循市场规律来开展经营活动,也要避免轮番刻意降价促销挤占市场份额的过激竞争行为,努力追求公平竞争,共同维护炭黑行业本已艰难的局面不至更加恶化。

【展　望】

根据国家总体发展目标,2015 年我国 GDP 增长率约 7%,经济下行压力比较大。尽管我国轮胎、汽车都是世界生产大国,然而我国轮胎原配胎比例非常小,自主品牌轮胎用在原配胎上更是少之又少,而我国出口 40% 以上的轮胎,也几乎全部在替换胎市场,而这接近一半销量的轮胎出口市场也在接连不断地遭遇国外反倾销、反补贴调查,究其原因,无外乎价格偏低、技术含量偏低。所以轮胎行业也面临着普通轮胎产能严重过剩的局面。

在国家宏观经济走势下行、轮胎产能严重过剩、轮胎出口同时受阻的重重压力下,炭黑总量将保持持续低速增长,预计 2015 年炭黑产量增长 7.8%,全国炭黑总产量为 550 万吨。

(丁丽萍)

白 炭 黑

2014 年是全面深化经济体制改革元年，中央采取一系列宏观调控和体制改革举措，化解产能过剩问题，经济运行基本平稳，节能减排取得积极进展。

沉淀法白炭黑

白炭黑行业在劳动力成本上涨大趋势下，企业进一步提高劳动生产率，通过提高生产自动化、机械化水平，减少对人力的依赖。以提质增效为中心，主动适应发展新常态，取得了一定的成效。

【基本情况】

2014 年国内有多家沉淀法白炭黑企业关停，直接从事沉淀法白炭黑生产厂家减少为 52 家(较上年度减少 10 家)，总产能为 199 万吨，实际产量 123.5 万吨。其中，规模在 5 万吨/年以上的厂家共有 14 家(福建海能新材料有限公司停产)，这些企业生产能力见表 1。按企业规模分，2014 年全国沉淀法白炭黑生产能力和产量见表 2 。

表 1　2014 年全国沉淀法白炭黑主要企业生产能力

序号	企业名称	生产能力/万 t	备注
1	确成硅化学股份有限公司	24	民营企业
2	株洲兴隆化工实业公司	12	民营企业
3	福建正盛无机材料股份有限公司(含正昌、正盛、赛吉元安徽)	12	民营企业
4	罗地亚白炭黑(青岛)有限公司	11	外资企业
5	三明市丰润化工有限公司	11	民营企业
6	福建三明正元化工有限公司(含巨丰化工)	9.5	民营企业
7	赢创嘉联白炭黑(南平)有限公司	10	外资企业
8	青州联科白炭黑有限公司(青州联科卡尔迪克白炭黑有限公司)	8	外资企业
9	沙县金沙白炭黑有限公司	6.5	民营企业
10	通化双龙化工有限公司(含江西万载双龙)	6.5	民营企业
11	山东金能煤炭气化有限公司	6.0	民营企业
12	无锡恒诚硅业有限公司	5.0	民营企业
13	三明同晟化工有限公司	5.0	民营企业
14	嘉翔(福建)硅业有限公司	5.0	民营企业
	合计	131.5	

表 2 2014 年全国沉淀法白炭黑生产能力和产量

企业规模/万 t	企业数/家	占比/%	生产能力/万 t	占比/%	产量/万 t	占比/%
≥5	14	26.92	131.5	66.08	87	69.88
2～5	18	34.62	48.5	24.37	29	23.29
1～2	13	25.00	15.7	7.89	6.8	5.46
<1.0	7	13.46	3.3	1.66	1.7	1.37
合计	52	100.00	199.00	100.00	124.5	100.00

从企业经济性质看，2014 年民营企业生产能力占 82.81%、产量占 79.04%；国有企业产能和产量分别占 1.76% 和 1.85%；外资企业产能和产量分别占 15.43% 和 19.12%。近年来，随着海化、建峰等国有企业退出沉淀法白炭黑生产领域，国有沉淀法白炭黑生产企业占比越来越少。按企业性质划分，2014 年全国沉淀法白炭黑生产能力和产量见表 3。

表 3 2014 年全国沉淀法白炭黑生产能力和产量

企业性质	企业数/家	占比/%	生产能力/万 t	占比/%	产量/万 t	占比/%
民营	43	82.69	164.8	82.81	98.4	79.04
国有	3	5.77	3.5	1.76	2.3	1.85
外资	6	11.54	30.7	15.43	23.8	19.12
合计	52	100.00	199.00	100.00	124.50	100.00

从企业的地区分布看，我国沉淀法白炭黑产量 82.76% 分布在华东地区，并且集中在福建、山东、江苏 3 省，主要因为华东地区是我国轮胎工业和制鞋工业集中地区。具体见表 4。

表 4 2014 年全国沉淀法白炭黑生产能力和产量

所在地区	企业数/家	占比/%	生产能力/万 t	占比/%	产量/万 t	占比/%
华东	37	71.15	164.7	82.76	103.2	83.56
中南	7	13.46	17.8	8.94	12.4	10.04
华北	5	9.62	7.0	3.52	3.7	3.00
西南	2	3.85	3.0	1.51	1.2	0.97
东北	1	1.92	6.5	3.27	3.0	2.43
合计	52	100.00	199.00	100.00	123.5	100.00

【进出口贸易】

经中国无机盐工业协会无机硅分会与海关总署多次沟通，最终海关总署同意将海关进出口贸易数据统计中的二氧化硅细分为硅胶（产品代码

28112210）和其他二氧化硅（产品代码28112290），其他二氧化硅主要为沉淀法白炭黑、气相二氧化硅。2014 年，其他二氧化硅出口量35.5 万吨，进口量 6.86 万吨，见表 5；其他二氧化硅按月进出口量和金额见图 1 和图 2。

表 5　2014 年其他二氧化硅进出口情况

月份	进口量/kg	出口量/kg	进口额/美元	出口额/美元
1	5468534	28692250	14116423	29481199
2	4748684	23226079	11372019	24655301
3	5811433	27728257	14536665	28158209
4	5835448	32690535	15044706	33447271
5	6263623	29032784	14961652	31584255
6	5802653	27519094	14187061	29159464
7	5959653	33873667	15799568	35401393
8	5621356	32882796	14679850	32927867
9	6393899	28708249	16348190	29985279
10	5790393	28750808	15448142	28371623
11	5713005	32719510	16834917	31761261
12	5200038	29180292	14066727	29126657
合计	68608719	355004321	177395920	364059779

注：数据出自中国化工信息网，2014 年其他二氧化硅进出口贸易数据为海关统计。

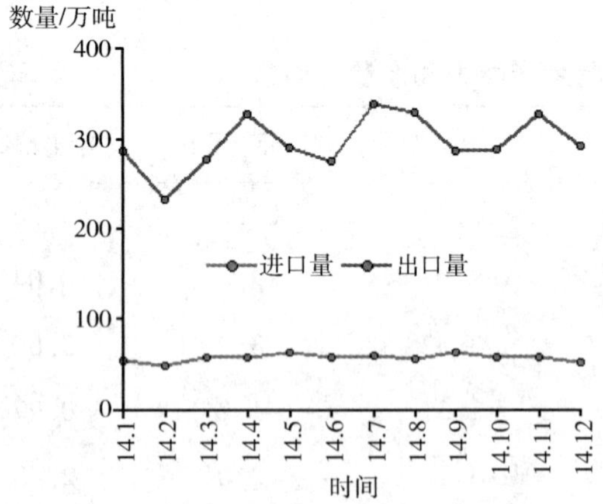

图 1　其他二氧化硅按月进出口量

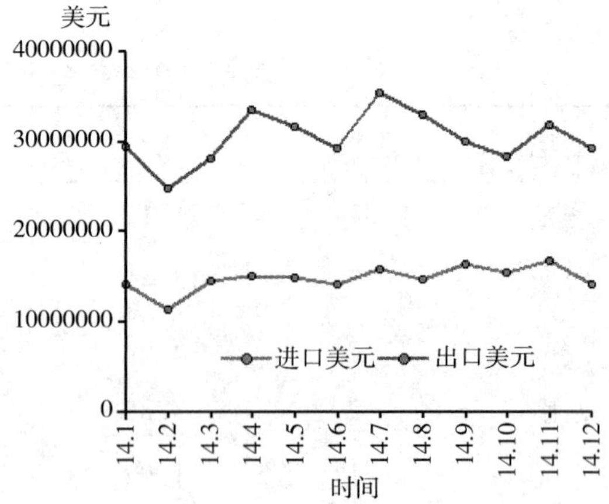

图 2　其他二氧化硅按月进出口金额

虽然国内沉淀法白炭黑出口量大，但同进口产品相比，单位产品价格明显偏低，特殊用途的白炭黑品种和国外企业相比差距明显。

【消费情况】

2014年由于国内消费市场回暖和产品出口增长,沉淀法白炭黑表观消费量较上年度有较大增长,全年表观消费量124.5万吨,作为橡胶补强材料,在鞋类、轮胎和其他浅色橡胶制品中所占比重依旧在70%以上。

我国是世界上最大的鞋业生产国和消费国,2014年生产皮革鞋靴44.99亿双,增长3.09%。虽然白炭黑在鞋类制品中消费量较上年度有一定增长,但是制鞋用白炭黑消费比例仍呈下降趋势,轮胎用白炭黑则呈现上升趋势。中国是世界上最大的轮胎出口国和消费国,国内轮胎厂商逐步加大白炭黑在轮胎中用量以满足绿色环保的要求,由此带来轮胎用白炭黑消费量呈现快速增长。

沉淀法白炭黑在硅橡胶、碾米胶辊、胶带和电缆等橡胶制品中也得到广泛应用,其消费比例约占12%。

沉淀法白炭黑在农药、饲料等行业中用做载体或流动剂、在牙膏中用做摩擦剂和增稠剂,在涂料行业用做分散剂、抗沉降剂或消光剂,医药、食品等行业用作吸附剂等。在非橡胶行业中,农药、饲料行业消费比例接近于国外比例,涂料和牙膏行业消费比例则偏低,造纸行业国内基本是空白。具体消费情况见表6。

表6　沉淀法白炭黑国内消费比例

行业	鞋类	轮胎	其他橡胶制品	农药饲料	涂料	牙膏	其他
消费比例/%	34	28	12	8	3	4	11

【改扩建情况】

国内沉淀法白炭黑扩建和新建装置主要针对轮胎行业的需求,2014年全国沉淀法白炭黑在建项目的生产能力共有16万吨,大多数在2014年建成投产,具体见表7。

表7　2014年全国沉淀法白炭黑在建项目及进展

企业名称	新建或扩建	建设规模/万t	计划投产年限	说明
无锡确成硅安徽工厂	扩建	7	2014	已投产
自贡中皓化工有限公司	新建	2	2014	已投产
三明盛达化工有限公司	扩建	3	2015	
贵州瓮福蓝天氟化工股份有限公司	新建	1	2015	
江西黑猫炭黑股份有限公司	扩建	3	2015	
合计		16		

【品种和质量】

国内沉淀法白炭黑主要品种有:鞋用白炭黑、轮胎用易分散白炭黑、轮胎用高分散白炭黑、硅橡胶用白炭黑、牙膏摩擦剂和增稠剂用白炭黑、喷墨打印相纸用白炭黑、食品及医药用白炭黑、塑料薄膜开口剂用白炭黑、涂料用白炭黑、农药和灭火剂用白炭黑等。剂型有超微细、超细、粉状、微珠和块状等。

产品质量方面:国内高分散沉淀法白炭黑取得长足进步,确成硅化学股份有限公司、龙星化工股份有限公司、通化双龙化工股份有限公司等国内企业已具备较大的生产能力。按照新的化工行业标准HG/T 3061－2009考核,2014年沉淀法白炭黑产品合格率大于95%。

【科技进步】

2014年国内各种刊物发表沉淀法白炭黑制

备、应用及改性论文 60 余篇，主要集中在三方面：

1. 工艺技术及检测设备研究。如：并加法制备超细二氧化硅、UV 涂料用二氧化硅消光剂的研究、酸浸法高镁炉渣制备白炭黑的研究、醇－水体系中 $SiCl_4$ 制备沉淀白炭黑的工艺、白炭黑装置仪表选型设计、沉淀法生产白炭黑过程中 pH 值检测方法的改进。

2. 化学改性研究。如：沉淀法白炭黑粉体的疏水改性研究、超细白炭黑的表面改性研究、不同分散剂对纳米白炭黑的改性研究。

3. 白炭黑在橡胶及轮胎制品中的应用。如：白炭黑/炭黑并用对溶聚丁苯橡胶/顺丁橡胶复合材料性能的影响、恒温混炼工艺对白炭黑胎面胶性能的影响、表面改性白炭黑增强溶聚丁苯橡胶的性能。

4. 白炭黑生产中废水治理和粉尘危害研究。如：乙醇溶析结晶法从白炭黑废母液中回收硫酸钠、矽肺病的成因及其预防。

2014 年国内申请沉淀法白炭黑制备和应用发明专利和实用新型专利共 50 余项，主要涉及以下几个方面：沉淀法白炭黑新产品、新工艺，沉淀法白炭黑反应、过滤等单元设备，利用非金属矿物制备沉淀法白炭黑技术，沉淀法白炭黑改性技术和应用技术。2014 年国内沉淀法白炭黑申请的部分制备/应用专利见表 8。

表 8　2014 年国内沉淀法白炭黑申请的部分制备/应用专利

序号	申请号	名称	申请人	申请公布日
1	2014100072813	一种柔韧性二氧化硅气凝胶的制备方法	厦门大学	2014.04.09
2	2014100078453	一种二氧化硅阳离子吸附剂的制备方法	冷水江三 A 化工有限责任公司	2014.05.14
3	2014100206432	利用稻壳灰制备白炭黑的生产工艺	江西恒隆实业有限公司	2014.05.07
4	2014100242284	一种白炭黑搅拌装置	无锡恒诚硅业有限公司	2014.04.30
5	2014100262875	一种白炭黑浆料过滤系统	无锡恒诚硅业有限公司	2014.04.30
6	2014100697114	沉淀法白炭黑废水资源化综合利用方法	南昌航空大学	2014.05.28
7	2014100850843	一种保温隔热用二氧化硅气凝胶的制备方法	福建正盛无机材料股份有限公司	2014.06.18
8	2014101221834	表面改性二氧化硅及其制备方法	苏州奈微纳米科技有限公司	2014.07.02
9	2014101757790	高分散纳米二氧化硅的制备方法	清华大学	2014.09.24
10	2014101757983	一种新型白炭黑的制备方法	北京化工大学	2014.07.23
11	2014103277124	一种高抗黄变白炭黑的生产方法	福建远翔化工有限公司	2014.09.24
12	2014104298185	一种球形二氧化硅的生产方法	确成硅化学股份有限公司	2014.12.10
13	201410210592X	一种电子级超细二氧化硅及其制备方法	福建省三明同晟化工有限公司	2014.07.30

为了适应橡胶行业绿色环保要求，微珠和造块白炭黑得到较快发展。国内确成硅化学股份有限公司、江西黑猫炭黑股份有限公司、龙星化工股份有限公司、无锡恒诚硅业有限公司等白炭黑生产企业分别从德国、韩国和丹麦引进喷雾造粒装置和挤压造块装置，不仅提高了劳动效率，产品质量和生产环境也有较大改观。

为了充分利用炭黑生产中的尾气热量、蒸汽资源、电力和共享轮胎市场对炭黑和白炭黑的需求，一些传统炭黑制造商介入白炭黑领域。近年来，国内知名炭黑厂商如江西黑猫、龙星化工、山东金能科技等，纷纷启动白炭黑生产装置建设项目，强势加盟高分散白炭黑生产阵营。同时，传统白炭黑生产企业也开始尝试进行炭黑生产，如山东联科白炭黑有限公司 8 万吨/年炭黑生产装置已投入运营，通过资源综合利用可有效降低炭黑和白炭黑生产成本，实现资源最大化利用，取得较好成效。

【发展趋势】

美国权威机构的测试表明，轮胎滚动阻力每下降3%～5%，汽车可节油1%，白炭黑与炭黑最大的区别，前者在不降低甚至提升轮胎其他性能的前提下，能够大幅降低轮胎滚动阻力。基于汽车节能、节油和轮胎产业绿色发展的双重考虑，近几年，欧美企业越来越多地用白炭黑替代炭黑作轮胎补强剂，目前欧洲绿色轮胎的普及率已达90%以上。绿色轮胎将是轮胎工业的发展趋势，在这一背景下，轮胎用高分散白炭黑需求将会明显增长。

未来我国沉淀法白炭黑的需求增长主要来源于轮胎、硅橡胶、牙膏、涂料、保温材料等领域的需求增长。

1.绿色轮胎用高分散沉淀法白炭黑

史密瑟斯·拉普纳公司（Smithers Rapra）在报告中称，预计全球绿色轮胎市场2017年将达到706亿美元。当前全球每年生产的轮胎估计超过15亿条，总价值约达1600亿美元，预计2017年上升至近2030亿美元。当下对于各种环保问题，特别是温室气体排放和资源可用性的关注日增，是这一市场增长的主要推动因素。2012～2017年，绿色轮胎在轮胎市场增长总额中的占比将达35%。

由朗盛公司委托中国汽车技术研究中心（CATARC）实施的研究报告显示，在国外政策倒逼出口轮胎升级、国内政策淘汰落后产能、消费者接受程度越来越高的大环境下，2015年整体轮胎市场绿色化率有望突破20%，而这一数字在2010年仅为2%左右；预计到2020年，绿色轮胎将占到全国轮胎市场的60%以上。

当前，我国高分散白炭黑应用在绿色轮胎还处于起步阶段，而我国每年有超过200万吨炭黑应用。在轮胎领域倡导绿色轮胎的大趋势下，高分散白炭黑替代50%的炭黑将产生100万吨以上需求量，市场前景非常可观。

2.硅橡胶用沉淀法白炭黑

硅橡胶在电子电器、造船、宇航、航空、汽车、拖拉机、机械、仪器仪表、化工、矿山、交通运输等工业部门，以及农业、医疗卫生和日常生活等各方面都有广泛应用。

预计2015年，硅橡胶将占国内橡胶消费总量的10%～15%，有望达到100万～150万吨；而到2020年，硅橡胶占橡胶消费总量的比例有望达到20%～33%，有望达到300万～500万吨。硅橡胶产业的发展潜力和远期发展都非常诱人。作为硅橡胶制品的补强剂，沉淀法白炭黑的需求量到2020年预计达到15万吨。

3.涂料用特种沉淀法白炭黑

自2010年以来，中国涂料产量整体保持稳步增长态势，2014年增长率一度达到5年以来最高值26.5%，产量1648.19万吨，与2010年的966.63万吨相比，增长了近700万吨。

随着新环保法实施，绿色、低碳成为人们生活新时尚。在政府的推动和支持下，我国新型水性环保涂料有着非常广阔的发展前景。沉淀法白炭黑在水性环保涂料中用作消光剂和增稠剂，预计涂料用特种沉淀法白炭黑也将保持较高增速。

4.二氧化硅气凝胶

二氧化硅气凝胶又被称作“蓝烟”、“固体烟”，是目前已知的最轻的固体材料，也是迄今为止保温性能最好的材料。因其具有纳米多孔结构（1～100nm）、低密度（3～250kg/m^3）、低介电常数（1.1～2.5）、低导热系数{0.013～0.025W/（m·k）}、高孔隙率（80%～99.8%）、高比表面积（500～1000m^2/g）等特点，在力学、声学、热学、光学等诸方面显示出独特性质，在航天、军事、石油、化工、矿产、通讯、医用、建材、电子、冶金等众多领域有着广泛而巨大的应用价值，被称为“改变世界的神奇材料”。

同济大学、中南大学、中国航天科工三院、清华大学、国防科技大学、绍兴纳诺高科、广东英德埃力生、山东科技大学、北京科技大学、山西天一纳米科技等单位开展相关的研究工作，并取得了一大批科研成果。

中国航天科工三院306所“结构可控二氧化硅气凝胶隔热材料技术研究”于2011年通过了航天科工集团公司成果鉴定；同济大学波耳固体物理研究所于20世纪90年代初在国内率先开展了气凝胶的研究工作，已在二氧化硅气凝胶的制备、结构控制、性能测试及其应用方面积累了较为丰富的经验；北京科技大学利用硅酸钙石二次粒子与气凝胶复合制备隔热复合材料；中南大学完成了新型透明气凝胶材料的研究及其在建筑节能中的应用项目，该技术居国际领先水平，已经具备产业化条件。山西天一纳米材料科技有限公司研制的二氧化硅气凝胶保温隔热材料已获得多项国家专利，产品正逐步投放市场，市场前景看好。

气相法白炭黑

【基本情况】

2014年，受原材料四氯化硅以及一甲基三氯硅烷供应紧张影响，国内气相法白炭黑内资企业装置普遍开工不足，卡博特、瓦克等外企装置利用率也有不同程度的下滑。2014年国内气相法白炭黑生产厂家共23家，其中外资/合资企业4家（卡博特蓝星、德山化工、张家港瓦克化学、唐山奥瑟亚），上市企业8家（新安化工、东岳集团、宜昌南玻、江西黑猫、卡博特蓝星、湖北兴发、上海氯碱化工、沈阳化工）。23家企业总生产能力10.51万吨/年。2014年国内主要气相法白炭黑生产厂家见表9。

表9　2014年国内主要气相法白炭黑生产厂家

序号	生产厂家	产地	生产能力/t	备注
1	卡博特蓝星（江西）化工有限公司	江西九江	15000	外资
2	瓦克化学气相二氧化硅（张家港）有限公司	江苏张家港	14000	外资
3	德山化工（浙江）有限公司	浙江嘉善	10000	外资
4	唐山奥瑟亚	河北唐山	10000	外资
5	山东东岳有机硅材料有限公司	山东桓台	6000	
6	浙江衢州富士特白炭黑有限公司	浙江衢州	6500	
7	新安化工集团股份有限公司	浙江开化、镇江	6000	
8	浙江合盛硅业有限公司	浙江宁波	5000	
9	景德镇宏柏化学科技有限公司	景德镇	4000	
10	赤峰盛森硅业科技发展有限公司	内蒙古赤峰市	4000	
11	宜昌南玻硅材料有限公司	湖北宜昌	3600	
12	内蒙古恒业成有机硅有限公司	内蒙古	2000	
13	黑猫炭黑股份公司	江西景德镇	2000	
14	徐州天成氯碱化工有限公司	江苏徐州	2000	
15	吉必盛硅材料有限公司	广东广州	2000	
16	特变电新疆硅业有限公司	新疆乌鲁木齐	2000	
17	湖北兴发化工集团汇富硅材料有限公司	湖北宜昌	2000	2014年11月投产
18	峨眉山长庆化工新材料有限公司	四川乐山市	2000	
19	洛阳中硅高科技有限公司	河南洛阳	2000	
20	山东瑞阳硅业科技有限公司	山东新泰市	2000	
21	徐州中兴化工	江苏徐州	1000	
22	上海氯碱化工股份有限公司	上海	1000	停产
23	沈阳化工	辽宁沈阳	1000	停产
	合计		105100	

2014年国内气相法白炭黑生产厂家中内资企业共19家,年产能5.61万吨,产量约2.836万吨;外资企业共4家,生产能力4.9万吨,产量约3.28万吨。2014年全国气相法白炭黑企业生产能力和产量见表10。

表10 2014年全国气相法白炭黑企业生产能力和产量

企业性质	企业数/家	占比/%	生产能力/万t	占比/%	产量/万t	占比/%
外资	4	17.39	4.900	46.62	3.28	53.63
内资	19	82.61	5.610	53.38	2.836	46.37
合计	23	100.00	10.51	100.00	6.12	100.00

从企业的地区分布看,我国70%以上气相法白炭黑企业分布在华东地区,并集中在江苏、山东、江西等省,主要是因为华东地区是我国有机硅和硅橡胶工业集中地区。

2014年全国气相法白炭黑生产能力和产量见表11。

表11 2014年全国气相法白炭黑生产能力和产量

企业所在地区	企业数/家	占比/%	生产能力/万t	占比/%	产量/万t	占比/%
华东	13	56.52	7.45	70.88	4.81	78.65
华北	3	13.04	1.6	15.22	0.86	14.06
华中	2	8.70	0.56	5.33	0.226	3.70
西南	1	4.35	0.2	1.90	0.12	1.96
中南	1	4.35	0.2	1.90	0.1	1.64
华南	1	4.35	0.2	1.90	0	0.00
西北	1	4.35	0.2	1.90	0	0.00
东北	1	4.35	0.1	0.95	0	0.00
合计	23	100.00	10.51	100.00	6.116	100.00

注:华南、西北、东北工厂2014年处于停产状态。

【进出口贸易】

海关统计报表中气相法二氧化硅归类到其他二氧化硅品种中,因此难以获得准确的进出口数据。从海关进出口其他二氧化硅产品价值推测,2014年国内气相法白炭黑出口量约为1万吨,出口量最多的企业是瓦克化学气相二氧化硅(张家港)有限公司、卡博特蓝星、德山化工3家外资企业;进口量约1.2万吨,在进口产品中德国、美国居前两位,从德国、美国进口的主要为改性和高比表面产品特殊用途特种二氧化硅。

【消费情况】

2014年国内气相法白炭黑市场表观消费量约6.116万吨,其中有机硅材料领域气相法二氧化硅用量最大,表观消费量约为3.5万吨,占消费总量的57.2%;其他领域气相法二氧化硅约2.116万吨,占42.8%。2014年国内气相法白炭黑消费结构见表12。

表 12 2014 年国内气相法白炭黑消费结构

消费领域	用　途	表观消费量/t	比例/%
有机硅	补强剂	35000	57.2
聚酯制品	补强剂、助流剂	3500	5.7
黏合剂、密封材料	补强剂、助流剂	5000	8.2
油漆、油墨、感光材料	分散剂 抗沉降剂、消光剂	6500	10.6
电子、电力	补强剂、助流剂	5000	8.2
其他		6160	10.1
总计		61160	100.0

【在建项目】

2014 年全国气相法白炭黑在建和计划建设项目共有 3 家，分别为湖北兴发集团汇富硅材料有限公司、德固赛与中能合作项目、乐山永祥硅业。2014 年全国气相法白炭黑在建项目见表 13。

表 13 2014 全国气相法白炭黑在建项目

企业名称	新建或扩建	生产能力/t	投产年限
湖北兴发集团汇富硅材料有限公司	新建	6000	2014 年一期 2000 吨已投产
赢创德固赛集团	新建	6000	与中能合作计划 2016 年投产
四川乐山永祥硅业	新建	6000	2016 年后分步实施
合计		18000	

【品种和质量】

由广州吉必盛科技实业有限公司领衔起草修订的 GB/T 20020—2013《气相二氧化硅》新国标于 2013 年 9 月发布，2014 年 1 月起正式实施，标志着我国气相法二氧化硅从标准的角度引导整个行业步入新起点、新规范。新标准相对于国际标准和现行国家标准，在产品指标、采样、检测、包装方面均达到国际先进水平，对提高气相法二氧化硅行业的总体技术水平和工艺控制水平，提升产品质量具有现实和长远意义；拓展了产品应用领域，带动了气相二氧化硅行业产能的提高和上下游产业链发展，社会和经济效益显著。

国内气相法二氧化硅产品型号按疏水型、亲水型分为 A 系列和 B 系列产品。产品用途有：有机硅橡胶用、有机硅密封胶用、胶粘剂；油漆、涂料、油墨用；胶体蓄电池专用；树脂复合材料用；电子封装材料用、打印机碳粉等系列产品。目前国内气相法白炭黑产品比表面积能够很好的控制在国标要求范围内，但与德国、美国、日本、韩国等进口产品相比，杂质含量、透明性、产品稳定性尚有差距。按照气相法二氧化硅新标准考核，2014 年产品合格率大于 90%。

【科技进步】

2014 年国内各种刊物发表气相法白炭黑论文 40 余篇，主要集中在：

1. 气相法白炭黑生产工艺及设备研究。如四甲基硅烷燃烧法制备气相白炭黑的研究、多晶硅副产物四氯化硅的综合应用研究进展、新型气相白炭黑自动包装机设备开发。

2. 气相法白炭黑生产过程中环保治理。如气相法白炭黑尾气车间改造、气相法白炭黑尾气吸收工艺流程简介及改进措施。

3. 气相法白炭黑应用研究。如白炭黑对复合绝缘子用硅橡胶性能的影响、加成型液体硅橡胶补强体系优化、气相白炭黑和微米铜粉对铜/低密度聚乙烯/硅橡胶复合材料力学性能的影响等。

2014 年国内申请气相法白炭黑工艺、设备和应用发明专利和实用新型专利有 10 多项。这些专利的实施促进了国内气相法白炭黑生产和应用技术的进步，扩大了应用领域。2014 年国内气相法白炭黑申请的部分制备/应用专利见表 14。

表 14　2014 年国内气相法白炭黑申请部分制备/应用专利

序号	申请号	名称	申请人	申请公布日
1	2014100242636	一种气相法生产白炭黑尾气处理系统	浙江富士特集团有限公司	2014.04.30
2	2013101897221	一种气相二氧化硅防沉剂的生产方法	徐州市欣恒生物工程有限公司	2014.12.03
3	2013101449899	高能绿色气相二氧化硅亚胶体蓄电池的制备工艺	南昌市东日电源科技有限公司	2014.10.29
4	201310696682X	一种泵阀用气相白炭黑填充改性聚四氟乙烯材料	安徽南方化工泵业有限公司	2014.04.30
5	2014101177850	疏水型气相 SiO_2 纳米孔绝热材料及其制备方法	广州吉必盛科技实业有限公司	2014.07.23
6	2014100698244	气相纳米 $SiO_2-Al_2O_3$ 复合介孔隔热材料及其制备方法	广州吉必盛科技实业有限公司	2014.07.02
7	2014101725075	一种含气相二氧化硅的拉丝油	蚌埠市正园电子科技有限公司	2014.08.20
8	2013102226987	气相二氧化硅在增加头发发量方面的应用	上海家化联合股份有限公司	2014.12.17
9	2014107365779	一种混凝土道路接缝用单组份硅酮密封胶及其制备方法	广州汇纳新材料科技有限公司	2015.02.18
10	2014107106276	一种安全环保耐热抗菌水性涂料	安徽省金盾涂料有限责任公司	2015.03.11

【发展建议】

同国外气相法白炭黑生产企业相比，国内企业单套装置生产能力、过滤技术、加氢除氯技术以及氯化氢循环利用等方面有不少差距，中高端产品市场占有率差距更加明显。建议国内气相法白炭黑生产企业在以下几个方面开展工作：

1. 和国内外著名大学和科研院所合作攻关，解决白炭黑生产过程中技术和设备问题，尽快缩小和外资企业在装备上的差距，节能降耗，提高生产效率。

2. 开发高比表面积、高纯特种气相法白炭黑产品。由于国内气相法白炭黑产品比表面积较小、高比表面积产品较少，应用领域相对狭窄，主要集中在中低端硅酮密封胶、混炼胶行业，而在油漆涂料、印刷油墨以及聚酯制品等行业应用较少。

3. 加快气相法白炭黑表面改性技术研发。目前国内厂家表面改性产品很少，仅有吉必盛、宜昌南玻等少数企业生产，产品品种、质量与卡博特、德固赛、瓦克相比仍有较大差距。

（朱春雨　郭轶琼）

橡胶机械

【基本情况】

我国橡胶机械行业在延续2013年高速增长的喜庆氛围中进入2014年,上半年订单需求“井喷”,产销两旺。但是下半年形势巨变,订单“断崖式”下降,显示明显颓势。我国橡胶机械销售收入全年个位数增长,利润和出口创汇呈两位数下降。从2014年下半年始,世界尤其是我国橡胶机械行业显示出明显颓势,订单大幅减少,库存上升,资金紧张,橡机行业的冬天正在来临。

尽管橡胶机械行业运行环境不理想,但是我国橡胶机械行业还是在科技创新、产品升级、技术改造等方面取得良好业绩,在世界的地位大幅提高,软控股份销售额跃居世界首位,成为新的世界霸主,这是我国橡胶机械首次获此殊荣。在按销售收入排名的2015年度全球橡胶机械36强中,我国共有17家企业榜上有名,占世界橡胶机械36强企业总席位的47.2%。在前10强我国企业占据5席。

按2014年销售收入排名,世界橡胶机械制造商排名是近年来变化最大的一年,全球前36强橡胶机械制造商排名见表1。软控股份销售收入增长19.4%跃居首位,在此之前这顶桂冠一直由德国H－F公司保持;H－F公司销售收入下降10.5%,排名第二位;VMI公司列第三,神户制钢排第四位,大连橡塑居第五,益阳橡机第六,天津赛象第七;第八位为新杀出的黑马萨驰机械公司,同比增长357.6%,创造橡橡胶机械快速发展奇迹;第九位、第十位均是德国企业,分别为特罗埃斯特及LWB。前10强销售收入占36强总销售收入的63.1%,比2013年减少7个百分点。

表1 全球前36强橡胶机械制造商排名 百万美元

排名	公司名称	2014年	2013年	2012年	2011年
1	软控股份/中国	483.6	405	309.6	354.3
2	H－F公司/德国	449.5	502.4	468	362.9
3	飞迈/荷兰	336.7	344.8	260	262
4	神户制钢/日本	285	247	238	312
5	大连橡塑/中国	150.8	193.4	208	133.3
6	益阳橡机/中国	133	134.9	97.6	128.8
7	天津赛象/中国	132.5	127.9	85.7	84.1
8	萨驰机械/中国	131.3	28.69		
9	特罗埃斯特/德国	102	102.1	77	93.7
10	LWB/德国	98.5	110.4	85.6	77
11	德斯玛/德国	93.1	110.3	96.6	85.2
12	埃克利·柯梅里奥/意大利	83.4	75	74.5	

续表 1

排名	公司名称	2014 年	2013 年	2012 年	2011 年
13	赫伯特/德国	79.5	79.5	78.5	73.8
14	Cimcorp /芬兰	79.4	64	57	
15	双星机械/中国	79.1	52.6	77.2	92.1
16	华橡自控/中国	73	70.2	54.2	85.8
17	桂林橡机/中国	67.8	81.9	77.3	92.4
18	桂林工程有限公司/中国	67.8	60.7	42	40
19	华工百川/中国	65.6	72.3	48.1	39.1
20	Pelmar 工程/以色列	51	49	46	5
21	REP/法国	50.4	52	160	53.7
22	Bartell 机械/ 美国	50	40	35	
23	北京万向/中国	49.2	39.3	35	25.4
24	华澳设备/中国	48.3	55.27		
25	四川亚西/中国	43.7	45.6	40.1	38.2
26	马普兰/澳大利亚	41.9	36.2	41.9	52
27	北京敬业/中国	41.1	45.8	43.9	42.1
28	马轮固力/意大利	34.8	73.8	22.1	20
29	北京贝戴科技/中国	32.5	39.4	44.3	47.4
30	英盖尔/奥地利	31.8	37.2	32.5	28.1
31	大连美嘉达/中国	31	37.2	35	36.5
32	江苏双象/中国	30.8	30.8	32.8	28.1
33	鲁道夫·柯美里奥/意大利	29.1	25.7	17.2	12.7
34	Nihon Spindle/日本	29	19	20	
35	Uzer Makina 公司/土耳其	28.7	30.3	20	16
36	弗伦茨油压机械公司/美国	27	29	27.5	21

按国别划分，在全球橡胶机械 36 强企业中，中国企业有 17 家，德国企业 5 家，日本企业 2 家，意大利企业 3 家，荷兰企业 1 家，法国企业 1 家，奥地利企业 1 家，澳大利亚企业 1 家，以色列企业 1 家，土耳其企业 1 家，美国企业 2 家，芬兰企业 1 家。按区域划分，我国连续 10 年销售收入占首位，占世界橡胶机械 36 强总销售收入的 42.4%；欧洲排第二，占 17.4%。

近年来，橡胶机械市场有向中国及德国集中的趋势，世界橡胶机械前 10 强中，中国企业占 5 席，德国企业占 3 席，中国正成为世界橡胶机械制造中心。软控股份、大连橡塑、益阳橡机、天津赛象、萨驰机械分列第1、5、6、7、8位。双星机械、华橡自控、桂林橡机、桂林工程有限公司、华工百川、北京万向、华澳设备、四川亚西、北京敬业、北京贝戴科技、大连美嘉达、江苏双象分列15、16、17、18、19、23、24、25、27、29、31、32。这充分展示我国橡胶机械行业在国际上的地位和影响力，标志着我国已成为世界橡胶机械大国。

【生产与销售】

中国化工装备协会橡胶机械专业委员会对全国28家主要橡胶机械厂2014年主要经济指标统计，橡胶机械销售收入105.2亿元，同比(下同)增长4.4%，以此推算全国橡胶机械2014年总销售收入达到136亿元，增长4.5%。28家企业中有16家企业销售收入下降，占57.1%，为近年少有现象。

按销售收入排名，前10名依次是软控股份、大连橡塑、益阳橡机、天津赛象、萨驰机械、双星机械、华橡自控、桂林橡机、华工百川及桂林工程公司。萨驰机械增幅最大，这家公司仅用3年时间挤身于我国一流橡胶机械行列。前10家公司销售收入83.29亿元，占我国橡胶机械总销售额的61.2%。

我国橡胶机械2014年表现两重天。上半年轮胎投资达到顶峰，橡胶机械订单需求“井喷”，企业普遍生产任务饱满，加班加点满负荷生产，产品一下线就直接发往用户，产品销售率相对较高。但是下半年运行环境发生变化，订单“断崖”式下降，部分订单暂停或取消，一些企业产品生产出来客户不提货，产品销售率创近年新低，橡机企业资金回收和周转困难。我国主要橡胶机械企业销售情况见表2。

表2 我国主要橡胶机械企业销售额 万元

序号	公司名称	2014年	2013年	主要产品
1	软控股份	295000	251000	自动物料输送称量配料系统、子午胎自动成型系统、小角度钢丝帘布自动裁断接合系统、智能型内衬层挤出压延生产线、检测设备、硫化设备
2	大连橡塑	92000	118000	开炼机、密炼机、压延机、挤出机、硫化机等
3	益阳橡机	81146	82346	密炼机、轮胎硫化机、大型平板硫化机、鼓式硫化机
4	天津赛象	80851	78000	成型、硫化、裁断、胎面挤出等子午胎系列设备
5	萨驰机械	80100	17500	成型机、硫化机、设备大修等
6	双星机械	48226	49376	硫化机、成型机等
7	华橡自控	44517.0	42836.7	硫化等
8	桂林橡机	41368.9	49969.8	轮胎硫化机、成型机等
9	桂林工程公司	41368.9	37023	胎面挤出等
10	华工百川	40000	40228	硫化机及胎面挤出等
11	华澳轮胎	29500	33718	硫化等
12	万向新元	30000	28000	输送称量配料系统
13	四川亚西	26700	27800	密炼、再生胶设备

续表 2

序号	公司名称	2014 年	2013 年	主要产品
14	北京敬业	25125.3	27949.2	成型设备
15	北京贝戴科技	19840.66	24057.6	成型机、硫化机、称量配料系统、检测设备等
16	大连嘉美达	18900	22730	胎面生产线等
17	绍兴精诚	14216	15248	挤出设备等
18	无锡双象	13840	18805	压延生产线等
19	内蒙古富特	8000	10000	挤出设备等
20	上海思南	5535	4938	压延、发泡设备等
21	桂林中昊力创	5300	4470	裁断设备等
22	大连益达	4600	4500	胎面线、密炼等

【企业效益】

中国化工装备协会橡胶机械专业委员会统计，参与统计企业利润降低 20.6%，亏损企业 1 家。

整个行业进入门槛低，去年以来，一大批其他行业企业进入橡胶机械领域，行业集中度偏低，竞争激烈，一些大众化橡胶机械产品价格达到亏损边缘。轮胎企业不提货及大量占用橡胶机械货款等对橡胶机械企业利润指标造成负面影响；原材料钢材价格较低，对橡胶机械企业赢利改善是积极的；行业内新产品产值下降 12.6%，说明橡胶机械行业主要依靠传统橡胶机械产品；资产负债与去年持平；在行业总从业人数下降 4.2% 情况下，工资总额上涨 3.4%，说明劳动力成本在逐渐提高。我国橡胶机械企业通过技术改造升级提高自动化程度和水平，减少工人数，这是橡胶机械企业今后努力方向。应付货款居高不下，财务费用上升 19.8%，主要原因是客户对橡胶机械企业付款不及时以及从去年下半年始橡胶机械企业库存明显偏多。

【进出口】

28 家企业出口交货值 14.1 亿元，下降 19.1%，以此推算全国 2014 年总出口创汇 2.65 亿美元。出口创汇下降家数占多数。

按出口交货值排名，前 10 名依次为软控股份、华澳轮胎、益阳橡胶机械、天津赛象、大连橡塑、四川亚西、桂林橡胶机械、万向新元、北京敬业及无锡双象。橡胶机械出口交货值占总销售额的 11.8%，出口比重相对偏低。上半年由于我国橡胶机械行业订单较多，橡胶机械企业将重点放在国内产品“保供”上，对国际市场的开拓力度不够。相反国外著名橡胶机械制造商加大了对我国市场的开拓，日本神户制钢的炼胶设备对我国的销售额大增，大大挤占我国炼胶设备的市场；H－F 公司与双星机械组建合资公司生产全钢载重胎液压硫化机；荷兰 VMI 成型设备及德国费舍尔公司截断设备在我国销售增幅也较大。我国橡胶机械在本土与世界著名橡胶机械供应商竞争激烈。

下半年起世界性轮胎低迷导致世界轮胎巨头放缓投资步伐，导致我国橡胶机械出口量减少；上半年泰国政局不稳及越南骚乱放缓了东南亚轮胎投资步伐，但是随着下半年美国对我国轮胎半钢胎“双反”终裁，我国企业加大对东南亚投资力度，出口势头有向好趋势。印度受汇率等因素影响，轮胎投资在 2013 放缓，我国橡胶机械出口印度不理想，但去年下半年后，印度轮胎投资有转好迹象，询单情况有所增加。我国近年橡胶机械出口情况见表 3。

表 3　我国近年橡胶机械出口情况

序号	公司名称	出口交货值/万元					出口主要产品
		2010 年	2011 年	2012 年	2013 年	2014 年	
1	软控股份	8200	17590	24750	53747	34000	下辅机、成型机等
2	桂林橡机	19354	13725	13254.6	4161	7604.1	硫化机
3	大连橡塑	8226	12600	14700	11432	11705	密炼机、开炼机等
4	益阳橡机	16431	10656	4007	20402	16795	密炼机、硫化机等
5	双星机械	8800	11000	8000	3386	1254	硫化机
6	大连嘉美达	6249	9200	9000	9300	3800	炼胶设备
7	四川亚西	3500	7130	8200	8800	8800	炼胶设备、再生胶设备
8	华橡自控	819	6807	1195	2453	1965.4	硫化机
9	天津赛象	5000	6000	5000	21600	12914	成型机、裁断机等
10	北京敬业	9491	4585.55	3110.65	3111	4575	半钢成型机
11	北京贝戴科技	1901	3000	8467.5	0	0	成型机
12	桂林工程公司	4320	323	0	4325	2335	挤出设备
13	华工百川	2159	2854	1531	3611	3846	挤出设备
14	华澳轮胎	2175	11336	9146	17352	18300	硫化机

与橡胶机械出口相反，目前橡胶机械行业的进口贸易呈下降趋势，橡胶制品企业近几年进口的橡胶机械为钢丝帘布压延机组、钢丝帘布裁断机、半钢子午胎一次性成型机、X 光轮胎检验机等。2000 年，我国橡胶机械市场进口设备与国产设备的比例为6∶4，现为 2∶8。现在进口设备主要是生产线上的单台设备，如丝钢帘布压延机组、钢丝帘布裁断机等，机群式产品如密炼、硫化 、成型设备已很少进口。从目前趋势看，橡胶机械进口额将进一步走低。

【行业产能】

面对 2014 年上半年这波轮胎投资热，橡胶机械主流企业基本保持相对理智，技改主要围绕提高研发能力、加工精度、自动化程度及降低成本等进行升级，产能未现大幅提高。但其他行业进入橡胶机械行业及小型橡胶机械企业迅速成长，特别是山东广饶地区新建一些橡胶机械企业，橡胶机械产能迅速提高，使橡胶机械行业进入明显的买方市场。

现今硫化机生产厂家达到 40 多家，年产能 4500 台以上，增长 50%，大大超出市场需求。目前我国橡胶机械行业主要产品均出现产能过剩，不少轮胎企业自建橡胶机械生产线，如兴源轮胎、盛泰轮胎、八一轮胎、中创轮胎等，这更加大橡胶机械行业的竞争程度。

【科技创新】

2014 年，我国橡胶机械行业加大产学研力度，加大知识产权的保护，一大批科技成果喜获国家或省市科学技术进步奖，大批产品通过鉴定，我国橡胶机械正在科技创新道路上越走越宽。全行业已拥有 1 家国家级工程实验室、4 家国家技术中心和 2 家博士工作站，形成了一大批科技创新型企业。

2014 年，我国橡胶机械企业多次荣获奖励，主要有天津赛象以综合指标第 55 位进入“中国

2012 创新型企业 TOP100”行列、天津市 2013 年度科技百强工业企业前 10 名，公司专利荣获 2014 年度天津市专利金奖，成为首批“国家级知识产权示范企业”；桂林工程公司成为“2013 年广西‘两化’深度融合标杆企业”，被广西工信委认定为 2014 年广西技术创新示范企业；桂林橡机厂在 2013 年度“广西装备工业先进工艺工装及优秀设备改造成果”评选中 4 个项目获得一等奖，5 个项目获得二等奖，11 个项目获得三等奖；华橡自控被授予全国职工培训示范点荣誉称号；益阳橡机被列入工信部 2014 年“两化”融合管理体系贯标试点企业，成为益阳市唯一一家试点企业。

2014 年我国橡胶机械在产学研方面取得进展，多家企业与高校及其他行业进行合作，或结成联盟，推动行业科技进步。软控股份与西门子（中国）有限公司签署数字化工厂战略合作伙伴协议，双方基于轮胎行业的数字化制造业务发展方向达成共识，并将建立长期战略合作关系；与费斯托（中国）有限公司共同组建气动实验室，这是进行气动技术培训、气动产品试验检测和气动新技术应用研究的专业实验室，对软控高效应用气动技术、减少气动元器件种类、降低采购管理成本及设备故障率具有重要意义。益阳橡机新建的炼胶试验室，投资 700 多万元，新增试验装备 GK－1.5N、GE－5、GE－45 等密炼机以及 200 型、450 型等开放式炼胶机，另外还添置了目前最先进的橡胶加工分析仪、炭黑分散仪、门尼粘度计等多台橡胶检测设备，可测试炼胶后胶料的粘弹性、成型流动性和粘度等指标，提高混炼效果。桂林橡机厂也建成试验室，进行密封件检验等。2014 年，我国多项产品研发取得突破，通过鉴定或验收，主要项目见表 4。

表 4　我国橡胶机械主要研发项目鉴定验收情况

序号	企业名称	项目名称
1	桂林橡胶机械厂	广西橡胶产业技术创新战略联盟建设项目顺利通过验收
2	特拓（青岛）轮胎技术有限公司	一次法炼胶系统通过鉴定
3	软控股份有限公司	橡胶轮胎智能分拣、调度与仓储物流集成系统通过鉴定
4	大连橡胶塑料机械有限公司	XMN－320X（5－50）Y 啮合型密闭式炼胶机通过鉴定
5	大连橡胶塑料机械股份有限公司	CME－450 连续混炼挤压造粒机组通过鉴定
6	内蒙古纳顺装备工程（集团）	首条胎圈三角胶机内三复合生产线通过验收
7	益阳橡胶塑料机械集团有限公司	3.2 米×16 米超宽超薄平板硫化机生产线通过鉴定
8	三明市东辰机械制造有限责任公司	自动定长橡胶 V 型传动带硫化机通过鉴定
9	萨驰华辰机械（苏州）有限公司	半钢子午胎智能化一次法成型机通过验收
10	软控股份有限公司	轮胎全生命周期绿色制造关键技术与装备研发及产业化通过验收
11	江阴市南丰科技有限公司	恒张力控制装置通过验收
12	中昊力创技术有限公司	90°钢丝帘布裁断生产线通过鉴定
13	中昊力创技术有限公司	高速斜裁钢丝帘布裁断生产线通过验收
14	桂林橡胶机械厂	节能高效型轮胎硫化机通过验收
15	中国化学工业桂林工程有限公司	2800 宽幅胶片挤出压延生产线研制项目验收
16	中国化学工业桂林工程有限公司	AGV 在轮胎纤维帘布卷搬运存储系统中集成应用示范项目验收
17	中国化学工业桂林工程有限公司	高含硫终炼胶一次法低温炼胶技术及装备研发项目验收
18	中国化学工业桂林工程有限公司	模啮平衡式三复合橡胶挤出机组研制项目验收

【企业信息化】

2014 年，我国橡胶机械行业在信息化运用及软件研发方面取得成绩。

桂林橡胶机械厂研发出无人硫化车间，大大减少了操作工人。软控股份与韩泰集团旗下 em-Frontier公司在 IT 解决方案、工厂自动化、物流自动化 3 个领域内展开深度合作，在全球范围内共同开发市场。软控股份在橡胶轮胎行业内率先提出了“智慧工厂”理念，并提供覆盖智能设备、驱动控制、智能软件的完整解决方案。智慧工厂解决方案的目标是建造高度自动化、信息化、智能化的工厂，简单来说，就是大幅提升生产效率、产品质量，降低人工成本、能源消耗，改善生产环境。

青岛科捷机器人产业园项目在青岛高新区举行开工，主要建设工业及服务机器人产业化基地。产业园占地面积 209 亩，预计建成后，机器人研发中心近 1.5 万平方米，制造基地面积近 8 万平方米。该项目将为软控机器人产业的发展奠定雄厚的基础。赛象科技也宣布进入机器人领域。蓝英装备、软控股份介入智能轮胎仓库项目。

【资本运作】

近年我国橡胶机械行业资本运作加大力度，行业之间兼并重组时有发生。软控股份先后收购轮胎成型鼓 WYKO 公司、美国检测设备制造商、北京敬业机械设备有限公司等，大连橡塑先后收购加拿大麦克罗机械工程有限公司、捷克 BUZULUK 公司等。

2014 年我国橡胶机械资本运作再获进展。青岛双星橡塑机械有限公司与德国 H－F 机械有限公司签署了“全钢液压式双模轮胎定型硫化机”合作协议，期限 10 年，青岛双星机械将作为德国 H－F 公司在亚洲独家合作研发生产和销售该装备的战略伙伴。软控股份与大连宝锋机器制造有限公司共同出资成立的大连软控机电有限公司正式运营，主要业务为辊类产品的研发与制造，包括开炼机、压延机等。软控股份宣布组建全球工装事业部，将美国、英国、斯洛伐克及中国的工装资源整合至一个事业部，公司国际化经营又向前一步。大连橡塑与山东恒冠化工科技有限公司及大连东泰产业废弃物处理有限公司签订合同，三方合资成立大连达翔环保科技工程有限公司，联手进军污水处理、土壤修复等环保领域。

【展　望】

2014 年下半年，世界橡机市场呈现出颓势，橡胶机械供应商对未来橡胶机械投资信心下降。我国上半年对橡胶机械需求达到顶峰，但下半年订单大幅下降，产品库存率创近年新高，行业运行环境急剧变差。

由于我国轮胎产品面临产能结构性过剩、美国“双反”等压力，只有通过结构调整和产品升级才能走出困境，为此传统橡胶机械行业在面临繁华之后，也将有较长一段时间的萧条。我国橡胶机械行业只有在产品升级、绿色化、标准化、信息化、国际化等方面下功夫，才有可能迎来新的发展局面。

（陈维芳）

轮胎模具

【基本情况】

2014 年,发达经济体经济运行分化加剧,发展中经济体增长放缓,世界经济复苏依旧艰难曲折。在此背景下,受国内汽车行业的拉动效应,轮胎产业仍就保持平稳的发展势头,带动了轮胎模具行业的发展。同时,模具的主要原材料钢材价格仍处于较低水平;国外轮胎模具企业生意萧条,欧、美、日等国家和地区把低附加值的产品转移到中国内地加工,这些有利因素支撑了我国轮胎模具业绩向好,整个行业保持了平稳增长态势。

据中国橡胶工业协会机械模具分会对轮胎模具行业 26 家重点企业统计,2014 年轮胎模具实现工业总产值 42.5 亿元,同比(下同)增长 9.3%;产量 29594 副,增长 5.86%;实现销售收入 42.2 亿元,增长 8.6%;实现利润 10.2 亿元,增长 5.68%;出口创汇 11.5 万元,增长 45%。行业运行主要呈以下特点:

1. 生产经营保持稳步增长

2014 年上半年受轮胎行业新增产能影响,轮胎模具市场任务异常饱满,尤其是半钢胎的设备和模具供不应求;企业投资热度不减,尤其是半钢胎模具项目投资依旧火热;铝材质轮胎模具在子午胎模具中占比越来越大,其发展速度也高于模具行业的总体水平。但下半年运行环境发生变化,市场订单减少,全钢胎增速放缓,半钢胎增速加快,造成全钢胎模具结构性产能过剩明显,生产任务相对不足,企业经济运行质量下降,橡胶机械及模具企业资金回收和周转困难,延续到 2015 年一季度回款不佳。个别轮胎企业的破产,给一些模具企业造成很大经济损失。

2. 产业集中度进一步提升

2014 年,行业骨干企业产能增长明显加快,原因是企业设备的增加、产品工艺的完善及较为充足的市场订单。如豪迈集团产能扩张幅度在 50% 左右,轮胎模具产值超过 15 亿元,已成为世界最大的轮胎模具生产基地。现今轮胎企业对模具产品非常重视,愿意购买质量好的产品来保证其轮胎质量,因此大企业的订单要好于小企业,企业的发展步伐也明显快于小企业,行业产业集中度得以进一步提升。2014 年豪迈科技海外收入占比提升至 50%,且海外业务毛利率比国内业务高出约 10 个百分点,企业利润率大幅度提高。2014 年行业出口创汇大幅度提升,豪迈公司海外业务增多也是其中原因之一。

在兼并重组方面,豪迈公司继 2013 年成功收购美国 GMS(位于田纳西州)公司后,2014 年在泰国又建立了分公司,并在美国、欧洲、南美、印度、东南亚和日本等地建服务中心。同时,在中国建有昆山豪迈、贵阳豪迈、辽宁豪迈及天津豪迈等分公司。由于产品配套区域广泛,公司服务触角已遍布国内外。目前该公司已将轮胎模具市场重心转移至海外市场,客户群已锁定为跨国轮胎制造公司,为世界一流轮胎公司配套成为长远发展战略,也使得该公司能够摆脱国内轮胎行业景气周期的影响。

2013 年巨轮公司收购了美国东北模具公司(位于阿克隆)75% 的股权,通过本土化的营销和服务,进一步增强轮胎模具和橡胶机械产品的国际竞争力,成为继中国本部和印度子公司之后又一具有全球战略意义的销售和技术服务基地。2014 年为适应新兴业务发展需要,又在广州设立全资子公司,即广州巨轮智能技术有限公司;年底出资 500 万元在安徽省芜湖市设立全资子公司,暂定名为安徽省巨轮智能装备有限公司。巨轮公司在投资、融资及并购等方面做得比较早也比较好。

2014 年揭阳市天阳模具有限公司投资 5000 多万元,用于 14000 平米厂房扩建,另外还将投资 3000 万元购买高端生产设备。该公司大规模改造扩建工程于 2015 年 6 月底完成,形成年产高档子午胎活络模具1500台(套)的生产规模。

3. 数控加工技术应用日趋广泛

近几年,各种高速切削加工技术、快速制模技术、低污染绿色制造技术、CAD/CAM/CAE技术、先进检测装备和技术等在轮胎模具行业逐步普及,对产品质量、交货期、新产品开发及模具应用技术的发展都产生了重要影响。与传统切削加工相比,高速切削加工单位功率的金属去除率提高了30%~40%,切削力降低30%,刀具寿命提高70%。由于高速切削加工小量、快进的特点使得切削力大为降低,切削高速去除带走了近90%的切削热,工件热应力变形小,转速提高使切削系统的工作频率远离机床的低阶固有频率,使得工件表面质量和几何精度有很大的提高。

4. 大而不强的问题依然突出

在轮胎行业投资扩产、低水平重复建设造成产能相对过剩的背景下,我国轮胎模具规模生产总量也位居世界前列,但大多集中在中低档领域,整个行业进入门槛低,技术水平和产品附加值比较低,同质化竞争也很激烈。中国轮胎模具制造行业两级分化严重,少数大型企业技术创新能力强、工艺装备先进、规模庞大、品种丰富、服务到位,在国际上已形成较强的竞争力,但很多中小企业竞争力和发展后劲严重不足。受资金、场地、技术、信息交流等诸多因素的局限,一部分依靠传统设备和手工制造的企业只能生产一些中低端模具,很难引进先进的制模技术及设备,从而造成中低端模具市场竞争加剧。一些模具企业为了订单,不惜降低价格,而低价格必然影响产品质量,结果是坑了用户、误了同行,也害了自己。所以,尽管少数企业已经具备了一定的国际影响力,但是整个行业尚未在国际上形成明显的竞争优势。

5. 回款难依然是“老大难”问题

轮胎模具行业目前面临的最大困难是盈利不受自己控制,主要原因是产品卖出去后的回款时间、利润自己掌控不了。因此,没有足够资金流可供流转,企业很难持续经营,也不能引进高精设备和创新技术以提高产品核心竞争力。近几年,行业结构性产能过剩,模具价格一降再降,经营成本不断提升,利润空间一再压缩,且轮胎模具企业由于设备的限制很难转产。现今模具企业处于做了没人给钱,不做没活干的窘状。尤其2014年下半年以来,轮胎行业市场形势不佳,模具回款率更低,有些企业的回款率甚至在20%左右,而且这种现象愈演愈烈。这一现象要有所缓解,需规范市场信用体系。

6. 行业存在的主要问题

产品技术附加值过低,品牌效应低;自主创新能力不足,产品结构不够合理,专业化程度低;生产方式基本以传统工艺为主,工艺装备水平低,加工精度与国外先进水平还有差距;标准化程度低,产品配套性不好,高档产品市场缺席;企业管理比较薄弱,信息化程度低;技术人才严重不足,特别缺乏高层次尖端人才;企业生产利益率低,能耗相对较高,工艺损耗率较高;产品质量水平均一化程度较低,行业内企业相互之间分工、协作能力差。

【展　望】

展望2015年,中国正处在二三十年以来最严重的经济下行时期,经济全面放缓。加上美国对我国乘用和轻卡胎“双反”,导致中国轮胎行业未来两年将会很艰难。美国升息对世界经济尤其是发展中国家经济,产生明显溢出效应。国际资本异常流动扩大、国际汇市波动加剧对我国经济稳定造成冲击,美元升值还会加重我国外债负担,我国也可能面临新兴经济体货币政策两难境地等。

但是我们也应看到市场积极的一面,随着我国乘用车保有量持续增长,车龄增加,汽车后市场方兴未艾,自主品牌乘用车轮胎已经在替换胎市场初具规模,并呈加速成长态势,其市场突破将给我国轮胎企业带来新的发展机遇;我国在海外投资逐年增加,受地缘政治的影响也越来越大,现在推行的“一带一路”战略,涉及多国合作,涵盖西亚和东欧等敏感地带,我国轮胎行业未来发展空间依然很大。根据今年各大展会及轮胎企业发布的通稿来看,2015年轮胎企业会陆续推出针对细分市场的轮胎新品,所以轮胎模具市场前景依然乐观。

综观轮胎行业2015年规划,投资项目明显减少,转型升级将成为发展主基调,行业整合和落后产能淘汰也势在必行,这将直接影响模具企业的盈利能力。轮胎模具行业应在创新化、绿色化、标准化、信息化及国际化5个方面做好工作，破解困局、提升盈利能力，找到行业转型升级的发力点。

1. 建立和完善创新体系

模具企业想要长久经营，必须要大刀阔斧进行改革。首先是提高技术，唯有掌握了专利技术，才能使企业具备较强的竞争优势，进军高端市场，创立自己特有的品牌。其次要充分利用高新技术改造传统轮胎模具制造模式，一方面，应用高新技术产业对传统轮胎模具制造模式进行改造，提升国际竞争力；另一方面，通过对传统轮胎模具制造模式不断升级，为高新技术本身的发展提供广阔空间。

2. 建设和完善行业联盟

我国轮胎模具企业基本上是民营企业，除了屈指可数的若干规模大企业外，其余企业都是一些小规模甚至家庭作坊式的企业，从客观上看存在先进制造技术和高端装备难以导入的问题，加上模具价格的不良竞争，直接导致了中低档轮胎模具市场竞争愈演愈烈的格局。所以，我国轮胎模具企业之间的联合重组、产业战略联盟是大势所趋。规模大、技术力量雄厚、创新能力强的企业要与规模小、技术力量薄弱的企业之间形成有效的分工协作，强而大的企业主导，弱而小的企业协作，建立这样的协作关系，才能保证我国轮胎模具制造业整体的有效运行。

3. 全面推进品牌建设

目前，我国轮胎模具的技术水平和附加值相对较低，轮胎厂家需求的很多中高档模具依然依赖进口，特别是普利司通、固特异、米其林、大陆、倍耐力等跨国公司，其用于硫化高端轮胎的模具基本还是依靠自己附属模具厂制造或者向欧美先进的轮胎模具制造厂家采购。我国轮胎模具要实现从大向强的战略转变，要转变发展方式、进行结构调整、提高产品质量、降低制造成本，大力发展高附加值的产品，走"精、专、强"的路线，从而形成品牌产业化，形成强势民族品牌。

4. 积极推进绿色制造

在轮胎模具行业中，对绿色制造的理解应包含满足绿色轮胎生产需要以及模具本身的绿色制造两个层次。对轮胎模具自身绿色制造的定位，首先，从设计开始就要贯彻绿色理念，除了模块化、标准化及优化设计之外，可制造性和模具的高性能也十分重要，还要能使尽量多的零部件在模具零部件变更时可重复使用，使标准化程度变得更高，以及使尽量多的原材料可回收再利用。其次，制造过程要加强精细化管理，要高效率、低损耗，节能环保。再次，要使轮胎模具的使用过程实现节能、节材和绿色环保。最后，轮胎模具的再制造，实际上就是模具的修复工作，将一些废旧的轮胎模具经过修改、翻新后再利用，从社会效益来说是一项十分有意义的工作。

5. 大力推进行业标准化生产

目前，轮胎模具的行业标准已经远远不适应市场要求，标准的修改完善是行业的当务之急。今后需要不断完善标准体系，加强产品标准的覆盖面，发展目标是提高和接轨。提高是指根据产品生产水平的发展，标准不能滞后，要及时修订，力争将行业标准的标龄控制在5年以内；接轨是指要与国外先进标准接轨，做好国外先进标准的收集、翻译和咨询工作，以促进我国轮胎模具行业的发展和技术支持。

6. 加快发展现代化制造服务业

轮胎模具的制造、加工、装配环节始终是利润率最低的环节，而产品研发及售后服务等环节则处于价值产业链的高端。欧美日韩等发达国家和地区之所以能够始终掌控制造链上的高额利润，主要是凭借资本和技术优势抢占高技术和高附加值环节，通过实施行业现代化服务，摒弃传统工艺，掌握关键核心技术，实现高端垄断、低端转移。要做强我国的轮胎模具制造业，不但要关注轮胎模具产品自身的生产及轮胎行业的需求，还要顺应全球制造业的发展趋势，借鉴发达国家的经验，重视发展现代化制造服务业。

总结我国轮胎模具行业近50年的发展历程，可以看到行业不断转型升级的明显特征。目前，中国轮胎模具行业的龙头企业已成为世界最大的轮胎模具生产企业，其产品已经得到世界大轮胎公司的肯定。我们有理由相信，中国轮胎模具行业在未来发展中，一定会按照既定的目标前行，轮胎模具的强国梦定会早日实现。

（姜　馨）

翻新轮胎

【基本现状】

我国轮胎产量连续10年世界第一,2014年轮胎产量5.62亿条,除了约40%出口外,多为国内使用,每年报废3亿多条,大多数都未经翻新,而是一驶到废。按翻新率计,我国不到世界平均值的1/10,与欧美发达国家载重胎翻新率90%多相比,我国不到5%。在节约资源与能源方面,翻新轮胎只使用新胎1/4的原材料(节省钢丝和骨架材料)、1/4的能源和加工费用,而翻新出来的轮胎行驶里程比新胎高出15%~25%(其胎面单独高压硫化,故更耐磨),其价格不到新胎的一半。

每条轮胎都有磨耗极限,即轮胎胎面花纹磨到此就需要送去翻新。若继续行驶,胎面磨到露线(带束层钢丝)则不能翻新。翻新前,先用激光检测仪检验胎体,胎体没有破损的轮胎才能进行翻胎,以保证翻胎质量;然后进行胎面花纹削磨,再贴上一层中垫胶,最后粘上预硫化胎面,即可送到硫化罐(只硫化薄薄的一层中垫胶),硫化温度仅105℃左右,时间短,基本没有二次硫化胎体。

翻胎预硫化胎面是用平板硫化机单独加热加压,比做新胎时的整体过热水或蒸汽加热并加压,其压力提高1倍多,前者为$70kg/cm^2$,后者仅为$30kg/cm^2$,这是因为其过热水温度和压力相互关联,到了硫化最佳温度(150℃左右)压力就上不去了。而平板单独加压(液压缸),并单独加热,其压力不受限,如制造泡沫板一样,压力高则更致密,也就更耐磨,故翻新轮胎可比新胎的胎面更耐磨,行驶里程提高。

为与国际接轨,国家工信部颁发了《废旧轮胎综合利用指导意见》和《轮胎翻新行业准入条件》,商务部于2012年颁布了《商用旧轮胎回收选胎规范》、《废轮胎回收体系建设规范》及《废轮胎回收管理规范》,这些对促进轮胎循环利用起到重大作用。但我国轮胎翻新厂正在逐年减少。

制造新轮胎耗能较大,要经过炼胶、成型、硫化等流程,炼胶耗能最高,全国合计每年约耗50亿千瓦时,而翻胎可比新胎省电3/4。

旧轮胎翻新是轮胎循环利用的首选。2014年,中国废旧轮胎产生量为1100万吨,而轮胎翻新率不足5%,只有900万条;再生橡胶产量410万吨,橡胶粉产量55万吨。报废胎和翻新轮胎之比约为33:1,远远低于世界平均水平14:1,更低于美国、欧盟、日本等发达国家。

【产业规模】

近年来,由于天然橡胶资源严重短缺,推动了轮胎翻新行业的快速发展。我国轮胎翻新行业开始步入世界轮胎翻新生产大国之列,近10年间轮胎翻新量增长了1倍以上。据中国轮胎循环利用协会(CTRA)不完全统计,目前我国有轮胎翻新企业1000家左右,年产能约为2000万条。其中,年产量达到5万条以上的已超过50家,年产量超过10万条的企业有15家以上,而最大的轮胎翻新企业年产量已达到30万条以上。2012年轮胎翻新产量已达1600万条(标准折算),轮胎翻新率约3.4%。但2014年轮胎翻新产量降至900多万条,不足世界平均翻新率的1/10。

尽管我国轮胎翻新业发展较快,轮胎翻新量在逐年递增,但翻新轮胎的品种还不够宽泛。目前,80%以上集中在客货载重汽车轮胎的翻新上,其他如轿车轮胎的翻新率还没有实现零的突破,大型矿用轮胎的翻新率仅为20%左右,航空轮胎的翻新率仅为10%左右。2006~2014年中国轮胎翻新产量统计见图1。

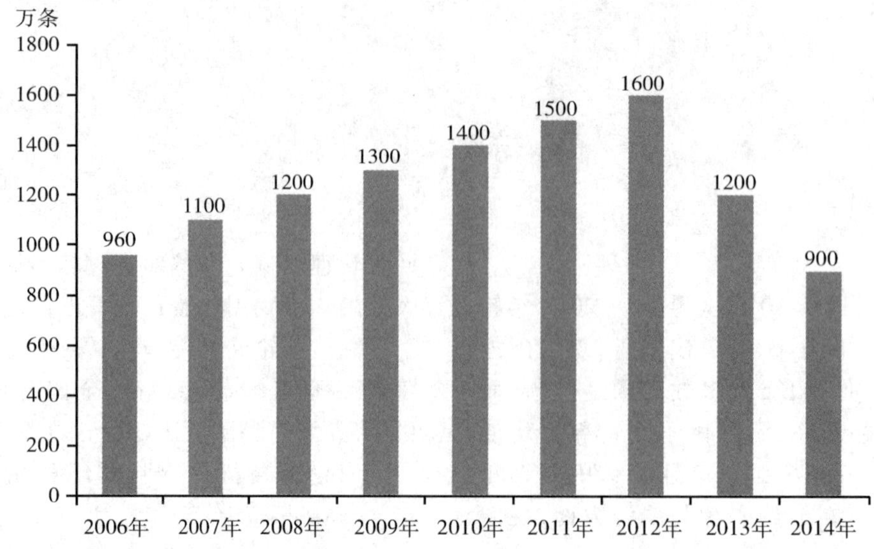

图1　2006～2014 年中国轮胎翻新产量统计

注:资料来源为中国轮胎循环利用协会,标准折算条。

【技术与装备】

目前,我国主流轮胎翻新技术有热硫化翻新法和预硫化翻新法,热硫化翻新法是传统技术(已逐步淘汰),预硫化翻新法代表世界轮胎翻新业的先进水平。

预硫化翻新法又叫冷翻法,其工艺特点是采用经高压成型的预硫化橡胶胎面,以包封套包覆硫化,轮胎胎体所受的硫化温度(110℃左右)远低于热翻法,因此一条轮胎可以反复多次翻新。一个硫化罐可以一次硫化多条不同规格的轮胎。冷翻轮胎采用的是两步硫化,新旧材料结合牢固,不会脱层,而且经过高压硫化的轮胎胎面结实而又耐磨。

我国轮胎翻新行业已形成比较完善的工业体系,工程轮胎翻新由仅用无模刻花的翻新法翻新巨型工程子午线轮胎,发展到可用活络模法甚至预硫化胎面法翻新;轮胎翻新主要设备基本上采用了机电一体化和计算机数控。专业轮胎检查设备如激光散斑检查机、轮胎气压检查机、轮胎钉孔检查机、X 光胎体检查机相继研发成功,轮胎翻新行业关键装备已基本达到国际水平。

【质量措施】

1. 按照工业和信息化部颁布的《轮胎翻新行业准入条件》的要求,严格轮胎翻新行业市场准入企业名录公告制度,继续大力引导和施行轮胎翻新行业准入管理,逐步淘汰工艺落后生产企业,规范市场行为。

2. 按照工业和信息化部《废旧轮胎综合利用指导意见》提出的积极推进翻新轮胎“3C”认证工作的部署,尽快推进实施翻新轮胎产品的“3C”认证管理进程,鼓励和推动骨干企业树立知名品牌意识,规范轮胎翻新企业发展。

3. 中国轮胎循环利用协会拟在政府主管部门的监管下,建立翻新轮胎产品认定管理制度,公开发布《翻新轮胎产品认定目录》,进一步规范翻新轮胎产品生产,使轮胎翻新企业的产品质量接受社会的监督,引导和推广翻新轮胎产品使用。

4. 要不断完善轮胎翻新标准体系,加强轮胎翻新国家标准和行业标准的宣传贯彻力度,强化标准实施的监管,努力提高轮胎翻新生产企业的采标率。

5. 加强引导、鼓励和支持轮胎使用单位与轮胎翻新企业签订长期合作协议,建立稳定的供需关系,以确保翻新轮胎的产品质量。

6. 积极向政府主管部门建议,加强源头治理,提高新轮胎出厂质量,严格执行轮胎质量“三包”制度,禁止违反《轮胎产业政策》的劣质轮胎生产;强化磨耗极限标准的贯彻执行,严禁超载运营。解决可翻新轮胎胎源严重不足的问题,可大大提高轮胎翻新率。

7.2011 年 10 月 31 日国务院办公厅下发了《关于建立完整的先进的废旧商品回收体系的意见》(国办发[2011]49 号),明确提出要提高"废轮胎"等主要废旧商品的回收率,切实做好重点废旧商品的有效回收。

8.2012 年 7 月 31 日,工业和信息化部发布了《轮胎翻新行业准入条件》,要求各有关部门和省、自治区、直辖市在项目投资核准(备案)管理、国土资源管理、环境影响评价、信贷融资、安全监管等工作中应以该准入条件为依据。

9.2013 年 1 月 23 日,国务院《关于印发循环经济发展战略及近期行动计划的通知》(国发[2013]5 号)规定,自 2013 年 5 月 1 日起,我国轮胎翻新与循环利用行业实行准入管理制度。

【标准体系】

目前,我国旧轮胎翻新已经发布并实施的国家和行业标准主要有 11 个,具体见表 1。其中,中国轮胎循环利用协会起草的 SB/T11107 - 2014《废轮胎回收与管理规范》已于 2015 年 3 月 1 日开始实施。

表 1　我国旧轮胎翻新行业发布实施的国家和行业标准

序号	标准号	标准名称
1	GB 7037 - 2007	《载重汽车翻新轮胎》
2	GB 14646 - 2007	《轿车翻新轮胎》
3	GB 13651 - 2009	《航空翻新轮胎》
4	HG/T 3979 - 2007	《工程机械翻新轮胎》
5	GB/T 21286 - 2007	《充气轮胎修补》
6	HG/T 4123 - 2009	《预硫化胎面》
7	HG/T 4124 - 2009	《预硫化缓冲胶》
8	GB/T 26732 - 2011	《轮胎翻新工艺》
9	SB/T 10655 - 2012	《商用旧轮胎回收选胎规范》
10	SB/T 10834 - 2012	《废轮胎回收体系建设规范》
11	SB/T 11107 - 2014	《废轮胎回收与管理规范》

【产业政策】

近年来,废旧轮胎的循环利用和节能减排日益受到各级政府部门和社会各界的高度重视,国务院及其相关主管部门陆续出台了一系列相关产业政策,大力扶持轮胎循环利用行业的发展。主要有:

1.2005 年 6 月 27 日和 7 月 2 日,国务院相继下发了《国务院关于做好建设节约型社会近期重点工作的通知》(国发[2005]21 号),在"加快建设节约型社会的重点工作"中,明确提出要以"废旧轮胎"回收利用为重点,推进再生资源回收利用;《国务院关于加快发展循环经济的若干意见》(国发[2005]22 号),在"坚持依法推进循环经济发展"中要求加强法规体系建设,强调要结合我国国情,加快研究建立和健全循环经济的法律法规体系。制定废旧轮胎等资源化利用的法规和规章。

2.2008 年财政部、国家税务总局印发的《关于资源综合利用及其他产品增值税政策的通知》(财税[2008]156 号)明确规定:翻新轮胎符合 GB 7037 - 2007《载重汽车翻新轮胎》、GB 14646 - 2007《轿车翻新轮胎》或者 HG/T 3979 - 2007《工程机械翻新轮胎》规定的性能指标，并且翻新轮胎的胎体100%来自旧轮胎，实行免征增值税政策。

3.2009年1月1日施行的《中华人民共和国循环经济促进法》第四十条明确规定，国家支持企业开展轮胎翻新。

4.2010年5月13日，国家发改委、工信部、公安部等11部委联合印发了《关于推进再制造产业发展的意见》（发改环资[2010]991号），提出了“再制造是循环经济‘再利用’的高级形式”；在推进再制造产业发展的重点领域中明确提出“继续推进大型旧轮胎翻新”。

5.2010年7月1日，国家发改委、科技部、工信部等6部委发布《中国资源综合利用技术政策大纲》（2010年第14号），将推广“预硫化和无模硫化翻新”轮胎翻新技术列入大纲，并给予减免税收优惠政策的扶持。

【问　题】

1.我国轮胎翻新率低。我国客货载重轮胎的翻新率仅为10%左右，发达国家一般在90%以上；矿山用大型载重汽车轮胎翻新率不足20%，美国达到70%；飞机轮胎翻新率仅为10%，而美国飞机轮胎翻新率高达95%以上。

2.我国社会各界对轮胎翻新的认识普遍不足。我国虽然制定了轮胎翻新国家和行业标准，但部分生产企业不按照相关标准生产，加之相关部门疏于监管且在宣传上存在误区，使得消费者对翻新轮胎缺乏正确的认识和信任感。

3.我国产业政策不利于轮胎翻新产业发展。在发达国家，废旧轮胎处理利用企业可以无偿利用废旧轮胎，并享受废旧物资处理补贴政策和免税政策，而我国高昂的废旧轮胎收购成本使轮胎翻新生产成本高于发达国家，使现有轮胎翻新企业经营举步为艰。特别是2012年9月1日实施的GB 7258－2012《机动车运行安全技术条件》中9.1.2款规定：“公路客车、旅游客车和校车的所有车轮及其他机动车的转向轮不得装用翻新的轮胎”，更是明确禁止客车使用翻新轮胎，使国外有意涉足轮胎翻新的投资者望而却步，大大阻碍我国轮胎翻新行业的健康发展。

4.我国废轮胎回收体系法律制度不健全，市场混乱缺乏监管。发达国家对于废旧轮胎回收再利用已经建立了一套完整的法律政策体系，严格的行业准入制度；专项基金收费和补偿制度，按照“谁污染，谁治理”的原则，以法律方式强制实现资源配置，促进市场发展。规定废轮胎不得与生活垃圾或其他废弃物一起运输和处理，否则将受到重罚，迫使轮胎使用者将更换下来的废轮胎交给新轮胎销售商，销售商要付钱找有废轮胎运输许可证的运输商和处理商进行处理，再从轮胎使用者那里把钱赚回来。这样就形成了一个废轮胎回收、运输、处理市场化运作的产业链和资金流，平衡了各方的经济利益，有力地支持了废旧轮胎综合利用产业的发展。

5.目前我国还没有建立规范的废轮胎回收法规体系，90%以上废轮胎是由民间个体自发收购和自由交易。废轮胎回收后不能完全进入正规加工处理企业，给土法炼油和小再生橡胶生产提供了原料来源；而回收经营者的无序竞争，一方面使废旧轮胎资源得不到规范、合理地回收利用，另一方面层层倒卖和转运既浪费了运输资源，又推高了废旧轮胎回收的市场价格。

（程　源）

部分省市橡胶工业

浙江省橡胶工业

2014 年，因受世界经济缓慢回升，国内市场需求不振，汽车行业受环保等因素限制的影响，浙江省橡胶行业经济运行呈现平衡低速发展的态势，产品销售收入持续下滑，橡胶行业进入销售不畅的“苦日子”，严重影响了橡胶行业健康稳定发展。

【经济运行】

2014 年，浙江省橡胶行业经济运行呈现低速运行态势。

1. 增产不增收

2014 年，国内外市场需求持续疲软，使浙江省橡胶行业呈现近年少有的增产不增收局面，工业总产值增速大于销售收入增速 12 个百分点，详见表 1。

2. 利润负增长

2014 年，企业隐性生产成本逐渐提高，如环保投入、职业病防护投入和人力资源成本等，都促使行业获利能力走低。据浙江省橡胶工业协会统计，2014 年行业利润总额同比（下同）下降 16.13%，创近年来最低点，详见表 1。

表 1　2014 年度浙江省橡胶工业主要经济指标

指标名称	2014 年	2013 年	同比/%
工业总产值（现价）/亿元	553.83	507.98	9.03
产品销售收入/亿元	509.20	525.86	-3.17
利润总额/亿元	35.75	42.63	-16.13

3. 产量增多减少

2014 年，销售收入持续负增长，但主要产品产量增多减少，说明产品价格持续走低，企业竞争力在减弱。据浙江省橡胶工业协会统计，8 种产品产量增长，4 种产品负增长，详见表 2。

表 2　2014 年度浙江省橡胶工业主要产品产量

指标名称	2014 年	2013 年	同比/%
轮胎/万条	6957.14	6492.19	7.16
子午胎	6465.15	6053.05	6.81
全钢子午胎	1445.98	1224.02	13.13
摩托车胎/万条	549.59	481.25	14.20
力车胎/万条	10027.31	10617.51	-5.56
手推车胎	237.67	281.94	-15.70
胶管/万标米	374.25	303.26	4.83
输送带/万平方米	12638.34	9051.63	39.63

续表 2

指标名称	2014 年	2013 年	同比/%
橡胶履带/万条	32.64	33.07	-0.70
汽车 V 带/万条	4567.03	4842.48	-5.69
传动带/万 A 米	111365.76	109298.49	1.89
胶鞋/万双	1676.00	1630.00	2.82
合成橡胶/吨	83121.79	86396.95	-3.79
炭黑/吨	198079.00	147441.00	34.34
橡胶助剂/吨	16121.00	14048.00	14.75

4. 产销率降低

2014 年，国内外市场不景气，使浙江省橡胶行业产销不平衡，并呈现下降态势。据协会统计，2014 年产销率 91.95%，下降 12 个百分点。

5. 出口交货值低增长

2014 年，因受国际市场复苏缓慢和贸易摩擦的不断影响，浙江省橡胶行业面临出口不畅的困境。出口交货值为 103.28 亿元，增长 1.76%。具体品种详见表 3。

表 3　2014 年度浙江省橡胶工业主要产品出口创汇

主要产品名称	2014 年出口量	占比/%	出口交货值/万元
轮胎/万条	2256.86	32.44	718403.7
子午线轮胎	2140.66	33.11	634693.1
全钢子午线轮胎	274.14	18.96	248139.8
力车胎/万条	1417.38	14.14	54111.4
胶鞋/万双	796.00	47.49	26417.0
传动 V 带/万 A 米	20323.18	18.25	53518.6
输送带/万平方米	2482.44	19.64	68759.8
炭黑/吨	20646.00	10.42	11918.5
合成橡胶/吨	1204.00	0.61	15610.0

6. 能耗微增长

2014 年，浙江省橡胶行业最值得可喜的就是产值呈现增长，但能耗呈现微增长，这主要是近年来浙江省橡胶行业企业节能意识不断提升，加大节能减排投入，终于在 2014 年出效果。据协会统计，2014 年综合能源消耗 516336.06 吨标煤，增长 0.19%，低于产值增长幅度约 8 个百分点。

7. 产品结构调整放缓

2014 年，浙江省橡胶轮胎行业子午化率达到 92.93%，下降 1 个百分点。

【集群发展】

集群发展是浙江省橡胶行业发展特点，产业集群已成为浙江省橡胶行业发展的重要产业组织形式和载体,并在促进浙江省橡胶行业经济发展中发挥着越来越重要的作用。产业集群作为浙江橡胶行业特色的区域性产业组织形态,近年来一直呈现良好发展态势,产业集中度在不断提升,但在2014年恶劣的大环境下,集群区域发展不平衡,显现了集群区域竞争力有强有弱的表现。

据协会调查,2012年,温州橡胶制品规模以上企业产值为15亿元,增长0.3%;宁海汽车橡胶制品规模以上企业产值为101亿元,增长9.53%;三门县胶带规模以上企业产值为30亿元,增长3.45%;天台县胶带规模以上企业产值为19亿元,同比持平;瑞安胶鞋产值41亿元,增长5%。

【行业投资】

浙江省橡胶行业为满足市场需要,对内不断调整产品结构,加快转型升级步伐;对外加快海外投资步伐,不断提升行业国际竞争力,促进行业健康发展。据不完全统计,2014年浙江省橡胶行业新增重量级项目有2个,分别是:

2014年初,杭州中策橡胶有限公司位于泰国泰中罗勇工业园的工厂开始动工。该厂总投资额达10亿元,厂区占地面积约为840亩。2015年5月25日中策泰国的首条PCR轮胎下线,2015年末可达到500万条/年半钢子午胎生产规模。

德国汉圣集团(Hansen&Rosenthal)在宁波大榭开发区投资建设的2.5万吨环保橡胶油项目,于2014年9月全部建成投入试生产。该项目占地面积约40亩,项目总投资约1.4亿元,达产后可实现年销售收入近10亿元。汉圣石化环保橡胶油采用德国汉圣公司专有技术。

【存在问题】

行业存在的问题主要表现在缺乏逆境预警机制,产品技术含量较低,出口产品价格偏低,产品结构同质化,营销成本过高,缺乏自主创新能力,粗放式增长明显,企业规模偏小,资金缺乏现象突出,行业发展和资源环境矛盾。

【2015年1~3月】

进入2015年,浙江省行业橡胶行业经济运行情况急转直下,状况不尽人意,主要经济指标创下近年来最低点。

1. 工业总产值同比两位数下降

据协会统计,2015年1~3月工业总产值(现行价)108.84亿元,下降10.57%。

2. 销售收入同比两位数下降

据协会统计,2015年1~3月销售收入81.00亿元,下降12.70%。

3. 利润总额同比两位数下降

据协会统计,2015年1~3月利润总额4.61亿元,下降26.36%。

4. 出口交货值同比两位数下降

据协会统计,2015年1~3月出口交货值17.42亿元,下降26.03%。

【展　望】

2014年国际橡胶行业面临一系列困难,世界经济复苏缓慢、需求不足,加之国际油价暴跌使合成橡胶成本下降,橡胶价格创近五年新低。由于目前存货高企,未来几年国际橡胶价格预计仍将持续低迷,浙江省橡胶行业继续面临困难。因此,2015年浙江省橡胶行业要改变目前增长模式,必须走一条提高附加值之路。

1. 加大自动创新投入提高产品附加值

2015年,我国经济增长已进入换档调整特殊期,浙江省橡胶行业要乘这个特殊时期,加大自主创新投入,不断开发前沿技术,提升浙江省橡胶产品附加值。

2. 加快机器换人步伐提高产品附加值

近年来,市场、消费者对产品质量与功能要求越来越高,企业生产成本和人力资源等刚性成本越来越高,因此企业实现可持续发展必须踏上信息化和机器换人节拍。2015年,浙江省橡胶行业要加快机器换人步伐,不断降低企业人力资源成本,从而提升浙江省橡胶产品附加值。

3. 改变传统营销模式提高产品附加值

随着网络和电子商务的发展,电子商务作为一种新的经营手段不断推动营销模式的转变。2015年浙江省橡胶要加快电子商务和实体店的深度融合步伐,降低企业营销成本,从而提高产品附加值。

(王逸田)

广西橡胶工业

【基本情况】

2014年,面对复杂严峻的国际国内形势和艰巨繁重的改革发展稳定任务,广西橡胶行业在自治区党委、政府的领导下,认真贯彻落实党中央、国务院关于稳增长、促改革、调结构、惠民生、防风险的决策部署,主动作为,综合施策,攻坚克难,经济运行在新常态下稳中向好,各项工作取得新进展。

综合广西壮族自治区统计局、各地市统计局和相关行业协会的统计数据,2014年,广西橡胶工业增加值,按可比价格计算,同比(下同)增长58.9%;全区生产橡胶轮胎外胎203.45万条,增长60.2%;乳胶制品产值(现行价)约3亿元,与上年持平;实现橡胶机械产值(现行价)10.2亿元,下降2.9%。

2015年,广西两家橡胶企业继续保持中国橡胶工业百强地位,详见表1。中国橡胶工业百强企业由中国橡胶工业协会评选和公布,主要是依据企业上年度主营业务收入进行排序。

表1 进入"中国橡胶工业百强"的广西企业

排名			企业	主营业务收入/亿元			专业
2015年度	2014年度	2013年度		2014年	2013年	2012年	
橡胶机械组8	86	83	桂林橡胶机械厂	4.20	5.00	5.00	机械模具
乳胶制品组3	93	89	桂林紫竹乳胶制品有限公司	2.72	2.83	2.60	乳胶制品

在中国机械工业企业管理协会发布的"2014年度中国机械工业500强"榜单中,桂林橡胶机械厂居第435位。中国机械工业500强评选方式是采用世界经理人集团按国际惯例设计的企业竞争力评测模型(CVA),对企业的销售收入、利润总额、资产利润率、增长率等数据,结合行业差异、声望指数等因素进行综合分析研究和评比,最终确定500强的排序。

截至目前,广西共有国家火炬计划重点高新技术企业28家,其中橡胶企业2家:桂林橡胶机械厂、中国化学工业桂林工程有限公司。国家火炬计划重点高新技术企业是在全国高新技术企业范围内,择优选择的具有特色的高新技术产业化骨干企业。入选企业在研究开发、技术创新、产品销售、企业营利、专利申请、成果转化、规模增长、行业带动及社会贡献等方面都具有较强的实力,是广西技术创新、调整产业结构、转变发展方式、引领高新技术产业跨越发展的中坚力量。

"十二五"期间,广西重点培育和发展的出口名牌企业中,橡胶企业占两家,详见表2。对于获得广西出口名牌的企业,将在贸易扶持、境外投资、国内外市场拓展等方面获得地方相关部门的重点支持。广西出口名牌有效期为3年,到期后自动失效,需重新申报。

表2 广西重点培育和发展橡胶出口名牌企业

企业	品牌	产品
桂林橡胶机械厂	GRM(力创)	橡胶机械
中国化工橡胶桂林有限公司	火炬	轮胎

桂林橡胶机械厂 GRM(力创)品牌子午线轮胎硫化机以行业专业市场测评综合得分 93.3 分晋升“2014 年度中国石油和化学工业知名品牌产品”。该榜单是在企业自愿申请的基础上，经专业协会、地方行业协会及大型集团公司推荐，由中国石油和化学工业知名品牌产品评审委员会综合评审，中国石油和化学工业联合会审核评出的。

多年来，GRM(力创)牌轮胎硫化机保持市场主导产品地位，国内市场占有率近 40%，并批量出口发达国家。子午线轮胎硫化机分机械式 1040～5000 系列、液压式 1140～4800 系列。该企业最新研发的全钢子午线巨胎成型机及 4800(188")液压硫化机、51″全钢巨胎成型机被列为国家科技支撑项目。4800(188")和 5000(200")轮胎硫化机的研制成功，使我国开发巨型工程子午线轮胎并实现产业化成为可能。上述产品的开发，打破了国外对我国全钢巨胎关键设备的技术封锁，实现了我国全钢巨胎关键设备国产化“零”的突破，填补了国内空白，促进了我国硫化机系列化进程，确立了我国在硫化机市场的霸主地位。

2014 年，进入全球顶级橡胶机械制造商行列的广西企业有两家，详见表 3。在以主营业务收入排名的 2015 年度全球橡胶机械前 36 强中，桂林橡胶机械厂以 6780 万美元排在第 17 位，中国化学工业桂林工程有限公司以 6780 万美元排在第 18 位，分别比 2013 年下降了 6 和 1 位。

在国内橡胶机械 20 强中，桂林橡胶机械厂和中国化学工业桂林工程有限公司分别排在第 8 位和第 9 位。

表 3　广西进入全球顶级橡胶机械制造商企业

企　业	2015 年度排名		与橡胶机械相关的业务收入/百万美元						主要产品
	全球 30 强	国内 20 强	2014 年	2013 年	2012 年	2011 年	2010 年	2009 年	
桂林橡胶机械厂	17	8	67.8	81.9	77.3	92.4	90.0	87.7	轮胎硫化机、成型机等
中国化学工业桂林工程有限公司	18	9	67.8	60.7	42.0	40.0	58.0	43.9	复合挤出机、密炼机上辅机系统等

【基建与技改】

1. 柳州玲珑项目

广西玲珑轮胎有限公司柳州一期项目已于 2015 年 3 月份试产成功，5 月份正式投产，为柳州汽车生产配套产品。目前，正朝着一期工程年产 1000 万条高性能轮胎的目标靠近。

柳州玲珑项目由山东玲珑集团投资，于 2013 年 12 月开工建设。该项目总投资 408312 万元，位于柳州市柳东新区曙光大道以南、桂柳高速公路以北；厂区用地面积 1026868 平方米，约合 1540 亩；建设规模为年产 2000 万条半钢子午线轮胎、200 万条全钢子午线轮胎和 6 万条工程子午线轮胎，全部工程分两期完成。

柳州市位于广西中部，是中国最重要的汽车生产基地之一，也是 12 个“国家汽车及零部件出口基地”之一。拥有上汽通用五菱、东风柳汽、一汽柳特、重汽运力、延龙汽车等多家整车生产企业的柳州市，目前已形成了中级轿车、微型轿车、商用车、中重型载货车、专用车、观光车等门类齐全的产品体系。继 2013 年全市汽车产量突破 180 万辆后，2014 年再创新高，超过 200 万辆，占全国汽车总产量的 8.8%，城市汽车产量居全国第 5 位。这是柳州汽车生产的又一里程碑，标志着柳州汽车生产规模实现了新的跨越。

柳州玲珑项目建成后，将进一步完善该市的汽车产业链，降低当地汽车企业的生产成本；山东玲珑集团则藉此实现“3＋3”战略规划，即国内招远、德州、柳州 3 个轮胎制造基地并行发展，国外泰国工厂作为全球化战略起点并最终形成海外 3 个轮胎制造基地，同时借中国－东盟自贸区地缘优势，扩大服务范围，抢占西南市场，并扩大轮胎出口。

2. 华南橡胶轮胎项目

备受关注的华南橡胶轮胎项目已由原意向选址——桂林市平乐工业园区改到新址——临苏产业园,并作为“今年 20 大重中之重项目”之一被列入《桂林市 2015 年市领导跟踪服务推进的重中之重项目(事项)工作方案》。

华南橡胶轮胎有限公司将与中国化工橡胶桂林有限公司合作,重组中橡桂林苏桥公司,形成年产 10 万条工程子午线轮胎、500 万条半钢子午线轮胎、100 万条全钢载重子午线轮胎的生产能力并尽快达产。该项目总投资 12 亿元,2015 年计划投资 5000 万元。

临苏产业园位于临桂县临桂镇、两江镇和永福县苏桥镇行政区划内,区域内设有 1 个自治区经济开发区(西城经济开发区)、两个自治区 A 类产业园区(苏桥园和福龙园)。该区域目前规划面积 9100 万平方米,截止到 2014 年底,已开发面积 2803 万平方米,占 31%,尚有 69% 约 6270 万平方米待开发。2013 年,该区域完成工业总值 451 亿元,占全市工业总产值的 21.8%。临苏产业园内将以苏桥、秧塘、宝山等现有园区规划为基础,拟规划北至机场路,东南至湘桂铁路复线,西至苏桥西登山,面积约 3 亿平方米(除山体、水体),可供开发面积约 1.5 亿平方米。

【科技创新】

在 2013 年取得好成绩的基础上,2014 年广西在橡胶制品工艺及设备研发领域再次取得新突破,多个项目通过自治区级新产品新技术鉴定验收,见表 4。

表 4　2014 年通过自治区级新产品新技术鉴定验收橡胶项目

序号	承担单位	项目名称
1	中国化学工业桂林工程有限公司(桂林橡胶设计院有限公司)	2800 宽幅胶片挤出压延生产线研制
		模啮平衡式三复合橡胶挤出机组研制
		高含硫终炼胶一次法低温炼胶技术及装备研发
		轮胎生产企业压缩空气系统节能关键技术的开发
		AGV 在轮胎纤维帘布卷搬运存储系统中集成应用与示范
2	桂林橡胶机械厂	节能高效型轮胎定型硫化机研制
		企业技术中心创新能力建设项目
3	桂林中昊力创机电设备有限公司	90°高精度钢丝帘布裁断生产线研发
		高精度轿车子午胎钢丝帘布裁断生产线新产品产业化
4	桂林紫竹乳胶制品有限公司	避孕套检测工艺及设备改进项目

中国化学工业桂林工程有限公司依托自身装备集成能力强的优势,充分发挥工程公司的特长,根据橡胶轮胎行业“互联网 +”的发展需要,深入开展智能化轮胎工厂整体解决方案研究,不断推出新产品新技术,促进橡胶轮胎行业技术进步和产业优化升级。目前,该公司已从最初提供成型车间智能物流方案单个产品,扩展到原材料立体库存放及物流输送方案、生胶破胶复配及自动称量输送投料系统、一次法炼胶、大卷钢丝帘布运输存放立库物流系统、成型车间到硫化车间的智能化物流系统、轮胎成品检验及入库物流系统等覆盖整个轮胎制造过程的系列化产品。上述产品已在国内多家大型橡胶轮胎企业投入使用,并得到用户高度认可。

桂林橡胶机械厂多年来坚持走科技创新之路,始终把技术创新和产品开发放在首要位置,有计划、有步骤、有重点地进行技术创新及新产品开发。2014 年新产品产值达到 19657.7 万元，占企业总产值的 46.5%。通过对硫化机的动力装置、机械手及中心机构进行优化设计，机械手转进/转出速度比原来提高 25%，且比原来更加平稳；硫化辅助时间缩短 25%，减少硫化过程中的热量损失达 50%，节能效果显著；控制系统选用因特网控制方式，便于快捷监控、反馈设备状态，记录生产数据等，实现无人看守硫化过程；整台设备采用模块化组装，具有组装快捷、外形美观等诸多特点。

2014 年，桂林橡胶机械厂选送参加"广西装备工业先进工艺工装及优秀设备改造成果"评选的 11 个技改项目全部获奖，其中一等奖 3 个，二等奖 3 个，三等奖 5 个；另有 7 个项目获得"广西重工业先进工艺工装奖"，其中一等奖 1 个、二等奖 2 个、三等奖 4 个。

【展　望】

橡胶行业是资金、技术和人员"三密集"行业，但目前自动化程度较低，很多工序还是普遍靠人工操作，劳动效率低，产品质量受人为因素影响较多。尤其近年来人工成本越来越高，橡胶行业对信息化、自动化、智能化设备的需求日益迫切。

面对"第三次工业革命"、"工业 4.0"浪潮和"中国制造 2025"规划，广西橡胶行业计划"以工业机器人为抓手，以智能化制造为方向，以'互联网 +'为目标"，推动产业向价值链中高端跃进，为我国轮胎橡胶行业从传统制造大国向高效、自动化、智能化制造强国转变夯实基础；同时，积极响应国家"一带一路"战略的重要举措，利用好东盟关税减让等政策，谋发展，稳增长，为促进地方经济发展再作贡献。

（邓海燕）

中国台湾地区橡胶工业

2014 年,中国台湾地区橡胶制品产值达到 980 亿新台币,占全球 1.13%。若包含台商海外厂,产值则超过 2000 亿元新台币以上,占全球的 3.01%。

【基本情况】

1948 年,台湾区橡胶工业同业公会成立,旨在凝聚同业力量,同业合作而不是对立,促进同业繁荣发展。2012 年 2 月,台湾区橡胶工业同业公会根据环境与材料多元化发展需求,更名为"台湾橡胶暨弹性体工业同业公会",以扩大定义橡胶范围。

截至 2015 年 4 月,台湾橡胶暨弹性体工业同业公会有会员企业 501 家。按资本额和营业额把会员分为 5 个等级,有一级会员 90 家,二级会员 57 家,三家会员 115 家,四级会员 54 家,五级会员 185 家。台湾橡胶暨弹性体工业同业公会会员分级情况见表 1,台湾橡胶暨弹性体工业同业公会会员资本额与产品分析见表 2。

表 1　中国台湾橡胶暨弹性体工业同业公会会员分级情况　　万元新台币

分级	资本额	营业额
一级	2000 以上	12000 以上
二级	800 ~ 1999	6000 ~ 12000
三级	400 ~ 799	3000 ~ 5999
四级	200 ~ 399	1000 ~ 2999
五级	200 以下	1000 以下

表 2　中国台湾橡胶暨弹性体工业同业公会会员资本额与产品分析

会员厂资本额分布					按产品生产厂家数				
资本额（新台币）	家数	占比/%	资本额累计/千元新台币	占比/%	原料	轮胎	工业用品	资源回收	橡胶机械
10 亿元以上	16	3.2	188323597	88.3	6	5	4	0	1
1 亿 ~ 10 亿元	57	11.4	17239955	8.1	19	4	28	0	6
1000万~9999 万元	246	49.1	6864952	3.2	31	22	169	7	17
999 万元以下	182	36.3	761750	0.4	29	6	132	2	13
合计	501	100	213190254	100	85	37	333	9	37
占比/%					17	7.4	666.4	1.8	7.4

【产　值】

2014 年,台湾橡胶制品产值为 980 亿元新台币,同比(下同)下降 3.2%。其中轮胎总产值为 469.25 亿元新台币,下降 2%,占橡胶业总产值 47.89%;非轮胎橡胶制品的工业用橡胶制品产值 244.06 亿元新台币,增长 9%,占橡胶业总产值的 24.9%。其他橡胶制品为 266.69 亿元新台币,增长 7.9%,占橡胶业总产值的 27.21%。

全球与中国台湾橡胶制品产值分析见表 3,2007 ~ 2014 年中国台湾橡胶制品产值比例见表 4。

表 3　全球与中国台湾橡胶制品产值分析　　亿美元

橡胶制品分类	全球		中国台湾地区			全球台商	
	产值	占比/%	产值	台湾/%	占全球/%	产值	占全球/%
轮胎类	1870.00	65	15.64	48	0.54	69.22	2.41
非轮胎类别	1000.00	35	17.02	52	0.59	17.31	0.60
合计	2870.00	100	32.66	100	1.13	86.53	3.01

注:以 1 美元兑 30 元新台币计估算。

表 4　2007 ~ 2014 年中国台湾橡胶制品产值比例　　%

年度	轮胎	工业用橡胶制品	其他橡胶制品
2007	49.94	20.45	29.61
2008	48.22	22.46	29.32
2009	50.73	20.56	28.71
2010	49.21	23.01	27.79
2011	50.20	23.01	26.80
2012	50.85	23.10	26.05
2013	50.42	23.56	26.02
2014	47.89	24.9	27.21

【生产销售】

1. 轮胎

台湾轮胎厂除可以满足台湾汽车一年约 35 万辆的新车市场和 677 万辆汽车保有量替换轮胎市场外,外销量维持 65% 以上。历年平均出口单价均低于内销平均单价。2014 年外销单价为 1311 元新台币/条,内销价格为 1762 元新台币/条。2014 年汽车外胎生产 21967 千条,下降 1.2%,总销售额 318.143 亿元新台币,下降 5.3%,出口 15494 千条,出口率 70%。

台湾新车用轮胎市场,基本上由台湾普利司通和正新各占 50%。售后维修替换胎市场,长期以来的前 2 名是法国米其林和日本普利司通。2014 年进口轮胎品牌由 2013 年的 107 种增至 144 种。按照进口值排序,依次是法国米其林进口额 7418 万美元,占进口市场的 25.6%;日本普利司通进口额 5986.4 万美元,占进口市场的 20.6%;德国马牌进口额 3420.6 万美元,占进口市场的 11.8%;日本横滨进口额 2794.2 万美元,占进口市场的 9.6%。前 4 家进口总额为 19619.2 万美元,约占进口市场的 68%。2010 ~ 2014 年中国台湾汽车外胎产量、销售及外销比例见表 5。

表 5　2010～2014 年中国台湾汽车外胎产量、销售及外销比例

年份	生产量/千条	销售量/千条	销售值/百万元新台币	平均单价/元新台币·条$^{-1}$	内销量/千条	内销值/百万元新台币
2010	24497	24755	32299.6	1305	6524	10223.2
2011	23318	23190	35860.4	1546	6484	11417.6
2012	22042	21929	34497.9	1573	6467	11938.6
2013	22234	22369	33588.2	1502	6413	11898.2
2014	21967	22024	31814.3	1444.5	6530	11503.1

年份	内销均价/元新台币·条$^{-1}$	直接外销量/千条	直接外销值/百万元新台币	外销均价/元新台币·条$^{-1}$	外销量比/%	外销额比/%
2010	1567	18231	22076.4	1211	73.6	68.3
2011	1761	16706	24442.7	1463	72.0	68.2
2012	1846	15462	22559.5	1459	70.5	65.4
2013	1855	15956	21690.0	1359	71.3	64.6
2014	1762	15494	20311.2	1311	70.4	63.8

2. 摩托车胎

台湾摩托车胎主要有正新、建大、华丰、固满德、特耐、石榴、益碁、益新 8 家厂商，合计日产能在 3 万条以上，除供应 130 万辆摩托车外，仍有出口。2014 年外销量占销量的 42.7%，外销额占总销售额的 57.6%，且历年平均出口单价高于内销价格。2014 年出口平均单价为 686 元新台币/条，内销单价为 377 元新台币/条，有别于汽车外胎内销价高，外销价低的状况。2010～2014 年中国台湾摩托车外胎产量、销售及外销比例见表 6。

表 6　2010～2014 年中国台湾摩托车外胎产量、销售及外销比例

年份	生产量/千条	销售量/千条	销售值/千条	平均单价/元新台币·条$^{-1}$	内销量/千条	内销值/千条
2010	10865	11225	4841.5	431	6882	2255.9
2011	10840	10842	5715.6	527	6191	2367.1
2012	10929	11180	5973.8	534	6461	2500.5
2013	11025	11240	5804.1	516	6699	2557.2
2014	11966	12239	6226.0	509	7009	2639.6

年份	内销均价/元新台币·条$^{-1}$	直接外销量/千条	直接外销值/千条	外销均价/元新台币·条$^{-1}$	外销量比/%	外销额比/%
2010	328	4343	2585.6	595	38.7	53.4
2011	382	4651	3348.5	720	42.9	58.6
2012	387	4719	3473.4	736	42.2	58.1
2013	382	4541	3246.9	715	40.4	55.9
2014	377	5230	3586.4	686	42.7	57.6

3. 胶带

2014 年台湾橡胶带销售收入 4483922 千元新台币，其中直接出口 3273620 千元新台币，占总销售收入的 73%。2010～2014 年中国台湾橡胶带产销情况见表 7。

表 7　2010～2014 年中国台湾橡胶带产销情况

年份	生产/千元	销售值/千元新台币	直接外销值/千元新台币	内销值/千元新台币	外销额比/%
2010	3850271	3948526	2847420	1101106	72.1
2011	4262192	4229275	3001556	1297719	69.8
2012	4385027	4480910	3191716	1289194	71.2
2013	3846684	3944617	2796020	1148597	70.9
2014	4372626	4483922	3273620	1210302	73.0

4. 橡胶油封

2014 年台湾橡胶油封销售总额为 9616101 千元新台币，其中外销 7290440 千元新台币，占销售额的 75.8%，外销地以美国居首位。2010～2014 年中国台湾橡胶油封产销情况见表 8。

表 8　2010～2014 年中国台湾橡胶油封产销情况

年份	生产/千元	销售值/千元新台币	直接外销值/千元新台币	内销值/千元新台币	外销值比/%
2010	7614541	8168226	6017399	2150827	73.7
2011	8315490	9032159	6688396	2343763	74.1
2012	7721946	8425377	6139305	2286072	72.9
2013	8137280	8714005	6451257	2262748	74.0
2014	8996817	9616101	7290440	2325661	75.8

5. 橡胶管

2014 年台湾胶管生产量 67418 千米，直接外销 2176.6 百万元新台币，增长 6.9%。2010～2014 年中国台湾橡胶管产销情况见表 9。

表 9　2010～2014 年中国台湾橡胶管产销情况

年份	生产/千米	销售值/百万元新台币	直接外销量/千米	直接外销值/百万元新台币	外销值比/%
2010	60072	1686.0	21580	387.0	23.0
2011	63725	2067.4	23178	442.9	21.4
2012	57521	1995.7	19863	392.4	19.7
2013	65028	2036.4	26623	470.7	23.1
2014	67418	2176.6	26723	461.0	21.2

6. 橡胶手套

2014 年橡胶手套生产量为 162610 千双，销售额为 9.637 亿元新台币，外销量占总销量的 48.7%，外销值占总销售额的 58%。2010～2014 年中国台湾橡胶手套产销情况见表 10。

表 10　2010～2014 年中国台湾橡胶手套产销情况

年份	生产量/千双	生产值/百万元新台币	销售值/百万元新台币	外销量比/%	外销值比/%
2010	157789	594.0	837.6	63.3	60.7
2011	148239	652.5	902.0	52.2	53.9
2012	157142	662.6	899.9	53.0	51.7
2013	160873	669.4	874.7	52.6	54.5
2014	162610	833.1	963.7	48.7	58.0

7. 翻新轮胎

目前台湾有翻新轮胎生产企业 13 家，年翻新量大约 60 万条，产值约 25 亿元新台币，翻新种类主要以大卡车及大客车轮胎为主。

【技术研发】

台湾橡胶工业从 20 世纪 70 年代鞋类发展初期到 90 年代产业外移，是引进国外橡胶制品技术鼎盛时期，中国台湾橡胶业的技术发展与合作主要以日本和美国为主。中国台湾主要企业与国外技术合作情况见表 11，中国台湾橡胶弹性体产业研发经费占营业额比例见表 12。

表 11　中国台湾主要企业与国外技术合作情况

企业	合作重点	国外合作厂家
泰丰轮胎公司	轮胎	日本住友橡胶工业株式会社
正新橡胶公司	轮胎	日本 TOYO RUBBER CORP
建大工业公司	轮胎	美国 COOPER
华丰橡胶公司	轮胎	日本住友橡胶工业株式会社
台湾普利司通公司	轮胎	日本普利司通(80%)
中台橡胶公司	工业用品	日本 ASAHI CORP
台裕橡胶公司	工业用品	日本丰田合成株式会社(45%)
亿全橡胶公司	工业用品	日本滚华护膜工业
台湾华尔卡工业	工业用品	日本 BARUKA 工业(55%)
协机工业公司	工业用品	日本 YOKOHAMA RUBBER CO.(49%)
三五橡胶公司	PU 传动带	日本阪东化学株式会社

续表 11

企业	合作重点	国外合作厂家
全兴油封企业公司	油封	日本 NOK CORP
厚生公司	一般制品	日本凡山工业
台湾合成橡胶公司	SBR	美国 B. F. GOODRICH CO.
	BR	日本宇部兴(UBE)株式会社
中国合成橡胶公司	炭黑	美国 CONTINENTAI CARBON CO.
南帝化学工业公司	NBR	美国 B. F. GOODRICH CO.
	合成乳胶	日本 NIPPON ZEON CO.
国联矽工业公司	白炭黑	德国 DEGUSSA
必丕志公司	白炭黑	日本德山曹达株式会社
	特殊用途白炭黑	美国 PPG
国成工业公司	精炼胶	日本合成橡胶公司(30%)

表 12　中国台湾橡胶弹性体产业研发经费占营业额比例

行　业	研发经费比例/%	家数
轮胎业	2.23	15
工业用品业	0.39	40
一般制品业	0.50	24
合　计	1.23	79

【进出口】

1. 出口

2014 年,中国台湾橡胶制品出口总值比 2013 年下降 1.98%,其中轮胎类出口 10.67 亿美元,占总出口值的 64.7%。出口国家和地区以美国、日本及欧洲为主。轮胎出口美国 3.70 亿美元,占轮胎出口总值的 34.6%;出口日本 1.14 亿美元,占 10.7%;出口欧洲 1.20 亿美元,占 11.2%;出口加拿大 0.56 亿美元,占 5.2%。这前 4 个出口地共计 6.60 亿美元,占轮胎出口总值的 61.7%。

2014 年,非轮胎橡胶制品出口值 5.78 亿美元,占橡胶总出口值的 35.1%。其中出口美国 1.82 亿美元,占非轮胎橡胶制品出口值的 31.5%;出口欧洲 0.96 亿美元,占 16.6%;出口中国大陆 0.71 亿美元,占 12.3%;出口日本 0.29 亿美元,占 5.0%。这前 4 个出口地占非轮胎橡胶制品出口总值的 65.4%。2013～2014 年台湾橡胶制品出口统计见表 13,2013～2014 年台湾轮胎出口主要地区情况见表 14,2013～2014 年台湾非轮胎橡胶制品出口主要地区情况见表 15。

2. 进口

2014 年,中国台湾橡胶制品进口额为 7.10 亿美元,比 2013 年增长 8.49%。其中进口轮胎 3.67 亿美元,占进口总额的 51.7%。从中国大陆进口轮胎 0.94 亿美元,占轮胎类别进口总值的 25.6%;从泰国进口 0.83 亿美元,占 22.6%;从日本进口 0.56 亿美元,占 15.2%;从德国进口 0.22 亿美元,占 6%。这前 4 名进口地共计 2.55 亿美元,占轮胎类进口值的 69.4%。

2014 年,中国台湾非轮胎类进口 3.42 亿美元,占进口总额的48.2%。前四大进口源中,从日本进口 0.97 亿美元,占 28.3%;从中国大陆进口 0.55 亿美元,占 16.1%;从泰国进口 0.38 亿美元,占 11.2%;从美国进口 0.27 亿美元,占 8.0%。这前四大主要进口地进口总值 2.17 亿美元,占 63.6%。2013～2014 年台湾橡胶制品进口

表 13　2013～2014 年中国台湾橡胶制品出口统计

产　　品	2013 年		2014 年		金额比/%
	数量	金额/千美元	数量	金额/千美元	
子午线轮胎/条	11248476	540282	12072982	526657	-2.52
汽车外胎/条	6393283	242691	5042955	189586	-21.88
汽车内胎/条	203257	1785	185649	2259	26.55
摩托车外胎/条	5550527	139551	6067250	140683	0.81
摩托车内胎/条	1295069	4857	1519562	5377	10.71
自行车外胎/条	8860020	62176	9843765	65986	6.13
自行车内胎/条	16658011	27430	18122339	29216	6.51
翻新轮胎/条	12674	507	13301	301	-40.63
其他外胎/条	2178682	101679	2428426	104553	2.83
其他内胎/条	1172119	3193	893253	2364	-25.96
车胎类小计/条	53572118	1124151	56189482	1066982	-5.09
已使用汽胎/千克	7566731	4523	6662012	3772	-16.60
胶管/千克	5678070	21928	6284885	25975	18.46
V 带/千克	1028268	7426	1463838	10297	38.66
平面输送带/千克	20027291	80108	22445403	87154	8.80
其他传动带/千克	2932222	14974	3718550	18574	24.04
橡胶油封/千克	7114694	129306	7336256	142120	9.91
橡胶手套/千克	1540174	12668	1559108	12577	-0.72
胶丝/千克	339102	1727	202833	1002	-41.98
橡胶绝缘胶带/千克	1731309	7281	1165756	5429	-25.44
橡胶滚筒/千克	254433	1494	380654	2115	41.57
其他橡胶制品/千克	52023275	276971	50809606	273198	-1.36
非轮胎类小计/千克	92668838	553883	95366889	578441	4.43
合计		1682557		1649195	-1.98

表 14　2013～2014 年中国台湾轮胎出口主要地区情况

2013 年				2014 年			
排名	出口地区	金额/千美元	占比/%	排名	出口地区	金额/千美元	占比/%
1	美国	350763	31.1	1	美国	369642	34.6
2	日本	141030	12.5	2	日本	114351	10.7
3	加拿大	60956	5.4	3	加拿大	55654	5.2
4	澳大利亚	41522	3.7	4	澳大利亚	37979	3.5
5	巴西	38664	3.4	5	沙特阿拉伯	31392	2.9
6	俄罗斯	34803	3.1	6	伊朗	28940	2.7
7	沙特阿拉伯	26092	2.3	7	英国	22856	2.1
8	英国	24400	2.2	8	德国	21095	2
9	墨西哥	23847	2.1	9	俄罗斯	20997	2
10	荷兰	19900	1.8	10	荷兰	19631	1.8
	前 10 国小计	762067	67.6		前 10 国小计	722537	67.4
	其他	366607	32.4		其他	348217	32.6
	出口合计	1128674	100		出口合计	1070754	100

表 15　2013～2014 年中国台湾非轮胎橡胶制品出口主要地区情况

2013 年				2014 年			
排名	出口地区	金额/千美元	占比/%	排名	出口地区	金额/千美元	占比/%
1	美国	161674	29.2	1	美国	182192	31.5
2	中国大陆	72360	13.1	2	中国大陆	70851	12.3
3	德国	28980	5.2	3	德国	33705	5.8
4	日本	26158	4.7	4	日本	29036	5.0
5	中国香港	24393	4.4	5	中国香港	26892	4.6
6	英国	19083	3.4	6	越南	24011	4.1
7	越南	17380	3.1	7	英国	20574	3.6
8	澳大利亚	14160	2.6	8	荷兰	16358	2.8
9	加拿大	13804	2.5	9	加拿大	14721	2.5
10	荷兰	11075	2.0	10	澳大利亚	11777	2.0
	前 10 国小计	389067	70.2		前 10 国小计	430117	74.3
	其他	164816	29.8		其他	148624	25.7
	出口合计	553883	100.0		出口合计	578741	100

表 16　2013～2014 年中国台湾橡胶制品进口统计情况

产　品	2013 年		2014 年		金额比/%
	数量	金额/千美元	数量	金额/千美元	
子午线轮胎/条	3277739	262819	3744420	294128	11.91
汽车外胎/条	35319	3126	63274	5124	63.92
汽车内胎/条	380815	1495	374362	1611	7.76
摩托车外胎/条	637585	8121	832650	10487	29.13
摩托车内胎/条	133076	232	83608	146	-37.07
自行车外胎/条	5543254	27966	5664058	30499	9.77
自行车内胎/条	3470449	3648	3589882	4083	11.92
翻新轮胎/条	791	369	993	508	37.67
其他外胎/条	1030661	18676	1129240	18948	1.46
其他内胎/条	763010	1317	985643	1565	18.83
车胎类小计/条	**15272699**	**327769**	**16468130**	**367299**	**12.06**
已使用汽胎/千克	**498670**	**195**	**750186**	**308**	**57.95**
胶管/千克	4591153	47452	5253610	50310	6.02
V 带/千克	438734	7729	505297	8252	6.77
平面输送带/千克	394986	8581	487243	9576	11.60
其他传动带/千克	1252837	33514	1437331	33647	0.40
橡胶油封/千克	2213459	65490	2494339	77745	18.71
橡胶手套/千克	6750641	35317	6956253	36831	4.29
胶丝/千克	3265268	10994	3088965	8885	-19.18
橡胶绝缘胶带/千克	66029	1501	58130	1284	-14.46
橡胶滚筒/千克	46300	740	35912	483	-34.73
其他橡胶制品/千克	24278847	114951	25603751	115137	0.16
非轮胎类小计/千克	**43298254**	**326269**	**45920831**	**342150**	**4.87**
合计		654233	-	709757	8.49

统计情况见表16，2013～2014年中国台湾轮胎进口主要地区情况见表17，2013～2014年中国台湾非轮胎橡胶制品进口主要地区情况见表18。

表17 2013～2014年中国台湾轮胎进口主要地区情况

2013年				2014年			
排名	进口地区	金额/千美元	占比/%	排名	进口地区	金额/千美元	占比/%
1	中国大陆	71180	21.7	1	中国大陆	94044	25.6
2	日本	66816	20.4	2	泰国	83170	22.6
3	泰国	66163	20.2	3	日本	55830	15.2
4	德国	22771	6.9	4	德国	21920	6
5	印度尼西亚	19838	6	4	印度尼西亚	18066	4.9
6	法国	14010	4.3	6	法国	16653	4.5
7	马来西亚	10251	3.1	7	马来西亚	9246	2.5
8	韩国	9888	3	8	菲律宾	8468	2.3
9	菲律宾	8527	2.6	9	韩国	8342	2.3
10	西班牙	4823	1.5	10	西班牙	7713	2.1
	前10小计	294267	89.7		前10小计	323452	88
	其他	33697	10.3		其他	44155	12
	进口合计	327964	100		进口合计	367607	100

表18 2013～2014年台湾非轮胎橡胶制品进口主要地区情况

2013年				2014年			
排名	进口地区	金额/千美元	占比%	排名	进口地区	金额/千美元	占比%
1	日本	99943	30.6	1	日本	96930	28.3
2	中国大陆	47373	14.5	2	中国大陆	54987	16.1
3	泰国	41590	12.7	3	泰国	38403	11.2
4	美国	24848	7.6	4	美国	27390	8
5	马来西亚	22512	6.9	5	马来西亚	22134	6.5
6	德国	17645	5.4	6	德国	17879	5.2
7	韩国	12010	3.7	7	韩国	16512	4.8
8	印度尼西亚	10529	3.2	8	印度尼西亚	12699	3.7
9	新加坡	8459	2.6	9	越南	7278	2.1
10	越南	6255	1.9	10	新加坡	6859	2
	前10小计	291164	89.2		前10小计	301071	88
	其他	35105	10.8		其他	41079	12
	进口合计	326269	100		进口合计	342150	100

【原材料】

1. 天然橡胶

中国台湾所用天然橡胶全部依赖进口，2014年台湾进口天然橡胶11.47万吨，比2013年增长4.26%。其中，泰国4.15万吨，占进口总量的36.2%；其次为印尼3.44万吨，占30.0%；越南2.39万吨，占20.9%；马来西亚1.36万吨，占11.8%。这前4名总计进口11.34万吨，占进口总量的98.9%。2014年台湾天然橡胶进口情况见表19。

表19　2014年中国台湾天然橡胶进口情况

kg

国家地区	天然橡胶液	天然橡胶	合计	2013年进口量	同比/%
泰国	6209910	35333984	41543894	36931873	12.49
印度尼西亚		34398822	34398822	33422583	2.92
越南		23943970	23943970	26276702	-8.88
马来西亚	1506240	12055213	13561453	11252586	20.52
柬埔寨		1032000	1032000	461620	123.56
斯里兰卡		105025	105025	1502580	-93.01
美国	2634	41193	43827	53286	-17.75
缅甸		20000	20000	80000	-75
其他	1666	20273	21939	200	
合计	7720450	106950480	114670930	109981430	4.26

2. 合成橡胶

中国台湾乙烯产能世界排名第9，合成橡胶原料产能世界排名第7。目前，台湾生产供应合成橡胶的种类以苯乙烯-丁二烯橡胶（SBR）、聚丁二烯橡胶（BR）、丙烯腈－丁二烯橡胶（NBR）、丙烯腈－丁二烯胶乳（NBR LATEX）及热塑性橡胶（TPE）为主。除供应台湾橡胶厂需求外，大量外销世界各地。台橡及南帝公司在大陆设厂，所需原料如丁二烯、苯乙烯等，主要来自中油、台塑石化、台湾苯乙烯以及国乔公司供应。不足部分进口。其他合成橡胶如IR、IIR、EPDM、CR、ECO、ACM、Q、HNBR、FKM等特殊合成橡胶则依赖进口。台湾合成胶及橡胶弹性体在世界橡胶弹性体产业界占有重要位置。

中国台湾热塑性弹性体规模总产能58万吨，分别为李长荣35万吨，奇美13万吨，台橡5万吨及英全5万吨。2013～2014年台湾橡胶弹性体原材料进口情况见表20。

3. 炭黑

中橡公司是台湾唯一的炭黑生产厂，年产能12.5万吨，占台湾炭黑市场70%～80%。中橡公司目前除在台湾有1家工厂外，也积极通过并购等方式建厂提升竞争力，包括在大陆安徽马鞍山、辽宁鞍山和重庆等地的3家生产厂，以及在美国的3家生产厂、印度1家生产厂，共计8家，总产能70多万吨。

目前中国台湾进口炭黑来自中国大陆、韩国、泰国、加拿大及澳洲等国家和地区，2014年进口总量为8.15万吨，较2013年增长16.7%。其中从中国大陆进口炭黑6.19万吨，占进口总量的75.9%，较2013年增长20.2%；从韩国进口1.03万吨，占12.7%；从美国进口0.18万吨，占2.2%；从日本进口0.24万吨；占2.9%。进口前4名总计7.64万吨，占93.7%。2014年中国台湾炭黑主要进口地区及数量统计见表21。

表20 2013~2014年中国台湾橡胶弹性体原材料进口情况

产品名称	2013年		2014年		金额同比/%
	数量/kg	金额/千美元	数量/kg	金额/千美元	
天然橡胶	7699112	14989	7720450	11671	-22.14
天然乳胶	102282318	283584	106950480	217620	-23.26
SBR 胶乳	8057329	17724	7476916	15359	-13.34
CR 胶乳	418227	1308	544579	1811	38.46
NBR 胶乳	2802804	3449	386111	685	-80.14
其他胶乳	37852	92	55474	119	29.35
TPR	7810009	32382	8497961	33646	3.9
SBR	48483589	106762	38377654	79945	-25.12
BR	29414301	63762	27275834	52967	-16.93
IIR	4177426	14165	4552537	12723	-10.18
CIIR BIIR	9102853	40011	10239013	41928	4.79
CR	8746970	34742	9291711	34858	0.33
NBR	9597978	33272	9154092	33823	1.66
IR	3089628	11031	2967593	10217	-7.38
EPDM	16123085	36373	17804103	34478	-5.21
混合胶	99779	312	117255	370	18.59
聚硫橡胶	100329	859	153246	1048	22
其他合成胶	5359966	22489	5496615	23087	2.66
小计	**263403555**	**717306**	**257061624**	**606355**	**-15.47**
炭黑	69851435	93240	81542990	105258	12.89
促进剂	2333153	8653	2818754	10725	23.95
防老剂	5301331	23165	5616110	24714	6.69

表 21　2014 年中国台湾炭黑主要进口地区及数量统计

地区	2014 年进口量/吨	2013 年进口量/吨	同比/%	2014 年金额/千美元
中国大陆	61877.33	51482.89	20.2	66936
韩国	10349.20	8204.57	26.1	14788
美国	1816.93	2288.51	-20.6	6344
日本	2380.42	2106.43	13.0	5390
加拿大	1514.64	1484.00	2.1	2807
德国	314.76	351.85	-10.5	2348
比利时	414.30	342.62	20.9	1702
俄罗斯	955.40	651.20	46.7	1387
泰国	719.70	1599.50	-55.0	937
印度	689.01	687.85	0.2	836
荷兰	224.92	269.66	-16.6	722
新加坡	85.00	60.00	41.7	475
意大利	191.48	133.98	42.9	472
法国	2.58		65.1	66
捷克	3.50	6.02	-41.9	31
越南	3.83			17
英国	0.01			0
其他	0	180.78		0
合计	81542.99	69851.44	16.7	105285

（邓雅俐）

区域品牌建设

中国(衡水)工程橡胶产业

【基本情况】

河北衡水工程橡胶产业是全国最大的工程橡胶产业集群,工程橡胶产业制造基地,占全国60%的市场份额,拥有"中国(衡水)工程橡胶产业制造基地"、"中国橡胶制品之乡"、"中国公铁交通配套产品铸造基地"等多个国家级名誉称号,2014年实现销售收入138亿元,继续稳居全国领军地位。

【行业组织】

1. 组织建设

2000年,河北衡水工程橡胶产业协会成立。截止到2014年底,会员单位发展到55家,其中生产企业45家,高等院校4家,银行6家,会员单位中包含湖南、湖北、江苏,以及河北石家庄等地的单位,已经成为具有实际意义的全国范围内的行业组织。

河北衡水工程橡胶产业协会以经济建设为中心,坚持四项基本原则,坚持改革开放,为企业和社会搞好服务,维护会员企业的合法权益,协调企业之间关系,发挥行业优势,为提高产品质量和经济效益,提高行业信誉,推进衡水工程橡胶产业发展作出贡献。

2. 行业发展

2014年3月,石油和化学工业橡塑与化学品质量监督检验中心受国家质量监督检验检疫总局委托,到衡水进行了止水带产品质量监测的调研活动。调研以座谈会的形式进行,9家协会骨干企业的总工程师参加了座谈会。会议仔细分析了止水带产品现状及存在的问题,并提出了合理化建议,检测中心对问题和建议梳理后将形成调研报告,提供给国家质检总局,以便国家质检总局制定相关措施努力解决当前止水带产品产销方面存在的相关问题,以保障产品质量。

重庆煤矿中心和徐州煤矿中心审核员组成的评审组受安标国家矿用产品安全标志中心委托,对本地企业申办安全标志的抽放瓦斯用气压式封孔器产品进行了安全标志生产条件现场评审。

由河北省科技成果转化服务中心组织,衡水市科技局主持,邀请中铁第四勘察设计院集团有限公司、中铁二院工程集团有限责任公司及铁道科学研究院铁道建筑研究所等同行业15名专家组成鉴定委员会,对衡水宝力工程橡胶有限公司、中铁第一勘察设计院集团有限公司、衡水通途工程制品有限公司联合研制的"同球向双球面减隔震支座"、"GJQZ球型支座"项目,进行新产品鉴定。与会专家对两项新产品进行了点评,一致认定"同球向双球面减隔震支座总体技术"达到国际领先水平,"GJQZ球型支座总体技术"达到国内领先水平,两项产品经济和社会效益显著,均具有良好的推广应用前景。

【品牌建设】

2014年品牌价值评价工作座谈会暨全国知名品牌创建示范区文审论证会在北京召开,会议就"衡水市桃城区工程橡胶产业名牌创建示范区"创建工作进行了答辩。2014年底"全国知名品牌创建示范区"获批筹建。

"全国知名品牌创建示范区"是由国家质检总局发起和组织的,旨在提高产品质量、创建名牌。参加此次文审论证会的有来自国内24个省、自治区的38个园区。"全国知名品牌创建示范区"获准筹建后,将有24个月的筹建期,在筹建期内验收合格的区域,将获得国家质检总局命名的"全国知名品牌创建示范区"称号,并有相应的政策倾斜,以利于创建名牌产品。该活动体现了国家对品牌价值的认可和重视,对衡水工程橡胶产业园区创全国名牌乃至国际名牌提供了平台和契机。

河北衡水5家企业率先通过了中国橡胶工业协会质量授信资格,并被中国橡胶工业协会在全国进行品牌推荐。拥有群力牌、恒力牌两个中国驰名商标。8家企业的27种产品获得“中国交通企业名牌产品”称号。名牌商标所属企业见表1。

表1　名牌商标所属企业

商标	隶属企业
群力	衡水中铁建工程橡胶有限责任公司
恒力	衡水橡胶股份有限公司

【国际交流】

衡水市桃城区经贸代表团应美国D.S布朗公司邀请，赴美国进行了为期5天的考察访问。出访期间，参加了第31届美国国际桥梁会议及展览，访问了美国D.S布朗公司、美国威廉姆斯公司、HS希尔·史密斯公司、美国宏大(epic)高分子聚合物体系公司、麦克莱恩公司、美国宾夕法尼亚西部工程学会等一批知名企业和行业组织，为该地区路桥配套产品生产企业对外沟通建立了联系。代表团采取了分头拜访洽谈的形式，参观考察了国外公司的先进技术、先进设备和工程样例，并就技术合作、产品出口等问题进行了洽谈。此次出访达到了寻求与美国高新技术产业和跨国公司的战略性合作、拓展和建立新的合作伙伴关系、学习美国在桥梁工程中的新技术和新成果、谋求本地区路桥配套产品打入美国市场的机会和途径。

俄罗斯创新技术设备(公司)到衡水股份橡胶有限公司考察，探寻发展之策。

衡水橡胶股份有限公司在中俄同江铁路大桥建设招标会中，中标铁路桥梁球型钢支座TJQZ和LXQZ，共计1200多万元，为中俄搭建友谊之桥，作出了积极贡献。

【科技创新】

协会专家技术委员会积极助推企业和行业技术进步。近年来，协会专家技术委员会共为会员企业审定企业标准17个，开发新产品75项，7家企业参与了交通运输部公路桥梁盆式支座标准的起草和修订工作。

衡水拥有全国首家橡胶产业生产力促进中心；拥有衡水市工程橡胶研究所、河北省工程橡胶工程技术研究中心，拥有国家级工程橡胶产品质量监督检验中心。与石家庄铁道大学、北京化工大学、东南大学等多所院校建立了战略合作关系，共同推进技术进步。

据不完全统计，2014年新增专利88项，其中发明专利9项、实用新型专利77项、外观设计专利2项。衡水在行业内专利总数达到518项，占全国同类产品专利的70%以上。2014年主要新增专利见表2。

表2　2014年主要新增专利

序号	专利名称	专利类型	专利号	申请日	公开日	专利权人	设计发明人
1	一种水平分散盆式橡胶支座	实用新型专利	201320613381.5	2013.10.08	2014.3.12	衡水中铁建工程橡胶有限责任公司	魏安生　刘井通　高双全　孙其战　周　笑　王　舜　王庆培　季文涛
2	桥梁减震支座	实用新型专利	201320359584.2	2013.06.23	2014.03.12	衡水中铁建工程橡胶有限责任公司	刘兴达　高双全　宫小能　张保忠　魏安生　季文涛　李英娣　周　笑　孙其战　刘井通　郭　勇　邓乃伏　石新英
3	弹性橡胶密封垫挤出磨具	实用新型专利	201320749076.5	2013.11.25	2014.4.16	衡水中铁建工程橡胶有限责任公司	赵晓燕　贾雷雷　张晓慧　周占宁　代保增　贾瑞月　郝庆君　杜志萍　石新英

续表 2-1

序号	专利名称	专利类型	专利号	申请日	公开日	专利权人	设计发明人
4	一种金属阻尼减隔振支座	实用新型专利	201320613883.4	2013.10.08	2014.04.02	衡水中铁建工程橡胶有限责任公司	高双全 魏安生 王舜 沈超 刘井通 周笑 孙其战 季文涛
5	可止排水的自粘止水带	实用新型专利	201320638023.6	2013.10.16	2014.04.23	衡水中铁建工程橡胶有限责任公司	金家康 郭勇 邓乃伏 宫小能 李鑫 王红续 杜志萍 陈少静 沈超 李二茂 常迎雨
6	一种橡胶支座修补装置	实用新型专利	201320768886.5	2013.11.29	2014.04.30	衡水中铁建工程橡胶有限责任公司	赵晓燕 张晓慧 贾雷雷 周占宁 刘春杰 邓乃伏 石新英
7	一种锚穴凹槽成型装置	实用新型专利	201320836222.8	2013.12.18	2014.05.21	衡水中铁建工程橡胶有限责任公司	李英娣 卢幸丽 贾雷雷 宫小能 肖英军 郭春英 张丽珍 刘井通 王舜 杜志萍 安文德 邓乃伏 石新英
8	一种钢边橡胶止水带制备装置	实用新型专利	201320859845.7	2013.12.25	2017.07.09	衡水中铁建工程橡胶有限责任公司	赵晓燕 贾雷雷 安文德 常丰年 张晓慧 周占宁 代保增 李风梅 邓乃伏 石新英
9	轨道交通浮置板用一更换橡胶隔振器	实用新型专利	201420180644.9	2014.04.15	2014.08.13	衡水中铁建工程橡胶有限责任公司	金家康 郭勇 宫小能 王红续 李鑫 陈少静 李二茂 李朋 贾雷雷 肖英军 沈希辉 张秀亮
10	一种橡胶密封圈模具	实用新型专利	201420292549.8	2014.06.04	2014.09.24	衡水中铁建工程橡胶有限责任公司	赵晓燕 贾雷雷 安文德 张晓慧 常丰年 周占宁 郝庆君 赵雅婷 贾瑞月 杜志萍 赵荣
11	一种具有防落梁功能的摩擦摆支座	实用新型专利	201420292511.0	2014.06.04	2014.10.01	衡水中铁建工程橡胶有限责任公司	徐锁来 卢幸丽 杨景斌 杨灵格 张迎春 王舜 王海燕 樊文星 赵荣 张玲玲 石新英
12	一种钢边自粘橡胶止水带	实用新型专利	201420402409.1	2014.07.21	2014.11.12	衡水中铁建工程橡胶有限责任公司	金家康 郭勇 宫小能 王红续 李英娣 卢幸丽 李二茂 陈少静 李朋 贾雷雷 王庆培 季文涛 肖英军 胡秋红 邓乃伏 黄晓倩
13	一种止水结构	实用新型专利	201420380396.2	2014.7.10	2014.12.17	衡水中铁建工程橡胶有限责吉任公司	牛斌 马伟斌 金家康 郭勇 张千里 孙诚 李炯 付兵先 郭小雄 邹文浩 马超峰 闫鑫 牛亚彬

续表 2－2

序号	专利名称	专利类型	专利号	申请日	公开日	专利权人	设计发明人
14	一种止水带	实用新型专利	201420380511.6	2014.7.10	2014.12.17	衡水中铁建工程橡胶有限责任公司	牛 斌 马伟斌 金家康 郭 勇 张千里 孙 诚 李 炯 付兵先 郭小雄 邹文浩 马超峰 闫 鑫 牛亚彬
15	一种高耗能减隔震橡胶支座	实用新型专利	201420514311.5	2014.09.09	2014.12.24	衡水中铁建工程橡胶有限责任公司	樊文星 徐锁来 杨灵格 杨景斌 张迎春 严腊文 王海燕 张 强 黄晓倩
16	一种无界面阻力式满粘接防水材料及其制备工艺	发明专利	201310065039.7	2013.2.28	2014.4.2	衡水中铁建土工材料制造有限公司	李藏哲 王永成 刘跃峰 邓乃伏 石新英
17	一种高分子自粘胶膜防水卷材	实用新型专利	201320817346.1	2013.12.13	2014.5.14	衡水中铁建土工材料制造有限公司	马玉凤 李藏哲 柳海燕 李宗梅 王永成 邓乃伏 石新英
18	一种聚氯乙稀防水卷材	实用新型专利	201320720837.4	2013.11.15	2014.09.17	衡水中铁建土工材料制造有限公司	李藏哲 王永成 马玉凤 柳海燕 张国珍 邓乃伏 石新英 黄晓倩
19	单齿履带板半开半封闭式制坯模	实用新型专利	201320538412.1	2013.08.30	2014.02.05	衡水中铁建铸锻有限公司	焦伟祥 赵 伟 张开举 孙加增 刘松伟 邓淋方 马 丽
20	双齿履带板终锻模	实用新型专利	201320487200.5	2013.08.09	2014.01.15	衡水中铁建铸锻有限公司	焦伟祥 翟子琢 赵 伟 张开举 孙加增 刘松伟 邓淋方 马 丽
21	铁路耐候钢型材	外观设计专利	201430041021.9	2014.03.05	2014.07.09	衡水布朗科技有限公司	郭 勇 李淑明 侯若敬 王 哲 高 远 郭庆军
22	铁路桥梁伸缩装置	实用新型专利	201420095513.0	2014.03.05	2014.07.30	衡水布朗科技有限公司	郭 勇 李淑明 侯若敬 王 哲 高 远 郭庆军
23	异型钢(单缝钢)	外观设计专利	201430099829.2	2014.04.22	2014.08.20	衡水布朗科技有限公司	侯若敬 于 雷 郭建民 郭文学 李淑明 王 哲 刘冠雄 李 婷
24	铁路桥梁伸缩缝防水橡胶条更换装置	实用新型专利	20142026.7559.6	2014.05.25	2014.09.17	衡水中铁建布朗科技有限公司	侯若敬 李淑明 王 哲 郭庆军 姜建明 高 远
25	可更换模数式桥梁伸缩装置	实用新型专利	201420458162.5	2014.08.14	2014.12.03	衡水中铁建布朗科技有限公司	侯若敬 李淑明 王 哲 高 远 郭庆军 郭勇
26	可更换铁路桥梁伸缩装置	实用新型专利	201420102949.8	2014.03.09	2014.09.17	衡水中铁建布朗科技有限公司	侯若敬 李淑明 王 哲 高 远 郭庆军 郭 勇
27	一种铝合金声屏障框架结构用主梁铝型材	实用新型专利	201420180990.7	2014.04.15	2014.08.13	衡水中铁建环保工程有限公司	刘学斌 张庆国 李世彪 沈希辉 郑春永 马关武

续表 2-3

序号	专利名称	专利类型	专利号	申请日	公开日	专利权人	设计发明人
28	一种通透隔音板	实用新型专利	201420180778.0	2014.04.15	2014.08.13	衡水中铁建环保工程有限公司	刘学斌 张庆国 李世彪 沈希辉 郑春永 马关武
29	一种框架结构声屏障	实用新型专利	201420180774.2	2014.04.15	2014.08.13	衡水中铁建环保工程有限公司	刘学斌 张庆国 李世彪 沈希辉 郑春永 马关武
30	一种声屏障百叶孔单元板	实用新型专利	201420180772.3	2014.04.15	2014.09.10	衡水中铁建环保工程有限公司	刘学斌 张庆国 李世彪 沈希辉 郑春永 马关武
31	盆式抗拉橡胶支座	实用新型专利	201320610605.3	2013.9	2014.3	衡水宝力工程橡胶有限公司	李金亮 魏春晶 高建华 王洪强 赵杰 赵颖
32	等球面摩擦摆减隔震支座	实用新型专利	201320609945.4	2013.9	2014.3	衡水宝力工程橡胶有限公司	李金亮 魏春晶 高建华 王洪强 彭克勤 赵杰 赵颖
33	同球向双球面减隔震支座	实用新型专利	201320663650.5	2013.10	2014.4	中铁第一勘察设计院集团有效公司;衡水宝力工程橡胶有限公司;衡水通途工程制品有限公司	杨少军 雷晓峰 冯亚成 赵九平 吴聪利 吴峰 张勇
34	快装止水带	实用新型专利	201320671335.7	2013.10	2014.4	衡水宝力工程橡胶有限公司	温彦起 李金红 赵占永 苏志国 张庆浩
35	一种桥梁支座	实用新型专利	201320610278.1	2013.9	2014.4	衡水宝力工程橡胶有限公司	王淑兰 英升睿 王希慧 刘欣顺 白阳 李金亮 张晓燕 高兴丽 王双
36	模数式梳齿板伸缩装置	实用新型专利	201320885441.5	2013.12	2014.6	衡水宝力工程橡胶有限公司	王淑兰 杨国红 张晓燕 张阳光 石娟 邵晓娜 张郡 张国娜 郑立志 晋志刚 王凤磊 杜东凯 王超
37	一种碳纤维夹持装置	实用新型专利	201420092049.X	2014.3	2014.8	衡水宝力工程橡胶有限公司	白阳 王淑兰 郑立志 韩银虎
38	一种可快速更换的模数式伸缩装置	实用新型专利	201420253701.1	2014.5	2014.9	衡水宝力工程橡胶有限公司	吴聪利 王希慧 刘欣顺 侯凤玺 李振华 张晴 高兴丽 戎建丁
39	拉压防落梁减隔震支座	实用新型专利	201420236709.7	2014.5	2014.9	衡水宝力工程橡胶有限公司	王淑兰 王希慧 魏春晶 石娟 张晓燕 王毅 赵颖 高建华 王洪强 张建
40	一种六自由度模数式伸缩装置	实用新型专利	201420317038.7	2014.6	2014.10	衡水宝力工程橡胶有限公司	刘欣顺 高兴丽 吴聪利 赵九平 史洪超 吴永胜
41	一种桥梁转体支座	实用新型专利	201320766505.X	2013.11	2014.5	铁道第三勘察设计院集团有限公司、衡水宝力工程橡胶有限公司	辛建忠 李黎 卞迁甬 张伟康 田山坡 宋顺心 王树元 王菲 刘海亮 孙龙 魏春晶 王念才

续表 2－4

序号	专利名称	专利类型	专利号	申请日	公开日	专利权人	设计发明人
42	一种复合型氯化聚乙烯防水卷材及制备方法	发明专利	201210027383.2	2012.02.08	2014.04.02	衡水橡胶股份有限公司	牛斌 王保良 胡所亭 马林 魏峰 刘永健 葛凯 马美琴 修磊 王浩 鲍新艳
43	一种网壳结构中用的双球铰制作结构	实用新型专利	201320637694.0	2013.06.25	2014.04.30	衡水橡胶股份有限公司	宋长江 裴慧蓉 高修建 杨华 井司南 张洪旺 肖铁岭 艾国宁
44	一种可自调水平刚度的摩擦摆式减隔震支座	实用新型专利	201320676062.5	2013.06.15	2014.04.30	衡水橡胶股份有限公司	张洪旺 裴慧蓉 贾双双 张显宗 于俊凯 赵保锋 肖铁岭 艾国宁
45	箱梁中使用的一种竖向预应力钢棒螺纹锚具	实用新型专利	201320446963.5	2013.08.06	2014.01.22	衡水橡胶股份有限公司	魏存杰 舒江 肖铁岭 刘保权 马永存 秦雪花
46	斜拉索桥主塔中用的以一种预应力钢棒螺纹锚具	发明专利	201320721600.8	2013.04.02	2014.05.21	衡水橡胶股份有限公司	马永存 秦雪花 李龙 张新志
47	调节型桥梁钢支座现场调试安装的方法及配套的钢支座	发明专利	201019110010.X	2013.10.11	2014.04.30	衡水橡胶股份有限公司	陈后军 宋顺忱 任伟 田建德 裴芸蓉 张洪旺 李金保
48	一种具有新型防水结构的梳齿型桥梁伸缩装置	发明专利	201320758470.5	2013.11.27	2014.05.28	衡水橡胶股份有限公司	张显宗 裴芸蓉 贾双双 于俊凯 赵保锋 张林翠 肖铁岭
49	一种多级消能减震的调高盆式支座	实用新型专利	201420398149.5	2014.07.18	2014.12.31	衡水橡胶股份有限公司	辛建忠 刘保权 田山坡 贾双双 李黎 于俊凯 龚伟 张洪旺 张通乐 张群发
50	一种模数式防震落桥梁伸缩装置	实用新型专利	201420362762.1	2014.07.03	2014.12.03	衡水橡胶股份有限公司	刘宁 高超 刘建波 郭振广 张立 赵尚帅 高影 马朝辉
51	地震 E2 阶段抗震球型钢支座	实用新型专利	201320489081.7	2013.8.12	2014.1.8	丰泽工程橡胶科技开发股份有限公司	徐瑞祥 冯克岩 曹景 刘文江 陈明贵 赵兴中 张培基 李炯 张建宁
52	调高支座用加固装置及加固方法	发明专利	201210229470.6	2012.7.4	2014.1.15	丰泽工程橡胶科技开发股份有限公司	孙向东 李炯 杨登峰 安孝 徐瑞祥 张培基
53	机械式速度锁定支座	实用新型专利	201420331267.4	2014.6.20	2014.11.12	丰泽工程橡胶科技开发股份有限公司	徐瑞祥 张培基 李炯 郑东海 蔡文勇 孙诚

续表 2－5

序号	专利名称	专利类型	专利号	申请日	公开日	专利权人	设计发明人
54	弹塑性防落梁减隔震加固装置	实用新型专利	201320845710.5	2013.12.20	2014.5.21	丰泽工程橡胶科技开发股份有限公司	徐瑞祥　栾广扬　李　炯　张培基　孙诚
55	减震型销轴支座	实用新型专利	201420129877.6	2014.3.21	2014.9.3	丰泽工程橡胶科技开发股份有限公司	邢　超　刘　勤　徐瑞祥　耿　哲　李　炯　张培基　王耆生　朱少红　王久雨
56	一种测压受力均衡桥梁支座	实用新型专利	201420127918.8	2014.03.21	2014.10.29	衡水众鑫工程橡塑有限公司	李国荣　李俊岩　李　莎　崔建学
57	一种自动示警板式橡胶支座	实用新型专利	201320238539.1	2013.05.07	2014.03.05	衡水众鑫工程橡塑有限公司	李国荣
58	一种自动示警球型桥梁支座	实用新型专利	201420127946.X	2014.03.21	2014.10.29	衡水众鑫工程橡塑有限公司	李国荣　李俊岩　李　莎　崔建学
59	一种自动示警圆形板式橡胶支座	实用新型专利	201320238586.6	2013.05.07	2014.02.05	衡水众鑫工程橡塑有限公司	李国荣
60	一种自动示警防滑板式橡胶支座	实用新型专利	201320236586.2	2013.05.06	2014.02.26	衡水众鑫工程橡塑有限公司	李国荣
61	一种调平支座	实用新型专利	201420223006.0	2014.05.04	2014.09.10	衡水鑫盛达新材料科技有限公司	王伟肖　徐　斌　狄永志　高英彬　张梦琪　杨　宁　韩亮　赵世锋　赵世猛　赵保忠
62	一种铅芯橡胶支座	实用新型专利	201420524426.2	2014.09.15	2014.12.24	衡水鑫盛达新材料科技有限公司	王伟肖　徐　斌　狄永志　高英彬　张梦琪　杨　宁　韩　亮　赵世锋　赵世猛　赵保忠
63	一种自主排气防水膜	实用新型专利	201320439590.9	2013.07.23	2014.2.26	衡水大众橡塑有限公司	王　志　张广强
64	大位移抗震缓冲伸缩装置	实用新型专利	201320763131.6	2013.11.28	2014.4.30	衡水冀通工程橡胶有限公司	李登良　郝　斌　赵海英　刘同胜
65	一种大位移抗震缓冲伸缩装置	实用新型专利	201320762977.8	2013.11.28	2014.4.30	衡水冀通工程橡胶有限公司	李登良　郝　斌　赵海英　刘同胜
66	盆式球型支座	实用新型专利	201420153655.8	2014.4.1	2014.8.6	衡水冀通工程橡胶有限公司	李　明　李登良　高俊元　宋建永
67	多项变位伸缩装置	实用新型专利	201420540896.8	2014.9.21	2014.12.31	衡水冀通工程橡胶有限公司	李登良　李　明　高俊元　宋建永
68	复合橡胶密封止水带	实用新型专利	201420193611.8	2014.4.2	2014.11.5	河北博汇科技开发有限公司	周兴旺　张体铭　郑　雪

【上市企业】

2014 年 12 月 4 日，丰泽工程橡胶科技开发股份有限公司在新三板成功上市，股票代码 831289，成为衡水工程橡胶产业首家上市公司。

(刘　卿)

中国(宁海)汽车橡胶部件产业基地

宁海地处浙东中部沿海,濒临三门湾和象山港,陆域面积1843平方公里,总人口61.6万,下辖14个乡镇、4个街道。工业经济是宁海主导经济,全县共有工业企业8000多家,其中规模以上企业495家,上亿元企业94家。2014年实现工业总产值833亿元,其中规模以上企业实现产值593亿元,全县工业增加值186亿元,占全县GDP比重的45.3%。

20世纪70年代,宁海县人敏锐意识到汽车产业是综合性强、附加值高的现代产业,对于提升工业质效、加快转型升级、培育现代产业体系具有十分的重要作用。依托良好的区位条件和产业基础,大力发展汽车零部件产业,已培育形成各类专业企业近150家,产品2000余种,工程技术人员达到1500多人,从业人员2万余人。

近年来,为进一步推动汽车零部件工业的快速发展,县政府更是积极培育汽车零部件产业,加快产业基地集约化、规模化、标准化、专业化的建设步伐,使该县汽车零部件行业驶入健康持续发展快车道,这为立足现有资源,强化整合提升,延伸产业链、做大价值链,积极打造汽配产业园、汽车生活广场、汽车4S店集聚区等平台,加快构筑集研发设计、加工制造、展示展销、配套服务等功能于一体的百亿汽车产业集群,努力为实现制造业与现代服务业的深度融合提供了重要支撑,同时也进一步夯实了该县创建国家级汽车零部件产业基地的产业基础。

【基本情况】

汽车零部件行业是宁海县工业经济6大特色行业之一,截至2014年底,全行业实现产值105亿元,其中规模以上企业产值101亿元。拥有国家级高新技术企业26家;国家认可实验室3家;拥有省级企业研发中心6家,市级企业技术工程中心15家,开发生产市级以上新产品、新技术、新工艺300多项;同时还获得市级以上名牌产品称号13个,获得市级以上知名商标19件。近两年来,该县企业还成功参与2个国家标准制订。2007年,先后被授予"中国(宁海)汽车橡胶部件产业基地"、"浙江省汽车橡胶零部件省级高新技术特色产业基地"和"宁波市汽车零部件产业基地"等荣誉称号。

经过长足发展,宁海县汽车零部件行业形成了以建新、捷豹、双林、天普、永信、光明、卡倍亿等一批具有特色和拥有自主品牌的龙头企业,极大提高了该县汽车零部件行业的知名度和影响力。

1.产品种类多,配套档次高

汽车零部件行业依托宁海模具生产基地的优势,涉足到汽车零部件除发动机、车身、轮胎外几乎所有产品的生产,主要产品有油封及密封制品系列;减震制品系列;点火系统;管路系统系列;制动传动带系列;动力装置类;汽车底盘类;电器、仪表及相关配件类等。

据不完全统计,宁海县汽车零部件企业为不同汽车制造企业配套生产的产品达上千种,国内市场主要为一汽大众、上海大众、上海通用、东风汽车、长安福特、神龙汽车、北京现代等国内主要主机厂家配套,国际市场主要为奔驰、宝马、德国大众、通用、丰田、沃尔沃等著名品牌的生产厂家配套。全县85家规模以上企业基本上都是共同体成员单位,为主机厂提供一级配套或二级配套服务。由于与主机厂建立了紧密联系,汽车零部件企业紧跟整车产品发展步伐,不断开发新产品,并注重中高档产品的研发,不断提高配套产品的档次,使产品覆盖面不断扩大,配套档次稳步提高,70%以上主导产品实现了与整车厂配套生产,得到主机厂普遍好评与赞誉。

2.科技创新强,技术进步快

10多年来,特别是汽车橡胶部件产业基地创建以来,该县汽车零部件企业在发展壮大自身规模的同时,在实施技术改进和科技创新,切实提高企业研发能力,取得了丰硕成果。

建新赵氏集团有限公司主持的奥迪A6、宝来A4车门玻璃密封条项目被列入国家火炬计划重点项目,宁波永信汽车部件制造有限公司开发的燃油蒸发污染物控制装置(新型扩散板炭罐)项目被列入科技型中小企业技术创新基金项目和国家火炬计划项目,此外还有其他3个项目入围宁波市火炬计划。

在加快技术进步同时,该县汽车零部件企业加快技术改造步伐,在装备上投入较多资金,每年平均用于技术改造的资金达5亿元,先后引进了多功能橡塑挤出机、GSB-2型高速编织机、全自动配方炼胶生产线、汽车用同步带生产线、臭氧试验机、MTS三轴向动静态弹性体测试仪等生产检测设备,极大地提高了汽车零部件产品质量和交付能力。

3. 管理理念先进,质管体系完善

宁海县汽车零部件企业主要与汽车制造企业配套,其产品具有更高的要求,特别是安全性能方面的要求,企业必须建立一套与汽车行业相适应的质量管理和保证体系,才有可能进入汽车制造企业的配套体系。

10多年来,宁海县规模以上企业先后通过了ISO 9000系列质量体系认证和ISO/TS 16949质量体系认证,其中通过ISO 14000认证的企业有32家,5S、6S、7S现场动态管理得到普遍实行。不仅极大提高了企业管理水平和产品质量,而且为企业进入主机厂或主机配套体系提供了必要的通行证,也为企业进一步开拓国内外市场,提高市场竞争力提供了保障。

【主导产品】

大多数产品为汽车整车制造厂和零部件总成生产企业提供一、二级配套,与主机厂配套的产品约占产品总数的75%。

1. 油封、密封系列配件、部件

油封、密封系列主要产品有防尘罩系列、橡胶密封件、密封垫系列、发动机汽缸密封件系列、制动气室橡胶隔膜、制动轮缸密封卷、门窗密封条等。代表企业为建新赵氏集团有限公司,系国家高新技术企业、长春一汽共同体成员单位,主要生产汽车门窗密封条与橡胶减震器,产品在国内与一汽大众、上海大众、上海通用、神龙富康、奇瑞、北京奔驰-克莱斯勒配套,国外与美国通用、克莱斯勒、德国大众、奥迪配套。

2. 减震系列配件、部件

减震系列主要产品有发动机减震支架、汽车变速箱支承、汽车减震制品系列、空气悬挂橡胶衬套、减震支架、空气弹簧、各种车辆减震产品等。代表企业有建新赵氏集团有限公司、捷豹集团有限公司和宁波美亚达汽车部件制造有限公司等,其中宁波美亚达汽车部件制造有限公司正在开发与生产空气弹簧产品,并在争取参加空气弹簧国际标准的制定。

3. 点火系列配件、部件

点火系列主要产品有汽车点火线圈高压橡胶管、高压点火线高压护套系列、橡胶护套及连接器系列等。代表企业为宁波光明橡塑有限公司,产品广泛用于汽车、家用电器、电动工具及连接器密封件等各领域,赢得了德尔福、百得国际集团、通用、福特等跨国公司的信赖与合作。

4. 管路系列配件、部件

管路系统产品主要有供油管、动力转向回油系统管理、燃油系统管路系统总成等。代表企业为宁波市天普汽车部件有限公司,拥有先进的橡胶复合混合线,以及从美国和德国引进的大型橡胶注射机和真空硫化设备等,产品主要为马自达、本田、福特、日产、东风等汽车企业配套。

5. 传动制动系列配件、部件

传动系列产品主要是汽车用同步带,代表企业为宁波捷豹集团有限公司和康迪泰克传动系统有限公司。宁波捷豹是国家高新技术企业,上海大众公司共同体成员单位,专业为汽车操纵系统、动力传动系统等配套橡胶及塑料件总成零部件。康迪泰克传动系统有限公司为德国独资企业,专业开发、生产和销售汽车和工业传动带,主要为上海大众、一汽大众及华晨宝马配套。

6. 汽车发动机系统配件、部件

产品主要集中在汽缸体、盖、套,垫汽油箱及汽油管等范围,代表企业是宁海县海裕铝业有限公司。该公司专业从事铝合金压铸件生产,主要产品有汽车发动机的铝压铸件及总成发动机支架、气缸盖罩、油底壳、出水口、进水口等配件,是上海大众、安徽江淮、奇瑞等汽车公司的一级配套供应商,产品出口欧美主要国家和地区。

7. 汽车底盘系统配件、部件

底盘类产品主要以金属件为主,代表企业为宁波永信汽车部件制造有限公司和宁波沃特汽车部件有限公司。宁波永信汽车部件制造有限公司是一家专业生产研发汽车底盘部件的公司,主要产品有汽车燃油蒸发污染物控置装置、换档操作机构总成、悬挂系统部件、转向系统零部件等,是上海汽车、比亚迪汽车、吉利汽车等国内主机厂的一级配套企业,也是是韩国现代、福特等二级配套企业。宁波沃特汽车部件有限公司是一家专业从事汽车冲压焊接件研发、生产的企业,已成功开发出汽车底盘控制臂、汽车减震冲压部件、汽车底盘拉杆等5大系列产品,其中汽车底盘控制臂系列为金杯面包车、北京吉普、奇瑞A21等企业配套。

8. 汽车车身系统配件、部件

从事此类产品生产的企业数量较多,代表企业为宁波双林汽车部件股份有限公司和宁海南星汽车部件有限公司。宁波双林汽车部件股份有限公司致力于汽车座椅系统,内外饰系统,空调、照明系统,动力系统的塑料件等零部件及总成和全系列的高精度模具的开发与生产,分别与通用汽车、福特汽车、丰田汽车等诸多国内外著名厂商建立了长期合作伙伴关系,产品远销欧美、日韩等国家。宁海南星汽车部件有限公司主要生产汽车电动玻璃升降器总成、雨刮臂、电机等各种汽车零部件,产品远销欧美,并可根据用户的要求定制各类电动玻璃升降器、刮水器及电机等零部件。

9. 汽车电器系统配件、部件

主要产品有汽车电线、电流传感器等,代表企业为宁波卡倍亿电气技术有限公司。该公司专业生产汽车电线电缆、汽车电流传感器、汽车电子调节器等产品,广泛应用于大众、奥迪、宝马、福特、日产、沃尔沃等汽车品牌,公司也生产多种标准的汽车电线,包括德国标准系列、美国标准系列、日本标准系列等。

【展　望】

1. 发展思路

以体系建设为龙头,以技术引进和技术开发为两翼,统筹国内与国际市场,以提高竞争力为牵引,采取以高档产品带动低档产品,以主机厂配套产品带动维修市场的策略,形成"雁阵效应"。进一步扩大出口,加快代替进口产品步伐,形成比较稳定的专业化和规模化汽车零部件配套生产体系,最终建成国内一流的汽车零部件制造基地。

2. 发展目标

今后5年,该县汽车零部件产业规模、技术创新能力、出口规模要在全国达到领先地位,特别是密封条、管路、空气弹簧、传动带、油封等产品更要达到国际一流水平。该县汽车零部件产业基地将打造成为全国主要汽车部件产业的先进制造中心,汽车橡胶部件的航空母舰。

(1)产业规模

力争到2016年汽车零部件产业实现产值130亿元,年均增长10%,出口产值20亿元。

(2)结构调整

到2016年,培育一批国内最具影响力的汽车零部件企业,建立一批拥有自主开发能力、能够与整车同步开发、实现系统化设计、模块化供货、具有国际竞争力的零部件供应商,形成层次分明,关系稳定,专业化、规模化明显,效益良好的零部件配套体系,并主动积极地进入全球采购体系。

(3)技术创新

依托和整合26家国家高新技术企业和6个省级技术研发中心研发力量,加大投入,充分利用比较优势,积极参与整车企业的产品开发,切实提高汽车零部件核心技术的掌控能力,基本形成与国际接轨的、具有较强自主研发能力的汽车零部件技术创新体系,使产品技术性能达到或接近国际先进水平。物耗、能耗、环保和劳动生产率等各项经济技术指标位居全国前列,企业生产工艺装备自动化程度接近国际先进水平。

(4)平台建设

为尽快实现汽车零部件发展目标,壮大做长汽车零部件产业链,该县规划创建占地16.07平方公里的宁海汽车城和3000亩的宁东汽配园区,鼓励企业向“一城一园”集聚，为行业发展提供优质平台。

【产业发展】

1. 重点项目

围绕汽车零部件产业的发展目标，该县积极推进技术创新，大力实施技术改造，通过自主开发、引进消化、合资合作以及产学研结合等方式，加快技术进步与产业升级步伐。2014～2018年，汽车零部件企业将投资30亿元用于技术改造，项目主要有汽车减震、密封件生产线，变速箱齿轮生产线，汽车空气弹簧、减震器衬套生产线，一体式汽车点火系统高压护套生产线等项目，具体见表1。

表1　2014～2018年汽车零部件行业重点技改项目

企业名称	项目名称
知豆电动车有限公司	年产30万台微行纯电动车项目
双林汽车部件投资有限公司	年产20万套DSI变速器生产线项目
建新赵氏集团有限公司	建新汽车零部件研发及生产基地
宁波中镕汽车部件有限公司	汽车精密压铸件生产研发基地
宁波方正汽车模具有限公司	年产150套汽车油箱吹塑模具生产线
宁波市天普高分子材料有限公司	年产1万件胶管系统及密封制品出口生产线
宁波博通汽车部件有限公司	年产80万套轿车内外饰件、45万盏LED汽车灯生产线
宁波长青藤汽车用品有限公司	汽车配件及高端汽车清洁用品生产线
宁波双林汽车部件股份有限公司	年产200万套汽车座椅零部件生产线改建项目
宁波旭东新盛汽配有限公司	年产4500吨汽车精密合金生产线项目
宁波中俊汽车零部件有限公司	年产20万套汽车保险杠生产线
建新赵氏集团有限公司	年产1000万件减震件及30万套轿车密封条生产线
宁波天下汽配有限公司	年产40万套汽车内饰部件和高效节能车灯生产线
宁波兴利汽车模具有限公司	汽车模具生产线
宁波尚信汽车零部件有限公司	年产190套汽车模具生产线项目
宁海建强汽车部件制造有限公司	年产20万套轿车密封条生产线项目
宁波捷豹传动系统有限公司	年产120万条汽车发动机传动带生产线
宁波市奇精机械有限公司	年产290万件汽车变速箱齿盘生产线
宁波双源汽车部件有限公司	年产180万件汽车配件生产线
宁波兰迪汽配工业有限公司	年产300万套中高档汽车塑料紧固件生产线

2. 重点领域

今后5年，宁海县汽车零部件产业重点发展的9大领域，具体见表2。

表 2　宁海县汽车零部件产业重点发展领域

重点领域	主导产业产品体系	代表企业
汽车发动机系统	汽缸体、汽缸盖、汽缸套、汽缸,垫汽油箱及汽油管等	宁海县海裕铝业有限公司
汽车车身系统	车门及附件、玻璃升降器、汽车座椅及调角器、安全带与安全气囊、刮水器、洗涤器、仪表板、保险杠、驾驶室总成等	宁波双林汽车部件股份有限公司、宁海县南星汽车部件有限公司
汽车电器系统	电线电缆、汽车电流传感器、汽车电子调节器等产品	宁波卡倍亿电气技术有限公司
油封、密封系列	防尘罩系列、橡胶密封件、密封垫系列、发动机汽缸密封系列、制动气室橡胶隔膜、制动轮缸密封卷、门窗密封条等	宁波捷豹集团有限公司、建新赵氏集团有限公司、宁波永信汽车部件制造有限公司、宁波无边橡塑有限公司等
减震系列	发动机减震支架、汽车变速箱支承、汽车减震元件系统、空气悬挂橡胶衬套、减震支架、空气弹簧、各种车辆减震产品等	宁波永信汽车部件制造有限公司、建新赵氏集团有限公司、宁波兴亚橡塑集团有限公司、宁波美亚达汽车部件有限公司
制动、点火、照明系统	各种型号气室隔膜、刹车皮膜、线束、电子点火照明系统、传动轴套等	宁波光明橡塑有限公司、宁波兴亚橡塑集团有限公司、宁波双林汽车部件股份有限公司
管路系统	供油管、动力转向回油系统管路、燃油系统管路系统总成、编织管、通气管、水管等	宁波兴亚橡塑集团有限公司、宁波市天普汽车部件有限公司、宁波大洋实业发展有限公司
传动系列	汽车同步带、多楔带、V 带等	宁波捷豹集团有限公司
汽车底盘系统	悬架系统、减振器、轮毂、转向系统、制动系统等	宁波永信汽车部件制造有限公司、宁波沃特汽车部件有限公司、宝德轮业有限公司

【采取措施】

1. 健全组织管理机制

进一步健全完善推动产业基地升级发展的领导决策机制、执行机制、监督机制、协调配合机制和政策机制,建立由县领导牵头,相关部门共同参与的产业基地升级发展领导小组,负责全县产业基地升级发展工作的协调推进。领导小组下设办公室,负责指导、协调和推进工作开展,各产业基地所在园区也要建立相应管理对接机构,做好工作具体推动和落实。要充分有效发挥协会政企沟通的桥梁纽带作用,进一步健全信息收集、反馈和协调机制,积极为本行业升级发展提供优质服务。

2. 强化产业基地建设

以"一城一园"建设为重点,制定产业空间布局规划,推动相同、相近和相关产业的集聚集群发展。规划建设的宁海汽车城,主要以高档汽配零部件设计和制造为主,吸引上下游企业、设计研发等生产服务性企业集聚;规划建设的汽配产业园,主要吸引汽配生产企业集聚。要紧紧抓住国家扩大投资拉动内需的战略机遇,加强与国家、省、市相关部门的对接和沟通,积极争取政策性资金,支持重点产业化项目和有利于产业转型的项目建设。

3. 加强要素保障机制

积极搭建"政银企"三方合作平台,充分利用中小企业担保中心等平台,大力推进"银企对接"、"银项对接",充分挖掘信贷潜力,积极探索动产抵押、股权质押等方法,提高企业融资成功率和融资额度。

积极引导企业建立健全留人用人导向机制,鼓励企业加大引智力度,引进高层次、高学历人才和实用型、高技能人才。创新人才培养方式,建立完善政府、企业、社会共同参与的人才培训机制,实施企业经营者培训工程,进一步提升企业家发展理念。推动校企合作,通过合作办学、定向培养等多种方式,培养高素质技术人才和技工,为产业转型发展提供人才支撑。

4. 加快产业转型升级步伐

积极鼓励企业引进高新设备,加快"机器换人"步伐,加快"两化"融合力度,不断提高劳动生产率。紧握汽配行业发展脉搏,积极强化与主机厂对接跟踪,不断引进新技术、新工艺,变"制定"为"定制",提供能满足多家厂家的个性化、多样化产品。切实提高产品技术含量,转型升级、积极向产业链上端延伸。

5. 大力开展招商引资

充分利用产业基地,做好招商工作,注重引进一批符合该县产业培育需要的集聚型、配套型、成长型的大好高项目。加强与国内外龙头企业、知名公司的对接联系,开展有针对性地洽谈和招商。注重培育"宁海人经济",充分依托同乡会、商会等组织,积极利用在外宁海人的各种人脉关系和经济关系,把资本、技术和人才引进来,把资金、信息和订单带回来,引导外出闯市场的能人回乡创业、投资兴办项目,共同为宁海县汽车零部件行业升级发展作出新的贡献。

(严永飞)

橡胶工业
主要科技成果

橡胶工业主要科技成果

【基本情况】

2015 年是中国橡胶工业百年华诞，经历了整整一个世纪的发展，中国橡胶工业已建成世界橡胶工业大国，部分行业已进入世界强国的行列。2014 年中国橡胶工业协会编制出版了《中国橡胶工业强国发展战略研究》，进一步推动了全行业向世界强国迈进的步伐。

进入 21 世纪，我国橡胶工业始终持续稳定的发展，生胶消耗量、橡胶工业总产值和轮胎产品产量是最具说服力的三组数据。自 2002 年起，我国生胶消耗量达 306 万吨，居世界第一位，十多年来一路领先，至 2014 年生胶消耗量 880 万吨，为全球(2804 万吨)的 31%，同比(下同)增长 6%，见表 1。表 2 是进入 21 世纪我国橡胶工业总产值数据，2014 年达 9870 亿元，增长 6%。2005 年起，我国轮胎总产量 2.5 亿条，居世界第一位，至今一路领先，2014 年轮胎总产量 5.62 亿条，子午化率为 90.9%。2014 年各类产品的增幅比上年平均减少 5~6 个百分点，但胶带、胶管、胶鞋等其他各类主要橡胶产品的产量均居世界首位，各类原材料增幅与 2013 年相当，可见中国作为世界橡胶工业大国的地位是无可置疑的，且跟随我国汽车工业的发展将同步前进。

表 1　2005~2014 年我国橡胶消耗量　万 t

项　目	2005	2006	2007	2008	2009	2010	2011	2012	2013	2014
消耗量	400	450	505	550	588	645	690	730	830	880
增长/%	17.6	12.5	12.6	12.2	6.9	9.7	7.0	6.0	13.7	6.0

表 2　2005~2014 年我国橡胶工业总产值　亿元

项　目	2005	2006	2007	2008	2009	2010	2011	2012	2013	2014
工业总产值	2189	2735	3400	4107	4775	6059	7282	8366	9298	9870
增长/%	34	25	26	20	15	27	20	15	11	6

表 3　2005~2014 年轮胎产量及增长率

项　目	2005	2006	2007	2008	2009	2010	2011	2012	2013	2014
轮胎总产量/亿条	2.50	2.85	3.37	3.55	3.85	4.43	4.56	4.7	5.29	5.62
增长/%	19.1	14.0	18.2	5.3	8.5	15.1	2.93	3.1	12.5	6.2
子午胎产量/亿条	1.49	1.84	2.37	2.67	3.01	3.75	3.98	4.14	4.76	5.11
增长/%	35.5	23.5	28.8	12.7	13.8	24.6	6.13	4.0	14.9	7.4
轮胎子午化率/%	59	65	70	75	78	85	87	88	90	90.9

我国作为世界橡胶工业大国的地位不断巩固,但迈向世界橡胶工业强国的目标仍存差距:

(1)行业调整力度不足,产能过剩

橡胶工业转方式、调整结构力度不足,同质化产品产能增长,部分产品结构性过剩,造成同行以拼价格求生存的残酷竞争。

(2)产品集中度偏低,品牌效应薄弱

就轮胎工业而言,2013年世界3强普利司通、米其林、固特异的销售收入之和达705.21亿美元,占全球轮胎销售收入的37.7%,而我国在全球75强中占29家企业,其销售额总计279.322亿美元,不足前3名一半,集中度明显偏低。

(3)企业普遍存在科技创新能力不足、科技投入偏低、基础研究乏力、科技人才短缺、科技成果推广力度不够的状况

国家规定高新技术企业销售额2亿元以上的研发经费比例为3%以上,对2亿元以下和5000万以下的企业分别为4%和6%,但企业实际投入往往低于这个比例,严重影响科技开发力度。

(4)自动化、信息化、数字化、智能化等高新技术研发推广艰难

机器人制造和应用水平,代表一个国家制造业水平,是我国制造业从大国走向强国的重要手段和途径。但这方面在橡胶工业中的开发、推广力度明显不足,影响生产稳定性和生产效率提高。

轮胎行业信息化、智能化的成果已屡见开发,但推广难度仍很大。

(5)循环经济、资源化利用、低碳经济、清洁生产理念不齐、措施不力

进入新世纪以来,国家科技部在橡胶行业分别组建了以软控股份为依托单位的“国家橡胶与轮胎工程技术研究中心”、以阳谷华泰为依托单位的“国家橡胶助剂工程技术研究中心”和以炭黑研究院为依托单位的“国家炭黑材料工程技术研究中心”,均是相关行业唯一的“工程技术研究中心”,建立了行业创新平台和人才培养机制。

国家发改委联合相关部门批准组建的“国家认定的企业技术中心”已经发展至22个,分别是三角轮胎、华南轮胎、软控股份、风神轮胎、双钱轮胎、贵州轮胎、成山轮胎、天津赛象、益阳橡机、桂林橡机、神马集团、兴达钢帘线、安徽中鼎、株洲时代新材、双星集团、黄海轮胎、玲珑轮胎、广东巨轮模具等,中心在建设企业技术平台方面发挥了重要作用。

2011年,国家发改委在橡胶行业分别组建了由软控股份和三角轮胎为依托单位的轮胎工业原材料、轮胎装备和轮胎工艺技术两个国家重点实验室,为轮胎工业的技术进步搭建了新的技术创新平台。近几年,两个国家重点实验室均取得健康发展。

2008年开始,国家科技部重新认定高新技术企业,并联合有关部委组织了大批“国家重点新产品计划项目”的认定。

在国家级不同层次的技术创新机制带动下,橡胶企业不断完善自身技术创新体系,纷纷组建省级和企业的技术中心。部分还建立上下游结合、产学研结合的创新机制,加强人才队伍建设,不断优化产品结构,提高效益、降低能耗、加大科研投入,以科学发展观统领企业发展,使企业逐步成为科技进步的主战场,为企业真正成为技术创新的主体发挥巨大作用。

炼胶是橡胶产品性能获得保证的关键工艺,其能耗占轮胎生产总能耗的43%,环保和烟气排放的危害也很严重。近几年,我国开发的低温一次法连续炼胶工艺和湿法混炼技术均形成了科技成果,实现降低能耗约30%,并显著提高胶料的物理机械性能。软控股份有限公司、三角集团有限公司、北京万向新元科技股份有限公司和广州华工百川科技有限公司均具备了提供一次法低温炼胶成套装备和技术的能力,并在行业中逐步推广,湿法混炼技术首先在株洲安宝麟峰新材料公司、北京万汇一方科技发展有限公司和广州市华南橡胶轮胎有限公司率先通过了中国石化联合会的技术鉴定,成功开发了含30~60份白炭黑的湿法混炼胶,为绿色轮胎填充大量白炭黑提供了技术基础,并在云南勐腊曼庄胶厂建成了我国第一条湿法混炼橡胶自动化生产线。2014年国家科技部将湿法混炼技术列入国家科技支撑计划项目,至2016年将分别建成万吨级天然橡胶和合成橡胶的示范性生产线。该技术仅在轮胎行业节电节能效益达5亿多元,并为绿色轮胎的发展提供重要材料基础。同时对推动我国天然橡胶的自动化生产也具有重要意义。北京万向新元科技股份有限公司开发的炼胶、硫化烟气的喷淋氧化处理技术已在山东八一轮胎制造有限公司、厦门正新橡胶工业有限公司、中策橡胶集团有限公司等企业获得应用。

由软控股份有限公司开发的 RFID 电子标签技术在轮胎全生命周期控制系统的应用取得行业普遍关注。在轮胎成型中植入小小的芯片，就可以通过数据采集，解决轮胎企业从原材料、炼胶、成型、硫化、质检、仓储、物流、销售直至翻新等全过程的历史数据可追溯。大大提高了工艺执行率，该技术正逐步发展车联网技术，及时监测轮胎行驶过程的温度、压力、速度等数据，对确保轮胎和车辆的行驶安全具有重要意义。该项目已被国家科技部列入重大科技项目，项目的实施和推广应用将极大提高我国轮胎产品的国际竞争力。

机器人制造技术也在业内取得重大进展，信息化、自动化和精细化管理越来越在行业内引起重大关注。行业通过科技创新，进一步调整产品结构，大力发展绿色轮胎，组织实施轮胎标签法，加快原材料和橡胶制品的绿色化进程。橡胶助剂行业坚持依靠科技进步，以环保、节能、安全为中心，发展绿色化工，引领中国橡胶助剂走向世界。目前，我国橡胶助剂的绿色产品比例超过92%，清洁生产工艺取得显著成效，获得数项国家科技进步奖，橡胶助剂总产量已达全球70%以上。炭黑工业和废旧橡胶利用等产业节能减排效果显著，单位炭黑产品的 CO_2 排放下降 19.3%，每吨再生胶耗电下降 20%。行业总体节能减排效益显著。

2014 年 4 月 24 日，十二届人大通过了对《中华人民共和国环境保护法》的修改，通常称新环保法，并于 2015 年 1 月 1 日实施。新环保法首次制定了对违法者采用严厉的行政处罚手段，确保环保治理依法实施，行业及相关企业不断通过技术创新，开发清洁生产技术，为建设“美丽中国”打出硬拳头。

【主要科技成果】

2001 年以来国家级科学技术奖励项目见表 4；

2014 年橡胶行业主要科技成果见表 5。

表 4　2001 年以来国家级科学技术奖励项目

成果名称	完成单位	奖励等级	获奖时间
同步转子密炼机	青岛科技大学（原青岛化工学院）	国家科技进步二等奖	2001 年
6000 吨/年子午胎专用硅烷偶联剂	南京曙光化工总厂	国家科技进步二等奖	2002 年
万吨级/油、油/气新工艺炭黑生产技术	中橡集团炭黑工业研究设计院	国家科技进步二等奖	2002 年
子午胎专用新结构钢帘线生产技术	江苏兴达钢帘线股份有限公司	国家科技进步二等奖	2004 年
高精密度自动物料输送称重配料系统及产业化应用	软控股份有限公司（原青岛高校软控股份公司）	国家科技进步二等奖	2004 年
亲核芳环取代氢新途径及液相催化氢化新方法制备 RT－培司	江苏圣奥化工有限公司	国家科技进步二等奖	2004 年
3 万吨/年丁基橡胶生产技术	北京化工大学 燕山石化公司橡胶厂	国家技术发明二等奖	2006 年
巨型工程子午胎成套生产技术和装备开发	三角集团有限公司 天津赛象科技股份有限公司	国家科技进步一等奖	2007 年
高性能新型弹性体（TPV）的动态硫化制备技术	北京化工大学 山东道恩高分子材料股份有限公司	国家技术发明二等奖	2008 年
超低断面抗湿滑低噪声乘用子午线轮胎	玲珑集团有限公司	国家科技进步二等奖	2010 年
连续低温裂解废橡胶资源化利用成套技术与装备	青岛科技大学	国家科技进步二等奖	2011 年

表 5　2014 年橡胶行业主要科技成果

成果名称	完成单位	获奖情况
RFID 轮胎电子标签设计、封装与植入技术的研究及产业化	软控股份有限公司	中国石油和化学工业联合会技术发明一等奖
化工场地高风险有机物复合污染识别与修复关键技术及应用	华南理工大学	中国石油和化学工业联合会技术发明一等奖
高耐磨抗湿滑节油轮胎关键技术及产业化应用	玲珑集团有限公司	中国石油和化学工业联合会科技进步一等奖
稀土异戊橡胶产业化成套技术开发和应用	中科院长春应用化学研究所	中国石油和化学工业联合会技术发明二等奖
高性能中子屏蔽材料制备技术和应用	北京化工大学	中国石油和化学工业联合会技术发明二等奖
气相光气化法制异氰酸酯技术	万华化学集团股份有限公司	中国石油和化学工业联合会技术发明二等奖
新型环境友好磷系阻燃剂的制备和应用技术	北京工商大学	中国石油和化学工业联合会技术发明二等奖
高性能子午线轮胎用超高强度钢帘线生产技术开发	江苏兴达钢帘线有限公司	中国石油和化学工业联合会科技进步二等奖
羧基亚硝基氟橡胶合成及应用成套技术	中蓝晨光化工研究设计院	中国石油和化学工业联合会科技进步二等奖
氯丁橡胶系列国家标准修订	中石油兰州化工研究中心	中国石油和化学工业联合会科技进步二等奖
工业用节水减排关键技术开发集成及应用	同济大学	中国石油和化学工业联合会科技进步二等奖
高浓度有机工业废水处理技术	哈尔滨工业大学	中国石油和化学工业联合会科技进步二等奖
合成橡胶试验基地新产品开发及工业应用	中石油兰州化工研究中心	中国石油和化学工业联合会科技进步三等奖
耐高温挡边输送带	青岛橡六输送带有限公司	中国石油和化学工业联合会技术发明三等奖
全钢载重子午线冬季轮胎研制	风神轮胎股份有限公司	中国石油和化学工业联合会技术发明三等奖
高性能橡胶减震材料及典型制品的研发和应用	青岛科技大学	中国石油和化学工业联合会科技进步三等奖
高含量、高热稳定性和高分散不溶性硫黄的技术研究与应用	双钱集团股份有限公司	中国石油和化学工业联合会科技进步三等奖

续表 5－1

成果名称	完成单位	获奖情况
带过渡层的整芯阻燃输送带	安徽中意胶带有限责任公司	中国石油和化学工业联合会技术发明三等奖
高性能丁苯橡胶 ESBR1778E 的开发和产业化	中石油兰州化工分公司	中国石油和化学工业联合会科技进步三等
无毒环保型环氧增塑剂的制备	江阴市向阳科技公司	中国石油和化学工业联合会科技进步三等奖
苯甲酸叔丁基过氧化物合成新工艺和产业化	淄博正华助剂公司	中国石油和化学工业联合会科技进步三等奖
硅烷偶联剂 Si－69 硫分布（S_2 ～ S_{10}）评价方法及应用	双钱集团股份有限公司	中国石油和化学工业联合会科技进步三等奖
精细化工技术经济分析	新宇三阳实业公司	中国石油和化学工业联合会科技进步三等奖
合成胶门尼黏度系列国家标准物质制备	中石油兰州化工研究中心	中国石油和化学工业联合会科技进步三等奖
SBS 制备专用料研究开发	中石油独山子石化分公司	中国石油和化学工业联合会科技进步三等奖
耐盐高韧性橡胶微球调堵剂的制备技术	青岛科技大学	中国石油和化学工业联合会科技进步三等奖
轮胎全生命周期绿色制造关键技术与装备研发及产业化	软控股份有限公司	国家十二五科技支撑计划验收
高性能轮胎安全节能环保关键技术标准研究	北京橡胶工业研究设计院	中国石油和化学工业联合会科技进步二奖
TRS 和 TRD 系列化花纹绿色高性能商用车轮胎开发	三角集团有限公司	中国石油和化学工业联合会科技进步三等奖
尼龙/芳纶复合帘线航空子午胎研制	中橡集团曙光橡胶工业研究设计院、北京橡胶工业研究设计院	中国化工集团一等奖
载重汽车轮胎滚动阻力测试方法研究	北京橡胶工业研究设计院	中国化工集团二等奖
橡胶轮胎智能分拣、调度与仓储物流集成系统	软控股份有限公司	中国石油和化学工业联合会科技成果鉴定
轮胎企业生产制造执行系统（MES）研究与应用	软控股份有限公司	山东省科技厅省专项验收
高值化旧轮胎环形预硫化翻新技术与关键装备的研发及产业化	软控股份有限公司	山东省科技厅省专项验收
低噪音全钢载重子午线轮胎的研制	风神轮胎股份有限公司	河南省科技厅成果鉴定

续表 5 - 2

成果名称	完成单位	获奖情况
高强力长距离耐高温钢丝绳芯输送带	无锡宝通带业股份有限公司	中国石油和化学工业联合会成果鉴定
金属/橡胶互穿网络式长寿命输送带	无锡宝通带业股份有限公司	中国石油和化学工业联合会成果鉴定
中级车高性能专用轮胎研发及产业化	三角集团有限公司	威海市科技进步二等奖
钢丝胎体帘布自动缝合装置	天津赛象科技股份有限公司	天津市专利金奖
橡胶助剂系列产品清洁生产工艺的开发	科迈化工股份有限公司	天津市科技进步奖三等奖
改良型间苯二酚 - 甲醛树脂关键技术研究	山东阳谷华泰化工股份有限公司 国家橡胶助剂工程技术研究中心	聊城市科技进步一等奖
氧气氧化法合成促进剂 NS 清洁生产技术开发	山东阳谷华泰化工股份有限公司 国家橡胶助剂工程技术研究中心	山东省科技厅省专项验收
子午线轮胎钢丝帘布裁断生产线产业化研究	天津赛象科技股份有限公司	天津市滨海新区科学技术委员会验收
高等级轮胎模具数字化创新平台技术改造项目	巨轮股份有限公司	揭阳市经济和信息化局验收
工程子午胎矿区系列产品开发	三角集团有限公司	山东省经济和信息化委员会成果鉴定
绿色环保型全钢子午胎耐磨胎面胶配方研究	三角集团有限公司	山东省经济和信息化委员会成果鉴定
49 英寸巨型工程子午胎产品性能提升	三角集团有限公司	山东省经济和信息化委员会成果鉴定
沙漠越野轮胎及车辆总成产品开发	三角集团有限公司	山东省经济和信息化委员会成果鉴定
轮胎胎圈复合件贴合新技术开发与应用	三角集团有限公司	山东省经济和信息化委员会成果鉴定
505/95R25 高速花纹工程子午胎的研制开发项目	三角集团有限公司	山东省经济和信息化委员会成果鉴定
轿卡子午线轮胎冠带配方性能优化	三角集团有限公司	山东省经济和信息化委员会成果鉴定
低滚阻轮胎 TRS02、TRD05 等花纹产品开发	三角集团有限公司	山东省经济和信息化委员会成果鉴定
半钢丝专用轮胎的研究开发	三角集团有限公司	山东省经济和信息化委员会成果鉴定

续表 5-3

成果名称	完成单位	获奖情况
全钢载重系列产品开发	三角集团有限公司	山东省经济和信息化委员会成果鉴定
轮胎定型硫化机安全要求国家标准	桂林橡胶机械厂等企业	GB 30747-2014
轿车轮胎规格、尺寸、气压与负荷	三角集团有限公司等企业	GB/T 2978-2014
工业车辆充气轮胎技术条件	玲珑集团有限公司等企业	GB/T 2981-2014
工业车辆充气轮胎规格、尺寸、气压与负荷	中策橡胶集团有限公司等企业	GB/T 2982-2014
轮胎术语及其定义	广州市华南橡胶轮胎有限公司等企业	GB/T 6326-2014
轮胎用聚酯浸胶帘子布	江苏太极实业新材料有限公司等企业	GB/T 19390-2014
橡胶和橡胶制品 热重分析法测定硫化胶和未硫化胶的成分 第1部分:丁二烯橡胶、乙烯-丙烯二元和三元共聚物、异丁烯-异戊二烯橡胶、异戊二烯橡胶、苯乙烯-丁二烯橡胶	中国石油化工股份有限公司北京北化院燕山分院等企业	GB/T 14837.1-2014
轮胎垫带	赛轮金宇集团股份有限公司等企业	HG/T 4625-2014
轮胎硫化胶囊	东营金泰轮胎胶囊有限公司等企业	HG/T 4626-2014
轮胎激光散斑无损检测机	广州华工百川科技股份有限公司等企业	HG/T 4635-2014
硫化橡胶 耐磨性能的测定(用阿克隆磨耗试验机)	中策橡胶集团有限公司等企业	GB/T 1689-2014
硫化橡胶或热塑性橡胶 热空气加速老化和耐热试验	广州合成材料研究院有限公司等企业	GB/T 3512-2014
硫化橡胶或热塑性橡胶 压缩永久变形的测定 第2部分:在低温条件下	江苏明珠试验机械有限公司等企业	GB/T 7759.2-2014
硫化橡胶或热塑性橡胶 耐臭氧龟裂 静态拉伸试验	广州合成材料研究院有限公司等企业	GB/T 7762-2014
橡胶胶料 硫化特性的测定 圆盘振荡硫化仪法	风神轮胎股份有限公司等企业	GB/T 9869-2014
硫化橡胶 与金属粘接拉伸剪切强度测定方法	三角集团有限公司等企业	GB/T 13936-2014
橡胶和橡胶制品 热重分析法测定硫化胶和未硫化胶的成分 第2部分:丙烯腈-丁二烯橡胶和卤化丁基橡胶	双钱集团股份有限公司等企业	GB/T 14837.2-2014
混炼胶或硫化胶硫化物型硫含量的测定 碘量法	徐州徐轮橡胶有限公司等企业	GB/T 15252-2014
硫化橡胶 与金属粘接 180°剥离试验	国家橡胶及乳胶制品质量监督检验中心等	GB/T 15254-2014
硫化橡胶 与钢丝帘线黏合强度的测定	贵州轮胎股份有限公司等企业	GB/T 16586-2014
橡胶 裂解气相色谱分析法 第2部分:苯乙烯/丁二烯/异戊二烯比率的测定	贵州轮胎股份有限公司等企业	GB/T 29613.2-2014

续表 5－4

成果名称	完成单位	获奖情况
硫化橡胶 低温脆性的测定 单试样法	中国航空工业集团公司北京航空材料研究院等企业	GB/T 1682－2014
硫化橡胶或热塑性橡胶 抗静电和导电制品 电阻的测定	广州合成材料研究院有限公司等企业	GB/T 11210－2014
硫化橡胶 热氧老化试验方法 管式仪法	广州合成材料研究院有限公司等企业	GB/T 13939－2014
硫化橡胶或热塑性橡胶 低温脆性的测定(多试样法)	西北橡胶塑料研究设计院等企业	GB/T 15256－2014
硫化促进剂 CBS 国家标准	山东尚舜化工有限公司等企业	GB/T 31332－2014
汽车轮胎耐撞击性能试验方法	广州市华南橡胶轮胎有限公司等企业	GB/T 30195－2013
自体支撑型缺气保用轮胎	广州市华南橡胶轮胎有限公司等企业	GB/T 30196－2013
轮胎术语及其定义	广州市华南橡胶轮胎有限公司等企业	GB/T 6326－2014
硫化橡胶或热塑性橡胶 耐臭氧龟裂静态拉伸试验	广州市华南橡胶轮胎有限公司等企业	GB/T 7762－2014
轿车轮胎规格、尺寸、气压与负荷	广州市华南橡胶轮胎有限公司等企业	GB/T 2978－2014
硫化橡胶 与钢丝帘线黏合强度的测定	广州市华南橡胶轮胎有限公司等企业	GB/T 16586－2014
橡胶胶料 硫化特性的测定 圆盘振荡硫化仪法	广州市华南橡胶轮胎有限公司等企业	GB/T 9869－2014/
汽车轮胎均匀性试验方法	广州市华南橡胶轮胎有限公司等企业	GB/T 18506－2013
轮胎用聚酯浸胶帘子布	广州市华南橡胶轮胎有限公司等企业	GB/T 19390－2014
绿色轮胎技术规范	广州市华南橡胶轮胎有限公司等企业	XXZB/LT－102－2014
《硫化促进剂 N－环己基－2－苯并噻唑次磺酰胺(CBS)》	科迈化工股份有限公司等企业	GB/T 31332－2014
轮胎定型硫化机安全要求	软控股份有限公司等企业	GB 30747－2014
轮胎垫带	三角集团有限公司等企业	HG/T 4625－2014
轮胎硫化胶囊	三角集团有限公司等企业	HG/T 4626－2014
硫化橡胶与金属黏合拉伸剪切强度测定	三角集团有限公司等企业	GB/T 13936－2014

续表 5－5

成果名称	完成单位	获奖情况
硫化橡胶耐磨性能的测定	三角集团有限公司等企业	GB/T 1689－2014
硫化橡胶与钢丝帘线黏合强度的测定	三角集团有限公司等企业	GB/T 16586－2014
工程车辆子午胎用钢丝帘线	三角集团有限公司等企业	GB/T 30830－2014
工业车辆充气轮胎技术规范	三角集团有限公司等企业	GB/T 2981－2014
工业车辆充气轮胎规格、尺寸、气压与负荷	三角集团有限公司等企业	GB/T 2982－2014
轮胎术语及其定义	三角集团有限公司等企业	GB/T 6326－2014
轮胎用聚酯浸胶帘子布	三角集团有限公司等企业	GB/T 19390－2014
轿车轮胎规格、尺寸、气压与负荷	三角集团有限公司等企业	GB/T 2978－2014
硫化促进剂 N－环己基－2－苯并噻唑次磺酰胺（CBS）	科迈化工股份有限公司等企业	GB/T 31332－2014
《多硫化物硅烷偶联剂》国家标准	南京曙光硅烷化工有限公司等企业	GB/T 30309－2013
《氨基硅烷偶联剂》国家标准	南京曙光硅烷化工有限公司等企业	HG/T 0004－2014
《环氧硅烷偶联剂》行业标准	南京曙光硅烷化工有限公司等企业	HG/T 0005－2014
《不饱和硅烷偶联剂》行业标准	南京曙光硅烷化工有限公司等企业	HG/T 0006－2014
《硫化促进剂 TDEC》行业标准	连云港连连化学有限公司等企业	HG/T 4614－2014
一种密炼机胶片的隔离及吹干系统	广州市华南橡胶轮胎有限公司	发明专利
一种具有胎圈结构改进的轮胎	广州市华南橡胶轮胎有限公司	发明专利
一种橡胶生产系统	广州市华南橡胶轮胎有限公司	发明专利
一种密炼机上辅机炭黑验秤装置	广州市华南橡胶轮胎有限公司	发明专利
一种密炼机废气处理系统	广州市华南橡胶轮胎有限公司	发明专利
一种轮胎均匀性试验机打点装置	广州市华南橡胶轮胎有限公司	发明专利
一种停电恢复装置	广州市华南橡胶轮胎有限公司	发明专利
一种轮胎胎面结构	广州市华南橡胶轮胎有限公司	发明专利
一种丙烯酸锌的生产工艺	山东阳谷华泰化工股份有限公司	发明专利
一种用于氧气氧化法合成促进剂 NS 的装置	山东阳谷华泰化工股份有限公司	发明专利
新型癸酸钴黏合增进剂	江苏卡欧化工有限公司	发明专利
高性能硼酰化钴黏合增进剂	江苏卡欧化工有限公司	发明专利
高效环保型橡胶复合塑解剂	江苏卡欧化工有限公司	发明专利
一种全折叠机头	风神轮胎股份有限公司	发明专利
全钢载重子午线冬季专用轮胎及其制备方法	风神轮胎股份有限公司	发明专利
成品工程胎翻转运输专用车	风神轮胎股份有限公司	发明专利
一种防老剂的生产工艺	山东尚舜化工有限公司	发明专利
水溶性高分子材料包覆制备高分散性 IS 的方法	山东尚舜化工有限公司	发明专利
一种处理橡胶硫化促进剂 DM 滤渣的方法	山东尚舜化工有限公司	发明专利

续表 5－6

成果名称	完成单位	获奖情况
钙盐法精制 M 的生产方法	山东尚舜化工有限公司	发明专利
橡胶胶块粉碎生产线	天津赛象科技股份公司	发明专利
多复合挤出机头液压锁紧结构	天津赛象科技股份有限公司	发明专利
一种水性环氧树脂乳液的制备方法	武汉径河化工有限公司	发明专利
吗啉改性对叔丁基酚醛树脂及其制备方法	武汉径河化工有限公司	发明专利
二甲胺的重吸收再利用装置	武汉径河化工有限公司	发明专利
二甲基二硫代氨基甲酸锌干燥过程中尾气吸收除尘收集专用设备	武汉径河化工有限公司	发明专利
二硫化碳储罐的集收装置	武汉径河化工有限公司	发明专利
环保型塑解剂生产废水气浮除油装置	武汉径河化工有限公司	发明专利
环保型塑解剂生产过程中溶剂回收专用设备	武汉径河化工有限公司	发明专利
硫酚类塑解剂废水中萃取回收二甲基甲酰胺装置	武汉径河化工有限公司	发明专利
热滚刀裁切对中调整装置及其方法	软控股份有限公司	发明专利
轮胎激光散斑检验机及其检验方法	软控股份有限公司	发明专利
胶料混炼输送装置及其控制系统和方法	软控股份有限公司	发明专利
多组并联胶料混炼生产系统及其方法	软控股份有限公司	发明专利
运输带自动纠偏装置及其方法	软控股份有限公司	发明专利
用于生产预硫化环形胎面的方法及其硫化装置	软控股份有限公司	发明专利
实现胎胚子口辅助反包的机械成型鼓及其方法	软控股份有限公司	发明专利
抗氧剂 N－对－1,1,3,3－四甲基丁基－苯基－α－萘胺的制备方法	濮阳蔚林化工股份有限公司	发明专利
一种催化分子氧氧化制备 2,2’－二硫联二苯并噻唑的方法	濮阳蔚林化工股份有限公司	发明专利
高温硫化卤化丁基橡胶组合物及其用途	北京橡胶工业研究设计院	发明专利
用于 RT 培司副产提纯吩嗪中溶剂回收的装置系统	山西翔宇化工有限公司	发明专利
一种从吐氏酸废水中制取精制吐氏酸的方法	山西翔宇化工有限公司	发明专利
一种防老剂冷却器放空装置	山西翔宇化工有限公司	发明专利
一种降低往复泵管道振动的系统	山西翔宇化工有限公司	发明专利
一种热过滤装置	山西翔宇化工有限公司	发明专利
一种橡胶用不溶性硫黄的生产工艺	河南省开仑化工有限责任公司	发明专利
一种高细度硫黄的生产方法	河南省开仑化工有限责任公司	发明专利
全钢丝载重子午胎一次法三鼓成型方法	三角集团有限公司	发明专利
带内支撑体的胎胚存放托盘	三角集团有限公司	发明专利
硬质矿区使用的轮胎胎面橡胶组合物及其生产方法	三角集团有限公司	发明专利

续表 5－7

成果名称	完成单位	获奖情况
半钢轮胎橡胶硫化方法	三角集团有限公司	发明专利
巨型工程子午线轮胎硫化方法	三角集团有限公司	发明专利
出租车专用胎胎面橡胶组合物	三角集团有限公司	发明专利
节油型半钢子午线轮胎胎面橡胶组合物	三角集团有限公司	发明专利
高模量低蠕变充气轮胎胎体过渡层橡胶组合物制备方法	三角集团有限公司	发明专利
轮胎胎肩垫橡胶组合物	三角集团有限公司	发明专利
轮胎胎面底层橡胶组合物	三角集团有限公司	发明专利
轮胎胎面橡胶组合物	三角集团有限公司	发明专利
地下采矿用铲运机轮胎胎面橡胶组合物	三角集团有限公司	发明专利
具有高气密性的轮胎气密层橡胶组合物	三角集团有限公司	发明专利
含改性橡胶的充气轮胎橡胶组合物	三角集团有限公司	发明专利
抗硫化返原的胎肩垫胶橡胶组合物	三角集团有限公司	发明专利
耐老化轮胎带束层橡胶组合物	三角集团有限公司	发明专利
一种橡胶复合塑解剂及其制备方法	江苏卡欧化工有限公司	发明专利
一种高性能低钴含量癸酸钴黏合增进剂的制备方法	江苏卡欧化工有限公司	发明专利
一种高性能低钴含量硼酰化钴黏合增进剂的制备方法	江苏卡欧化工有限公司	发明专利
一种高性能低钴含量固体环烷酸钴黏合增进剂的制备方法	江苏卡欧化工有限公司	发明专利
一种高性能低钴含量硬脂酸钴黏合增进剂的制备方法	江苏卡欧化工有限公司	发明专利
一种橡胶耐热活性剂及其制备方法	江苏卡欧化工有限公司	发明专利

【2015 年橡胶行业新国家标准】

2014 年 12 月 5 日，国家质量监督检验检疫总局、国家标准化管理委员公布《轮胎术语及其定义》等 234 项国家标准（中华人民共和国国家标准批准发布公告 2014 年 第 27 号）。其中包括轮胎术语及其定义等涉及橡胶工业的国家标准 13 项，均为推荐性标准，详见表 6。

表 6　2015 年橡胶行业新国家标准

序号	国家标准编号	标准名称	代替标准号	实施日期
1	GB/T 6326－2014	轮胎术语及其定义	GB/T 6326－2005	2015－10－01
2	GB/T 2978－2014	轿车轮胎规格、尺寸、气压与负荷	GB/T 2978－2008	2015－10－01
3	GB/T 2981－2014	工业车辆充气轮胎技术条件	GB/T 2981－2001	2015－10－01
4	GB/T 2982－2014	工业车辆充气轮胎规格、尺寸、气压与负荷	GB/T 2982－2001	2015－10－01
5	GB/T 3686－2014	带传动 V 带和多楔带 拉伸强度和伸长率试验方法	GB/T 3686－1998	2015－07－01

续表 6

序号	国家标准编号	标准名称	代替标准号	实施日期
6	GB/T 19390 - 2014	轮胎用聚酯浸胶帘子布	GB/T 19390 - 2003	2015 - 10 - 01
7	GB/T 14837.1 - 2014	橡胶和橡胶制品 热重分析法测定硫化胶和未硫化胶的成分 第1部分:丁二烯橡胶、乙烯 - 丙烯二元和三元共聚物、异丁烯 - 异戊二烯橡胶、异戊二烯橡胶、苯乙烯 - 丁二烯橡胶	GB/T 14837 - 1993	2015 - 06 - 01
8	GB/T 31332 - 2014	硫化促进剂 N - 环己基 - 2 - 苯并噻唑次磺酰胺(CBS)		2015 - 06 - 01
9	GB/T 31333 - 2014	浸胶线绳 黏合强度试验方法		2015 - 06 - 01
10	GB/T 31330 - 2014	汽车循环球式动力转向器唇形密封圈性能试验方法		2015 - 06 - 01
11	GB/T 31256 - 2014	输送带 具有橡胶或塑料覆盖层的地下采矿用织物芯输送带规范		2015 - 07 - 01
12	GB/T 31008 - 2014	足部防护 鞋(靴)材料安全性选择规范		2015 - 08 - 01
13	GB/T 31009 - 2014	足部防护 鞋(靴)安全性要求及测试方法		2015 - 08 - 01

【展　望】

建立科技创新体系,培养科技创新人才,依据科技创新平台实现科学发展,才能使企业在激烈的市场竞争中立于不败之地,才能实行企业和行业的可持续发展,这是行业科技进步的主旋律。

2015 年国内外经济形势仍存在一些不确定因素,在复杂的经济形势下,更需要加快科技进步的步伐,不断发展绿色化工,实现绿色制造。2014 年 3 月 1 日中国橡胶工业协会发布的“绿色轮胎技术规范”,是我国首部绿色轮胎行业自律标准,已开始试行,标准号为 XXZB/LT—(02—2014)。“规范”对绿色轮胎的产品性能、原材料使用和生产工艺技术提出具体要求,2015 年又颁布了“绿色轮胎原材料推荐指南”以及“E 系列轮胎再生胶”等自律标准。尽管这些规范是行业自律性标准,还不具备强制执行的约束力,但作为中国轮胎行业的企业都应该自觉地执行行业的自律标准,共同推进我国轮胎工业的绿色发展,实现轮胎标签法的各项高端指标。

随着技术的不断推进和社会的发展,绿色轮胎与绿色制造不断结合起来,将轮胎全生产过程的绿色化作为战略目标,包括原材料本身的绿色生产和轮胎生产过程的节能降耗,也包括产品终端的绿色服务及资源综合利用,环环相扣,缺一不可。将中国橡胶工业由大国建成世界橡胶工业强国是近一个世纪以来中国几代橡胶人的“强国梦”。

近年来,中国橡胶工业协会根据行业发展提出了实现“强国梦”的十大战略方针,即新材料发展战略、多元化市场战略、低碳经济战略、循环经济战略、橡胶产品名牌战略、现代营销模式战略、兼并重组战略、现代企业管理战略、技术创新战略和人才战略。认真组织实施“十大”战略,是我国橡胶工业不断缩短与世界橡胶工业发达国家的差距,力争在“十三五”末期,全面进入世界橡胶工业强国行列的重要举措。

(许春华)

橡胶行业标准

乳胶制品标准

我国乳胶工业起源于20世纪40年代末，伴随国民经济和国防建设的历史进程，乳胶工业也得到了较快发展。乳胶制品因其具有超高弹性、触感性强、穿戴性佳、矫形功能好、生物性能良好等优点，在工农业生产、医疗卫生、文化体育、日常生活中都有着广泛的应用。乳胶制品主要有乳胶手套、避孕套、乳胶气球、胶乳胶管、胶乳指套、胶乳胶丝、胶乳海绵、食品用乳胶制品等，还包括一些具有特种功能用途的乳胶制品。

随着人们生活水平的不断提高和社会文明的日益进步，医疗卫生事业的蓬勃发展，对胶乳制品的需求量也逐渐增加，同时，随着人们生活质量的提高与人身健康安全防范意识的加强，乳胶制品的质量、卫生性能与人身健康安全的关联性越来越得到了重视，尤其是与人体皮肤直接接触的胶乳制品如胶乳手套、避孕套，其使用安全性更为受到关注。因此，市场对胶乳制品的内在质量提出了更高、更新的技术要求。为了保证乳胶制品的内在质量，更好地满足市场需要，国内科研、生产与检测工程技术人员从原材料、生产技术与检测技术等方面制修订了一些乳胶制品方面的标准，为整个乳胶行业的发展提供了标准化技术支撑，推动了整个乳胶工业的技术进步与发展，也推动了乳胶行业标准化工作的发展。

一、标准化现状及存在问题

1. 国家标准、行业标准化现状

乳胶行业共制修订标准36项，其中国家标准15项、行业标准21项，国家标准中采标率为75%。标准涵盖了手套、避孕套、海绵、胶丝(带)、指套、气球、胶管、食品容器橡胶垫片(圈)、橡胶奶头及其他乳胶制品。

按级别划分，有国家标准和行业标准；按类别划分，有基础通用标准、产品标准和方法标准；按性质划分，有强制性标准和推荐性标准。到目前为止，乳胶行业国家标准和行业标准的数量、构成、制修订情况、采标情况和实施情况见表1。

外科手术手套、医用检查手套和天然胶乳橡胶避孕套均为Ⅱ类医疗卫生用品，其质量直接关系到使用者人身健康与安全，因此，其标准性质均为强制性标准。从表1中可以看出，国家标准《一次性使用灭菌橡胶外科手套》、《一次性使用医用橡胶检查手套》、《天然胶乳橡胶避孕套技术要求和试验方法》均为等同采用国际标准而转化的。为适应国际贸易的需要，行业在制修订这3项标准时完全等同采用ISO标准，实现与国外先进标准完全接轨，达到了世界先进水平。3项标准使用范围涉及面广，利用率高，效果显著，并被其他相关行业制定行业标准时引用。

我国外科手术手套分为灭菌外科手套和非灭菌外科手套两种，由于国际标准ISO 10282《一次性使用灭菌橡胶外科手套》中不包含非灭菌橡胶外科手套，等同于采用ISO 10282的国家标准GB 7543－1996《橡胶医用手套》不再与国际标准接轨，于是根据国际标准ISO 10282:2002将国家标准GB 7543－1996《橡胶医用手套》修订为GB 7543－2006《一次性使用灭菌橡胶外科手套》。考虑到我国国情，一次性使用非灭菌橡胶外科手套仍有一定的市场，根据行业发展需要，制定了国家标准GB 24787－2009《一次性使用非灭菌橡胶外科手套》。就医用检查手套而言，其制造材料不仅仅局限于天然胶乳，还有以聚氯乙烯为主体材料制造的医用检查手套，因此修改采用国际标准ISO 11193.2:2006制定了强制性的国家标准GB 24786－2009《一次性使用聚氯乙烯医用检查手套》。以上两个国家标准的制定填补了国家标准体系，满足了行业发展之需要。

从标准内容上分析，以上5项标准都仅规定了产品的一般性能要求，未涉及对人体产生某些不良反应的一些安全性要求，如存在于天然胶乳

表1 乳胶制品标准一览表

序号	标准号	标准名称	性质	级别	类别	采标情况	状态
1	GB 7544 - 2009	天然胶乳橡胶避孕套技术要求和试验方法	强制	国家标准	产品	等同采用 ISO 4074:2002	已发布实施
2	GB 7543 - 2006	一次性使用灭菌橡胶外科手套	强制	国家标准	产品	等同采用 ISO 10282:2002	已发布实施
3	GB 10213 - 2006	一次性使用医用橡胶检查手套	强制	国家标准	产品	等同采用 ISO 11193.1:2002	已发布实施
4	GB/T 21869 - 2008	医用手套表面残余粉末的测定	推荐	国家标准	方法	等同采用 ISO 21171:2006	已发布实施
5	GB 4491 - 2003	橡胶输血胶管	强制	国家标准	产品	等效采用 ASTM D 3579:1977(1993)	已发布实施
6	GB/T 9887 - 2008	胶乳制品术语	推荐	国家标准	基础	非等效采用 ISO 1382:2002	已发布实施
7	GB/T 14831 - 2003	胶乳制品蒸汽老化试验方法	推荐	国家标准	方法		已发布实施
8	GB/T 21870 - 2008	天然胶乳医用手套水抽提蛋白质的测定——改进 Lwory 法	推荐	国家标准	方法	等同采用 ISO 12243:2003	已发布实施
9	GB/T 23655 - 2009	配合胶乳硫化程度的测定	推荐	国家标准	方法		已发布实施
10	GB 24786 - 2009	一次性使用聚氯乙烯医用检查手套	强制	国家标准	产品	修改采用 ISO 11193.2 - 2006	已发布实施
11	GB 24787 - 2009	一次性使用非灭菌橡胶外科手套	强制	国家标准	产品		已发布实施
12	GB 24788 - 2009	医用手套表面残余粉末、水抽提蛋白质限量	强制	国家标准	产品		已发布实施
13	GB/T 30917 - 2014	天然胶乳橡胶避孕套中可迁移亚硝胺的测定	推荐	国家标准	方法	等同采用 ISO 29941:2010	已发布实施
14	GB/T 19381 - 2015	丁基橡胶药用瓶塞物理性能要求与测试	推荐	国家标准	产品	修改采用 ISO 8871 - 5:2005(E)	已发布实施
15	GB/T 31063 - 2014	丁基橡胶药用瓶塞高压水溶出物	推荐	国家标准	方法	修改采用 ISO 8871 - 1:2003	已发布实施
16	HG/T 2888 - 2010	橡胶家用手套	推荐	行业标准	产品		已发布实施
17	HG/T 2584 - 2010	橡胶工业手套	推荐	行业标准	产品		已发布实施
18	HG/T 2487 - 2011	橡胶胶丝—试验方法	推荐	行业标准	方法	等同采用 ISO 2321:2006	已发布实施
19	HG/T 2889 - 2011	胶乳胶丝	推荐	行业标准	产品		已发布实施
20	HG/T 2299 - 2001	橡胶配合剂水分散体总固体含量的测定	推荐	行业标准	方法		已发布实施

续表 1

序号		标准号及标准名称	性质	级别	类别	采标情况	状态
21	HG/T 2298 - 2001	橡胶配合剂水分散体沉降量的测定	推荐	行业标准	方法		已发布实施
22	HG/T 2723 - 2012	胶乳彩色气球	推荐	行业标准	产品		已发布实施
23	HG/T 3054 - 2012	胶乳海绵线性尺寸测定	推荐	行业标准	方法		已发布实施
24	HG/T 3055 - 2012	胶乳海绵表观密度测定	推荐	行业标准	方法		已发布实施
25	HG/T 2946 - 2011	橡胶奶头	推荐	行业标准	产品		已发布实施
26	HG/T 2944 - 2011	食品容器橡胶垫片	推荐	行业标准	产品		已发布实施
27	HG/T 2945 - 2011	食品容器橡胶垫圈	推荐	行业标准	产品		已发布实施
28	HG/T 2947 - 2011	铝背水壶橡胶密封垫片	推荐	行业标准	产品		已发布实施
29	HG/T 4664 - 2014	胶乳指套	推荐	行业标准	产品		已发布实施
30	HG/T 4663 - 2014	聚酯长纤胎基布用胶乳	推荐	行业标准	产品		已发布实施
31	HG/T 4666 - 2014	胶乳海绵	推荐	行业标准	产品		已发布实施
32	HG/T 4665 - 2014	炸药防水用乳胶套	推荐	行业标准	产品		已发布实施
33	HG/T 4667 - 2014	锦纶衬里劳保胶乳手套	推荐	行业标准	产品		已发布实施
34	HG/T 4662 - 2014	血压计用胶乳制品	推荐	行业标准	产品		已发布实施
35	HG/T 4786 - 2014	胶乳色浆	推荐	行业标准	产品		已发布实施
36	HGBY 01001 - 2014	天然胶乳橡胶避孕套外观缺陷标准样照	推荐	行业标准	产品		已发布实施

固有的蛋白质、产品表面残留隔离剂及加工添加助剂及其化合物等。而行业内生产的手套和避孕套主要由天然乳胶制成，由于天然胶乳具有良好的弹性和感触性，在很长一段时期内不可能被其他材料完全替代。

20 世纪 80 年代，部分西方人群在使用天然乳胶手套与乳胶避孕套后出现过敏现象。经相关权威部门研究确认，造成过敏的主要原因是乳胶制品中的蛋白质、残留乳胶制品表面的粉尘及部分加工助剂过高而产生的。因在乳胶制品生产过程中，通过控制原材料的应用及采取适当的工艺可以消除过敏反应，因此美国在 20 世纪 90 年代中期率先制定了相应的残留粉末、蛋白质的试验方法和限量标准。当时我国已有大量的手套和避孕套出口，但行业内就实现产品安全、健康性指标需要积累大量的试验数据，开始仅实现了化工行业标准 HG/T 3645《天然橡胶手套中水抽提蛋白质的测定方法 Lowry 法》的完全转化。从多年的实际应用情况看，该标准适用性、操作性较好。随着此类问题越来越受重视，国际标准化组织制定了 ISO 21171:2006《医用手套表面残余粉末的测定》、ISO 12243:2003《天然胶乳医用手套水抽提蛋白质的测定——改进 Lowry 法》。

为与国际标准接轨，国内等同采用国际标准 ISO 21171:2006、ISO 12243:2003 分别制定了 GB/T 21869 - 2008《医用手套表面残余粉末的测定》与 GB/T 21870 - 2008《天然胶乳医用手套水抽提蛋白质的测定——改进 Lowry 法》，同时，采用了美国 ASTM 标准中的技术指标制定了国家标准 GB 21788 - 2009《医用手套表面残余粉末、水抽提蛋白质限量》。

近年来，国际上对部分促进剂在橡胶加工过程中易产生有害物质 N - 亚硝胺的问题日益重视。在欧盟，医用、接触食品用胶乳制品的 N - 亚硝胺和可亚硝基化物的含量必须符合欧盟指令 93/11/EEC 中规定的限值。作为与人体直接接触的天然胶乳橡胶避孕套而言，避孕套中更不能含有超过对人体有害物质 N－亚硝胺的含量。为了满足避孕套产业发展的需要，准确科学地检测天然胶乳橡胶避孕套中 N－亚硝胺的含量，国际上开发了测定天然胶乳橡胶避孕套中可迁移 N－亚硝胺的测定方法，制定了国际标准 ISO 29941：2010《天然胶乳橡胶避孕套中可迁移亚硝胺的测定》，并于 2010 年 12 月首次发布。此国际标准的发布为测定天然胶乳橡胶避孕套中可迁移亚硝胺的含量提供了统一的、科学的、权威的、适用的方法标准。

为与国际标准接轨，2012 年，行业等同采用国际标准 ISO 29941：2010《天然胶乳橡胶避孕套中可迁移亚硝胺的测定》制定了国家标准 GB/T 30917－2014《天然胶乳橡胶避孕套中可迁移亚硝胺的测定》，此国家标准的制定，为国内下一步制定天然胶乳橡胶避孕套中可迁移亚硝胺的限量指标奠定了方法标准基础。

在国内虽然等同采用国际标准 ISO 4074：2002《天然胶乳橡胶避孕套技术要求与试验方法》制修订了 GB 7544－2009《天然胶乳橡胶避孕套技术要求与试验方法》，但是在该国家标准实际实施过程中，仍存在一些不全面的地方，尤其是许多生产企业与检验单位对天然胶乳橡胶避孕套外观缺陷判定存在争议的地方，对产品外观缺陷种类的规定与判定也不全面，不利于生产过程中产品质量的控制。行业中许多避孕套生产企业与检验单位均要求研制一个统一的避孕套外观缺陷标准样品（样照），以便于生产单位与检验部门对产品的外观有统一的检验标准。因此，行业 2012 年研制了标准样照 HGBY 01001－2014《天然胶乳橡胶避孕套外观缺陷标准样品》。

胶乳手套除用于医疗卫生领域外，还在机电、餐饮、食品、家用（或美容用）、化工、电子、渔业等特种行业作为劳动保护用品大量使用。根据不同用途手套的使用要求及国内生产企业的实际情况，行业分不同程度采用国际、国外标准，制修订了化工行业标准 HG/T 2584－2010《橡胶工业手套》和 HG/T 2888－2010《橡胶家用手套》，2012 年制定了化工行业标准 HG/T 4667－2014《锦纶衬里劳保用胶乳手套》。

气球主要有气象气球和胶乳彩色气球。因气象气球属于军品，其相应的标准为国家军用标准，不在本文范围之列。胶乳彩色气球为儿童玩具与广告载体，20 世纪 80 年代，为满足发展需要，行业内制定了化工行业标准 HG/T 2723－1997《胶乳彩色气球》。该标准的制定为产品的科研、生产与验收起到了一定的指导作用。但随着行业技术的发展，胶乳彩色气球越来越多用于烘托节日气氛、增加广告效应，即在气球球皮上印有图案与广告用语。为保证使用者尤其是儿童的人身安全，不仅要求胶乳彩色气球有良好的物理性能外，还应要求有毒有害物质含量不能超标。原标准 HG/T 2723－1997《胶乳彩色气球》不但标准年龄较长，而且标准中的技术要求内容较少，技术指标偏低，不再满足行业发展的需要。为了提高标准技术水平，满足行业发展需求，2011 年将 HG/T 2723－1997《胶乳彩色气球》修订为 HG/T 2723－2012《胶乳彩色气球》。

胶乳海绵大量用于汽车、火车、飞机和家具等行业坐卧具产品的制造。20 世纪 80 年代前，市场所需海绵大都由天然胶乳制成，随后便有制造成本较低、耐老化性能好的合成材料（如聚氨酯、聚苯乙烯乳液等）制成的海绵面世。根据需要制定了两个测试方法行业标准 HG/T 3055－1997《胶乳海绵表观密度测定》和 HG/T 3054－1997《胶乳海绵线性尺寸测定》，为行业提供了科学的、统一的测试方法标准，但这两个行业标准标龄较长，其编写格式不符合国家现有规定。为了解决标准标龄较长的问题，满足行业检验需要，于 2012 年 12 月发布实施 HG/T 3055－2012《胶乳海绵表观密度测定》和 HG/T 3054－2012《胶乳海绵线性尺寸测定》。为了适应行业发展需要，解决产品标准的缺失，2012 年制定了产品标准 HG/T 4666－2014《胶乳海绵》。

20 世纪 80 年代前，使用天然胶乳制成的输血胶管被医疗部门大量作为采集人体血液、向病患输送血液或药液时使用，因此制定橡胶输血胶管国家标准的必要性和意义是不言而喻的。国家标准 GB 4491－2003《橡胶输血胶管》水平与国外水平相当，80 年代后期，由天然胶乳制成输血或输液管被综合性能好的塑料类管材替代，该标准的作用同样随产品用途的转变而有逐步淡化的趋势。胶乳胶管除了用于医用,还广泛用于输送液体(如水、酒等)、体育健身器材,但目前这两种产品只有企业标准,需制定相应的行业标准以解决标准缺失问题。

橡胶胶丝被大量用于服装制造领域。行业制修订了 HG/T 2889 - 2011《胶乳胶丝》标准,同时等同采用国际标准 ISO 2321 - 2006《橡胶胶丝—试验方法》制修订了相应的化工行业标准 HG/T 2487 - 2011《橡胶胶丝—试验方法》,与国际标准同处于一水平上,为胶乳胶丝的生产与检验提供了统一科学的标准。

聚酯长纤胎基布用胶乳是为满足市场需求最新研发出来的新产品,国内生产的聚酯长纤胎基布用胶乳均为自主技术生产,50% 产品用于出口至欧美及东南亚市场。随着聚酯长纤基胎布用胶乳生产技术与市场的稳定,为规范生产与验收、保证产品质量、统一产品的检验方法,制定了化工行业标准 HG/T 4663 - 2014《聚酯长纤胎基布用胶乳》,满足了产业发展对标准的需要。

医疗部门在使用医疗器具前都要对所用器具进行消毒灭菌处理,而医用手套和部分人体插管类乳胶制品也不例外,且经常使用传统有效的高温蒸煮方法。为保证医用类乳胶制品经一定时间高温蒸煮后其性能还能满足使用要求,行业在无相应的国外标准采用的情形下制定了国家标准 GB/T 14831 - 2003《胶乳制品蒸汽老化试验方法》,且在实际使用中发挥了较好作用。

胶乳指套是以天然胶乳为主体原材料,经一定工艺制成的用于手指防护的一种胶乳制品。随着人们生活水平与质量的提高,防护意识不断提高,胶乳指套得到广泛应用,如:生活用胶乳指套、劳保用胶乳指套、医用胶乳指套、防静电胶乳指套、性生活胶乳指套等。胶乳指套应用范围的扩大,需求量也不断增加。在我国,胶乳指套生产、消费、出口都有一定的市场,但目前为止,胶乳指套尚无统一协调、科学合理、适用的国家标准或行业标准可依,胶乳指套产品执行的是企业标准或内控指标。为了保证胶乳指套产品的质量,规范生产、检验与验收,行业迫切要求制定出一个合理适用的标准。为满足行业发展的需要,增加胶乳指套使用的安全性,提高标准的技术水平,2012 年制定了化工行业标准 HG/T 4664 - 2014《胶乳指套》。

血压计用胶乳制品包括乳胶管、乳胶气囊、乳胶气球。我国血压计用胶乳制品生产、消费、出口都有一定的市场,而行业中当前使用的标准是企业标准,迫切需要制定出一个科学适用的标准来指导血压计用胶乳制品的科研、生产与验收。为满足行业发展的需要,2012 年制定了化工行业标准 HG/T 4662 - 2014《血压计用胶乳制品》。

炸药防水用乳胶套是以天然胶乳为主体材料经浸渍工艺制成的胶乳制品,主要用于防止采石、矿山爆破时使用的炸药受潮或浸水而产生安全隐患。随着我国基础建设工程爆破作业量的加大,炸药防水用乳胶套需求量也逐渐增加,因此该产品有着广泛的市场前景。但是,炸药防水用乳胶套产品目前使用的标准仍是企业标准,且标准技术水平也参差不齐,有的是供需双方采用的技术合同,这样不利于规范产品的生产与验收,不能保证产品的质量,也不利于规范市场管理。为此,2012 年制定了化工行业标准 HG/T 4665 - 2014《炸药防水用乳胶套》。

随着标准化工作的不断深入,为使行业所制修订的标准用语准确、简练、规范、统一,行业非等效采用了国际标准 ISO 1382 制定了国家标准 GB/T 9887 - 2008《胶乳制品术语》,其中收录了国外相关行业常用专业技术词汇以及行业根据生产实际而形成的专业技术词汇。从多年的实施情况看,效果明显,达到制定标准的目的。同时,为了对配合胶乳硫化程度、橡胶配合剂水分散体总固体含量、橡胶配合剂水分散体沉降量的检测有一个统一、规范、准确的检测方法,行业内制定了国家标准 GB/T 23655 - 2009《配合胶乳硫化程度的测定》、化工行业标准 HG/T 2299 - 2001《橡胶配合剂水分散体总固体含量的测定》、HG/T 2298 - 2001《橡胶配合剂水分散体沉降量的测定》。

胶乳色浆是一种新型的胶乳半成品产品,为适应行业的发展需要,2013 年制定了化工行业标准 HG/T 4786 - 2014《胶乳色浆》。同时,为了解决标准标龄老化问题,提高标准技术水平,2011 年,将原国家标准 GB 4849 - 1984《橡胶奶头》、

GB 4847－1984《食品容器橡胶垫片》、GB 4848－1984《食品容器橡胶垫圈》、GB 7057－1986《铝背水壶橡胶密封垫片》修订为化工行业标准HG/T 2946－2011《橡胶奶头》、HG/T 2944－2011《食品容器橡胶垫片》、HG/T 2945－2011《食品容器橡胶垫圈》、HG/T 2947－2011《铝背水壶橡胶密封垫片》。

2. 存在问题

胶乳制品标准化工作虽然取得了一定的成绩，但也存在一些问题，其问题与主要原因如下：

(1)目前行业标准构成大都以产品标准较多，而有毒有害或其他物质限量方面的标准、市场和贸易急需的管理型和贸易型的标准、节能与环保的标准、体现我国先进科技成果或拥有自主知识产权的技术标准、制定技术法规和技术性贸易措施方面的标准是空白区域。

(2)标准制修订速度慢，不能满足本行业技术发展需要；标准存在老化、缺失、滞后问题，标准制修订、报批和审批周期太长，存在标准技术内容滞后于行业技术发展的现象，不能完全满足科研、生产和市场的需要。

(3)标准宣贯的力度较差。标准的宣贯、实施落后于社会需求。

二、乳胶制品行业标准化发展

中国橡胶工业已步入发展成熟期，"十三五"期间将全面进入产品创新的转型期，在优化产品结构、提高效益和降低消耗的基础上，以安全、节能、环保新产品替代老产品。

标准化工作要保证产业经济平稳发展，制修订先进性、效能性的标准。乳胶行业标准在技术水平、配套能力、管理水平以及竞争能力方面都应有所提高，应重点围绕本行业国际市场技术壁垒对国内乳胶制品出口的限制，追踪国际相关先进标准；重点制定满足本行业需要的标准，解决因盲目引用国际标准带来的一些问题，建立有效完善的标准实施信息反馈机制，切实做好行业内基础性、管理型、环保型以及无毒无害物质的试验方法和限量标准，并及时做好现有检测手段的更新。具体可从以下方面努力：

(1)跟踪分析国外先进标准的变化动态，及时制修订符合国内发展情况的标准，形成开放协调、水平先进的行业标准体系。

(2)加大宣贯实施力度，在技术和管理上加强标准的执行力度。

(3)在行业标准的制定过程中，注重提高标准在市场和贸易中的适用性；制定与节能、环保相关的行业标准，制定无毒无害或其他物质限量方面的标准，满足标准化发展的需要。

(4)加强乳胶制品残余有毒有害物质与生物性能的检测技术方法标准的前期研究工作，为制定相应的标准奠定基础。

(邓一志)

协会自律标准

一、概况

标准是经济和社会活动的技术依据。改革开放以来，标准不断从生产领域向贸易、服务领域以及社会管理公共服务方面扩展，从经济层面向社会治理、文化建设、生态文明建设以及政府管理层面不断延伸，领域覆盖范围不断扩大。标准化在促进经济社会健康发展、经济增效升级、提升政府治理能力、推进高水平对外开放等方面，发挥着越来越重要的作用。

我国现行标准以政府标准为主，国家标准、行业标准和地方标准均由政府主导制定，缺少以市场需求为导向、由社会团体主导制定的标准，这种一元结构导致社会和市场的作用没有充分发挥，制约了标准的有效供给，也未能真实反映市场的需求，造成标准缺失和滞后。

而美国、欧盟、日本等发达国家，除了政府标准外，都有体系比较健全、数量庞大的社会组织标准，两者之间具有良好的联系协调机制。

2015 年国务院办公厅印发《贯彻实施〈深化标准化工作改革方案〉行动计划（2015 ~ 2016 年）》（以下简称《行动计划》），提出整合精简强制性标准，逐步将现行强制性国家标准、行业标准和地方标准整合为强制性国家标准，强制性国家标准由国务院批准发布或授权批准发布。明确培育发展团体标准，是《行动计划》的一大亮点。团体标准是为满足市场、科技快速变化及多样性需求，由具有法人资格、具备相应技术能力的学（协）会、商会、联合会和产业技术联盟等社会团体制定的标准。团体标准最活跃，也最贴近市场需求，能最大限度地释放企业和市场活力。因此，有关部门在培育发展团体标准方面，主要坚持 3 项原则：一是不设许可，不搞准入；二是市场驱动，自主制定；三是自愿采用，优胜劣汰。

中国橡胶工业协会是较早开展制定行业自律标准的协会之一，多年来，协会始终把开展行业自律、规范企业行为，作为义不容辞的责任，通过行业自律规范市场、规避风险，促进行业诚信建设。

二、协会自律标准在行业发展中的作用

当前国家标准、行业标准制定管理体系现状是，制修订标准时间长，严重滞后于企业的生产经营活动。面临来自国外的技术壁垒时，国内甚至无标可依，导致企业自行应对，部分企业处于观望。中国橡胶工业协会为加强行业自律，规范市场，针对橡胶行业在科学发展过程中遇到的问题，特别是在科技进步、产品质量、工艺管理和产品标准等方面进行规范，制定了《中国橡胶工业协会自律标准管理办法》，规范了协会标准的制修订管理工作。

中橡协自律标准制定的原则是：在没有国家标准、行业标准、地方标准或者是在国家标准、行业标准、地方标准不能满足市场及行业发展需要的情况下，由行业协会组织行业内骨干企业共同制定标准。目的是发挥协会自律标准作为国家标准和行业标准的补充作用，用于指导会员企业的生产和工艺技术管理，解决会员企业无标生产的困惑。

中国橡胶工业协会在“十二五”伊始就开展了该项工作，协会以规范产品质量自律行为、规范市场监管、规范市场经营行为和以提高产品技术水平等为主导思想制定了一系列行业自律标准，这些标准在行业的经营、管理方面以及引导产品升级换代等方面都取得了很好的效果，得到了国内外相关行业内的认可，同时也得到国际相关行业的高度关注。

“十二五”以来，中国橡胶工业协会共制定了协会自律标准 29 项，其中产品技术规范 5 项，能耗标准 4 项，行业产品质量自律标准 7 项，行业准入条件 2 项，行业清洁生产评价指标体系标准 2 项，质量控制工艺技术规范 2 项，市场流通管理标

准3项，单耗标准2项，行业自律公约5项。上述标准中包括协会自律标准、自律公约共计22项；受国家有关部门委托起草并经国家有关部委发布的国标、行标7项。通过上述标准的制定、发布和实施，加强了行业自律，完善了行业自我约束和相互监督机制，促进了行业健康有序发展。

协会还开展了诚信轮胎经销商和橡胶贸易商评价以及市场规范化倡议；提出《中国轮胎行业自律书》、《轮胎经销商加强社会责任倡议书》、《胶鞋产品健康安全技术达标行业自律公约》、《中国胶管胶带行业自律公约》、《胶管胶带行业企业诚信经营评价办法》等，通过行业自律来规范市场行为、规避风险，营造全行业诚信自律的氛围。

中橡协在制定行业自律标准工作中做了大胆的尝试，协会自律标准在行业发展过程中起到了如下作用：

1. 优化产业链，促进行业技术进步

协会自律标准是最活跃、也最贴近市场需求，能最大限度地释放企业和市场活力。同时协会自律标准也是与行业发展结合最为紧密，是紧紧围绕行业健康发展这个主链来制定的，更能体现行业科技快速变化及多样性的需求。行业协会的标准制定减少了我国制定标准繁琐的审批程序及标准制定的周期，从而实现快速反应，更贴近本行业的前沿技术，达到优化产业链，促进行业技术进步，实现产业创新发展的目的，提高了产品的质量水平，起到了技术引领作用。

如《绿色轮胎技术规范》、《E系轮胎再生橡胶》、《高热稳定性不溶性硫磺》标准的制定，不仅弥补了国家标准的不足，同时优化了产业链，促进了行业的技术进步，实现产业创新发展。

2. 促进转型升级，淘汰落后产能

现行的国家标准、行业标准有很多质量过程控制上的标准缺失，但对于行业的自律又是必不可少的，同时在地方相关部门进行监督检查时因为没有相应的标准可执行，就采用其他行业标准来约束企业，给橡胶企业的经营、生产、管理方面都带来了很大的困扰。在这种情况下，根据行业自身特点和行业发展的需要，制定了如《子午线轮胎工艺技术规范》、《力车胎行业工艺技术规范》、《轮胎清洁生产评价指标体系》、《轮胎加工贸易单耗标准》（海关总署发布）、《力车胎行业单位产品能源消耗限额》、《废橡胶综合利用行业再生橡胶制造清洁生产规范》、《再生橡胶行业清洁生产评价指标体系》及《输送带单位产品能源消耗限额》等标准。这些标准既符合国家建设节能、环保、低碳社会的需要，促进行业清洁生产、节能减排工作的推进，又达到了促进行业转型升级，淘汰落后产能的目的。

3. 推动产品质量升级，加快行业绿色发展

《绿色轮胎技术规范》、《E系轮胎再生橡胶》、《高热稳定性不溶性硫磺》、《未硫化短纤维增强复合橡胶行业规范》、《复合橡胶自律规范》5个产品标准弥补了国家标准和行业标准缺失和不足。行业贯彻实施新标准的过程，也是应用和推广新产品、新技术的过程。正是通过新产品、新技术标准的制定和实施，为行业的创新发展提供了技术支撑，推动了产品质量升级，加快行业的绿色发展。

4. 树立诚信形象，实现行业品牌战略

中橡协为加强行业品牌产品质量自律，先后制定了《复合橡胶自律规范》、《乘用子午线轮胎品牌产品质量行业自律规范》、《橡胶用炭黑品牌产品质量行业自律规范》、《橡胶V带品牌产品质量行业自律规范》、《再生橡胶品牌产品质量行业自律规范》、《硫化促进剂NS品牌产品质量行业自律规范》、《橡胶防老剂4020品牌产品质量行业自律规范》、《橡胶防老剂RD品牌产品质量行业自律规范》等标准。通过这6类材料和主要产品质量自律规范的制定和实施，起到强化自主创新、提高产品质量、培育强势品牌、扩大市场影响，并有利于进一步规范企业市场行为的作用，较好地树立了行业和企业的诚信形象，加快行业品牌战略实施进程。

5. 用标准规范经营市场，引导轮胎营销行业健康有序发展

根据国内轮胎营销市场无标准可执行的状况，协会受商务部委托组织相关企业起草了《轮胎营销管理规范》、《轮胎理赔鉴定人员专业技术要求》和《轮胎理赔技术规范》，并由商务部正式发布。通过标准来规范市场和企业的经营行为，同时也通过培训和标准的宣贯，规范理赔鉴定专业人员的技术行为，引导营销企业诚信经营，使行业实现健康有序发展。

协会在今后的标准化工作中，要认真贯彻落实国务院有关《深化标准化工作改革方案》的精神，继续完善协会的标准化管理体系，充分发挥协会标准在市场的作用，为橡胶行业实现由大变强打下坚实的基础。协会还要密切关注国际标准化组织、欧洲标准化技术委员会等国际与先进国家和地区的标准化组织的标准动态，加强采标力度，做好与国际先进标准接轨工作。加强中外标准互认工作，扩大协会标准在国际和区域标准化活动中的影响力。中国橡胶工业协会标准见表1。中橡协受国家有关部门委托制定的标准见表2。

表1　中国橡胶工业协会标准

类　别	标准名称	特　点	与国标、行标的相关性
行业自律公约	《中国轮胎行业自律书》 《轮胎经销商加强社会责任倡议书》 《胶鞋产品健康安全技术达标行业自律公约》 《中国胶管胶带行业自律公约》 《胶管胶带行业企业诚信经营评价办法》	通过行业自律公约规范市场行为、规避风险，营造全行业诚信自律的氛围。	国家、行业均没有相关的公约类标准
工艺技术规范	《子午线轮胎工艺技术规范》 《力车胎行业工艺技术规范》	原化工部有斜交轮胎工艺技术56条，力车胎工艺技术50条，随着子午胎、力车胎技术的成熟，产量逐年扩大，为进一步提高子午胎和力车胎的质量和稳定生产，制定了子午胎和力车胎的工艺技术规范，促进行业转型升级，淘汰落后产能。	国家、行业均没有相关的工艺技术规范类标准
产品质量自律规范	《乘用子午线轮胎品牌产品质量行业自律规范》 《橡胶用炭黑品牌产品质量行业自律规范》 《橡胶V带品牌产品质量行业自律规范》 《再生橡胶品牌产品质量行业自律规范》 《硫化促进剂NS品牌产品质量行业自律规范》 《橡胶防老剂4020品牌产品质量行业自律规范》 《橡胶防老剂RD品牌产品质量行业自律规范》	起到强化自主创新、提高产品质量、培育强势品牌、扩大市场影响，并有利于进一步规范企业市场行为的作用。达到了培育产品品牌、提高产品质量、扩大品牌影响、规范行业行为的目的。树立了行业和企业的诚信形象，加快行业品牌培育战略进程。	国家、行业均没有相关的产品质量规范
产品标准	《复合橡胶自律规范》	规范了复合胶中天然橡胶的含量、检验方法等技术指标，为海关提供了检验依据。该标准是2006年制定的，在2006～2014年期间达到了规范复合胶生产和市场流通的目的。	国家于2014年12月31日发布了国家标准：GB/T 31357－2014《复合橡胶 通用技术规范》。但该标准在制定过程中以及发布后，始终存在较大的争议

续表 1－1

类 别	标准名称	特 点	与国标、行标的相关性
	《高热稳定性不溶性硫磺》	规范了高热稳定性不溶性硫磺产品的技术指标，提升了产品的市场信誉度，弥补了国标、行标没有该产品标准的不足，规范市场行为。	现有标准：HG/T2525－2011《橡胶用不溶性硫磺》、GB/T18952－2003《橡胶配合剂硫磺试验方法》，没有高热稳定性不溶性硫磺标准
	未硫化短纤维增强复合橡胶行业规范	无国标、行标对未硫化短纤维增强的复合橡胶的质量进行规范，满足了实心胎的市场需求。	无国标、行标
	《绿色轮胎技术规范》	对绿色轮胎进行了定义，规定了绿色轮胎所使用的原材料要求，推荐了采用的工艺技术，规定了生产过程的能源和资源消耗，以及绿色轮胎的滚动阻力、湿滑性能、噪声的指标及所采用的试验方法。	无国标、行标
	《E 系轮胎再生橡胶》	本标准特别规定了轮胎再生橡胶产品中多环芳烃和有毒有害物质限量（18 种多环芳烃和 RoSH 6 项）、橡胶烃含量、炭黑含量。同时参照 GB/T 13460－2008《再生橡胶》中的 7 项参数，对技术要求及检测方法进行了修订采用，并对其中密度和门尼粘度的试样制备提出了统一要求。 为了引领再生橡胶行业绿色环保，将 E 系轮胎再生橡胶多环芳烃和有毒有害物质指标放在技术指标首要位置，并规定多环芳烃和有毒有害物质限量指标要达到欧盟标准限量值的要求，RoSH 中 6 项检测的限量指标等同采纳欧盟 RoSH 指令；同时将化学分析指标、物理性能指标分成 3 个等级。使本标准环境评价指标符合欧盟指标，又具有可操作性。	GB/T13460－2008《再生橡胶》

续表 1－2

类　别	标准名称	特　点	与国标、行标的相关性
能源消耗限额	《力车胎行业单位产品能源消耗限额》 《输送带单位产品能源消耗限额》	弥补了企业能源消耗控制的需要。	无国标、行标
清洁生产标准	《废橡胶综合利用行业再生橡胶制造清洁生产规范》	根据发展低碳、环保、节能的要求，组织相关企业制定了该标准。解决了行业无标可依的问题，使行业的转型升级，淘汰落后产能有标可循。	无国标、行标

表 2　中橡协受国家有关部门委托制定的标准

类　别	标准名称	特　点	与国标、行标的相关性
贸易单耗标准	《轮胎加工贸易单耗标准》 《充气自行车车胎加工贸易单耗标准》	为了加强加工贸易产品单耗的管理，规范和完善海关和外经贸管理部门对产品单耗、备案、核销，协会受海关总署的委托，组织有关企业编制了该标准，起到了规范加工贸易的关理。	海关行业标准 HDB/SH007－2002，HDB/SH049－2011
流通市场规范	《轮胎营销管理规范》 《轮胎理赔鉴定人员专业技术要求》 《轮胎理赔技术规范》	为了更好的规范轮胎营销规范市场，协会受商务部委托组织轮胎生产企业、轮胎经销商企业共同就轮胎营销理赔管理、理赔技术、理赔鉴定专业技术人员制定了相应的规范，从而达到规范市场的目的。	SB/T10935－2012《轮胎理赔鉴定人员专业技术要求》 SB/T10468.2－2012《轮胎理赔技术规范》 SB/T10468.1－2013《轮胎营销管理规范》
能源消耗限额	《轮胎单位产品能源消耗限额》 《炭黑单位产品能源消耗限额》	受国家标准委员会委托，根据发展低碳、环保、节能社会的需求，组织相关企业制定了国家标准，确实解决了行业在能耗限额方面无标准的问题，对行业的转型升级、淘汰落后产能起到了积极的促进作用。	GB29449－2012《轮胎单位产品能源消耗限额》、GB29440－2012《炭黑单位产品能源消耗限额》

（朱　红）

贸易摩擦

贸易摩擦

1. 美继续对中国输美工程胎和橡胶磁铁征“双反”关税

美国国际贸易委员会2014年1月6日作出日落复审裁定，决定继续对中国输美非公路用轮胎和橡胶磁铁征收反倾销和反补贴的“双反”关税。

根据美国国际贸易委员会当日发布的声明，经日落复审，该委员会6名委员一致裁定维持中国输美非公路用轮胎和橡胶磁铁的反倾销和反补贴令，并维持中国台湾地区输美橡胶磁铁的反倾销令。声明说，该委员会认为取消对从中国进口的上述产品征收“双反”关税，可能导致在可预见的时间内再度对美国相关产业造成实质性损害。

2. 美国对华工程机械轮胎作出反倾销终裁

2014年1月14日，美国商务部对华新充气工程机械轮胎（新充气非公路用轮胎）作出反倾销日落复审终裁。

2013年8月1日，美国商务部对华新充气工程机械轮胎（新充气非公路用轮胎）进行反倾销日落复审立案调查，涉案产品海关编码为：40112010.25 40112010.35 40112050.30 40112050.50 40116100.00 40116200.00 40116300.00 40116900.00 40119200.00 40119340.00 40119380.00 40119440.00 40119480.00。

3. 美国ITC终止对涉华橡胶树脂的337调查

2014年1月15日，美国国际贸易委员会（ITC）发布公告，对橡胶树脂337调查案（337－TA－849）作出终裁，裁定部分肯定、部分驳回行政法官对该案的初步裁决，并终止对该案的337调查。

ITC最终裁定以下被诉方违反了337条款：Precision Measurement International LLC of Westland公司、中国华奇（张家港）化工有限公司、香港华奇集团有限公司、华奇集团（英国）有限公司、美国彤程化学公司、上海伦赛国际贸易公司、彤程集团有限公司、华奇集团马绍尔群岛有限公司。同时，ITC发布一个10年期的有限排除令，并裁定公共利益因素不能阻碍该救济令的发布或实施。最后，ITC裁定，在支付进口价值19%的保证金后，涉案产品可以在总统复议期间进入美国市场。

4. 巴西对部分国家和地区轮胎实施反倾销

巴西政府2014年1月16日宣布，为保护当地轮胎业免受不正当竞争损害，从即日起对从韩国、泰国、中国台湾和乌克兰进口的轮胎实施反倾销。

反倾销措施已获巴西外贸委员会批准。该委员会指责从这些国家和地区进口的轮胎在巴西的售价比原产地低，给本土轮胎业造成了损害。

在巴西全国轮胎工业协会的请求下，巴西工贸部于2011年12月开始进行反倾销调查。经过两年多的调查，工贸部最终认定倾销事实成立。

5. 巴西对华自行车轮胎征收反倾销税

巴西外贸委员会2014年2月18日发布第5号令，决定对进口自中国的自行车轮胎征收0.28～3.85美元/千克的反倾销税，征税期限5年，涉案产品南共市税号为4011.50.00。

6. 埃及对华轮胎反倾销日落复审终裁

2014年3月4日，埃及工业与外贸部发布公告，对自中国和印度进口的卡车和大客车轮胎反倾销日落复审案作出终裁，中国出口企业将被延长征收5年反倾销税，税率为3.8%～60%。

7. 巴西裁定对华白炭黑反倾销税率

2014年5月，巴西决定对进口自中国的沉淀法二氧化硅（涉案南共市税号：2811.22.10）征收反倾销税，裁定63.39美元/吨、256.09美元/吨、594.41美元/吨3档税率，征税期限5年，至2019年4月24日终止。其中，确成硅化学股份有限公司是唯一一家获得最低税率的企业。

2012年10月26日，巴西发展工业和外贸部发布公告，决定对进口自中国的沉淀法二氧化硅

(白炭黑)启动反倾销调查。鉴于中国在反倾销程序中未被视作市场经济国家,巴方选择美国从印度进口相关产品的价格来计算正常价值。

8. 印度对华尼龙帘子布反倾销延期1年

印度消费税和海关中央委员会2014年5月发布公告,鉴于印度商工部对原产于中国的尼龙帘子布启动了反倾销日落复审调查,因此决定将上述反倾销措施延期1年,至2015年4月28日。

9. 美国对华乘用及轻卡轮胎启动“双反”

2014年6月3日,美国钢铁工人联合会(USW)代表美国乘用车及轻型卡车轮胎产业向美国商务部和美国国际贸易委员会提出申请,要求对来自中国的乘用及轻卡轮胎启动反倾销和反补贴调查。

涉案产品美国税则号:4011. 10. 10、4011. 10. 50、4011. 20. 10. 05、4011. 20. 50. 10;倾销调查期为2013年10月1日至2014年3月31日;补贴调查期为2013年全年;指控倾销幅度60.15%;指控补贴幅度25.73%。涉案中国生产商/出口商包括在倾销调查和补贴调查期间向美国出口了被调查产品的所有中国生产商/出口商(无论是否在申请书中被点名),均有资格应诉。申请人指控的倾销幅度是60.15%(进行增值税无法退税部分调整)、45.25%(不进行增值税无法退税部分调整),申请人主张的替代国是泰国。

表1　申请人列举的被调查产品涉案金额

年　份	美国从中国进口额/百万美元	美国总进口额/百万美元	中国产品占美国总进口额的比例/%
2011	968	8408	11.51
2012	1266	9198	13.76
2013	2077	9736	21.34

2014年7月15日,美国商务部正式对中国产轮胎进行反倾销反补贴调查立案,产品范围与7月7日申请人修改后的范围保持一致,除了乘用车和轻卡车胎外,还包括拖车胎。

美国商务部同时下发销量金额问卷,数量单位以重量(千克)统计。该问卷截止日期为8月1日。所有在涉案调查期内对美国有出口涉案轮胎产品的企业都必须答卷,否则将以不配合调查被施加惩罚性高额关税。

2014年8月14日,美国商务部在反补贴调查程序中选择山东永盛橡胶集团有限公司和福建佳通轮胎有限公司为两家强制应诉企业。依据是,根据美国海关的中国企业进口数据,这两家企业对美国的出口量在2013年全年排名中名列中国前两位。

同时,中方律师以五矿商会和中国橡胶工业协会及其会员企业的名义,向美国商务部正式提交了对涉案产品范围的书面评论意见,指出现有产品范围错误地包括了拖车轮胎,要求予以澄清排除。同时,多家美国进口商及拖车、房车制造商协会也在同一天向美国商务部递交了评论意见。中方在评议中特别指出,赞同一家美国进口商的主张,把标有“仅供拖车使用”标识的拖车轮胎排除在涉案产品范围外。

2014年8月21日,经过中方行业协会和商会的努力,美国USW通过律师向美国商务部正式递交书面意见,提出符合某些条件的拖车和ATV轮胎应该排除在涉案产品范围外,同时对涉案产品的海关税则号也作了修改。这是中国橡胶行业在双反案件中取得的一个阶段性胜利。

2014年8月27日,美国商务部又确定两家企业(含关联企业)作为反倾销强制应诉企业,分别为山东永盛橡胶集团有限公司、佳通轮胎全球贸易有限公司及其关联公司——佳通轮胎（美国）有限公司、佳通轮胎（安徽）有限公司、佳通轮胎（福建）有限公司和佳通轮胎（桦林）有限公司。

2014 年 10 月 6 日，因强制应诉企业山东永盛橡胶集团有限公司决定退出应诉，鉴于此，10 月 7 日，美国商务部分别重新确定了反倾销和反补贴调查的强制应诉企业。替代山东永盛的两家公司分别是，赛轮集团股份有限公司为反倾销强制应诉企业，固铂轮胎（昆山）有限公司为反补贴强制应诉企业。

2014 年 11 月 24 日，美国商务部公布对中国输美轿车、轻卡轮胎反补贴初裁报告。强制应诉企业佳通轮胎（福建）有限公司、固铂轮胎（昆山）有限公司的税率分别是 17.69% 和 12.5%；其余未被抽样的企业获得两家抽样企业的加权平均税率为 15.69%；不配合调查或未答卷的企业，如山东永盛橡胶集团有限公司获得惩罚性关税 81.29%。同时，美国商务部根据美国海关数据，认定除两家抽样企业外，其他中国出口企业都有突击出口，依据是美国海关 2014 年 6～9 月的进口量与 2014 年 2～5 月的进口量相比，增长超过 15%。但这一结果还要等待美国商务部在终裁阶段的确认，以及美国国际贸易委员会（ITC）在产业损害终裁中的确认。

12 月 22 日，美国商务部公布了对来自中国乘用及轻卡轮胎反补贴初裁税率修正后的结果。经过计算，美国商务部裁定佳通轮胎（福建）有限公司的反补贴初裁税率降为 11.74%，其他税率不变。由此，中国轮胎普遍反补贴初裁税率降低为 12.03%。

2015 年 1 月 21 日，美国商务部发布了对华乘用及轻卡轮胎反倾销初裁结果，公布了倾销及补贴合并有效初裁税率：佳通为 30.46%，赛轮为 41.04%，固铂（昆山）为 33.25%，山东永盛因退出调查而获得 169.28% 的最高税率，其他企业获得 32.5% 的分别税率和 100.02% 的全国税率。

美国商务部在本次裁决中拒绝给予 6 家国有企业以倾销分别税率，分别是风神轮胎股份有限公司、陕西延长石油集团橡胶有限公司、上海双钱集团股份有限公司、贵州轮胎进出口有限公司、中策橡胶集团公司、四川轮胎橡胶（集团）股份有限公司；拒绝给予 11 家未能证明自身未受政府控制的企业以倾销分别税率；拒绝给予天津万达轮胎等 4 家在调查期内未出货的企业以倾销分别税率。这些企业因此获得 100.02% 的全国税率。本次共有 85 家企业申请分别税率，64 家企业获得分别税率，21 家企业被拒绝分别税率。

此外，因佳通和赛轮提交的出口数据显示在立案前后对美出口未出现急剧增长态势，故这两家企业未认定存在紧急情形；其他所有企业对美出口在立案前后的增长超过 15%，有短期内急剧增长态势，故认定存在紧急情形。因此，美国商务部对除赛轮和佳通以外的中国企业将追溯至初裁前 90 天征收反倾销税。

2015 年 3 月 19 日，美国商务部发布了对华乘用车及轻卡车轮胎倾销初裁税率修正，将赛轮初裁税率从 36.26% 修正为 18.58%；由此分别税率企业平均税率也从 27.72% 下降到 18.99%。调整后的倾销及补贴合并有效初裁税率为：佳通维持 30.46%，赛轮降为 23.36%，固铂（昆山）为 24.52%，分别税率降为 23.77%，全国税率不变。

2015 年 7 月 14 日，美国国际贸易委员会就乘用及轻卡轮胎对美国内行业损害进行了投票，6 名委员投票结果为3∶3平局，故 ITC 最终做出中国轮胎对美造成实质性损害裁决。同时，ITC 认定本案中不存在紧急情形。

2015 年 8 月 5 日，美国商务部正式发布了对华乘用及轻卡轮胎反倾销及反补贴税令，并刊登在 8 月 10 日出版的《联邦公报》上。此次发布的实际合并执行双反保证金率分别是：佳通为 52.1%，赛轮为 30.61%，固铂为 31.85%，分别税率企业为 39.33%，全国税率企业 107.07%，永盛为 192.79%。同时，美国商务部将指令海关退回紧急情形追溯征收的保证金。

表 2　美对华乘用及轻卡轮胎实际执行反倾销及反补贴合并税率

企业类型	未抵扣前的倾销幅度/%	抵扣后的倾销保证金率/%	补贴保证金率/%	实际执行的反倾销及反补贴合并税率/%
强制应诉企业				
赛轮	14.35	0.00	30.61	30.61
佳通	30.74	15.31	36.79	52.10
固铂	25.84	11.12	20.73	31.85
获得分别税率的企业	25.84	8.72	30.61	39.33
获得全国税率企业	87.99	76.46	30.61	107.07
惩罚税率企业				
山东永盛橡胶集团有限公司	87.99	76.46	116.33	192.79

表 3　美国商务部初裁税率表

企业类型	企业名称(英文)	企业名称(中文)	倾销初裁税率/%	补贴初裁税率/%	出口补贴调减税率	双重救济补贴项目调减税率	倾销及补贴合并有效初裁税率(经调整)/%
反倾销强制应诉企业	GITI	佳通	19.17	11.74	0.45	0	30.46
	Sailun	赛轮	36.26	12.03	0.28	6.97	41.04
获得分别税率的企业	Best Choice International Trade Co., Limited	北京百事强贸易有限公司	27.72	12.03	0.28	6.97	32.50
	Bridgestone (Wuxi) Tire Co., Ltd.	普利司通(无锡)轮胎有限公司	27.72	12.03	0.28	6.97	32.50
	Bridgestone Corporation	普利司通股份有限公司	27.72	12.03	0.28	6.97	32.50
	Cheng Shin Tire & Rubber (China) Co., Ltd.	正新橡胶(中国)有限公司	27.72	12.03	0.28	6.97	32.50
	Cooper (Kunshan) Tire Co., Ltd.	固铂轮胎(昆山)有限公司	27.72	12.50	0	6.97	33.25
	Cooper Chengshan (Shandong) Tire Co., Ltd.	固铂成山(山东)轮胎有限公司	27.72	12.50	0	6.97	33.25
	Crown International Corporation	皇冠环球集团有限公司	27.72	12.03	0.28	6.97	32.50

续表 3-1

企业类型	企业名称(英文)	企业名称(中文)	倾销初裁税率/%	补贴初裁税率/%	出口补贴调减税率	双重救济补贴项目调减税率	倾销及补贴合并有效初裁税率(经调整)/%
获得分别税率的企业	Goodyear Dalian Tire Company Limited	大连固特异轮胎有限公司	27.72	12.03	0.28	6.97	32.50
	Guangzhou Pearl River Rubber Tyre Ltd.	广州珠江轮胎有限公司	27.72	12.03	0.28	6.97	32.50
	Hankook Tire China Co., Ltd.	韩泰轮胎有限公司	27.72	12.03	0.28	6.97	32.50
	Hebei Tianrui Rubber Co., Ltd.	河北天瑞橡胶有限公司	27.72	12.03	0.28	6.97	32.50
	Hong Kong Tiancheng Investment & Trading Co., Ltd.	香港天成投资贸易有限公司	27.72	12.03	0.28	6.97	32.50
	Hong Kong Tri - Ace Tire Co., Ltd.	香港赛路士轮胎有限公司	27.72	12.03	0.28	6.97	32.50
	Hwa Fong Rubber (Suzhou) Co., Ltd.	华丰橡胶(苏州)有限公司	27.72	12.03	0.28	6.97	32.50
	Jiangsu Hankook Tire Co., Ltd.	江苏韩泰轮胎有限公司	27.72	12.03	0.28	6.97	32.50
	Kenda Rubber (China) Co., Ltd.	建大橡胶(中国)有限公司	27.72	12.03	0.28	6.97	32.50
	Kumho Tire Co., Inc.	锦湖轮胎株式会社	27.72	12.03	0.28	6.97	32.50
	Liaoning Permanent Tyre Co., Ltd.	辽宁普耐特轮胎有限公司	27.72	12.03	0.28	6.97	32.50
	Longkou Xinglong Tyre Co., Ltd.	龙口兴隆轮胎有限公司	27.72	12.03	0.28	6.97	32.50
获得分别税率的企业	Mayrun Tyre (Hong Kong) Limited	美林轮胎(香港)有限公司	27.72	12.03	0.28	6.97	32.50
	Nankang (Zhangjiagang Free Trade Zone) Rubber Industrial Co., Ltd.	南港(张家港保税区)橡胶工业有限公司	27.72	12.03	0.28	6.97	32.50
	Pirelli Tyre Co., Ltd.	中国倍耐力轮胎有限公司	27.72	12.03	0.28	6.97	32.50
	Qingdao Nama Industrial Co., Ltd.	青岛湖海轮胎有限公司	27.72	12.03	0.28	6.97	32.50
	Qingdao Au - Shine Group Co., Limited	青岛奥晟通泰轮胎有限公司	27.72	12.03	0.28	6.97	32.50
	Qingdao Crown Chemical Co., Ltd.	青岛克罗恩化学有限公司	27.72	12.03	0.28	6.97	32.50

续表 3-2

企业类型	企业名称(英文)	企业名称(中文)	倾销初裁税率/%	补贴初裁税率/%	出口补贴调减税率	双重救济补贴项目调减税率	倾销及补贴合并有效初裁税率(经调整)/%
	Qingdao Free Trade Zone Full - World International Trading Co., Ltd.	青岛保税区福沃得国际贸易有限公司	27.72	12.03	0.28	6.97	32.50
	Qingdao Fullrun Tyre Tech Corp., Ltd.	青岛福临轮胎有限公司	27.72	12.03	0.28	6.97	32.50
	Qingdao Honghua Tyre Factory	青岛市平度宏华橡胶厂	27.72	12.03	0.28	6.97	32.50
	Qingdao Nexen Tire Corporation	青岛耐克森轮胎有限公司	27.72	12.03	0.28	6.97	32.50
	Qingdao Odyking Tyre Co., Ltd.	青岛奥日新轮胎有限公司	27.72	12.03	0.28	6.97	32.50
获得分别税率的企业	Qingdao Qianzhen Tyre Co., Ltd.	青岛千震轮胎有限公司	27.72	12.03	0.28	6.97	32.50
	Qingdao Qihang Tyre Co., Ltd.	青岛启航轮胎有限公司	27.72	12.03	0.28	6.97	32.50
	Qingdao Qizhou Rubber Co., Ltd.	青岛七洲橡胶有限公司	27.72	12.03	0.28	6.97	32.50
	Qingdao Sentury Tire Co., Ltd.	青岛森麒麟轮胎有限公司	27.72	12.03	0.28	6.97	32.50
	Shandong Duratti Rubber Corporation Co., Ltd.	山东多路驰橡胶股份有限公司	27.72	12.03	0.28	6.97	32.50
	Shandong Fengyuan Tire Manufacturing Co., Ltd.	山东丰源轮胎制造股份有限公司	27.72	12.03	0.28	6.97	32.50
	Shandong Guofeng Rubber Plastics Co., Ltd.	山东国风橡塑有限公司	27.72	12.03	0.28	6.97	32.50
	Shandong Haohua Tire Co., Ltd.	山东昊华轮胎有限公司	27.72	12.03	0.28	6.97	32.50
	Shandong Haolong Rubber Tire Co., Ltd.	山东昊龙集团有限公司	27.72	12.03	0.28	6.97	32.50
	Shandong Hawk International Rubber Industry Co., Ltd.	山东豪克国际橡胶工业有限公司	27.72	12.03	0.28	6.97	32.50
	Shandong Hengyu Science & Technology Co., Ltd.	山东恒宇橡胶有限公司	27.72	12.03	0.28	6.97	32.50

续表 3-3

企业类型	企业名称(英文)	企业名称(中文)	倾销初裁税率/%	补贴初裁税率/%	出口补贴调减税率	双重救济补贴项目调减税率	倾销及补贴合并有效初裁税率(经调整)/%
获得分别税率的企业	Shandong Linglong Tyre Co., Ltd.	山东玲珑轮胎股份有限公司	27.72	12.03	0.28	6.97	32.50
	Shandong Longyue Rubber Co., Ltd.	山东龙跃橡胶有限公司	27.72	12.03	0.28	6.97	32.50
	Shandong New Continent Tire Co., Ltd.	山东新大陆橡胶股份有限公司	27.72	12.03	0.28	6.97	32.50
	Shandong Province Sanli Tire Manufactured Co., Ltd.	山东省三利轮胎制造有限公司	27.72	12.03	0.28	6.97	32.50
	Shandong Shuangwang Rubber Co., Ltd.	山东双王橡胶有限公司	27.72	12.03	0.28	6.97	32.50
	Shandong Wanda Boto Tyre Co., Ltd.	山东万达宝通轮胎有限公司	27.72	12.03	0.28	6.97	32.50
	Shandong Yongtai Chemical Co., Ltd.	山东永泰化工集团有限公司	27.72	12.03	0.28	6.97	32.50
	Shandong Zhongyi Rubber Co., Ltd.	山东中一橡胶有限公司	27.72	12.03	0.28	6.97	32.50
	Shandong Huitong Tyre Co., Ltd.	山东慧通轮胎有限公司	27.72	12.03	0.28	6.97	32.50
	Shengtai Group Co., Ltd.	盛泰集团有限公司	27.72	12.03	0.28	6.97	32.50
	Shifeng Juxing Tire Co., Ltd.	时风巨兴轮胎有限责任公司	27.72	12.03	0.28	6.97	32.50
	Shouguang Firemax Tyre Co., Ltd.	寿光福麦斯轮胎有限公司	27.72	12.03	0.28	6.97	32.50
获得分别税率的企业	Southeast Mariner International Co., Ltd.	无	27.72	12.03	0.28	6.97	32.50
	Techking Tires Limited	泰凯英轮胎有限公司	27.72	12.03	0.28	6.97	32.50
	Toyo Tire (Zhangjiagang) Co., Ltd.	东洋轮胎张家港有限公司	27.72	12.03	0.28	6.97	32.50
	Triangle Tyre Co., Ltd.	三角轮胎股份有限公司	27.72	12.03	0.28	6.97	32.50
	Tyrechamp Group Co., Ltd.	北京泰昌集团有限公司	27.72	12.03	0.28	6.97	32.50
	Weihai Ping'an Tyre Co., Ltd.	威海平安轮胎有限公司	27.72	12.03	0.28	6.97	32.50

续表 3－4

企业类型	企业名称(英文)	企业名称(中文)	倾销初裁税率/%	补贴初裁税率/%	出口补贴调减税率	双重救济补贴项目调减税率	倾销及补贴合并有效初裁税率(经调整)/%
	Weihai Zhongwei Rubber Co., Ltd.	威海中威橡胶有限公司	27.72	12.03	0.28	6.97	32.50
	Wendeng Sanfeng Tyre Co., Ltd.	文登市三峰轮胎有限公司	27.72	12.03	0.28	6.97	32.50
	Winrun Tyre Co., Ltd.	广州枞冠轮胎有限公司	27.72	12.03	0.28	6.97	32.50
	Zenith Holdings (HK) Limited	智联集团(香港)有限公司	27.72	12.03	0.28	6.97	32.50
	Zhaoqing Junhong Co., Ltd.	肇庆骏鸿实业有限公司	27.72	12.03	0.28	6.97	32.50
全国税率企业(因国企身份未获得分别税率)	Aeolus Tyre Co. Ltd.	风神轮胎股份有限公司	87.99	12.03			100.02
	Shaanxi Yanchang Petroleum Group Rubber Co., Ltd.	陕西延长石油集团橡胶有限公司	87.99	12.03			100.02
	Double Coin Holdings Ltd.	上海双钱集团股份有限公司	87.99	12.03			100.02
	Guizhou Tyre Import and Export Co., Ltd. (aka Guizhou Tyre I/E Co., Ltd.)	贵州轮胎进出口有限公司	87.99	12.03			100.02
	Zhongce Rubber Group Company Limited	中策橡胶集团公司	87.99	12.03			100.02
	Sichuan Tyre and Rubber Co., Ltd.	四川轮胎橡胶(集团)股份有限公司	87.99	12.03			100.02
全国税率企业(因未证明在事实上和法律上不受政府控制)	America Business Co., Ltd.	无	87.99	12.03			100.02
	Shandong Anchi Tyres Co., Ltd.	山东安驰轮胎有限公司	87.99	12.03			100.02
	Beijing Capital Tire Co., Ltd.	北京首创轮胎有限责任公司	87.99	12.03			100.02
	Qingdao Fuyingxiang Imp. & Exp. Co., Ltd.	青岛福盈祥进出口有限公司	87.99	12.03			100.02
	Shandong Changfeng Tyres Co., Ltd.	山东昌丰轮胎有限公司	87.99	12.03			100.02
	Zhejiang Qingda Rubber Co., Ltd.	浙江庆大橡胶有限公司	87.99	12.03			100.02

续表 3-5

企业类型	企业名称(英文)	企业名称(中文)	倾销初裁税率/%	补贴初裁税率/%	出口补贴调减税率	双重救济补贴项目调减税率	倾销及补贴合并有效初裁税率(经调整)/%
全国税率企业(因未证明在事实上和法律上不受政府控制)	Doublestar - Dongfeng Tyre Co., Ltd.	双星东风轮胎有限公司	87.99	12.03			100.02
	Qingdao Doublestar Tyre Industrial Co., Ltd.	青岛双星轮胎工业有限公司	87.99	12.03			100.02
	Federal Tire (Jiangxi), Ltd./Highpoint Trading, Ltd.	泰丰轮胎(江西)有限公司/Highpoint Trading, Ltd.	87.99	12.03			100.02
	Guangzhou Wanli Tire Trading Co. Ltd.	广州万力轮胎商贸有限公司	87.99	12.03			100.02
	Qingdao Fullrun Tyre Corp., Ltd.	青岛福临轮胎有限公司	87.99	12.03			100.02
全国税率企业(因调查期内未出货)	Qingdao Jinhaoyang International Co., Ltd.	青岛金灏阳国际贸易有限公司	87.99	12.03			100.02
	Tianjin Wanda Tyre Group Co., Ltd.	天津市万达轮胎集团有限公司	87.99	12.03			100.02
	Tianjin Zhenxin Rubber Co., Ltd.	天津市振新橡胶有限公司	87.99	12.03			100.02
	Carlisle (Meizhou) Rubber Products Co., Ltd.	卡莱(梅州)橡胶制品有限公司	87.99	12.03			100.02
全国税率企业(因退出调查而获得最高税率)全国税率	Shandong Yongsheng Rubber Group Co., Ltd.	山东永盛橡胶集团有限公司	87.99	81.29			169.28
全国税率	所有以上未提及的企业		87.99	12.03			100.02

10. 巴西对华货车轮胎启动反倾销复审

巴西发展工业和外贸部 2014 年 7 月发布公告,对原产于中国的货车轮胎(4011.2090)启动反倾销复审调查。

2014 年 11 月,巴西发展工贸部贸易保护局致函中国驻巴西使馆经商处,告对进口自中国的货车轮胎启动反倾销案复审时间进程表,具体如下:

2014 年 12 月 19 日,调查举证阶段结束;

2015 年 1 月 12 日,汽车信息和数据提供阶段结束;

2015 年 2 月 11 日,公布用于终裁并含有重要数据的技术文件;

2015 年 3 月 3 日,利益方举证阶段结束,程序指导阶段结束;

2015 年 3 月 23 日,调查机关公布终裁结果。

2015 年 5 月 4 日,巴西外贸委员会发布第 32 号令,决定对华货车轮胎征收 1.12 ~ 2.59 美元/千克的反倾销税,征税期限为 5 年。

11. 印度对华橡胶助剂继续征收 5 年反倾销税

2014 年 7 月 24 日,印度消费税和海关中央委员会发布公告称，接受印度商工部于4月29日对原产于中国、韩国橡胶助剂的反倾销终裁，决定对自中国和韩国进口的涉案产品继续征收为期5年的反倾销税，该措施自公告发布之日起正式实施。涉案产品海关编码为2902、2907、2909、2917、2921、2925、2930、2933、2934、2935、2942、3811、3812、3815。

2013年4月，印度对原产于中国和韩国的橡胶助剂进行反倾销日落复审立案调查；2014年4月，印度对此案作出肯定性终裁。

12. 印度就涉华橡胶用炭黑发布日落复审终裁

2015年8月3日，印度商工部反倾销局发布公告，对来自中国、俄罗斯和泰国的橡胶用炭黑（税则号：28030010）日落复审调查终裁，认定中国、俄罗斯和泰国上述产品倾销幅度分别为75%～90%、35%～45%和0，损害幅度分别为15%～50%、20%～30%和0。

印度于2008年12月对来自中国、澳大利亚、俄罗斯和泰国的上述产品发起反倾销调查，2009年12月做出肯定性终裁，建议对来自上述国家的上述产品分别征收0.089～0.423、0.138～0.33、0.136～0.391和0.084～0.186美元/千克的反倾销税。2011年8月发起期中复审，2013年2月做出肯定性终裁，分别将上述国家的税率调整为0.423、0.33、0.391和0.186美元/千克。2014年7月对来自中国、俄罗斯和泰国的上述产品发起日落复审（申诉方撤销对澳大利亚的调查申请）。

13. 商务部终止对原产于俄日韩SBR反倾销

中国商务部宣布，自2014年9月8日起，对原产于俄罗斯、日本和韩国的进口丁苯橡胶所适用的反倾销措施终止实施。

2014年3月7日，商务部发布年度第15号公告，宣布对原产于俄罗斯、日本和韩国的进口丁苯橡胶实施反倾销措施将于9月7日到期。自该公告发布之日起，国内产业或代表国内产业的自然人、法人或有关组织可在该反倾销措施到期日60天前，以书面形式向商务部提出期终复审申请。在公告规定的时限内，丁苯橡胶国内产业未提出期终复审申请，商务部亦决定不主动发起期终复审调查。

据了解，2009年9月7日，商务部发布年度第62号公告，决定自2009年9月8日起，继续按照2003年第49号公告、2005年第81号公告、2006年第65号和第68号公告、2007年第86号公告，对原产于俄、日、韩进口丁苯橡胶实施反倾销措施，实施期限为5年。

14. 阿根廷对华自行车胎再次采取反倾销措施

阿根廷经济与公共财政部2014年9月18日发布第688号决议，对原产于中国、泰国和印度尼西亚的自行车橡胶轮胎启动反倾销复审调查。

2015年9月17日，阿根廷经济与公共财政部发布第946/2015号决议，决定结束对原产于中国、泰国和印度尼西亚自行车轮胎的反倾销复审调查，并自签发之日起采取最终反倾销措施，有效期为5年。其中，中国FOB离岸价格最低限价为5.72美元/千克，泰国为4.67美元/千克，印度尼西亚3.99美元/千克。

15. 欧亚经济委员会对我载重轮胎发起反倾销调查

2014年9月，欧亚经济委员会发布公告，对自中国出口至俄罗斯、白俄罗斯和哈萨克斯坦市场的载重轮胎发起反倾销调查，涉案产品税号为：4011201001、4011201009、4011209001、4011209009。

16. 美公布对华OTR轮胎反倾销情势变迁复审初裁

美国商务部2015年5月7日修改了对华新充气工程机械轮胎反倾销行政复审终裁结果。

修改后，中策橡胶集团有限公司、贵州轮胎股份有限公司、贵州轮胎进出口有限公司、威海中威橡胶有限公司的税率为11.41%；中国普遍税率为105.31%。

2015年4月15日，美国商务部对华新充气工程机械轮胎作出反倾销行政复审终裁，涉案产品海关编码为40112010.25、40112010.35等。

2014年9月30日，美国商务部公布了对中国非公路轮胎（OTR）反倾销第5次复审调查的初裁结果。

此次初裁涉及5家中国轮胎企业。其中，2家涉案企业为强制应诉企业，分别是双钱集团股份有限公司及关联公司（共3家）和贵州轮胎股份有限公司及关联公司(共2家);3家涉案企业为非强制应诉企业,分别为中策橡胶集团有限公司、威海中威橡胶有限公司、特瑞堡车轮系统中国公司(邢台)。反倾销复审调查时间为2012年9月1日至2013年8月31日。

贵州轮胎、中策橡胶和威海中威3家公司获得了16.18%的分别税率。双钱集团因其实际控股股东为上海市国有资产管理委员会,被认定为受政府控制或影响,没有获得分别税率,而是全国统一税率105.59%。特瑞堡(邢台)因在调查期间没有出口,不再适用分别税率资格。

全国统一税率适用于所有没有获得分别税率资格的中国出口商。对于之前已经获得分别税率资格,但并没有参加本次复审调查的中国出口商,其适用的反倾销税率仍为其上一次裁定的具体税率结果。

17. 商务部对进口聚酰胺-6,6切片进行反倾销复审调查

2014年10月10日,商务部发布第62号公告,决定自10月13日起,对原产于美国、意大利、英国、法国和中国台湾地区的进口聚酰胺-6,6切片所适用的反倾销措施进行期终复审调查。倾销调查期为2013年7月1日至2014年6月30日,产业损害调查期为2009年1月1日至2014年6月30日。

2009年10月12日,商务部决定对原产于上述国家和地区的进口聚酰胺-6,6切片征收反倾销税,实施期限自2009年10月13日起5年。2014年8月12日,商务部收到平顶山神马工程塑料有限责任公司代表中国大陆聚酰胺-6,6切片产业正式递交的反倾销措施期终复审申请书。申请人主张,如果终止反倾销措施,上述国家和地区的进口聚酰胺-6,6切片对中国大陆的倾销行为可能继续或再度发生,请求商务部裁定维持对进口聚酰胺-6,6切片实施的反倾销措施。

18. 秘鲁对华鞋类产品启动反倾销日落复审

秘鲁国家竞争和知识产权保护局倾销和补贴检查委员会通告中国驻秘鲁使馆,称应国内产业请求,该委员会于2014年12月17日通过决议,决定对原产自中国的凉鞋、凉拖鞋(涉案产品税号:橡胶和塑料面鞋为6402910000、6402190000、6402200000和6402999000;皮革或其他面鞋为6403919000、6403999000、6405100000和6405900000)启动日落复审调查。该决议自在《秘鲁人报》上公布起生效。

19. 印度对中国产轮胎硫化机反倾销延期一年

2015年3月3日,印度消费税和海关中央委员会发布公告称,印度商工部于2015年1月7日对原产于中国的轮胎硫化机进行反倾销日落复审立案调查,决定延期对华轮胎硫化机反倾销措施一年,至2016年1月7日。涉案产品海关编码为84775100。

2008年10月,印度对原产于中国的轮胎硫化机进行反倾销立案调查;2009年10月,印度对此案作出肯定性终裁。

大 事 记

2014 年中国橡胶工业大事记

1. 山东叫停新增轮胎产能

1 月 9 日，山东省政府通过了《化解产能严重过剩矛盾的实施意见》，轮胎等行业被列入山东省产能过剩行业。根据该意见，今后山东省各级政府及相关部门不再核准、备案产能严重过剩行业新增产能项目及办理土地、能评、环评审批和新增授信等手续，质监部门不予办理生产许可。同时，全面清理违规项目，凡是未开工的违规项目一律不得开工建设，凡是不符合要求的违规项目一律停建。

山东是我国轮胎生产大省，产能规模大、企业数量多、新增项目多，产量约占全国轮胎总产量的 50%，其中全钢子午胎产量占 50% 左右，轿车子午胎占 45% 左右。该政策的制定将对全国轮胎产能过剩势头有所抑制，有利于轮胎行业理性投资、规范经营、健康发展，利好行业转型升级。

2. 中橡协与 WBCSD 交流废轮胎环保议题

1 月 22 日，受世界可持续发展工商理事会（WBCSD）邀请，中国橡胶工业协会名誉会长范仁德、秘书长徐文英、经济技术委员会主任朱红、轮胎分会副秘书长史一峰、废橡胶综合利用分会秘书长曹庆鑫以及有关企业代表等参加在北京举办的有关废轮胎环保议题的交流座谈会。中国橡胶工业协会从中国机动车保有量现状、废旧轮胎产生量现状、废旧轮胎回收和利用方式以及政府出台的有关政策等方面向 WBCSD 轮胎工业项目组（TIP）介绍了中国报废轮胎情况，希望加强与 TIP 的合作，结合中国国情，积极借鉴国外科学可行的成功经验，防止废旧轮胎大量产生对中国环境造成危害，为实现无害化回收、环保型利用做进一步努力。

WBCSD 是于 1992 年设立、由 35 个国家约 190 多家企业联合成立的理事会，是以促进企业成为提倡和引导可持续发展领导性企业为目标的全球性企业会员组织。WBCSD 轮胎工业项目有 11 家公司参与，占全球轮胎产能的 65%（2005 年）。WBCSD 认为中国作为全球第二大经济体发展潜力巨大，同时中国是轮胎生产大国，没有中国参与，TIP 报废轮胎研究谈不上国际化，希望通过合作分享不同国家的相关经验，帮助中国更好地迎接未来的挑战。

3. 玲珑轮胎泰国项目一期工程全线投产

2 月 22 日，玲珑国际轮胎（泰国）有限公司一期“年产 200 万套高性能子午线轮胎项目”全面投产。泰国工厂是玲珑公司实施国际化战略的第一个海外生产基地，预计总投资近 7 亿美元，总体规模为年产 1320 万条高性能子午胎。该项目将充分利用泰国丰富的资源、贸易优势和区位优势，突破原材料瓶颈和贸易壁垒，树立民族轮胎国际市场品牌形象。该项目充分实现“两化”融合，实现了生产过程的可控、在控，以及质量 100% 追溯；全面运用自主研发并获“国家科技进步二等奖”的一批专利技术，实现跑气保用轮胎、雪地轮胎、绿色环保轮胎等高性能产品的系列化生产。

4. 我国首部绿色轮胎行业自律标准发布

2 月 24 日，中国橡胶工业协会正式发布《绿色轮胎技术规范》，并于 3 月 1 日开始试行。该《规范》由中国橡胶工业协会首次提出，为我国首部绿色轮胎行业自律标准。绿色轮胎是指节能、环保、安全的轮胎产品，生产全过程践行绿色制造理念，应用过程倡导绿色使用。绿色轮胎具有低滚动阻力、低燃油消耗、出色的操纵稳定性、更短的制动距离、更好的耐磨性、可多次翻新等特性。绿色轮胎制造应符合以下整体要求：使用环保、无毒无害符合欧盟 REACH 环保标准的原材料；生产过程实现低能耗、低噪音、低粉尘、低烟气。

5. 三角轮胎再携北汽为两会护航

第十二届全国人民代表大会二次会议期间，三角集团再次携手北汽集团为两会保驾护航，承担起接送参会代表的光荣任务。作为两会的保障车队，轮胎安全性能的重要性不言而喻，不仅如此，三角轮胎环保、节能、高效的性能优势也受到北汽集团青睐。北汽集团通过多年与三角集团的合作评测发现三角轮胎的性价比高，轮胎自身生热低、刹车制动性能好、湿滑路面抓地力和防侧滑能力强，用得放心。

6. 中橡协理事会审议通过了4项行业自律办法

3月25日，中国橡胶工业协会在青岛召开了八届三次理事会及常务理事扩大会议。会议审议通过了《中国橡胶工业协会行业内争议处理规则》、《中国橡胶工业协会行业职业道德准则》、《中国橡胶工业协会行业自律惩戒办法》和《中国橡胶工业协会主席团组织细则》等文件。

7. 中橡协成功举办2014中国橡胶年会

3月25～28日，中国橡胶工业协会在青岛成功举办了2014中国橡胶年会，国内外橡胶行业近千名代表参加了会议。大会围绕"技术创新、环保节能、品牌打造、重组转型"的主题，对国内外宏观经济形势、橡胶行业经济运行情况、中国橡胶工业强国战略、天然橡胶市场价格走势、全球橡胶供需形势、橡胶产品进出口情况等进行了深入分析和阐述。除主会场外，大会设置了7个分会场，分别是天然橡胶/合成橡胶、轮胎/橡机模具及新品发布、橡胶制品、轮胎营销、橡胶检测、品牌/管理以及废橡胶产业环保。

同期举办的中国橡胶工业展，共132个标准展位，88家企业参展，展出面积近3000平方米。丰富多彩的展商沙龙活动穿插其中，使出席会议和展商代表有更多选择，获得更多信息。此外，中国橡胶工业协会还隆重发布了2014年度中国橡胶行业百强企业、协会推荐品牌、诚信轮胎经销商和诚信橡胶贸易商。

8. 中橡协设立橡胶测试专业委员会

3月27日，在2014中国橡胶年会期间，中国橡胶工业协会正式宣布成立橡胶测试专业委员会。软控股份有限公司当选为橡胶测试专业委员会理事长单位，王金健总裁出任第一任理事长；聘任高波为秘书长。

目前，国内橡胶工业检验检测基础薄弱，检测设施短缺，检验精度差，数据可信度和公信力不足，多项核心检验检测数据受制于外。中国在从世界橡胶大国走向强国的进程中，必须突破测试瓶颈，拥有自己的、完善的、过硬的测试体系作为支撑。橡胶测试专业委员的主要工作是建立与国际接轨的中国橡胶测试标准体系，通过规范国内橡胶测试市场，引导制造企业绿色发展；持续推动轮胎试验场建设，系统提升测试装备水平；构建中国橡胶测试智库，提升国内橡胶测试水平。

9. 国内首条碳纳米管绿色节油轮胎研制成功

北京化工大学弹性体中心与北京首创轮胎有限责任公司3月28日发布消息，双方合作成功研制出3个规格的碳纳米管复合材料高性能节油轮胎。试验轮胎油耗等级达到欧盟标签法C级以上，并且抗静电性能达标，从而首次实现了碳纳米管在实用橡胶制品中的规模化应用。这也是"北京纳米科技产业跃升工程"再次取得具有全球领先地位的科研成果。

10. 商务部发布《轮胎营销管理规范》

4月6日，商务部正式发布了国内轮胎贸易行业标准SB/T10468.1－2013《轮胎营销管理规范》，代替SB/T10468.1－2008《轮胎经销企业经营规范 管理要求》。该标准由中国橡胶工业协会和商业科技质量中心修订，于12月1日实施。本标准于2008年首次发布，本次为第一次修订。

11. 黑猫公司产能破百万吨进入世界前4强

4月，由江西黑猫炭黑股份有限公司投资18亿元建设的济宁炭黑基地两条年产4万吨生产线试车投产。该基地建设项目主要包括年产20万吨炭黑、2×6兆瓦尾气发电和15万吨炭黑油深加工设施。至此，江西黑猫完成了国内第8个炭黑生产基地建设，实现炭黑年总产能突破100万吨，跻身世界第4位。

12. 7家试验室获"滚动阻力测试比对实验室"授牌

媒体5月13日消息，在北京召开的汽车轮胎滚动阻力比对试验室工作会议上，认定7家试验室为2013～2014年度汽车轮胎滚动阻力测试比对试验室。其中，国家橡胶轮胎质量监督检验中心为唯一的第三方检测机构，分别获得轿车和轻卡轮胎、载重汽车轮胎比对试验室证书；双钱、三角、玲珑、赛轮、中策、佳通等轮胎企业试验室成为国内首批滚动阻力比对试验室。

轮胎滚动阻力试验机由于其自身特性，不同机器之间的试验结果差别较大，不能进行轮胎滚动阻力水平的评价。为了解决这个问题，欧盟采取建立基准试验室的方法,用同批次轮胎在 9 家不同试验室分别进行试验,取 9 家试验结果的平均值作为基准值,9 家实验室通过一定的换算关系把各自的结果进行转换,使得到的结果能够直接比较。中国计量协会化工计控分会借鉴欧盟的方法,结合中国实际情况,建立了国内轮胎滚动阻力基准试验室网络,为国内轮胎试验室间建立数据相关性提供了有效途径,同时也为国内轮胎滚动阻力性能分级方法研究铺平了道路。

13. 中橡协杜仲综合利用工作委员会首届理事会成立

5 月 13 日,中国橡胶工业协会杜仲综合利用工作委员会一届一次理事会议在京召开。17 家杜仲种植和综合利用相关领域的企业、高校和研究单位负责人、部分杜仲产业技术经济专家委员会成员出席了会议。会议选举出杜仲综合利用工作委员会第一届理事会;选举中国橡胶工业协会为杜仲综合利用工作委员会理事长单位,范仁德为理事长;聘任王凤菊为秘书长。

2011 年 3 月 16 日,中橡协七届四次理事扩大会议审议通过了设立中橡协杜仲综合利用工作委员会的决定。2011 年 5 月 5 日,中橡协向国资委行业协会办公室申请登记;2011 年 8 月 2 日,由国资委行业协会办公室审查通过。

14. 风神荣获第三届中国工业大奖提名奖

5 月 17 日,我国工业领域最高奖项——第三届中国工业大奖揭晓,共有 41 家企业和 24 个项目获奖。这些获奖企业实现了“中国引领”和“中国创造”,代表了我国工业发展最高水平,走出了一条具有中国特色的新型工业化道路。风神轮胎股份有限公司荣获中国工业大奖提名奖。同时,风神轮胎董事长王锋作为唯一一家提名奖企业代表做典型发言。

15. 中橡协被民政部评为 5A 级协会

国家民政部于 5 月 22 日发布第 315 号公告,公布全国性行业协会商会评估等级结果。中国橡胶工业协会被评为 5A 级协会,是目前化工类专业协会中唯一一家被评为 5A 等级的协会。

中橡协于 1985 年成立,在近 30 年的发展过程中,一直致力于为行业服务,开展特色创新工作。在内部管理方面,通过不断改革创新协会工作模式,已经形成了一整套协会工作的经验。特别是在国务院办公厅 2007 年 36 号文精神指引下,中橡协坚持改革创新,自身建设提高到一个新水平,进一步完善了有关规章制度,基本建立了自主、自立、自律、自强的机制,建成一支 80 多人的专职化和职业化的协会工作团队。这支队伍在中国橡胶工业可持续发展方面发挥了重要作用。未来,中橡协将按照更高的标准来加强自身建设,更好地为行业、政府和会员企业服务。

16. 中橡协向发改委报送“十三五”废橡胶综合利用课题研究汇报

5 月 22 日,中国橡胶工业协会向国家发改委环资司报送了《关于“十三五”废橡胶综合利用规划前期重大课题研究的汇报》。废旧橡胶 70% 来自报废的汽车轮胎,迄今为止,废轮胎处理在世界上依然是一大难题。该报告针对环境保护、产品结构调整、节能减排、自动化工装研发与应用等方面提出了前期重大课题研究,并提出了“十三五”期间要达到的能耗、效率、效益等方面的具体指标。

17. 巴西对华白炭黑征收反倾销税

5 月,巴西决定对进口自中国的沉淀法二氧化硅(白炭黑)(涉案南共市税号:2811.22.10)征收反倾销税,并裁定 63.39、256.09、594.41 美元/吨 3 档税率,征税期限 5 年,至 2019 年 4 月 24 日终止。其中,确成硅化学股份有限公司是业内唯一一家获得最低税率的企业。2012 年 10 月 26 日,巴西发展、工业和外贸部发布公告,决定对进口自中国的二氧化硅沉淀物启动反倾销调查,并选择美国从印度进口相关产品的价格来计算正常价值。

18. 中橡协设立绿色轮胎产业化促委会

为使节能环保安全的绿色轮胎尽快实现产业化,进而对绿色轮胎实施标签制度,促进轮胎产业和质量优化升级,5 月 27 日,中国橡胶工业协会以中橡协字〔2014〕31 号文发布了《关于设立中国橡胶工业协会绿色轮胎产业化促进工作委员会暨绿色轮胎技术支持中心的意见》,决定设立“绿色轮胎产业化促进工作委员会”和“绿色轮胎技术支持中心”。绿色轮胎产业化促委会由协会牵头,由行业龙头企业、有影响力的企业和热心行业发展的企业主要负责人组成。同时,选择一个具有奉献精神,又具备专业技术、人才优势和较好试验条件的国家认定企业技术中心，作为行业绿色轮胎技术支持中心，承担绿色轮胎产业化的技术推进工作，统筹绿色轮胎标签制度的技术标准和分级程序制定，支持《绿色轮胎标签制度研究》等有关绿色轮胎产业化的技术工作。

19.《中国胶管胶带行业自律公约》出台

5月，中国橡胶工业协会胶管胶带分会组织制定了《中国胶管胶带行业自律公约》，旨在倡导依法合规经营，维护合理有序、公平竞争的市场环境，建立和完善企业自我约束机制，加强自律管理和相互监督，共同抵制行业内不正当竞争行为。协会将对会员企业履行自律公约自我评估情况进行检查，对违约事实和情节记入会员诚信档案，在行业内通报批评，并通过协会会刊、杂志、网站等媒体向社会披露不良信用信息和违规违法行为，取消其当年入围评定行业荣誉的资格，直至向政府部门提出采取行政处罚措施的建议；问题严重的，将取消其会员资格。为保证《中国胶管胶带行业自律公约》的贯彻落实，胶管胶带分会根据公约相关要求制定了《管理<中国胶管胶带行业自律公约>的暂行规定》。

20.美国对华乘用及轻卡轮胎发起"双反"调查

6月3日，美国钢铁工人联合会(USW)代表美国乘用车及轻卡车轮胎产业向美国商务部(DOC)和美国国际贸易委员会(ITC)提出申请，要求对来自中国的乘用及轻卡轮胎启动反倾销和反补贴调查。USW指控中国轮胎倾销幅度60.15%、补贴幅度25.73%。7月15日，DOC正式对中国产轮胎"双反"调查立案；7月22日，ITC初裁自中国进口的涉案轮胎对美国产业造成实质性损害。

8月14日，DOC在反补贴调查程序中选择山东永盛橡胶集团有限公司和福建佳通轮胎有限公司为两家强制应诉企业；8月27日，又确定两家企业(含关联企业)作为反倾销强制应诉企业，它们是：山东永盛橡胶集团有限公司，佳通轮胎全球贸易有限公司及其关联公司——佳通轮胎(美国)有限公司、佳通轮胎(安徽)有限公司、佳通轮胎(福建)有限公司和佳通轮胎(桦林)有限责任公司。因山东永盛决定退出"双反"应诉，10月7日，DOC重新确定了反倾销和反补贴强制应诉企业替代山东永盛，其中反倾销强制应诉企业为赛轮集团股份有限公司，反补贴强制应诉企业为固铂轮胎(昆山)有限公司，另外两家企业不变。

11月25日，DOC公布反补贴初裁报告，强制应诉企业佳通轮胎(福建)有限公司、固铂轮胎(昆山)有限公司的税率分别是17.69%和12.5%；其余未被抽样的企业获得两家抽样企业的加权平均税率为15.69%；不配合调查或未答卷的企业，如山东永盛获得惩罚性关税81.29%。12月22日，DOC又公布了反补贴初裁税率修正结果，裁定佳通轮胎(福建)反补贴初裁税率降为11.74%，其他税率不变；由此，中国轮胎普遍反补贴初裁税率降低为12.03%。

此案涉及我国涉案企业200多家，涉案金额高达33.7亿美元(仅次于光伏"双反"案件)，初步估算将影响轮胎上下游产业工人100万人以上。为此，中国橡胶工业协会组织轮胎企业积极应对：全力以赴组织应对材料，向ITC提交全面的法律抗辩意见书；中方律师在第一时间对美国案件申请者USW的身份提出质疑，促使DOC调查USW是否满足立案申请人的条件，也使正式立案时间延后20天，为中方企业赢得了宝贵的时间；积极组织轮胎企业进行行业损害抗辩，共有40多家企业参与，客观上将促使DOC客观对待"双反"税率的裁定；中方律师以五矿商会和中橡协及其会员企业的名义，向DOC正式提交了对涉案产品范围的书面评论意见，指出现有产品范围错误地包括了拖车轮胎，要求予以澄清排除，在中方和美国多家进口商的压力下，USW律师承认之前申请的产品范围不够严谨，提出符合某些条件的拖车和ATV轮胎应该排除在涉案产品范围外，这是中国橡胶行业在此案件中取得的一个阶段性胜利；时刻关注案件进程，及时提醒企业应该注意的问题，如提醒国内企业不要突击出口轮胎，因可能会遭致美国向前追溯90天征收"双反"税等。

21.玲珑集团与西班牙IDADA试验场战略合作签约

7月1日，玲珑集团与西班牙IDADA就中亚轮胎试验场合作运营签订战略合作意向。"中亚轮胎试验场项目"是中国首家由轮胎企业投资建设的大型专业轮胎室外试验场项目，总投资11.3亿元，占地2400亩。该试验场与IDADA的合作不仅保证了试验场的独立性和公允性,而且引进了世界一流的管理经验和运营模式,未来面向中国、乃至全球轮胎行业提供服务。

22. 森麒麟获航空子午胎适航证

据媒体 7 月 4 日消息,中国民航华东地区管理局近日向青岛森麒麟轮胎有限公司正式颁发航空轮胎技术标准规定项目批准书,森麒麟成为国内第一家取得航空轮胎适航证的民营企业。取得航空轮胎适航证后,森麒麟只要按照规定进行飞行试验并获得装机许可证,中国民营品牌轮胎就将正式在航空领域应用。

23. 路用炭黑研发开启新模式

7 月 7 日,山西利达环保科技有限公司、交通运输部公路科学研究院和中国橡胶工业协会炭黑分会在北京鉴定了关于废轮胎再生炭黑路用沥青改性剂技术研发及性能研究技术开发合同。同年 9 月,三方人员共同完成了在青海玉树试验路段的铺路工作。此项目的开展为废旧轮胎回收炭黑的最终应用提供了一条新途径。同时,炭黑分会利用自身的资源优势在技术研发、产品生产和应用实现三位一体,为行业升级改造及转型找到新的突破口并创造条件,也为今后协会工作的拓展方向提供了重要参考。

24. 浙江双箭打造整体解决方案提供商

7 月,浙江双箭橡胶股份有限公司以 4.3 亿元购买北京约基工业股份有限公司 58% 的股份。北京约基为专业生产和从事长距离、大运量带式输送技术解决方案的总承包服务商。由此,浙江双箭通过资源整合,进一步打通产业上下游,完善公司产业链,扩展服务领域,由单一的输送带业务全面进入整个物料输送系统工程领域,转型为物料输送整体解决方案提供商。同时,该公司还发展养老服务公益产业。

25. 宝通科技延伸产业链增强抗风险能力

无锡宝通科技股份有限公司积极实施结构调整,完善产业链。8 月,与无锡市永立工业帆布厂合资成立控股公司无锡宝强工业织造有限公司,实现向输送带上游延伸,从单一从事输送带研制的企业,延伸到研发、设计、制造、加工输送带新型骨架材料,包括高强力帆布,互穿式金属复合材料,工业帘子布、网,工业高强度线绳等,不仅大大延伸了产品链,还进一步提升了橡胶输送带使用性能和产品整体质量,降低了输送带生产成本,增强公司综合竞争能力,为下一步做好输送带总包服务奠定了技术和产品基础。同时,为增强抵抗单一行业周期风险的能力,公司设立了全资子公司无锡宝通医疗投资有限公司,布局医疗健康产业。

此外,2014 年,该公司在江苏省立项的物联网应用示范项目(A 类)“输送带生产智慧工厂建设项目”提交验收;“金属橡胶互穿网络式长寿命输送带”和“高强度长距离耐高温钢丝绳芯输送带”两项成果通过了中国石油和化学工业联合会科技成果鉴定,达到国际先进水平。

26. 7 个分会(专业委员会)理事长换聘

8 月 28 日,中国橡胶工业协会以中橡协字〔2014〕47 号文发布《关于聘任轮胎等分会(委员会)理事长的通知》。7 个分会(专业委员会)理事长单位及理事长任期相继届满,换聘如下:

聘任双钱集团股份有限公司党委书记、董事、副总经理储征宇为轮胎分会理事长(任期 2014 年 4 月 ~2016 年 4 月);因工作变动,由储征宇同志接替岳春辰同志担任中国橡胶工业协会第八届理事会理事、常务理事、高级副会长和主席团主席;聘任史一锋为轮胎分会秘书长。

聘任四川远星橡胶有限责任公司董事长赵春为力车胎分会理事长(任期 2014 年 5 月 ~2016 年 5 月);聘任杨灿光为力车胎分会秘书长。

聘任山东万通模具有限公司董事长李强为橡胶机械模具分会理事长(任期 2014 年 5 月 ~2016 年 5 月);聘任姜馨为橡胶机械模具分会秘书长。

聘任龙星化工股份有限公司董事长兼总经理刘江山为炭黑分会理事长(任期 2014 年 5 月 ~2016 年 5 月);聘任丁丽萍为炭黑分会秘书长。

聘任上海回力鞋业有限公司执行董事桂成刚为胶鞋分会理事长(任期 2014 年 6 月 ~2016 年 6 月);聘任刘兰翎为胶鞋分会秘书长。

聘任海南天然橡胶产业集团股份有限公司执行副总裁谢兴怀为橡胶材料专业委员会理事长(任期 2014 年 7 月 ~2016 年 7 月);聘任侯凤霞为橡胶材料专业委员会秘书长。

聘任中国橡胶工业协会名誉会长范仁德为杜仲综合利用工作委员会第一任理事长(任期 2014 年 5 月 ~2016 年 5 月);聘任王凤菊为杜仲综合利

用工作委员会秘书长。

27. 俄白哈对中国轮胎展开反倾销调查

9月10日，欧亚经济委员会宣布开始针对从中国进口的货车、公共汽车、无轨电车和拖车轮胎展开反倾销调查。提出相关请求的是白俄罗斯轮胎股份有限公司、俄罗斯鞑靼石油公司位于下卡姆斯克的3家轮胎制造企业、俄罗斯科迪安特公司下属的鄂木斯克和雅罗斯拉夫尔两家轮胎厂。2011～2013年，俄白哈关税同盟国家的货车轮胎进口量增长29.8%，其中从中国的购买量增幅高达36.3%。2013年，中国制造的轮胎占上述国家进口轮胎总额的64%。据科迪安特公司统计，去年俄进口的所有轮胎中，有24%来自中国。

28. 工信部出台《轮胎行业准入条件》

9月17日，工信部正式出台《轮胎行业准入条件》，并于10月1日起实施。《条件》强调了节能环保硬指标，鼓励发展节能、环保、安全绿色轮胎；鼓励新建、改扩建轮胎项目采用自主知识产权技术，鼓励选用先进环保技术；规定轮胎产品质量必须符合相关标准。同时，工信部还将制定轮胎行业准入条件的公告管理办法，对公告企业名单进行动态管理。公告符合准入条件的企业，将作为国家相关政策支持的基础性依据；未列入公告名单的企业，国家相关政策将不予支持，这将对淘汰落后产能、规范行业发展起到较好的作用。

29. 株洲时代新材完成中国在欧洲汽配业最大并购

9月19日，中国南车集团下属株洲时代新材料科技股份有限公司正式收购了德国采埃孚集团旗下的百年品牌企业——博格公司，双方在德国下萨克森州丁克拉格完成交割仪式。株洲时代新材此次收购的是采埃孚集团旗下主营金属橡胶产品业务单元，交易涉及的核心资产为汽车减振系统的著名品牌，包括博格在德国、美国、法国、澳大利亚、斯洛伐克、巴西以及中国等全球9个基地的全部资产。该项目是目前为止中国在欧洲汽车配件行业最大的并购案，收购金额高达2.9亿欧元。完成交割后，博格公司成为株洲时代新材全资控股子公司。

此前，该收购在中国国家主席习近平和德国总理默克尔的共同见证下，中国南车集团同德国采埃孚集团于3月份在德国签署了合作备忘录。

30. 中橡协主席团企业执行主席换任

10月14日，中国橡胶工业协会八届五次常务理事会议在青岛召开。会议对主席团2012～2014年度企业执行主席沈金荣在稳定天然胶价格、取消天然胶进口关税、坚持复合胶标准以及应对美国对我轮胎“双反”等重大事件上为行业作出的突出贡献进行了表彰，并颁发纪念奖牌。会议推举风神轮胎董事长王锋为2014～2016年度企业执行主席。王锋作了“齐心协力全面推进轮胎工业强国战略”的上任讲话，分析了中国轮胎橡胶行业的现状，指出当前的瓶颈和短板，并据此为产业成功路径提出了建设性意见，号召全行业齐心协力，为加速中国由轮胎大国向强国转变、实现中国制造向中国创造跨越贡献力量。

31. 中橡协发布《中国橡胶工业强国发展战略研究》

10月16日，在中国橡胶工业协会主办的中国（青岛）橡胶工业博览会“中国橡胶工业强国发展论坛暨《中国橡胶工业强国发展战略研究》新书发布会”分论坛上，中橡协正式发布《中国橡胶工业强国发展战略研究》。该书内容全面丰富，以权威翔实的数据，系统总结了我国橡胶工业“十一五”和“十二五”前期取得的成绩，并以当代橡胶工业先进技术水平为目标，对照国际先进技术，提出未来5～10年我国橡胶工业强国发展战略目标和措施。《橡胶强国战略》是中国迈向世界橡胶工业强国的指南针，同时也为国家、地方、行业、企业制定“十三五”、“十四五”发展规划提供借鉴。

32. 米其林举办必比登挑战赛

11月12日，第十二届米其林必比登挑战赛在成都开幕，论坛围绕“推动以促进经济增长和优化城市生活质量为核心的道路交通创新”的主题展开。该活动为参与者们提供了一个论证和实验全新解决方案的平台，促使交通运输变得更安全、更清洁、更畅通和更便利；同时，还特别针对为满足社会需求而实施的五大变革措施进行探讨，提出了《米其林必比登挑战赛绿皮书》。经过多年努力，米其林必比登挑战赛已发展为可持续交通方面的全球盛会，一个前瞻性的“思想与行动智库”和致力于改善未来交通运输的长期平台，将全球各地道路利益相关方团结在同一个目标周围，齐心协力寻找解决方案，应对道路交通日益拥挤带来的挑战。

33. 国家取消汽车轮胎消费税税目

11 月 25 日,财政部、国家税务总局下发《关于调整消费税政策的通知》,取消汽车轮胎税目,自 2014 年 12 月 1 日起执行。中国橡胶工业协会呼吁了 21 年的“取消斜交胎和摩托车胎消费税”终于有了结果。虽然取消消费税的轮胎(包括摩托车轮胎)产品产值在全行业中所占比例不大,但这些产品都是特定领域和特定市场不可缺少的产品,也都面临产品进一步升级的需要,因此取消消费税可以提升这些产品的质量和性能,使其更好地为特定应用领域服务,并进一步实现节能减排。

34. 中橡协发布《2014 年度高热稳定性 IS 行业自律报告》

11 月,中国橡胶工业协会橡胶助剂专业委员会发布了《2014 年度高热稳定性 IS 行业自律报告》。橡胶助剂专委会于 2013 年 11 月 6 日发布了《高热稳定性不溶性硫磺》自律标准,并于 2014 年 1 月 1 日起实施。1 月 6 日,橡胶助剂专委会以中橡协助字[2014]2 号文正式启动了该自律活动。文件规定,2014 年度 IS – HS OT20 行业自律活动由企业自愿申报,共有 4 家企业报名参加,分别是:山东尚舜化工有限公司、河北阿克思福化工有限公司、无锡华盛橡胶新材料科技有限公司和江西恒兴源化工有限公司。橡胶助剂专委会秘书处于 5 月份组织抽样小组对上述 4 家企业的 IS – HS OT20 进行了抽样、检测、分析,并提出自律检测结果及分析报告。行业自律结论是:2014 年度上述 4 家公司的 IS – HS OT20 产品完全达到高热稳定性 IS 行业自律标准(XXZB/ZJ – 1201 – 2013)。

35. 复合胶国标制定引发含胶率标准之争

12 月 31 日,国家质检总局、国家标准化管理委员会正式发布了复合橡胶国家推荐标准《复合橡胶 通用技术规范》,并于 2015 年 7 月 1 日正式实施。该标准中最为引人关注的是复合橡胶中生胶含量不超过 88% 的规定,该规定引起行业的广泛争议。

自 8 月 22 日国家标准委发布《复合橡胶 通用技术规范》(征求意见稿)后,中国橡胶工业协会就代表行业表示反对,并多次向国家有关部门反映行业意见。中橡协认为,88% 生胶含量指标的设计缺乏科学依据,在技术上难以实现,使复合橡胶基本不具备使用的可行性。该标准一旦正式实施,则意味着国家将关闭复合橡胶进口的大门,这不仅会大大提高轮胎企业的生产成本,还会引发国际贸易纠纷。标准的制定应该依据充分,符合行业现实情况,顾及利害关系方的利益,从上下游稳健、可持续发展考虑。为此,中橡协要求复合橡胶中天然橡胶含量不应低于 95%,才能保证复合橡胶的可使用性能。

36. 中鼎集团成为橡胶制品行业首家收入过百亿元企业

2014 年,中鼎集团实现“百亿中鼎”目标,以全球销售收入 102.5 亿元的纪录,成为中国首家销售收入超过百亿元的橡胶制品企业。中鼎集团是以机械基础件和汽车零部件为主的大型现代化企业,下属各类投资企业 30 余家,并在美国、德国等地设有 10 余家境外企业。其中,核心控股企业——安徽中鼎密封件股份有限公司于 2006 年通过资产重组在深交所挂牌上市,成为中国密封件行业第一股。2014 年,安徽中鼎第四度跻身全球非轮胎橡胶制品 50 强,名列第 36 位。

37. 山东安能低滚阻节能钢丝输送带通过鉴定

山东安能输送带橡胶有限公司“低滚动阻力节能钢丝绳芯输送带”项目入选国家科技部 2014 年国家火炬计划项目。这是一种新型输送带,通过改良输送带下盖胶配方并进行特殊工艺设计,改变输送带与辊筒之间的摩擦系数,将橡胶因蠕变而消耗的能量集中用于输送带驱动,从而降低运转能量的消耗,提高输转效率,延长使用寿命,可为客户节约近 20% 的固定投资费用和 12% 以上的运行费用,适用于长运距、大运量、高负荷的物料运输。该项目 2014 年通过了山东省科技厅组织的科技成果鉴定,鉴定结果为综合技术达到国际先进水平,并先后被列为山东省优秀节能成果、山东省自主创新成果转化重大专项。

2014 年中国橡胶工业十大新闻

1. 美国对我乘用及轻卡轮胎“双反”

6 月 3 日，美国钢铁工人联合会（USW）向美国商务部和美国国际贸易委员会（ITC）提出申请，要求对来自中国的乘用及轻卡轮胎启动反倾销和反补贴调查，并指控倾销幅度为 60.15%、补贴幅度为 25.73%。11 月 24 日，美商务部公布反补贴初裁结果；12 月 22 日，又修正了反补贴初裁税率。两家强制应诉企业的初裁税率分别是 11.74% 和 12.5%，其余企业为 12.03%；山东永盛橡胶集团有限公司获得惩罚性关税 81.29%。据中国海关统计，中国出口美国涉案产品交货值为 33.37 亿美元，是迄今为止轮胎行业遭受贸易救济措施中金额最大的一次，涉及国内企业上千家，其中生产企业 68 家，将影响中国轮胎及相关行业产业工人近百万人。

2. 天然橡胶进口关税上调

自 2015 年 1 月 1 日起，中国天然橡胶进口关税暂定税率由 20% 或 1200 元/吨调整为 20% 或 1500 元/吨，增加 300 元/吨；进口天然胶乳暂定税率由 10% 或 720 元/吨调整为 10% 或 900 元/吨，增加 180 元/吨。按 2013 年一般贸易天然橡胶进口量约为 35 万吨测算，用胶企业将年增成本支出 1.05 亿元。但由于进口关税调高，轮胎等用胶企业或将更多进口加工贸易类天然橡胶，对出口依赖度更高，其结果一是容易导致更多贸易摩擦，二是将一直压制国内用胶企业处于制造链的底端。

3. 复合橡胶国标降低生胶含量指标

8 月 22 日，国家标准化管理委员会公布了《复合橡胶 通用技术规范》（征求意见稿），规定复合橡胶中生胶含量不大于 88%（质量分数），与中国橡胶工业协会 2006 年制定的《复合橡胶自律规范》中规定的天然橡胶含量为 95% ~99.5% 相差甚远。据了解，如果该标准正式实施，意味着复合橡胶进口的大门将关闭。如果复合橡胶全部转成一般贸易天然橡胶进口，按年进口 150 万吨天然橡胶计算，用胶企业需多支出成本 22.5 亿元。同时，也将迫使轮胎等用胶企业更多进口加工贸易类天然橡胶，既容易导致新的贸易摩擦，也使企业无法摆脱处于制造链底端的局面。

4.《轮胎行业准入条件》出台

9 月 17 日，工信部正式出台《轮胎行业准入条件》，并于 10 月 1 日起实施。《条件》重点强调了节能环保，对轮胎企业提出了能耗、资源消耗以及污染物排放等硬指标要求；鼓励发展节能、环保、安全的绿色轮胎；鼓励新建、改扩建轮胎项目采用自主知识产权技术；规定了轮胎产品质量必须符合相关标准等。目前工信部正在制定准入条件的公告管理办法，并将对轮胎企业进行公告管理。该政策的发布，将对轮胎行业淘汰落后产能、规范行业发展起到较好的推动作用。

5. 中橡协发布《绿色轮胎技术规范》

2 月 24 日，中国橡胶工业协会发布了《绿色轮胎技术规范》，并于 3 月 1 日开始试行。这是我国首部绿色轮胎行业自律标准。该标准对绿色轮胎的定义进行了规范，提出了绿色轮胎产品性能要求，原材料使用要求，并推荐了绿色轮胎生产工艺技术。该《规范》为我国下一步实现轮胎标签制度打下了基础。为推动绿色轮胎产业化，中橡协已经成立了“绿色轮胎产业化促进工作委员会”和“绿色轮胎技术支持中心”，并将对轮胎检测机构进行认证，细化绿色轮胎原材料指南等，最终实现轮胎标签制度。

6. 行业发展进入速度换挡回落“新常态”

2014 年，中国橡胶工业发展的基本态势是：产量持续增长，销售价格持续下降；出口数量增长，出口交货值增幅下降；橡胶原材料价格持续低位，要素成本持续上升；利润增长，但增幅持续回落。全行业已进入速度换挡回落“新常态”，从过去 20% 左右的高速增长转为目前已连续 3 年 5% 以下的个位数增长。据中国橡胶工业协会统计，前三季度行业完成现价工业产值同比增长 3.67%，销售收入同比减少 0.18%，出口交货值同比增长 1.39%，出口率(值)同比下降 0.64 个百分点。一些在高速增长时期被掩盖的问题集中暴露，如结构性产能过剩、产品同质化严重等。同时，"新常态"下，行业也将加速结构调整、创新驱动、绿色发展。

7.《中国橡胶工业强国发展战略研究》正式发布

10 月 16 日，中国橡胶工业协会正式发布了《中国橡胶工业强国发展战略研究》。该书内容全面丰富，以权威详实的数据，系统总结了橡胶工业"十一五"和"十二五"前期取得的成绩，并以当代橡胶工业先进技术水平为目标，对照国际先进技术，提出未来 5～10 年中国橡胶工业强国发展战略目标和措施。该书首次具体量化了强国战略目标，首次绘制了橡胶工业强国路线图，是中国迈向世界橡胶工业强国的指南针，将有力推进中国橡胶工业强国的建设步伐。

8. 轮胎企业投资放缓项目延迟

在国内外市场需求增速放缓，原材料和产品价格持续下行，以及美国对华轮胎"双反"的压力下，下半年轮胎行业经营难度明显加大，"双反"涉案产品对美国出口逐月下降，行业普遍开工率不高，多数企业在 70%～80% 之间，库存压力增大，使近年来一直热度不减的轮胎项目投资首度放缓，一些项目被暂停或终止。这种情况也波及到设备供应商，大量设备积压在设备供应商手中，橡胶机械企业 2015 年的订单大幅减少。此外，由于市场和库存的压力，以及轮胎价格不断下跌的预期，也使轮胎营销行业进入困难的一年。在此环境下，国内轮胎企业加快走出去步伐，玲珑、中策、赛轮等企业都加速了东南亚项目的建设进度。

9. 推进信息化和环保节能成为方向

由于国家对环保要求日益严格，以及国内基本要素成本持续推高，橡胶及相关配套行业企业都加大了安全环保工艺设备开发和自动化、信息化改造。如废橡胶综合利用行业一直积极推动胶粉和再生胶生产工艺、装备和原材料的绿色升级，并确定了淘汰"小三件"和煤焦油、改变脱硫方式的三大目标，同时积极推进清洁生产、绿色化生产标准的制定。橡胶助剂、骨架材料、力车胎等行业也在积极推动自动化升级和信息化改造，如橡胶助剂生产企业已启动了密闭连续生产工艺改造和中控自动化等工作。

10. 橡胶价格持续下降

2014 年是天然橡胶生产和贸易商经营较为艰难的一年。天然橡胶处于全球性供大于求的局面，价格持续低迷，回落到 2008 年国际金融危机时期的水平，生产企业和贸易商出现亏损现象。合成胶产能也明显高于实际需求，丁苯橡胶、顺丁橡胶装置利用率已分别下跌至 53% 和 68%，异戊橡胶更是降至 15%，合成橡胶企业出现生产经营困难局面。而未来两年，中国还将有百万吨合成橡胶新增产能投产。

橡胶工业进出口贸易

2014 年橡胶工业进出口贸易情况

2014 年,我国橡胶工业进出口贸易总体延续放缓趋势。其中,进口贸易额 10 年来首次出现下降,出口贸易增长保持基本平稳。但是,出口贸易摩擦频发,竞争加剧,效益下滑。

【基本情况】

经济规模继续扩大。2014 年我国橡胶制品行业规模以上企业 3585 家,较上年增加 85 家。实现主营业务收入 9869.94 亿元,同比(下同)增长 6.22%;利润总额 632.37 亿元,增长 0.64%;资产总计 7280.32 亿元,增长 11.91%;上缴税金 276.02 亿元,增长 0.29%。2014 年,橡胶制品行业进出口总额 623.09 亿美元,增长 7.01%,比上年回落 1.2 个百分点。其中,出口 523.06 亿美元,增长 9.22%,与上年基本持平。贸易顺差 423.03 亿美元,增长 12.64%。2010 ~ 2014 年我国橡胶制品主要经济指标见表 1。

我国橡胶制品业主营收入主要集中在东部地区。2014 年,东部地区主营收入 7728.80 亿元,增长 5.24%,占比 78.3%;中部地区主营收入 1431.10 亿元,增长 9.76%,占比 14.5%;西部地区主营收入 710.04 亿元,增长 10.25%,占比 7.2%。

据国家统计局统计,2014 年各地轮胎产量(包括部分摩托车轮胎)中东部地区产量 9.51 亿条,增长 4.97%,占比 85.4%;中部地区产量 8688.33 万条,增长 11.84%,占比 7.8%;西部地区产量 7579.88 万条,增幅 17.56%,占比 6.8%。山东、天津、江苏轮胎产量位居全国前列,分别占全国总产量的 38.7%、16.2%和 10%,3 省市合计占比达 65%。但数据显示,近年来轮胎制造业有向中西部加快转移的迹象。

2014 年,我国有轮胎生产企业 310 余家,其中产量在 1000 万条以上的企业有 32 家,产量合计占全国轮胎总产量的 56.9%,具体见表 2。

表 1　2010 ~ 2014 年我国橡胶制品主要经济指标

项目	2010 年	2011 年	2012 年	2013 年	2014 年
主营收入/亿元	5826.19	7212.50	8363.61	9291.74	9869.94
同比/%	25.51	23.79	15.96	11.1	6.22
利润总额/亿元	398.80	395.49	512.65	628.33	632.37
同比/%	23.81	-0.83	29.62	22.56	0.64
资产总计/亿元	4133.98	4813.07	5637.59	6505.24	7280.32
同比/%	17.25	16.43	17.13	15.39	11.91
进出口总额/亿美元	408.09	504.57	537.45	582.26	623.09
同比	34.05	23.64	6.52	8.34	7.01

注:数据来源于国家统计局、中国海关、中国石油和化学工业联合会,下同。

表 2　2014 年我国轮胎产量 1000 万条以上生产企业

企　业	品　名	产量/条
天津市万达摩托车胎厂	橡胶轮胎外胎	69478960
中策橡胶集团有限公司	橡胶轮胎外胎	44668353
山东玲珑轮胎股份有限公司	橡胶轮胎外胎	34347769
建大橡胶(中国)有限公司	橡胶轮胎外胎	30065052
天津市好路迪轮胎有限公司	橡胶轮胎外胎	29831700
新东岳集团有限公司	橡胶轮胎外胎	24519792
四川远星橡胶有限责任公司	橡胶轮胎外胎	23521752
三角集团有限公司	橡胶轮胎外胎	23275759
天津大丰橡胶工业有限公司	橡胶轮胎外胎	22567470
建泰橡胶深圳有限公司	橡胶轮胎外胎	22081519
韩泰轮胎有限公司	橡胶轮胎外胎	20128149
正新橡胶(中国)有限公司	橡胶轮胎外胎	19078115
安徽佳通轮胎有限公司	橡胶轮胎外胎	19033003
山东昌丰轮胎有限公司	橡胶轮胎外胎	18235358
福建佳通轮胎有限公司	橡胶轮胎外胎	18045775
万达集团股份有限公司	橡胶轮胎外胎	17365208
山东永盛橡胶集团有限公司	橡胶轮胎外胎	14872767
赛轮股份有限公司	橡胶轮胎外胎	14741045
平原福临门轮胎有限公司	橡胶轮胎外胎	14400000
建泰橡胶天津有限公司	橡胶轮胎外胎	13808944
厦门正新橡胶工业有限公司	橡胶轮胎外胎	13224620
山东金宇实业股份有限公司	橡胶轮胎外胎	12936261
重庆威星橡胶工业有限公司	橡胶轮胎外胎	12919490
伊诺华橡胶(平湖)有限公司	橡胶轮胎外胎	12678942
住友橡胶(常熟)有限公司	橡胶轮胎外胎	11967212
山东金宇轮胎有限公司	橡胶轮胎外胎	11790854
卡莱(梅州)橡胶制品有限公司	橡胶轮胎外胎	11192026
河北协美橡胶制品有限公司	橡胶轮胎外胎	11172402
青岛耐克森轮胎有限公司	橡胶轮胎外胎	10576530
天津市振新橡胶有限公司	橡胶轮胎外胎	10514840
山东中一橡胶有限公司	橡胶轮胎外胎	10263931
山东恒达橡胶有限公司	橡胶轮胎外胎	10109987

【进出口贸易】

1. 原材料进出口

近年来，我国天然橡胶由于供需缺口较大，进口持续较快增长；合成橡胶随着产能增加，进口呈下降趋势。

(1)天然胶进出口

2014 年，我国天然胶进口量保持增长局面，贸易额延续下降趋势。进口量为 261.14 万吨，增长 5.6%，较上年回落 8 个百分点；进口额为 49.53 亿美元，下降 22.6%。其中，技术分类天然胶（TSNR）进口量、值最大，分别占比 73.4% 和 74.4%。在大量进口天然胶的同时，为平衡贸易也有少量出口。2014 年出口天然胶 1.80 万吨，增长 32.6%；出口额 3594.89 万美元，增长 3.0%。2014 年天然胶进出口贸易情况见表 3。

表 3　2014 年天然胶进出口贸易情况　　吨、万美元

产品名称	进口				出口			
	数量	金额	同比/%		数量	金额	同比/%	
			数量	金额			数量	金额
天然橡胶合计	2611396	495332	5.6	-22.6	18023	3595	32.6	3.0
天然胶乳	365983	54144	9.0	-14.5	145	32	-95.3	-94.4
天然橡胶烟胶片	311828	68691	-4.4	-26.4	5635	1209	-23.8	-41.9
技术分类天然橡胶(TSNR)	1916174	368303	6.8	-23.0	11494	2038	548.4	340.5
其他初级形状天然橡胶	17378	4186	0.6	-11.2	742	309	-43.2	-17.8
巴拉塔胶等及类似树胶	34	7	-45.5	-49.8	6	7	3938.1	1710.7

(2)合成橡胶进出口

2014 年，我国合成橡胶进出口总体继续呈下降态势。进口总量为 153.25 万吨，下降 0.8%；进口总额为 40.44 亿美元，下降 9.4%。其中，丁苯橡胶进口量最大，占合成橡胶进口总量的 30.7% 和进口总额的 26.0%。我国合成橡胶对外贸易以进口为主，出口量相对较少。2014 年合成橡胶出口 19.76 万吨，下降 8.0%，连续第 3 年下降；出口额 5.23 亿美元，下降 7.8%。2014 年合成橡胶进出口贸易情况见表 4。

表 4　2014 年合成橡胶进出口贸易情况　　万吨、万美元

产品名称	进口				出口			
	数量	金额	同比/%		数量	金额	同比/%	
			数量	金额			数量	金额
合成橡胶	153.2	404388	-0.8	-9.4	19.8	52332	-8.0	-7.8
丁苯橡胶	47.0	105032	-5.2	-8.2	9.3	21056	-12.2	-15.9
丁二烯橡胶	20.7	44128	-11.3	-19.9	2.5	4973	-26.5	-34.2
丁基橡胶	26.9	102501	6.8	-4.5	1.1	3284	-27.5	-38.7
氯丁橡胶	2.2	8702	4.3	-4.7	0.3	1288	-11.2	-12.1
丁腈橡胶	12.1	27419	1.4	-4.9	1.0	2363	-28.7	-6.0
异戊二烯橡胶	2.2	6823	-45.6	-44.7	0.2	575	-30.8	-22.4
乙丙橡胶	30.1	74438	19.4	-1.5	0.4	2261	43.4	56.2
其他合成橡胶	12.1	35346	-8.7	-19.4	4.9	16533	36.8	30.6

(3)进出口价格

2014 年,天然胶进口价格延续上年大幅下跌的格局。受天然胶影响,合成橡胶进出口价格总体继续下行。原料价格下跌,对橡胶制品业降低成本、扩大盈利空间、提升效益具有重大意义。天然橡胶进出口平均价格见表 5,合成橡胶进出口平均价格见表 6。

表 5　2014 年天然橡胶进出口平均价格

美元/吨

产品名称	进口			出口		
	2014 年	2013 年	同比/%	2014 年	2013 年	同比/%
天然胶乳	1479.4	1887.4	-21.6	2196.1	1825.1	20.3
天然橡胶烟胶片	2202.9	2860.5	-23.0	2146.2	2814.9	-23.8
TSNR 天然橡胶	1922.1	2664.8	-27.9	1773.2	2610.2	-32.1
其他初级天然橡胶	2408.7	2728.9	-11.7	4161.3	2873.7	44.8
天然树胶	2185.8	2369.2	-7.7	10327.3	23031.3	-55.2

表 6　2014 年合成橡胶进出口平均价格

美元/吨

产品名称	进口			出口		
	2014 年	2013 年	同比/%	2014 年	2013 年	同比/%
羧基丁苯橡胶胶乳	1278.7	1338.1	-4.4	1579.0	1362.1	15.9
未加工的丁苯橡胶	2375.5	2434.5	-2.4	1931.9	2149.4	-10.1
充油丁苯橡胶	2319.5	2330.7	-0.5	1891.9	2245.1	-15.7
热塑丁苯橡胶	3025.9	2983.6	1.4	2187.3	2524.4	-13.4
充油热塑丁苯橡胶	3448.6	3346.6	3.0	2630.4	2964.7	-11.3
丁二烯橡胶	2301.0	2478.8	-7.2	2034.1	2253.4	-9.7
氯丁二烯橡胶胶乳	2963.0	3439.2	-13.8	2217.6	4737.4	-53.2
其他氯丁二烯(氯丁)橡胶	3989.1	4281.8	-6.8	3961.8	4087.7	-3.1
丁腈橡胶胶乳	1239.9	1338.6	-7.4	1108.9	1125.2	-1.5
其他丁腈橡胶	2744.5	2942.7	-6.7	2875.8	2837.2	1.4
其他异戊二烯橡胶	4521.5	4372.9	3.4	6588.2	4485.7	46.9
乙丙橡胶	1196.0	2057.9	-41.9	6673.2	5624.0	18.7

2. 橡胶制品进出口

(1)出口贸易

橡胶制品是目前我国化工行业最主要的出口产品,也是贸易顺差的主要来源。2014 年出口贸易增长平稳,出口总额达 523.06 亿美元,占橡胶制品进出口总额的 83.95%,占化工行业出口总额的 32.3%。出口量 950.6 万吨,增长 10.7%。2010~2014 年我国橡胶制品出口见表 7。

①胶鞋类和轮胎产品主导出口

长期以来,在我国橡胶制品出口中,一直以胶鞋类和轮胎为主。2014 年,胶鞋类产品出口总额 292.42 亿美元,增长 15.38%,占橡胶制品出口总额的 55.9%,较上年提高 3 个百分点;轮胎出口总额 164.50 亿美元,增长 1.8%,占比 31.5%,较上年回落 2.3 个百分点。近年来,胶鞋类出口在橡胶制品中的比重呈上升趋势,轮胎下降。

表 7　2010～2014 年我国橡胶制品出口情况

项　目	2010 年	2011 年	2012 年	2013 年	2014 年
橡胶制品出口额/万美元	3308611	4105104	4387376	4789010	5230592
橡胶轮胎	1039002	1476885	1588740	1615456	1644967
橡胶内胎	44777	59232	66094	62936	61623
翻新轮胎	1096	1359	3539	4848	3734
橡胶带	53227	77213	81687	81858	89363
胶管	49389	63458	73194	80547	90373
手套	39973	48451	50712	51568	54186
胶鞋类	1876163	2106472	2248320	2534380	2924244
其他橡胶制品	204985	272034	275090	357417	362102
同比/%	30.76	24.07	6.88	9.15	9.22
轮胎出口占比/%	31.40	35.98	36.21	33.73	31.45
胶鞋出口占比/%	56.71	51.31	51.25	52.92	55.91

胶鞋出口中,出口额在 10 亿美元以上的省份有 4 家,依次为广东、福建、浙江和江苏,见表 8。其中,广东出口额遥遥领先,达 106.62 亿美元,占全国胶鞋出口总额的 36.5%;出口量占全国胶鞋出口总量的 29.9%。

表 8　2014 年全国胶鞋出口分地区情况

出口地区	出口量/吨	出口额/万美元
广东	688972.4	1066244.4
福建	579781.1	670074.1
浙江	469327.1	400002.7
江苏	144158.7	140069.9
江西	73475.5	106229.0
山东	58614.9	81523.9
新疆	47132.2	59531.4
四川	39585.8	86480.7
上海	32278.8	40027.9
河南	22448.4	29098.4
黑龙江	21655.9	59280.6
天津	20684.6	26642.6
湖南	18851.5	39389.8
安徽	18624.8	17860.8
河北	12634.2	13930.0
湖北	12469.5	23668.2
辽宁	12024.8	12893.1
北京	5960.3	4755.0
重庆	5757.2	8477.6
广西	5591.3	14185.3
西藏	4778.9	5948.3
吉林	2702.1	5270.8
贵州	2532.1	2234.8
陕西	2419.2	3266.1
云南	1664.4	2064.1
内蒙古	1521.5	3626.3
甘肃	475.7	851.5
宁夏	365.2	588.5
青海	8.2	18.0
山西	2.3	9.0
海南	2.1	0.7
总计	2306500.7	2924243.5

②东部地区出口占比较大

在我国橡胶制品出口中,东部地区占据绝对优势。但近年来,中西部地区增长较快。2014 年,东部地区出口总额 451.33 亿美元,增长 7.1%,占比 86.3%;中部地区出口总额 44.10 亿美元,增长 22.4%,占比 8.4%;西部地区出口总额 27.64 亿美元,增长 29.4%,占比 5.3%。其中,广东和山东两省出口额遥遥领先,分别为 125.88 亿美元和 106.65 亿美元,占全国橡胶制品出口额比重为 24.1%和 20.4%;福建省位居第三,出口额 75.34 亿美元,占比 14.4%。3 省合计占比近 60%。2014 年全国各地区橡胶制品出口情况见表 9。

表 9　2014 年全国各地区橡胶制品出口情况

地区	数量/吨	金额/万美元	同比/%	
			数量	金额
全　国	9506222	5230592	10.7	9.2
北　京	80704	35091	-10.0	-9.0
天　津	169505	79752	-10.3	-7.1
河　北	177825	56500	12.4	28.1
山　西	43631	10338	29.5	12.6
内蒙古	5303	4349	33.1	79.7
辽　宁	181769	72657	20.4	5.1
吉　林	9201	8140	38.9	28.1
黑龙江	31894	62874	6.9	45.7
上　海	255781	136892	1.9	0.5
江　苏	794815	391460	9.3	5.1
浙　江	1246464	661703	9.7	12.1
安　徽	147550	69672	12.2	3.0
福　建	800415	753397	2.1	7.8
江　西	92408	113382	25.3	30.5
山　东	3676123	1066497	13.5	2.8
河　南	282657	101949	27.3	14.2
湖　北	39014	32866	-7.1	1.6
湖　南	21631	41676	35.3	64.4
广　东	1073865	1258803	6.4	10.3
广　西	16654	19246	36.7	14.5
海　南	627	564	61.5	15.2
重　庆	52651	24466	9.3	10.0
四　川	86494	101274	20.3	11.2
贵　州	104103	34231	7.8	-4.9
云　南	4722	4044	14.2	17.5
西　藏	5206	6223	4.6	13.6
陕　西	26685	10219	110.7	52.7
甘　肃	634	1007	120.9	158.9
青　海	42	39	23.7	7.3
宁　夏	1760	1243	103.4	137.6
新　疆	76090	70040	78.2	145.7

③北美和欧洲是最主要出口目的地

我国橡胶制品出口几乎遍布全球各地，多达 220 多个国家和地区。但是，最主要的地区仍是北美和欧洲。2014 年，在我国出口前 10 名的国家和地区中，北美和欧洲占据 6 席。美国是最大的出口目的地，无论是出口额还是出口量，都高居榜首。2014 年橡胶制品对美出口分别占对外出口总额和出口总量的 28.5% 和 23.3%。其中，输美轮胎分别占轮胎出口总额的 24.2%，出口总量的 23.8%。2014 年我国橡胶制品主要出口国家和地区见表 10。

表 10　2014 年我国橡胶制品主要出口国家和地区

国家和地区	出口额/万美元	出口量/吨
美国	1490576	2210954
俄罗斯	239229	313369
英国	209684	374171
日本	202851	251643
德国	188964	250876
中国香港	144679	102103
荷兰	118312	179882
加拿大	109706	201050
阿联酋	109634	281688
澳大利亚	109312	230447
马来西亚	92785	158175
墨西哥	90495	258874
意大利	87045	142757
西班牙	85372	142397
韩国	83748	134265
法国	79445	102317
比利时	74094	92498
沙特阿拉伯	70648	226529
菲律宾	59944	124483
智利	59012	116397
南非	58666	135441
尼日利亚	57174	174200
伊朗	55907	124756
越南	54974	83522
巴西	54355	166121
哈萨克斯坦	52990	67780
印度尼西亚	50771	113534
印度	48144	104105
新加坡	42340	57757
泰国	40839	87495
出口总计	5230592	9506222

④出口价格下降

受需求放缓、成本下降、贸易壁垒增多等多重因素影响,2014 年我国轮胎外胎出口价格几乎全线下挫。海关数据显示,小客车轮胎出口均价为 3229.39 美元/吨,下降 8.3%;大客或货车轮胎均价 2703.26 美元/吨,下降 11.2%;航空轮胎均价 19426.69 美元/吨,下降 0.8%;建筑轮胎(辋圈 > 60cm)均价为 3136.14 美元/吨,下降 15.5%。但翻新轮胎涨势依然强劲。2014 年大客车翻新轮胎价格涨幅达 10.6%,连续 4 年涨幅逾 10%。总体看,航空轮胎等较高档产品价格保持高位运行,降幅较小。2005 ~2014 年我国主要轮胎出口价格走势见图 1。

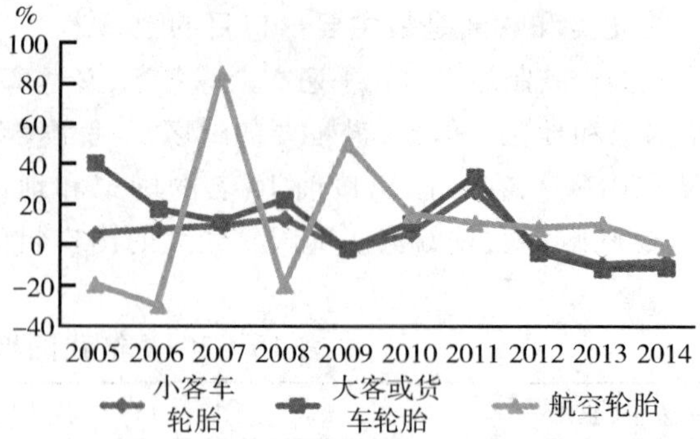

图 1　2005 ~2014 我国主要轮胎出口价格走势

⑤贸易方式以来料加工为主,一般贸易为辅

2014 年,在我国橡胶制品出口贸易方式中,来料加工贸易占贸易总量的 58.0%,占贸易出口总额的 42.9%;一般贸易占贸易总量的 35.4%,占贸易总额的 44.0%。来料加工和一般贸易合计分别占出口贸易量和贸易额的 93.4% 和 86.9%。2014 年橡胶制品出口贸易方式见表 11。

表 11　2014 年橡胶制品出口贸易方式

项　目	出口量/吨	出口额/万美元
来料加工贸易	5517252	2241106
一般贸易	3361992	2299544
其他	166878	85712
保税区仓储转口货物	145044	97489
边境小额贸易	124966	160378
来料加工装配贸易	91297	196817
保税仓库进出境货物	76668	139970
对外承包工程出口货物	21914	9443
国家间、国际组织无偿援助和赠送的物资	204	133
租赁贸易	7.3	0.91
其他境外捐赠物资	0.07	0.05
出料加工贸易	0.05	0.05
合计	9506222	5230592

(2)进口贸易

总体而言,我国橡胶制品进口贸易额相对较小,且呈放缓趋势。进口来源地主要为东南亚及我国周边国家和地区。

①进口总额首次下降

2014 年,我国橡胶制品进口总额为 100.03 亿美元,下降 3.2%,是 2000 年以来的首次下降;占橡胶制品进出口总额的 16.0%,较上年回落 1.7

个百分点。其他橡胶制品(主要为硫化橡胶类制品)进口贸易额最大,达 63.29 亿美元,占进口总额的 63.3%,较上年大幅回落 4.5 个百分点;胶鞋类进口额位居其次,为 15.60 亿美元,占比 15.6%,比上年提高 3.3 个百分点;轮胎第三,进口额 9.35 亿美元,占比 9.3%,与上年基本持平。近年来,其他橡胶制品进口额占比不断下降,胶鞋类和轮胎产品进口比重呈上升趋势。2010 ~ 2014 年我国橡胶制品进口贸易额见表 12。

2014 年,我国橡胶制品进口总量为 206.35 万吨,增长 5.0%。其中,其他橡胶制品进口量 181.69 万吨,增长 4.4%,占进口总量的 88.1%。

表 12　2010 ~ 2014 年我国橡胶制品进口贸易额

项　目	2010 年	2011 年	2012 年	2013 年	2014 年
橡胶制品进出口总额/万美元	4080869	5045728	5374461	5822597	6230914
进口总额/万美元	772258	940624	987086	1033588	1000322
新充气橡胶轮胎	60042	77378	82838	98261	93523
橡胶内胎	218	298	245	289	258
翻新轮胎	114	129	184	574	2638
橡胶带	28222	30745	30685	31889	30317
胶管	56445	66058	57957	64127	73148
手套	5227	6932	9715	10925	11489
胶鞋类	66325	98860	112078	126786	156007
其他橡胶制品	555665	660223	693384	700737	632940
同比/%	50.27	21.80	6.03	4.71	-3.22
进口占进出口总额比/%	18.92	18.64	18.37	17.75	16.05

②进口来源地主要为东南亚及周边国家和地区

2014 年,我国橡胶制品进口来源 110 多个国家和地区,但最为主要的是东南亚及周边国家和地区。从进口贸易额看,居前三位的是泰国、马来西亚和日本,分别占进口总额 19.8%、13.3%和 11.3%,合计占比达 44.4%。从贸易量看,居前三位的为泰国、马来西亚和印尼,分别占比 42.2%、27.3% 和 6.6%,合计占比超 76%。进口来源地格局的形成,是地域优势和资源优势的具体体现。2014 年我国橡胶制品主要进口地见表 13。

③一般贸易方式为主

与出口贸易不同,橡胶制品进口贸易方式以一般贸易为主,分别占进口贸易额和贸易量的 81.9%和 88.2%;来料加工贸易占进口贸易额和贸易量的 9.9%和 4.8%;保税区转口贸易分别占比 4.8%和 5.5%。3 项合计占贸易额的 96.7%,占贸易量的 98.5%。2014 年橡胶制品进口贸易方式见表 14。

表 13　2014 年我国橡胶制品主要进口地

国家和地区	进口额/美元	进口量/吨
泰国	198304	870548
马来西亚	133269	563160
日本	112901	71069
德国	81080	48211
越南	74293	122345
美国	55246	34415
印度尼西亚	51216	135414
意大利	47005	12105
韩国	44986	38495
中国	40220	10316
中国台湾	19396	27617
法国	19210	11301
西班牙	14986	11189
英国	13660	12034
罗马尼亚	9408	8726
总计	1000322	2063535

表 14　2014 年橡胶制品进口贸易方式

项　目	进口量/吨	进口额/万美元
一般贸易	1820727.82	818776.52
保税区仓储转口货物	112651.84	47978.96
来料加工贸易	98940.77	99007.76
保税仓库进出境货物	17107.42	18719.99
来料加工装配贸易	10353.45	10137.65
边境小额贸易	1767.92	233.04
其他	1753.42	2518.53
出口加工区进口设备	134.33	1545.93
外商投资企业作为投资进口的设备、物品	37.79	179.89
出料加工贸易	9.89	7.22
其他境外捐赠物资	1.07	0.14
免税外汇商品	0.81	34.95
租赁贸易	0.52	0.72
易货贸易	0.001	0.08

④轮胎进口价格回落

2014 年,在进口的主要轮胎产品中,绝大多数价格下降。其中,小客车轮胎进口均价为 7471.85 美元/吨,下降 1.7%;大客或货车轮胎均价 6412.55 美元/吨,下降 14.6%;航空轮胎均价 11653.62 美元/吨,下降 5.9%;建筑轮胎(辋圈 > 60CM)均价 7944.41 美元/吨,增长 23.8%。从目前国内市场看,预计 2015 年进口轮胎价格总体将延续下降趋势。2012 ~ 2014 年主要轮胎进口价格情况见表 15。

表 15　2012 ~ 2014 年主要轮胎进口价格情况

项　目	2012 年	2013 年	2014 年
小客车轮胎/美元·吨$^{-1}$	7676.0	7600.0	7471.8
同比/%	18.2	-1.0	-1.7
客或货车轮胎/美元·吨$^{-1}$	5927.1	7505.2	6412.6
同比/%	8.0	26.6	-14.6
航空器用轮胎/美元·吨$^{-1}$	10471.7	12382.1	11653.6
同比/%	17.3	18.2	-5.9
辋圈尺寸≤61cm 人字型轮胎/美元·吨$^{-1}$	5818.3	4899.9	5062.4
同比/%	-2.1	-15.8	3.3
辋圈尺寸 > 60cm 人字型轮胎/美元·吨$^{-1}$	6723.0	6416.5	7944.4
同比/%	2.2	-4.6	23.8
其他人字形或类似的充气轮胎/美元·吨$^{-1}$	4854.8	5741.9	4892.3
同比/%	-6.3	18.3	-14.8

⑤进口贸易主要集中在东部地区

2014 年东部地区橡胶制品进口贸易额为 87.09 亿美元,下降 1.5%,占进口总额的 87.1%,较上年提高 1.6 个百分点;中部地区进口额为 6.10 亿美元,下降 0.5%,占比 6.1%;西部地区进口额为 6.84 亿美元,下降 22.7%,占比 6.8%。其中,上海、山东、江苏和广东 4 省市进口贸易额位居前列,依次为 22.21 亿美元、17.42 亿美元、13.65 亿美元和 13.13 亿美元,分别占橡胶制品进口总额的 22.2%、17.4%、13.6% 和 13.1%,合计占比达 66.4%。2014 年我国各地区橡胶制品进口贸易情况见表 16。

从进口量看,东部地区占比达 81.3%,中部和西部地区占比分别为 6.9% 和 11.8%。

表 16　2014 年我国各地区橡胶制品进口贸易情况

地区	进口量/吨	进口额/万美元	同比/%	
			数量	金额
全　国	2063535	1000322	5.0	-3.2
北　京	46433	44342	46.2	6.6
天　津	25036	25924	18.1	3.3
河　北	16076	6280	61.2	43.9
山　西	13013	7374	41.5	7.9
内蒙古	3124	4120	-37.3	-38.9
辽　宁	52323	35519	-9.9	-16.4
吉　林	11041	15610	23.5	18.8
黑龙江	11184	2758	-45.1	-57.3
上　海	183610	222055	10.2	9.8
江　苏	161848	136489	32.1	17.7
浙　江	211309	53966	37.2	-5.2
安　徽	58017	12933	68.5	17.2
福　建	111235	36031	-20.0	-25.9
江　西	8083	3543	-6.8	-16.3
山　东	725318	174200	-0.3	-20.7
河　南	30429	9796	56.7	7.1
湖　北	8045	6511	-36.7	-19.3
湖　南	2463	2460	41.2	3.8
广　东	127419	131266	5.4	12.9
广　西	3563	1286	242.2	64.3
海　南	17700	4860	-54.0	-54.3
重　庆	141290	35213	254.9	100.8
四　川	1634	4756	42.0	23.7
贵　州	11598	2711	-46.7	-59.6
云　南	55010	12832	-65.6	-70.0
西　藏	0.3	0.4	391.7	728.9
陕　西	155	1738	-5.9	43.7
甘　肃	12	84	0.3	32.4
青　海	5	83	8.0	182.0
宁　夏	25920	5143	-15.5	-38.2
新　疆	643	439	-43.7	-6.7

【面临问题】

我国是全球橡胶制品生产大国，同时也是出口大国，生产和出口都位居世界前列，但远不是强国。当前出口面临较严峻的形势：

1. 贸易摩擦频发，轮胎遭遇美国“双反”

据不完全统计，2014 年我国橡胶制品出口遭遇世界 5 个国家和地区的贸易保护措施调查。其中，影响最大的是美国对华乘用及轻卡轮胎反倾销和反补贴调查。2015 年 7 月 14 日，美国国际贸易委员会投票平局裁决中国轮胎对美造成实质性损害；8 月 5 日，美国商务部发布了对华乘用及轻卡轮胎反倾销及反补贴税令，以及修改后的倾销及补贴税率。最终实际合并执行“双反”保证金率分别是：佳通为 52.1%、赛轮为 30.61%、固铂为 31.85%、倾销分别税率企业为 39.33%、中国全国税率企业 107.07%、永盛为 192.79%。由于美国在我国橡胶制品贸易中具有特殊地位，其“双反”的负面效应将在全球范围内不断扩大。

2. 严重依赖国外市场，竞争加剧

目前，我国橡胶制品出口依存度很高，特别是轮胎制造业，40% 左右依赖外部市场消化。近来，受宏观经济环境影响，产能过剩压力日益增大，市场竞争激烈。据中国化工装备协会橡机专委会测算，截至 2014 年末，我国全钢胎总产能达到 1.8 亿条以上，半钢胎总产能达到 6 亿条以上，但全钢胎销售量不足 1.1 亿条，半钢胎约 4 亿条；轮胎产能利用率较低，产能压力越来越大。受此影响，我国企业间竞争不断加剧，出口效益持续下滑。以轮胎为例，2014 年出口量增幅达到 13.1%，而出口额仅增长 1.8%。

3. 出口产品档次不高，缺少话语权

从我国橡胶制品出口结构看，主打产品是胶鞋类，技术含量、附加值较低。即便是轮胎，也以中低档为主。从价格上看，2014 年我国小客车轮胎出口均价为每吨 3229.4 美元，大客车或货车轮胎每吨为 2703.3 美元；而同类进口产品则分别为每吨 7471.8 美元和 6412.6 美元，是出口价格的 2.3 倍和 2.4 倍，即使加上各种关税，也明显高于出口产品，质量差距显而易见。因此，尽管我国轮胎出口量极大，占据全球市场大部分份额，但依然没有定价权。

（范德标）

2014～2015 年我国胶管进出口情况分析

一、2015 年 1～6 月胶管进出口情况

表 1　2015 年 1～6 月胶管总进口情况

数量/千克	金额/美元	平均价格/美元·千克$^{-1}$	同比/%	
			数量	金额
18440680	311422214	16.89	－13.8	－15.9

表 2　2015 年 1～6 月胶管总出口情况

数量/千克	金额/美元	平均价格/美元·千克$^{-1}$	同比/%	
			数量	金额
82033982	428306573	5.22	－2.2	0.3

从表 1 和表 2 可以看出，今年胶管进出口均呈现负增长，出口下降 2.2%，进口下降 13.8%，表明今年国内外胶管市场不容乐观。

从进出口价格来看，我国胶管进口价格是出口价格的 3.2 倍；从进出口数量来看，上半年出口 8.2 万吨，进口 1.8 万吨，出口数量是进口数量的 4.5 倍。

二、2014 年全年胶管进出口情况

从表 3 和表 4 可以看出，2014 年全年胶管进出口均呈现正增长，进口量增长 8%，出口量增长 6.5%，进口量增幅比出口量增幅高 1.5 个百分点；由于进出口金额同期比都大于数量同期比，可以知道在进出口数量增长的同时，进出口价格也分别比上年价格高。

表 3　2014 年胶管总进口情况

数量/千克	金额/美元	平均价格/美元·千克$^{-1}$	同比/%	
			数量	金额
41044681	731401384	17.82	8.0	14.1

表 4　2014 年胶管总出口情况

数量/千克	金额/美元	平均价格/美元·千克$^{-1}$	同比/%	
			数量	金额
176189489	903319855	5.13	6.5	12.1

结合表1、2、3、4数据计算，2015年上半年进口胶管平均价格同比下降5%，而出口价格同比上升了近2%，说明我国胶管的出口品质提升，价格稳定，而国内市场竞争激烈，国外胶管进入国内市场也需要价格优势才能占有市场。

从上表还可以算出，2014年胶管总进出口额在16.3亿美元，2015年上半年胶管进出口金额约7.3亿美元，只完成了去年进出口额的45.4%，下半年进出口形势依然严峻。

三、2015年1～6月胶管前5名进出口国

从表5可以看出，我国胶管前3名进口国分别是德国、韩国和美国；从这3个国家的进口量约占我国胶管总进口量的44%。

表5　2015年1～6月主要进口国

国家	数量/千克	金额/美元	平均价格/美元·千克$^{-1}$	同比/%	
				数量	金额
德国	3300048	81546238	24.71	12.5	-4.0
韩国	2494164	39008991	15.64	-17.5	-9.8
美国	2220982	38584366	17.37	4.8	-0.7
日本	1652086	35818216	21.68	-38.0	-37.1
捷克	425038	15160072	35.67	71.2	63.4

从进口量增幅来看，前5名国家，从德国、美国和捷克的进口出现增长，分别增长12.5%、4.8%和71.2%，从韩国、日本的进口均出现了负增长。

从进口价格来看，从捷克的进口价格最高，为35.67美元/千克，是从韩国进口价格的两倍多。

另外从海关数据还可以知道，进口胶管金额超过千万美元的国家除了前5名进口国家以外，还有法国、泰国和匈牙利，从这3个国家的进口均超过1000万美元，另外2015年上半年从波兰的进口增长100%达到500万美元。

表6　2015年1～6月主要出口国

国家	数量/千克	金额/美元	平均价格/美元·千克$^{-1}$	同比/%	
				数量	金额
美国	10456213	72982978	6.98	-12.1	-3.0
日本	5163321	51713352	10.02	3.4	1.5
俄罗斯	4146517	15882986	3.83	-40.6	-24.8
巴西	4010782	15573950	3.88	-25.9	-19.4
德国	2538508	14260175	5.62	14.3	9.4

从表6可以看出，我国胶管前3名出口国依然是美国、日本和俄罗斯，出口到这3个国家的数量占我国总出口量的24%，与前3名进口国占我国进口量的44%相比，我国的出口集中度比较低，出口国家比较分散，抗贸易摩擦的风险能力相对较强。

从表6还可以看出，2015年上半年，我国对俄罗斯、巴西、美国的出口出现了负增长，对德国和

日本的出口保持了增长。

从出口价格可以看出，前5名出口国中，对日本的出口价格最高，为10.02美元/千克，对俄罗斯和巴西的出口价格较低，仅为3.8美元/千克。

四、2015年上半年与2014年上半年各类胶管进出口对比

从表7可以看出，我国进口胶管第一大品种是钢丝胶管，约占总进口量的40%，第二大品种是纤维胶管，约占33%，纯胶管进口占17%。

表7　各类胶管进口情况

胶管类别	年份	数量/千克	金额/美元	平均价格/美元·千克$^{-1}$	同比/%		数量占总进口比/%
					数量	金额	
纯胶管（不带接头）	2015上半年	2679691	47502830	17.73	-1.8	-3.9	14.5
	2014上半年	2729259	49409774	18.10	-0.4	4.2	12.8
纯胶管（带接头）	2015上半年	732232	22037894	30.1	1.2	-1.6	4.0
	2014上半年	723230	22402362	30.98	3.0	5.6	3.4
钢丝胶管（不带接头）	2015上半年	5128988	33804732	6.59	-19.9	-21.5	27.8
	2014上半年	6400954	43073076	6.73	10.1	-1.7	29.9
钢丝胶管（带接头）	2015上半年	1771782	48219868	27.22	-23.9	-20.5	9.6
	2014上半年	2329655	60686077	26.05	46.9	41.4	10.9
纤维胶管（不带接头）	2015上半年	4779171	71303511	14.92	-10.5	-16.7	25.9
	2014上半年	5339624	85641708	16.04	27.9	29.3	24.9
纤维胶管（带接头）	2015上半年	1403126	39498985	28.15	-24.3	-26.6	7.6
	2014上半年	1854310	53793883	29.01	25.4	19.6	8.7
其他胶管（不带接头）	2015上半年	877480	17239577	19.65	-15.6	-17.3	4.8
	2014上半年	1039372	20856566	20.07	45.5	31.6	4.9
其他胶管（带接头）	2015上半年	1068210	31814817	29.78	8.4	-7.9	5.8
	2014上半年	985703	34529952	35.03	-3.0	22.0	4.6

从价格来看,带接头的胶管比不带接头的胶管附加值高很多,价格高出 50% 以上,尤其是带接头的钢丝胶管是不带接头钢丝胶管价格的 4 倍多。不带接头的钢丝胶管价格最低,仅为 6.59 美元/千克,带接头的钢丝胶管价格达 27 美元/千克。

表 8　各类胶管出口情况

胶管类别	年份	数量/千克	金额/美元	平均价格/美元·千克$^{-1}$	同比/%		数量占总进口比/%
					数量	金额	
纯胶管（不带接头）	2015 上半年	8870335	60930483	6.87	4.5	8.0	10.8
	2014 上半年	8485205	56440679	6.65	5.6	28.6	10.1
纯胶管（带接头）	2015 上半年	5353636	40046112	7.48	-4.3	3.8	6.5
	2014 上半年	5591917	38566619	6.9	10.9	26.8	6.7
钢丝胶管（不带接头）	2015 上半年	31027227	107241391	3.46	-1.8	-3.9	37.8
	2014 上半年	31607770	111582578	3.53	19.8	19.2	37.7
钢丝胶管（带接头）	2015 上半年	13374224	85419224	6.39	-15.9	-5.2	16.3
	2014 上半年	15899035	90133403	5.67	-5.9	7.3	19.0
纤维胶管（不带接头）	2015 上半年	10631405	63447628	5.97	-19.4	-9.3	13.0
	2014 上半年	13184233	69920201	5.30	5.1	8.3	15.7
纤维胶管（带接头）	2015 上半年	3879522	31208467	8.04	-3.4	-11.1	4.7
	2014 上半年	4017844	35109583	8.74	28.5	21.2	4.8
其他胶管（不带接头）	2015 上半年	1681559	10315497	6.13	-1.0	8.7	2.0
	2014 上半年	1698757	9492213	5.59	-10.5	-19.0	2.0
其他胶管（带接头）	2015 上半年	7216074	29697771	4.12	114.5	89.0	8.8
	2014 上半年	3363615	15714226	4.67	-1.8	3.1	4.0

从表8可以看出，出口胶管量最多的是钢丝胶管，占胶管总出口数量的54%，其次是纤维胶管17%，纯胶管出口占胶管出口量的16%。

从出口价格来看，我国带接头的纯胶管比不带接头胶管的价格高9%，带接头的纤维胶管比不带接头胶管高35%，带接头的钢丝胶管比不带接头胶管高85%，均比进口的带接头胶管与不带接头的胶管差价大，说明我国带接头的胶管附加值低。

2015年上半年出口价格最高的是带接头的纤维胶管，价格为8.04美元/千克，出口价格最低的是不带接头的钢丝胶管，仅为3.46美元/千克。

2015年出口量增幅较大的是带接头的其他胶管，增长114.5%，下降最大幅度的为不带接头的纤维胶管，下降19.4%。

五、小结

2015年上半年胶管整体进出口情况均呈现负增长。

从胶管进出口价格来看，我国胶管进口价格是出口价格的3.2倍，而出口数量是进口数量的4.5倍。

我国胶管前3名进口国是德国、韩国和美国，前3名出口国是美国、日本和俄罗斯。

从胶管的进出口品种来看，出口量最多的是钢丝胶管，占胶管总出口数量的54%；进口最多的也是钢丝胶管，占胶管总进口数量的40%。

从2015年上半年情况来看，各类胶管的进口金额都是负增长，说明进口价格在整体下降，进口量微增的只有带接头的纯胶管和带接头的其他胶管，值得注意的是2015年进口胶管中只有带接头的钢丝胶管平均价格比去年同期增长4.5%。

可喜的是，2015年上半年进口胶管的价格下降5%，而出口价格上升了近2%，说明我国胶管的出口品质在不断提升，出口价格相对稳定。国内市场由于竞争激烈，国外胶管进入中国市场也需要通过降低价格来争取市场份额。

与胶带行业进行对比，可以看出2015年上半年胶带进出口金额为5.1亿美元，胶管进出口总金额为7.3亿美元，整个管带行业上半年的进出口金额为12.4亿美元。另外胶管的附加值相对比胶带高，胶管的平均进口价格比胶带高5%，出口平均价格比胶带高70%，说明胶带在国外的价格竞争非常激烈。

注：本文中胶管泛指海关代码4009下的硫化橡胶（硬质橡胶除外）制的管子，含带接头和不带接头的各种胶管。

（徐文英）

2014～2015 年我国胶带进出口情况分析

一、2015 年 1～6 月胶带总体进出口情况

从表 1 和表 2 可以看出，2015 年上半年我国胶带进口量下降（同比，下同）18.2%，出口量保持 1.8% 的微幅增长。说明今年国内胶带市场非常不景气，出口也不是很乐观，出口增幅明显减缓。

表 1　2015 年 1～6 月胶带进口情况

数量/千克	金额/美元	平均价格/美元·千克$^{-1}$	同比/%	
			数量	金额
7967698	127593243	16.01	-18.2	-16.5

表 2　2015 年 1～6 月胶带出口情况

数量/千克	金额/美元	平均价格/美元·千克$^{-1}$	同比/%	
			数量	金额
130082839	397980659	3.06	1.8	-5.7

2015 上半年，我国胶带出口数量为 13 万吨，进口数量 0.8 万吨，出口量大约是进口数量的 16 倍；进口均价 16010 美元/吨，出口均价 3060 美元/吨，进口价格是出口价格的 5 倍左右。

从近两年胶带进出口价格来看，2015 年进出口均价同比几乎都下降了 10%，说明原材料价格下降，以及供应远远大于需求，使得市场价格上涨乏力。

二、2014 年全年胶带进出口情况

从表 3 和表 4 可以看出，2014 年胶带进口量下降 3.2%，出口量增幅为 10%。

表 3　2014 年胶带进口情况

数量/千克	金额/美元	平均价格/美元·千克$^{-1}$	同比/%	
			数量	金额
18473502	303229150	16.41	-3.2	-4.9

表 4　2014 年胶带出口情况

数量/千克	金额/美元	平均价格/美元·千克$^{-1}$	同比/%	
			数量	金额
272425771	893554596	3.28	10.0	9.2

从2014年进出口均价来看,尽管进口价格是出口价格的5倍,我国依然有1.8万吨胶带需要进口,说明我国有一部分高附加值的产品只能依赖进口。

从表3和表4的数据还可以看出,2014年全年出口胶带27.2万吨,是进口量的14倍左右,而2015年上半年该比值是16倍左右,表明我国出口/进口比继续扩大。

三、2015年1~6月我国胶带主要进出口国家

从表5可以看出,我国胶带进口额前3名国家分别是日本、德国和美国,从这3个国家的进口额占总进口额的56%,说明我国胶带主要是从发达国家进口,且集中度非常高。但2015上半年从这5个国家的进口全部都是负增长。

表5 2015年1~6月我国主要胶带进口国家

国家	数量/千克	金额/美元	平均价格/美元·千克$^{-1}$	同比/%	
				数量	金额
日本	1932453	43046616	22.28	-21.6	-15.4
德国	525070	16208051	30.87	-42.9	-33.2
美国	363861	12153753	33.40	-22.1	-10.6
泰国	559988	7239404	12.93	-18.7	-8.6
印度尼西亚	239824	6887519	28.72	-28.9	-15.4

从进口价格来看,前5名进口国家中泰国价格最便宜,为12.93美元/千克;从美国进口的胶带价格最贵,为33.40美元/千克。

从表6可以看出,我国胶带前3名出口国分别是美国、越南和韩国,对这3个国家的出口额约为我国总出口额的22%左右,出口集中度比较低,说明我国出口市场比较分散,抗风险能力较强。在前5名国家中,今年除了对南非出口减少外,对其他国家的出口为正增长。

表6 2015年1~6月我国主要胶带出口国家

国家	数量/千克	金额/美元	平均价格/美元·千克$^{-1}$	同比/%	
				数量	金额
美国	20708481	51074415	2.47	18.2	3.7
越南	5960418	18293620	3.07	28.8	12.0
韩国	4937833	17418599	3.53	21.0	14.5
南非	6799178	16851273	2.48	-19.5	-26.8
澳大利亚	5068571	15598639	3.08	30.2	15.3

从海关数据还可以知道,2015年上半年我国胶带出口超过1000万美元的国家除了上述前5名国家外,还有印度尼西亚、巴西、伊朗、阿联酋、马来西亚和秘鲁。其中,对秘鲁的出口量增幅高达344.3%;对日本的出口保持了73.4%的高速增长,出口额为945万美元;对俄罗斯的出口下降了38.3%,为994万美元。

从出口价格可以看出,我国对澳大利亚的出

口价格较高，为 3.08 美元/千克，对美国和南非出口的价格非常低，仅为 2.47～2.48 美元/千克。

2015 年我国对澳大利亚的出口增长了 30.2%，重新进入出口国的前 5 名，而俄罗斯则位居出口国的第 12 名。

四、2015 年 1～6 月我国进出口胶带品种

从表 7 可以清晰地看出，从进口量来看，我国胶带的进口品种以输送带为主，进口量约占胶带总进口量的 63.8%，但进口金额却只占我国胶带进口总额的 15%，说明进口输送带的附加值比较低。

表 7 2015 年 1～6 月我国进口胶带品种情况

国家	数量/千克	金额/美元	平均价格/美元·千克$^{-1}$	同比/%		占比/%	
				数量	金额	数量	金额
钢丝绳输送带	3339534	5761017	1.73	12.7	-26.2	41.91	4.52
纺织输送带	1605525	8609598	5.36	-51.3	-9.6	20.15	6.75
其他输送带	137976	4898217	35.50	3.1	-18.5	1.73	3.84
梯形截面 V 肋环形传动带（60cm＜周长≤180cm）	462353	14257698	30.84	-24.5	-22.6	5.80	11.17
其他梯形截面环形传动带（60cm＜周长≤180cm）	306981	5252305	17.11	1.4	-8.5	3.85	4.12
梯形截面 V 肋环形传动带（180cm＜周长≤240cm）	158643	4529169	28.55	-35.2	-26.5	1.99	3.55
其他梯形截面环形传动带（180cm＜周长≤240cm）	154593	1822450	11.79	-36.6	-57.4	1.94	1.43
环形同步带（60cm＜周长≤150cm）	227302	16308977	71.75	-12.0	-18.2	2.85	12.78
环形同步带（150cm＜周长≤198cm）	28727	1936780	67.42	22.3	15.6	0.36	1.52
其他硫化橡胶制传动带及带料	1546064	64217032	41.54	-7.3	-12.3	19.40	50.33

从价格来看，进口钢丝绳输送带的价格仅为 1.73 美元/千克；进口价格最贵的是 60cm＜周长≤150cm的环形同步带，价格高达 71.75 美元/千克。

总体而言，三角带的进口价格要高于输送带的进口价格。

2015 年进口增长较快的胶带品种为：150cm＜周长≤198cm 环形同步带进口量增幅为 22.3%，钢丝绳输送带进口量增幅为 12.7%，其他品种进口量都为微增长或负增长。

进口量下降比较大的产品是：纺织输送带进口量下降了 51.3%，180cm＜周长≤240cm 环形同步带进口量下降了 36%，60cm＜周长≤180cm 梯形截面 V 肋环形传动带进口量下降了 24.5%。

从表 8 可以看出，输送带出口占我国胶带总出口量的 79.26%，占总出口金额的 63.6%。其中，纺织输送带出口量占到总出口量的65.8%，是我国胶带的主要出口品种和创汇产品。

表 8　2015 年 1 ~ 6 月我国出口胶带品种情况

胶带类别	数量/千克	金额/美元	平均价格/美元·千克$^{-1}$	同比/%		占比/%	
				数量	金额	数量	金额
钢丝绳输送带	13405451	45803072	3.42	0.9	-4.9	10.31	11.51
纺织输送带	85594431	183096305	2.14	4.2	-9.3	65.80	46.01
其他输送带	4105618	24257639	5.91	-10.2	3.6	3.16	6.10
梯形截面 V 肋环形传动带（60cm < 周长≤180cm）	8418554	37058426	4.40	-6.5	-2.0	6.47	9.31
其他梯形截面环形传动带（60cm < 周长≤180cm）	2601146	10564750	4.06	22.2	29.1	2.00	2.65
梯形截面 V 肋环形传动带（180cm < 周长≤240cm）	628017	4720796	7.52	-22.8	-2.1	0.48	1.19
其他梯形截面环形传动带（180cm < 周长≤240cm）	510034	2284827	4.48	8.8	21.4	0.39	0.57
环形同步带（60cm < 周长≤150cm）	1259906	16588738	13.17	-9.7	-0.7	0.97	4.17
环形同步带（150cm < 周长≤198cm）	44728	883644	19.76	-35.3	-6.3	0.03	0.22
其他硫化橡胶制传动带及带料	13514954	72722462	5.38	-2.3	-7.1	10.39	18.27

从出口价格来看，我国 150cm < 周长≤198cm 的环形同步带出口价格最高，为 19.76 美元/千克；纺织输送带的价格最低，仅为 2.14 美元/千克。

2015 年出口量增幅比较大的品种是其他梯形截面环形传动带（60cm < 周长≤180cm），出口增长了 22.2%。出口下降比较严重的是 150cm < 周长≤198cm 的其他梯形截面环形传动带，出口下降了 35.3%。

五、胶带产品进出口价格对比

从表 9 可以看出，2015 年上半年纺织输送带进口价格上涨了 85%，钢丝绳输送带下降了 34%。由于我国主要进口的是纺织品输送带，而且进口价格在上涨，我国企业应该高度关注该类产品的国内市场运用并加大这部分产品的开发。

从表 10 可以看出，上半年，除了钢丝绳输送带和纺织品输送带外，其他的 V 带出口价格几乎都保持了增长，说明我国出口产品在转型升级。其中，150cm < 周长≤198cm 的环形同步带出口价格上涨了 45%；梯形截面 V 肋环形传动带（180cm < 周长≤240cm ）的出口价格上涨了 27%。

表 9　2015 年 1～6 月我国胶带进口价格对比

胶带类别	2015 年 1～6 月均价/美元·千克$^{-1}$	2014 年 1～6 月均价/美元·千克$^{-1}$	2015 年与 2014 年均价增幅/%
钢丝绳输送带	1.73	2.63	-34
纺织输送带	5.36	2.89	85
其他输送带	35.50	44.90	-21
梯形截面 V 肋环形传动带（60cm＜周长≤180cm）	30.84	30.08	3
其他梯形截面环形传动带（60cm＜周长≤180cm）	17.11	18.95	-10
梯形截面 V 肋环形传动带（180cm＜周长≤240cm）	28.55	25.17	13
其他梯形截面环形传动带（180cm＜周长≤240cm）	11.79	17.56	-33
环形同步带（60cm＜周长≤150cm）	71.75	77.20	-7
环形同步带（150cm＜周长≤198cm）	67.42	71.32	-5
其他硫化橡胶制传动带及带料	41.54	43.90	-5

表 10　2015 年 1～6 月我国胶带出口价格对比

胶带类别	2015 年 1～6 月均价/美元·千克$^{-1}$	2014 年 1～6 月均价/美元·千克$^{-1}$	2015 年均价同比增幅/%
钢丝绳输送带	3.42	3.63	-6
纺织输送带	2.14	2.46	-13
其他输送带	5.91	5.12	15
梯形截面 V 肋环形传动带（60cm＜周长≤180cm）	4.40	4.20	5
其他梯形截面环形传动带（60cm＜周长≤180cm）	4.06	3.84	6
梯形截面 V 肋环形传动带（180cm＜周长≤240cm）	7.52	5.93	27
其他梯形截面环形传动带（180cm＜周长≤240cm）	4.48	4.01	12
环形同步带（60cm＜周长≤150cm）	13.17	11.97	10
环形同步带（150cm＜周长≤198cm）	19.76	13.64	45
其他硫化橡胶制传动带及带料	5.38	5.66	-5

六、2015 年 1～6 月我国胶带产品进出口价格对比

从表 11 可以看出，我国除了钢丝绳输送带出口价格高于进口价格外，其他产品价格均低于进口价格，尤其是其他硫化橡胶制传动带及带料的进口价格是出口价格的 7.72 倍，梯形截面 V 肋环形传动带（60cm＜周长≤180cm）进出口价格比为 7 倍，60cm＜周长≤150cm 的环形同步带进出口价格比也高达 5.45 倍。我国胶带行业应加大这些产品的开发，以获取高额附加值。

表 11　2015 年 1～6 月我国胶带产品进出口价格对比

胶带类别	2015 年 1～6 月进口均价/美元·千克$^{-1}$	2015 年 1～6 月出口均价/美元·千克$^{-1}$	2015 年进出口价格对比/%
钢丝绳输送带	1.73	3.42	0.51
纺织输送带	5.36	2.14	2.50
其他输送带	35.50	5.91	6.01
梯形截面 V 肋环形传动带（60cm＜周长≤180cm）	30.84	4.40	7.01
其他梯形截面环形传动带（60cm＜周长≤180cm）	17.11	4.06	4.21
梯形截面 V 肋环形传动带（180cm＜周长≤240cm）	28.55	7.52	3.80
其他梯形截面环形传动带（180cm＜周长≤240cm）	11.79	4.48	2.63
环形同步带（60cm＜周长≤150cm）	71.75	13.17	5.45
环形同步带（150cm＜周长≤198cm）	67.42	19.76	3.41
其他硫化橡胶制传动带及带料	41.54	5.38	7.72

七、小结

这两年，我国胶带产品进口量都是负增长，从 2014 年的 －3.2% 变为 2015 年上半年的 －18.2%，说明国内胶带市场继续萎缩；出口量虽然保持了正增长，但增幅已从 2014 年的 10% 降为 2015 年上半年的 1.8%，说明我国胶带出口市场也面临很大的压力。这两年，进出口价格都呈现下降趋势，均下降了 10% 左右。从进出口量来看，2015 年上半年，胶带出口量是进口量的 16 倍，大于去年的 14 倍。

从进出口价格来看，2015 年上半年进口价格大概是出口价格的 5 倍，对发达国家的进出口价格比更大。以美国为例，我国出口到美国的均价 2.47 美元/千克，从美国的进口价格是 33.4 美元/千克，进出口价格比达到 13.5，提高我国胶带产品附加值依然有很大的空间。

从进出口国家来看，我国胶带产品主要从发达国家进口，而且进口集中度很高，从前 3 名国家

的进口额占总进口额的56%。而我国胶带出口相对分散，对前3名出口国家的出口额约为我国总出口额的22%左右。

从进出口品种来看，我国胶带进出口品种以输送带为主，输送带的进口量约占胶带总进口量的63%，出口量占我国胶带总出口量的79%。其中，进口以钢丝绳输送带为主；出口以纺织输送带为主，占到我国输送带总出口量的66%，但出口价格很低，仅为2.14美元/千克。

从进出口价格趋势来看，2015年上半年除了钢丝绳输送带和纺织品输送带出口价格下降外，其他的V带出口都保持了增长，说明我国出口产品在转型升级。其中，150cm＜周长≤198cm的环形同步带出口价格上涨了45%；180cm＜周长≤240cm梯形截面V肋环形传动带的出口价格上涨了27%。另外，我国除了钢丝绳输送带出口价格高于进口价格外，其他产品价格均低于进口价格，尤其是其他硫化橡胶制传动带及带料的进口价格是出口价格的7.72倍，梯形截面V肋环形传动带（60cm＜周长≤180cm）进出口价格比为7倍，我国胶带行业应加大这些产品的开发，以获取高额附加值。

建议国内胶带生产企业仔细分析国内进口增幅快且进口价格高的产品，加大此类产品在国内的技术研发和生产，同时要避免对个别国家出口价格的进一步下滑，以免引起不必要的贸易摩擦。

注：本文中的胶带是指海关代码4010项下的各种输送带、V带和传动带。

（徐文英）

中国橡胶工业统计

表 1　2010 ~ 2014 年全国橡胶工业主要产品产量统计

产品名称	2010 年	2011 年	2012 年	2013 年	2014 年
轮胎总产量/万条	44000	45600	47000	52900	56200
子午胎	37000	39800	41400	47600	51100
全钢胎	8700	9000	10000	10700	11200
半钢胎	28300	30800	33500	36900	39900
斜交胎	7000	5800	5600	5300	5100
摩托车外胎/万条	14800	16000	17000	18500	17000
自行车外胎/万条	71200	70700	53000	51000	59500
输送带/万平方米	33700	42000	48000	52000	53000
高强力输送带	27000	31000	38000	42000	46000
普通 V 带/万 Am	172500	190000	210000	220000	230000
橡胶胶管/万标米	107500	110000	120000	130000	140000
钢丝编织胶管	17000	20000	24000	35000	37000
胶鞋/万双	222000	145000	159000	150000	145000
再生胶/万吨	270	300	350	380	410
钢丝帘子线/吨	1204208	1359605	1436814	1828000	1927000
帘子布/吨	385380	383883	363961	491000	548000
炭黑/万吨	337	380	432	470	510
橡胶助剂/万吨	76	82	89	100	113

注:数据为中国橡胶工业协会调查统计数据。

续表 1

产品名称	2010 年	2011 年	2012 年	2013 年	2014 年
促进剂	25	28.2	32.2	36	39.5
防老剂	28	27.06	32	33	38.5
合成橡胶/万吨	217	234	301	2014.3	294
丁苯	94	100	123	110	108
丁腈	8	10	13	14.2	12
顺丁	60	64	82.5	81.2	84
氯丁	4	7	5.9	4.5	4
丁基	4	5	7.9	10	9
乙丙	2	2	1.91	2	3
SBS	45	47	64.8	72.4	73
天然橡胶/万吨	69	72	80	85	85.7

注:数据为中国橡胶工业协会、中国合成橡胶工业协会、中国天然橡胶协会调查统计数据。

表 2　2010～2014 年橡胶工业全部独立核算工业企业主要经济指标

产品名称	企业单位数/个					亏损企业数/个				
	2010 年	2011 年	2012 年	2013 年	2014 年	2010 年	2011 年	2012 年	2013 年	2014 年
橡胶制品业	4856	3186	3347	3500	3585	228	274	325	309	346
1. 轮胎制造业	443	398	537	565	554	32	45	56	46	63
2. 橡胶板管带制造业	1086	692	711	761	813	41	51	60	53	68
3. 橡胶零件制造业	1090	635	652	669	671	34	51	57	66	68
4. 再生橡胶制造业	234	147	152	164	172	7	4	12	9	7
5. 日用橡胶制品业	295	205	217	229	235	28	27	32	43	33
6. 橡胶靴鞋制造业	708	484	530	507	496	41	47	53	50	44
7. 其他橡胶制品业	814	506	548	605	644	35	44	55	42	63
橡胶工业专用设备制造业	205	132	139	143	149	7	9	17	17	17

续表 2－1

产品名称	亏损企业亏损额/万元					应收账款/万元				
	2010 年	2011 年	2012 年	2013 年	2014 年	2010 年	2011 年	2012 年	2013 年	2014 年
橡胶制品业	149504	251065	314434	342725	632472	5683691	6611260	7353186	8702126	9402708
1. 轮胎制造业	83693	165694	213990	200996	235026	2388714	3247927	3584118	4229257	4335964
2. 橡胶板管带制造业	6870	13689	16729	27808	30989	901782	979426	1166180	1511909	1695078
3. 橡胶零件制造业	13462	18145	23224	24677	23175	914697	890479	928220	1087291	1167737
4. 再生橡胶制造业	444	357	1060	1189	1938	98514	73087	79287	117231	140967
5. 日用橡胶制品业	15868	16387	22896	23911	9366	210480	216106	229116	268001	274222
6. 橡胶靴鞋制造业	12175	16786	14874	21609	13141	423085	427901	524328	526436	539415
7. 其他橡胶制品业	13968	16419	21660	42536	48837	678180	725028	841938	962001	1249326
橡胶工业专用设备制造业	829	8787	8953	8304	23874	313880	388935	435412	431934	469892

续表 2－2

产品名称	资产合计/万元					流动资产平均余额/万元				
	2010 年	2011 年	2012 年	2013 年	2014 年	2010 年	2011 年	2012 年	2013 年	2014 年
橡胶制品业	40997851	47251545	55174843	64458682	72803199	20920981	24734716	28116475	32108481	35446651
1. 轮胎制造业	23398727	28548550	33985611	39424184	45299741	10771141	13939058	15828631	18116806	20420110
2. 橡胶板管带制造业	4850596	5291893	6342383	8062224	8801254	2721243	3023907	3753867	4488972	4807087
3. 橡胶零件制造业	4158797	4378034	4712591	5484923	5760531	2433928	2601828	2755887	3020350	3221414
4. 再生橡胶制造业	605379	523516	613515	968619	1140347	275808	238896	289240	454311	499239
5. 日用橡胶制品业	1587022	1605436	1864139	2044462	2063527	845676	870236	1049961	1117217	1127535
6. 橡胶靴鞋制造业	2791497	2702436	3417689	3581481	3829256	1612821	1682286	2022179	2123485	2152843
7. 其他橡胶制品业	3048082	3419530	4238916	4892789	5908544	1868525	1996294	2416712	2787342	3218424
橡胶工业专用设备制造业	1637286	1850312	2193522	2557379	2515514	1100803	1281227	1384320	1665010	1571114

续表 2 - 3

产品名称	负债合计/万元					存货/万元				
	2010 年	2011 年	2012 年	2013 年	2014 年	2010 年	2011 年	2012 年	2013 年	2014 年
橡胶制品业	21866173	26296840	30190871	33185181	72803199	5936289	6831334	7239041	7776092	8253242
1. 轮胎制造业	14581838	17349480	19927649	21614612	45299741	3458666	4166199	4389291	4646878	5019183
2. 橡胶板管带制造业	1807366	2440426	3028825	3708074	8801254	567330	689876	810124	860585	910770
3. 橡胶零件制造业	1515758	1920531	2024466	2242308	5760531	566061	597427	610098	670995	735141
4. 再生橡胶制造业	193498	235018	404017	450378	1140347	69800	56341	73590	123931	130735
5. 日用橡胶制品业	786640	851956	997237	1049100	2063527	271413	279085	310409	342074	314044
6. 橡胶靴鞋制造业	1276080	1453975	1738296	1812287	3829256	446505	481234	569394	555655	534119
7. 其他橡胶制品业	1337183	1651766	2070381	2308422	5908544	416075	425516	476135	575974	609252
橡胶工业专用设备制造业	927562	1146188	1284671	1582037	2515514	303039	353765	401509	580148	501072

续表 2 - 4

产品名称	产品销售成本/万元					产品销售税金及附加/万元				
	2010 年	2011 年	2012 年	2013 年	2014 年	2010 年	2011 年	2012 年	2013 年	2014 年
橡胶制品业	48419292	61949076	71403879	79169492	84526676	258693	374586	483735	544247	551969
1. 轮胎制造业	26160655	34073891	40174849	43771934	46593818	121216	173406	261109	285154	270983
2. 橡胶板管带制造业	5525828	7141294	8209717	9656285	10670795	32738	48994	69725	71450	83116
3. 橡胶零件制造业	4386815	5506050	6474288	7269321	7113146	23227	38587	45705	52457	54438
4. 再生橡胶制造业	1151143	1494699	1742935	1939080	2229465	11058	15697	15069	17594	16304
5. 日用橡胶制品业	2106543	2585143	3280419	3813124	3919523	7726	19715	17911	26385	26172
6. 橡胶靴鞋制造业	4147466	5014903	5283189	5769586	6110929	25798	26763	36537	41323	45854
7. 其他橡胶制品业	3835983	4837184	6238483	6950161	7889000	24724	33925	37680	49884	55057
橡胶工业专用设备制造业	1179600	1535656	1899938	2431343	2402113	12591	11624	21320	18079	19834

续表 2-5

产品名称	主营业务收入/万元					产品销售费用/万元				
	2010 年	2011 年	2012 年	2013 年	2014 年	2010 年	2011 年	2012 年	2013 年	2014 年
橡胶制品业	57774610	71927302	91909838	92798537	98699398	1422931	1671115	2079210	2347367	2527290
1. 轮胎制造业	28802145	38831911	46261163	51184366	54165459	795415	928921	1240301	1405393	1487295
2. 橡胶板管带制造业	7355716	8518015	9725142	11516633	12684069	169867	212810	250018	267688	313567
3. 橡胶零件制造业	6154844	6655950	7742729	8692111	8546706	154146	172062	194683	207604	217801
4. 再生橡胶制造业	1589979	1773558	1856889	2290138	2598234	32293	37411	47285	53215	61894
5. 日用橡胶制品业	2615506	2969316	3504585	4411744	4611512	60025	56706	75702	95480	104173
6. 橡胶靴鞋制造业	5024145	5904160	6217787	6556761	6924538	80601	102308	112918	130590	134336
7. 其他橡胶制品业	5145738	5705490	6601544	8146784	9168880	107122	130835	158303	187398	208224
橡胶工业专用设备制造业	1517328	1857379	2289699	2848590	2788920	29340	45081	54985	59356	63277

续表 2-6

产品名称	管理费用/万元					财务费用/万元				
	2010 年	2011 年	2012 年	2013 年	2014 年	2010 年	2011 年	2012 年	2013 年	2014 年
橡胶制品业	1954123	2390874	2854618	3292505	3557065	583628	755560	1070716	1102800	1167434
1. 轮胎制造业	886848	1089249	1355082	1583924	1716204	374693	470749	724676	715871	773323
2. 橡胶板管带制造业	248702	332653	374131	441496	500288	48562	77105	97262	113066	124871
3. 橡胶零件制造业	286899	367682	417544	445677	454229	41823	55372	62350	67346	57534
4. 再生橡胶制造业	30899	43829	66251	74021	81636	11512	13317	24976	26966	30761
5. 日用橡胶制品业	96634	100966	136018	166337	171977	28508	29426	41178	46381	40732
6. 橡胶靴鞋制造业	140923	183196	202048	220609	236835	37059	44420	59312	60926	61629
7. 其他橡胶制品业	175748	231240	303544	360441	395896	30367	49365	60963	72244	78586
橡胶工业专用设备制造业	85599	112225	127812	151494	156610	12272	19610	29495	31245	31936

续表 2－7

产品名称	利息支出/万元					应交增值税/万元				
	2010 年	2011 年	2012 年	2013 年	2014 年	2010 年	2011 年	2012 年	2013 年	2014 年
橡胶制品业	463443	648311	912305	952248	1002193	1362544	1517322	1825267	2221684	2208198
1. 轮胎制造业	306841	436448	631400	656083	681165	654769	651348	826150	1010175	975214
2. 橡胶板管带制造业	32497	53691	67808	80041	92089	195469	253079	282842	321233	360445
3. 橡胶零件制造业	33960	42761	56143	51547	50870	167357	191139	243271	317891	237869
4. 再生橡胶制造业	9156	10466	20081	20209	23724	47775	58969	64435	72578	84839
5. 日用橡胶制品业	22707	24386	35792	38781	33174	48477	53473	98167	131486	158986
6. 橡胶靴鞋制造业	30623	36112	46723	43714	55108	116397	134613	145818	167631	188313
7. 其他橡胶制品业	20299	31370	54358	61873	66064	104609	135222	164584	200690	202533
橡胶工业专用设备制造业	10692	14822	26235	25203	31232	38234	42112	49775	59176	70386

续表 2－8

产品名称	利润总额/万元					利税总额/万元				
	2010 年	2011 年	2012 年	2013 年	2014 年	2010 年	2011 年	2012 年	2013 年	2014 年
橡胶制品业	3956043	3997819	5104374	6237559	6323734	5775823	5889726	7388352	9003490	9083901
1. 轮胎制造业	1657822	1810512	2753863	3433910	3337260	2485472	2635266	3833660	4729239	4583457
2. 橡胶板管带制造业	641595	676902	775892	922473	991424	912681	978975	1139763	1315156	1435030
3. 橡胶零件制造业	640573	494205	565065	649014	658030	861656	723932	852146	1019326	950337
4. 再生橡胶制造业	118432	116813	117021	164378	165539	189728	191479	193328	254550	266682
5. 日用橡胶制品业	153082	154302	194211	258216	286432	223513	227490	287735	416086	471589
6. 橡胶靴鞋制造业	330270	284296	273587	306667	332526	494682	445672	460023	515622	566693
7. 其他橡胶制品业	347470	363003	424735	502903	552523	501084	532150	621698	753477	810113
橡胶工业专用设备制造业	130252	96294	104927	137653	131542	179772	150029	174932	214907	221761

续表 2-9

产品名称	出口交货值/万元					产成品/万元				
	2010 年	2011 年	2012 年	2013 年	2014 年	2010 年	2011 年	2012 年	2013 年	2014 年
橡胶制品业	10490721	13684168	15421885	16877393	17878296				3663000	4353569
1. 轮胎制造业	6238507	8846161	10166085	11333374	11968738				2258418	2840451
2. 橡胶板管带制造业	625685	741408	796643	778559	830622				410622	451149
3. 橡胶零件制造业	875265	910360	1009265	1033282	1278460				274059	324435
4. 再生橡胶制造业	7135	8849	17171	19424	19753				66977	79135
5. 日用橡胶制品业	703789	1029508	1152262	1071764	978391				161579	135511
6. 橡胶靴鞋制造业	1282730	1383975	1648816	1597666	1744122				225963	255433
7. 其他橡胶制品业	661311	703215	884990	904730	1058210				265383	267456
橡胶工业专用设备制造业	136972	157501	152204	180267	250724				65965	85448

注:数据来源于国家统计局、海关总署。

表 3　2010～2014 年橡胶制品出口量和出口额

产品名称	2010 年		2011 年		2012 年		2013 年		2014 年	
	出口量	出口额	出口量	出口额	出口量	出口额	出口量	出口额	出口量	出口额
一、(4011)新的充气橡胶轮胎/万条、万美元	36968	1038786	39737	1476885	4406000	1588740	4994000	1615456	5647000	1644967
机动小客车用新的充气橡胶轮胎	13761	404979	14932	556294	1506750	587949	1755418	618462	1875861	605788
客车或货运机动车辆用新的充气橡胶轮胎	4931	504869	5320	740269	2334272	805942	2670106	813293	3150953	851784
航空器用新的充气橡胶轮胎	1	424	1	659	502	890	424	831	389	756
摩托车用新的充气橡胶轮胎	1972	13347	2529	21422	83106	26327	92485	28846	106205	33275
自行车用新的充气橡胶轮胎	11363	19610	11957	24036	87884	24854	81217	24075	81505	25816
其他新的人字形等胎面的充气橡胶轮胎	316	3003	305	4221	10863	3656	12141	3816	10669	3320
未列名新的充气橡胶轮胎	1024	28184	1011	35659	89704	33556	92761	32110	93686	30405
二、(4013)橡胶内胎/万条、万美元	39342	44777	44043	59232	200000	66094	191000	62936	181764	61623
客车、货运机动车辆用橡胶内胎	4794	17033	4354	20960	62236	21057	60713	20314	55898	18274
自行车用橡胶内胎	20633	15161	22292	19331	49624	22409	43556	19868	46035	21383
航空器用橡胶内胎	0	4	0	5	3	9	5	9	6	13
未列名橡胶内胎	13916	12579	17397	18936	97963	22619	86931	22744	79825	21953
三、(40121100－40121900)翻新轮胎/万条、万美元	71	1097	83	1359	11000	3539	10000	4848	7562	3734
四、(40122010－40122090)汽车用旧轮胎/万条、万美元	1308	162	22	353	3660	531	2004	706	3740	1050
五、(40129010－40129090)实心或半实心轮胎;胎面及轮胎衬带/吨、万美元	53481	13039	56228	16935	58932	18375	55488	17147	54715	16526
六、(40101100－40103900)橡胶输送带、三角带、传动带/吨、万美元	178628	53169	226000	77213	239154	81687	247671	81859	272458	89361

注 1:2010 年旧轮胎出口量以吨计。

注 2:2012～2014 年出口量以吨计。

续表 3

产品名称	2010 年		2011 年		2012 年		2013 年		2014 年	
	出口量	出口额	出口量	出口额	出口量	出口额	出口量	出口额	出口量	出口额
七、(40141000 - 40149000)橡胶避孕套等卫生医疗用品/吨、万美元	9347	6868	9988	9069	10283	10196	15011	13491	19497	17917
八、(40151100 - 40151900)外科手套及其他手套/万双、万美元	83675	39972	70765	48451	74912	50712	79834	51569	87480	54187
九、(40161010 - 40169990)橡胶杂件/吨、万美元	370500	133136	418315	171005	380169	190826	403156	262906	402566	244843
十、(40091100 - 40094200)橡胶管/吨、万美元	127375	49388	150989	63458	153768	73194	165421	80547	176192	90374
十一、(40159010 - 40159090)橡胶医疗用衣着用品/吨、万美元	2976	1888	3725	2125	3129	2229	3222	2621	3235	2581
十二、(40051000 - 40069020)未硫化橡胶板、片、带及制品/吨、万美元	21822	5068	35359	12639	18956	5998	24560	7840	27236	8773
十三、(40070000 - 40082900)硫化橡胶线、绳、板、片、带及型材/吨、万美元	147511	24777	177443	32297	171544	33205	180984	38940	183027	51937
十四、(40170010 - 40170020)硬质橡胶及制品/吨、万美元	14884	3895	16141	4683	10968	6384	11677	4119	13799	6322
十五、(40030000 - 40040000)再生胶等/吨、万美元	83348	6938	100844	8797	95235	9957	92690	9644	119832	12154
十六、胶鞋/万双、万美元	355798	906981	374337	1113774	1437189	1256337	1535244	1465563	1726823	1784679
1.(64011010 - 64019900)防水鞋靴	8068	46441	7891	55819	74716	45460	83079	50914	92009	61736
2.(64021200 - 64029910)滑雪鞋、防护鞋等	168406	296800	180597	349474	550371	395856	564396	451810	611442	534597
3.(64041100 - 64041900)运动鞋、网球鞋、篮球鞋等	179324	563740	185850	708481	812102	815021	887769	962839	1023372	1188346

注 3:(40151100 - 40151900)外科手套及其他手套 2010、2011 出口量以吨计。

注 4:2012 ~ 2014 年出口量以吨计。

表 4　2010～2014 年橡胶制品进口量和进口额

产品名称	2010 年		2011 年		2012 年		2013 年		2014 年	
	进口量	进口额	进口量	进口额	进口量	进口额	进口量	进口额	进口量	进口额
一、(4011)新的充气橡胶轮胎/万条、万美元	1035.4	60043	1149	77378	107000	82838	119000	98261	122000	93523
机动小客车用新的充气橡胶轮胎	539	31412	593	43327	64556	49553	74785	56836	82834	61892
客车或货运机动车辆用新的充气橡胶轮胎	58	11788	62	14605	17076	10121	13986	10497	12579	8067
航空器用新的充气橡胶轮胎	5	2685	6	3048	4149	4345	4858	6015	3979	4638
摩托车用新的充气橡胶轮胎	2	41	7	127	356	405	226	220	1003	505
自行车用新的充气橡胶轮胎	320	1167	373	1661	1573	1557	1466	1493	2010	1933
其他新的人字形等胎面的充气橡胶轮胎	0.2	113	0.2	173	43	21	76	44	178	87
未列名新的充气橡胶轮胎	102	1122	98	789	1430	1270	968	861	640	531
二、(4013)橡胶内胎/万条、万美元	204	219	257	298	365	245	354	288	389	258
客车、货运机动车辆用橡胶内胎	4.3	56	3.4	55	65	22	124	70	49	29
自行车用橡胶内胎	76	92	131	169	136	151	165	172	232	185
航空器用橡胶内胎	0.00	2.00	0.1	6	1	7	1	10	1	15
未列名橡胶内胎	124	69	122	68	163	64	64	36	107	29
三、(40121100－40121900)翻新轮胎/万条、万美元	0.4	115	0.1	129	137	184	388	574	2104	2638
四、(40122010－40122090)汽车用旧轮胎/万条、万美元	4	145	4.2	172	4174	183	4634	176	4392	152
五、(40129010－40129090)实心或半实心轮胎;胎面及轮胎衬带/吨、万美元	3929	2178	4662	2783	4342	2914	4021	2744	4139	2727
六、(40101100－40103900)橡胶输送带、三角带、传动带/吨、万美元	16083	28220	22100	30745	18670	30684	19073	31891	18473	30318

注:2012～2014 年进口量以吨计。

续表 4

产品名称	2010 年		2011 年		2012 年		2013 年		2014 年	
	进口量	进口额	进口量	进口额	进口量	进口额	进口量	进口额	进口量	进口额
七、(40141000 - 40149000)橡胶避孕套等卫生医疗用品/吨、万美元	2634	3793	2831	5128	3210	5923	3723	14454	3466	29525
八、(40151100 - 40151900)外科手套及其他手套/吨、万美元	13844	5227	9291	6932	14325	9715	18094	10924	21526	11489
九、(40161010 - 40169990)橡胶杂件/吨、万美元	64187	168759	72630	192838	65294	188277	71706	206582	80374	227145
十、(40091100 - 40094200)橡胶管/吨、万美元	44679	56444	48406	66058	34389	57957	37983	64126	41047	73148
十一、(40159010 - 40159090)橡胶医疗用衣着用品/吨、万美元	431	827	402	811	315	843	267	787	272	855
十二、(40051000 - 40069020)未硫化橡胶板、片、带及制品/吨、万美元	1003170	323621	855273	402483	1333803	447795	1541832	430275	1604656	327883
十三、(40070000 - 40082900)硫化橡胶线、绳、板、片、带及型材/吨、万美元	93650	44461	65931	42437	80662	43746	78439	41257	83609	39988
十四、(40170010 - 40170020)硬质橡胶及制品/吨、万美元	988	1602	746	1228	423	956	489	965	445	1109
十五、(40030000 - 40040000)再生胶等/吨、万美元	19035	1989	22300	2707	23993	2748	35659	3497	35511	3557
十六、胶鞋	1025	16739	1405	24550	9782	28322	11828	33020	17795	48569
1.(64011010 - 64019900)防水鞋靴/万双、万美元	10	143	10	162	181	176	225	276	237	236
2.(64021200 - 64029910)滑雪鞋、防护鞋等/万双、万美元	254	3246	330	4466	1560	4016	1808	4584	2399	5894
3.(64041100 - 64041900)运动鞋、网球鞋、篮球鞋等/万双、万美元	761	13350	1065	19922	8041	24130	9795	28160	15159	42439

注:2012 ~ 2014 年进口量以吨计。

表 5　2010～2014 年部分橡胶原材料进口情况

万吨、万美元

产品名称	2010 年		2011 年		2012 年		2013 年		2014 年	
	数量	金额	数量	金额	数量	金额	数量	金额	数量	金额
天然橡胶	186.1	566665	210.2	938199	217.7	681081	247.4	639665	261.1	495332
胶乳	25.12	52616	27.05	80522	31.78	68196	33.56	63346	36.60	54144
复合橡胶	100.21	322254	85.42	400901	133.29	445472	154.1	428592	160.20	325647
合成橡胶	105.6	287081	146.1	540549	145	512961	154.5	446551	153.2	404388
丁苯	42.8533	96952	46.9	140427	46.8	133167	49.6	114407	47	105032
顺丁	26.1966	63717	24.7	90838	23.6	74954	23.3	55060	20.7	44128
丁基	17.0242	69363	23.5	112446	23.1	112130	25.2	107318	26.9	102501
氯丁	2.467	8682	2.1	9185	2.1	9784	2.1	9216	2.2	8702
丁腈	10.4555	28558	11.8	38905	12	36340	12	28843	12.1	27419
异戊胶	6.5669	19809	5	22022	5.3	20139	4	12330	2.2	6823
乙丙橡胶									30.1	74438
橡胶助剂	19.9262	58282	16.91	55988	15.27	53857	15.51	55574	14.90	57436
促进剂	1.719	8000	1.54	8067	1.34	7291	1.49	7379	1.58	7505
防老剂	1.4914	5201	1.36	4794	1.64	5404	1.9	6202	1.21	4420
炭黑	8.8561	20258	8.7	21490	8.41	21266	9.39	23534	10.27	25173
尼龙帘子布	0.61	4068	0.64	4725.57	0.8	5570	1.05	7020	1.01	6941

注:数据来源于海关总署。

表 6　2010～2014 年部分橡胶原材料出口情况

万吨、万美元

产品名称	2010 年		2011 年		2012 年		2013 年		2014 年	
	数量	金额	数量	金额	数量	金额	数量	金额	数量	金额
天然橡胶	2.54	8006	0.96	4585	1.34	4580	1.36	3489	1.8	3595
胶乳	0.09	206.57	0.03	96	0.005	14	0.3123	570	0.0145	32
复合橡胶	2.02	4161	3.41	11993	1.75	5162	2.3	6952	2.57	7811
合成橡胶	1.61	4198	29.26	105148	22.23	72693	21.5	56767	19.8	52332
丁苯	1.27	3081	16.3	53627	10.32	31534	10.6	25027	9.3	21056
顺丁	0.1827	543	4.6	18416	3.53	11821	3.4	7554	2.5	4973
丁基	0.0105	41	1.84	8810	2.26	7763	1.6	5357	1.1	3284
氯丁	0.0674	240	0.81	3443	0.57	2588	0.4	1464	0.3	1288
丁腈	0.0103	31	1.72	3982	1.65	3497	1.4	2514	1	2363
异戊胶	0.0708	262	0.21	949	0.23	784	0.3	741	0.2	575
乙丙橡胶									0.4	2261
橡胶助剂	13.1535	38208	12.688	40310	12.68	36658	17.29	50823	22.63	70828
促进剂	6.9043	19668	6.78	21808	6.17	15568	8.99	27882	12.41	42094
防老剂	0.7979	1742	0.97	2344	1.79	4235	2.89	6762	4.52	11093
炭黑	22.4942	23831	48.75	60083	65.75	72625	72	76393	84.18	88027
尼龙帘子布	8.72	33637.7171	9.21	43182.96	9.85	41557	10.19	40590	10.17	40028

注：数据来源于海关总署。

表 7　2010～2014 年全国公路里程及构成

万公里

项目	2010 年	2011 年	2012 年	2013 年	2014 年
公路总里程	400.82	410.64	423.75	435.62	446.39
高速公路	7.41	8.49	9.62	10.44	11.19
一级公路	6.44	6.81	7.43	7.95	8.54
二级公路	30.87	32.05	33.15	34.05	34.84
三级以下	356.10	363.28	373.56	383.18	391.83

注:数据来源于国家交通运输部。

表 8　2010～2014 年全国汽车产量统计

万辆

项目	2010 年	2011 年	2012 年	2013 年	2014 年
汽车总产量	1865.4	1919.1	2059.7	2231.1	2389.5
货车	401.5	356.7	339.9	335.7	312.9
客车	253.8	243.2	304.4	186.3	158.7
轿车	984	1045	1119.1	1206.1	1253.1
大中型拖拉机	38.35	46.05	46.30	69.82	64.37
摩托车	2761.9	2732.8	2593.6	2608.2	2691.7
自行车	7038.7	6001.6	6123.1	6258.7	6202.4

注:数据来源于国家统计局。

表 9　2010～2014 年全国民用车辆拥有量

万辆

项目	2010 年	2011 年	2012 年	2013 年	2014 年
汽车保有量总计	9086	10578	12089	13741	15447
私人汽车保有量	6539	7872	9309	10892	12584
民用轿车保有量	4029	4962	5989	7126	8307
私人轿车	3443	4322	5308	6410	7590

注:数据来源于国家统计局。

表 10　中国橡胶工业协会会员企业 2014 年度排行榜

一、轮胎

企业名称	销售收入/万元
中策橡胶集团有限公司	2328249
三角集团有限公司	1870036
双钱集团股份有限公司	1517010
佳通轮胎(中国)有限公司	1500537
中国正新橡胶公司	1311111
赛轮金宇股份有限公司	1035999
山东玲珑轮胎股份有限公司	1020419
兴源轮胎集团有限公司	964077
风神轮胎股份有限公司	815247
盛泰集团有限公司	605354

二、力车胎

企业名称	销售收入/万元
厦门正新橡胶工业有限公司	328061
中策橡胶集团有限公司	274697
山东新东岳集团有限公司	132845
青岛喜盈门双驼轮胎有限公司	119040
四川远星橡胶有限公司	117380
江苏三元轮胎有限公司	113598
青岛东方工业品(集团)有限公司	101970
天津万达集团公司	87177
江苏飞驰股份公司	81672
山东佳程橡胶工业有限公司	56101

三、胶鞋

企业名称	销售收入/万元
际华 3537 制鞋有限责任公司	227016
青岛环球集团股份有限公司	85103
四川省资阳市征峰胶鞋有限公司	71929
上海回力鞋业有限公司	67111
际华 3517 橡胶制品有限公司	50517
浙江中远鞋业有限公司	27890
浙江人本鞋业有限公司	25455
浙江环球鞋业有限公司	24235
际华 3539 制鞋有限公司	23605
荣光集团有限公司	23468

四、胶管胶带

企业名称	销售收入/万元
陕西延长石油西北橡胶有限责任公司	195018
山东祥通橡塑集团有限公司	185551
山东安能输送带橡胶有限公司	136634
宁波伏龙同步带有限公司	120855
浙江双箭橡胶股份有限公司	110210
阳泉煤业(集团)奥伦胶带分公司	93569
浙江三维橡胶制品股份有限公司	92712
三力士股份有限公司	90469
张家港市华申工业橡塑制品有限公司	85911
尉氏县久龙橡塑有限公司	67325

五、橡胶制品

企业名称	销售收入/万元
安徽中鼎控股(集团)股份有限公司	922757
株洲时代新材料科技股份有限公司	423097
宁波拓普集团股份有限公司	251860
陕西延长石油西北橡胶有限责任公司	195018
江阴海达橡塑股份有限公司	96752
大连巅峰集团	94390
贵航股份红阳密封件公司	73162
山东美晨科技股份有限公司	63302
衡水中铁建工程橡胶有限责任公司	53441
际华 3517 橡胶制品有限公司	49634

六、乳胶制品

企业名称	销售收入/万元
山东星宇手套有限公司	34920
桂林紫竹乳胶制品有限公司	26866
上海科邦医用乳胶器材有限公司	18592
广州双一乳胶制品有限公司	16174
江苏爱德福乳胶制品公司	15089
北京华腾橡塑乳胶制品有限公司	14252
福建三信织造有限公司	13627
北京瑞京乳胶制品有限公司	13543
青岛双蝶集团股份有限公司	12956
苏州嘉乐威企业发展有限公司	12750

七、炭黑

企业名称	销售收入/万元
江西黑猫炭黑股份有限公司	537026
龙星化工股份有限公司	225547
苏州宝化炭黑有限公司	118555
山东金能科技股份有限公司	86297
大石桥市辽滨炭黑厂	84036
石家庄市新星化炭有限公司	81225
山西永东化工有限公司	72873
河北大光明实业集团公司	70478
山东贝斯特化工有限公司	66099
山东耐斯特炭黑有限公司	61795

八、助剂

企业名称	销售收入/万元
江苏圣奥化学科技有限公司	255600
山东尚舜化工有限公司	220511
科迈化工股份有限公司	172722
山东阳谷华泰化工股份有限公司	115814
濮阳蔚林化工股份有限公司	87474
天津一化有限公司	65000
南京化学工业有限公司	62855
东北助剂化工有限公司	61683
山西翔宇化工有限公司	55710
江苏爱特恩高分子材料有限公司	54000

九、钢丝帘线

企业名称	产量/万吨
江苏兴达钢帘线股份有限公司	60.00
贝卡尔特(中国)	38.57
山东胜通钢帘线有限公司	34.48
山东大业股份有限公司	22.86
首长宝佳(中国)	18.90
高丽制钢(中国)	15.50
骏马化纤股份有限公司	13.77
湖北福星科技股份有限公司	10.99
张家港胜达钢绳有限公司	8.00
恒星科技股份有限公司	7.91

十、化纤帘线

企业名称	产量/万元
骏马化纤股份有限公司	9.62
神马集团实业有限公司	6.75
晓星化纤(嘉兴)有限公司	5.30
联新高性能纤维有限公司	5.00
宁波锦纶股份有限公司	4.80
江苏海阳化纤有限公司	3.55
江苏太极实业新材料公司	2.74
山东博莱特化纤有限公司	2.54
亚东工业(苏州)有限公司	2.09
安徽佳元工业纤维有限公司	1.85

十一、轮胎模具

企业名称	销售收入/万元
豪迈集团股份有限公司	158961
广东巨轮模具股份有限公司	57355
山东万通模具有限公司	29500
揭阳市天阳模具有限公司	24800
山东恒益模具有限公司	22796
合肥大道股份有限公司	21953
山东鸿基机械科技有限公司	16500
安徽迈吉尔模具有限公司	9897
青岛元通机械有限公司	9749
荣成宏昌模具有限公司	6900

十二、废橡胶综合利用

企业名称	销售收入/万元
南通回力橡胶有限公司	88093
南京金腾橡塑有限公司	74435
江西国燕高新材料科技有限公司	48485
唐山兴宇橡塑工业有限公司	39400
莱芜市福泉橡胶有限公司	31356
京东橡胶有限公司	30791
福建环科化工橡胶集团有限公司	25356
安徽宏磊橡胶有限公司	24808
仙桃市聚兴橡胶有限公司	19972
浙江杭园特种橡胶有限公司	18134

（中国橡胶工业协会秘书处）

全球橡胶工业概况

2014 ~ 2015 国外主要轮胎市场运行情况

【基本情况】

2014 年,国际货币基金组织(IFM)3 次下调了当年全球经济增长率预测数据,最终以 3.3% 收关。这反映出之前国际金融危机影响仍然存在,全球经济复苏缓慢,不平衡和脆弱性表现突出。

据国际橡胶研究组织(IRSG)统计,2014 年全球橡胶消费总量为 2891.6 万吨,其中天然橡胶消费量 1215.9 万吨,合成橡胶消费量 1675.7 万吨;全球橡胶生产总量为 2875.3 万吨,其中天然橡胶产量 1207 万吨,合成橡胶产量 1668.3 万吨。通常橡胶消费量的近 60% 用于生产轮胎。2010 ~ 2016 年全球橡胶消费情况见表 1。

表 1　2010 ~ 2016 年全球橡胶消费情况

年份		消费量/万吨	同比/%	全球经济增长率/%
2010 年	预测	2370	/	4.6
	实际	2504.6	/	5.1
2011 年	预测	2590	3.41	4.3
	实际	2579.1	2.97	3.8
2012 年	预测	2660	3.14	3.5
	实际	2597.8	0.73	3.2
2013 年	预测	2820	8.55	3.3
	实际	2684.2	3.33	2.9
2014 年	预测	2770	3.2	3.6
	实际	2891.6	7.73	3.3
2015 年	预测	2943.6	1.8	3.5
2016 年	预测	3064.3	4.1	3.7

注:橡胶消费数据来源于 IRSG 统计资料,经过四舍五入处理;全球经济增长数据来源于 IFM 发布的 World Economic Outlook 报告。

从表 1 及图 1 可见,2011 ~ 2013 年,全球橡胶消费量在低于 IRSG 预测值的区间内运行,这与此期间全球经济增长率同样低于预期相吻合;2014 年这种状况获得突破,说明世界橡胶制造业有望开启新一轮上升周期。

据美国克雷恩传媒集团公司(Crain Communications Inc.)公布的《2013 年全球轮胎报告(Global Tire Report)》,全球轮胎企业共 288 家,其中我国大陆国营、民营轮胎企业共 138 家,考虑到我国国情,此处按 200 家计算,故全球轮胎行业约有 350 家企业。前 75 家企业合计销售额占全球轮胎销售额的 95% 以上,前 3 家企业合计销售额约占全球轮胎销售额的 38%,产业市场结构保持寡占型中偏下态势,见表 2 和表 3。

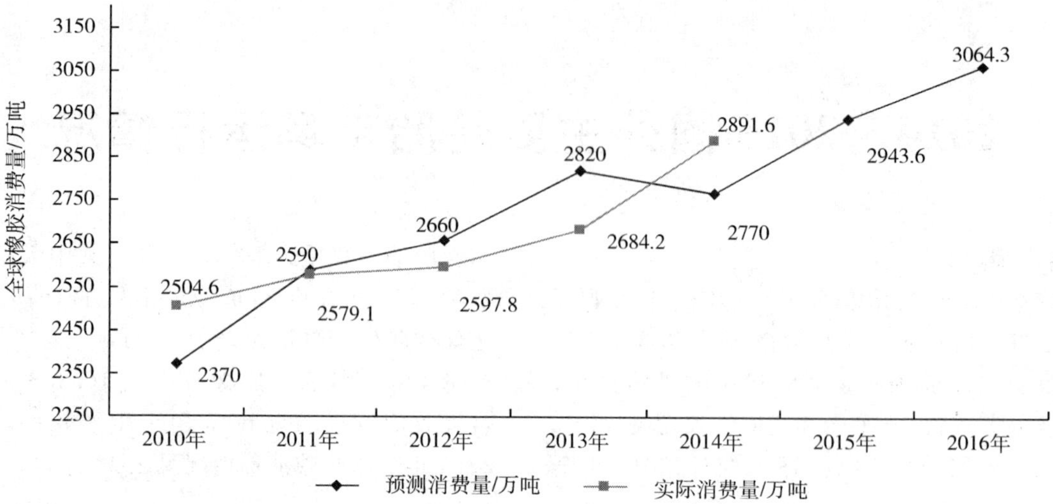

图 1　2010～2016 年全球橡胶消费趋势

表 2　全球轮胎 2003～2013 年销售额　　亿美元

项目	2013 年	2012 年	2011 年	2010 年	2009 年	2008 年	2007 年	2006 年	2005 年	2004 年	2003 年
全球总计	1870	1873	1875	1540	1275	1400	1270	1126	1010	926.50	805.50
前 3 家合计	705.21	736.97	763.54	638.90	557.49	647.80	621.50	567.00	537.53	511.39	445.50
前 75 家合计	1790	1798	1800	1475	1230	1350	1230	1086	987.50	906.50	787.50
前 3 家占比/%	37.7	39.3	40.7	41.5	43.7	46.3	48.9	50.4	53.2	55.2	55.3
前 75 家占比/%	95.7	96.0	96.0	95.8	96.5	96.4	96.9	96.4	97.8	97.8	97.8

注:数据来源于美国克雷恩传媒集团公司发布的《全球轮胎年度报告》。

根据美国经济学家贝恩和日本通产省对产业集中度的划分标准,将产业市场结构粗分为寡占型($CR_8 \geq 40$)和竞争型($CR_8 < 40\%$)两类。其中,寡占型又细分为极高寡占型($CR_8 \geq 70\%$)和低集中寡占型($40\% \leq CR_8 < 70\%$);竞争型又细分为低集中竞争型($20\% \leq CR_8 < 40\%$)和分散竞争型($CR_8 < 20\%$)。具体见表 3。

表 3　市场结构分类情况

市场结构	集中度	
	CR_4 值/%	CR_8 值/%
寡占Ⅰ型	$CR_4 \geq 85$	/
寡占Ⅱ型	$75 \leq CR_4 < 85$	$CR_8 \geq 85$
寡占Ⅲ型	$50 \leq CR_4 < 75$	$75 \leq CR_8 < 85$
寡占Ⅳ型	$35 \leq CR_4 < 50$	$45 \leq CR_8 < 75$
寡占Ⅴ型	$30 \leq CR_4 < 35$	$40 \leq CR_8 < 45$
竞争型	$CR_4 < 30$	$CR_8 < 40$

注:CR_4、CR_8 下角标数字代表企业数。

第一集团(年销售额超过150亿美元)有3家企业,分别是日本普利司通公司、法国米其林集团公司、美国固特异轮胎橡胶公司,见表4。该集团的主要特征为:(1)自2008年以来,其排序呈固化状态,普利司通居第一,米其林、固特异位列第二、三,表明在该集团内部处于相对稳定的产业格局;(2)该集团3家企业合计销售额占全球轮胎销售额的比例呈逐年下降趋势,表明轮胎行业集中度已由寡占型偏强向偏弱缓慢转变;(3)3家企业长期处于行业绝对领先地位,年度销售额最少的固特异也超过170亿美元,与第二集团企业拉开很大距离。

表4　全球轮胎第一集团2003～2013年销售额　　亿美元

轮胎企业/总部所在地	2013年	2012年	2011年	2010年	2009年	2008年	2007年	2006年	2005年	2004年	2003年
普利司通/日本	273.90	285.75	284.50	244.25	205.00	234.35	215.00	194.00	183.33	167.50	148.00
米其林/法国	255.45	262.22	274.14	225.15	196.00	228.20	217.50	193.00	179.20	178.89	161.50
固特异/美国	175.86	189.00	204.90	169.50	156.49	185.25	189.00	180.00	175.00	165.00	136.00
以上3家合计	705.21	736.97	763.54	638.90	557.49	647.80	621.50	567.00	537.53	511.39	445.50
当年全球总计	1870	1873	1875	1540	1275	1400	1270	1126	1010	926.50	805.50
以上3家占比/%	37.7	39.3	40.7	41.5	43.7	46.3	48.9	50.4	53.2	55.2	55.3

注:数据来源于美国克雷恩传媒集团公司发布的《全球轮胎年度报告》。

第二集团(年销售额20亿～100亿美元)有14家企业,分别是德国大陆公司、意大利倍耐力公司、日本住友橡胶工业公司、横滨橡胶公司、东洋轮胎橡胶公司、韩国锦湖轮胎公司、韩泰轮胎公司、中国台湾正新橡胶公司、新加坡佳通轮胎公司、中国中策橡胶集团、三角集团公司、美国固铂轮胎橡胶公司、印度MRF公司、阿波罗轮胎公司,见表5。该集团的主要特征为:(1)前3家(大陆、倍耐力、住友)排序相对稳定,后9家排序呈活跃状态,表明大多数企业正处于持续成长阶段;(2)该集团14家企业合计销售额占全球轮胎销售额的比例呈逐年上升趋势,表明其市场占有率及行业地位持续提升;(3)该集团14家企业合计销售额占第一集团3家企业合计销售额份额,由2004年的54.7%上升到2013年的97.2%,表明与第一集团相比,依然存在巨大差距,但随着时间推移,这种差距正在逐步缩小。

表5　全球轮胎第二集团2004～2013年销售额　　亿美元

轮胎企业/总部所在地	2013年	2012年	2011年	2010年	2009年	2008年	2007年	2006年	2005年	2004年
大陆/德国	111.50	108.95	106.45	81.00	65.00	81.00	75.00	68.00	63.50	61.00
倍耐力/意大利	80.072	76.27	78.02	63.20	55.483	60.023	56.93	49.55	45.13	40.44
住友橡胶工业/日本	69.713	77.63	74.13	58.50	46.301	48.439	40.61	37.02	36.16	31.50
韩泰轮胎/韩国	68.681	62.59	57.44	45.131	37,6	36.865	34.68	31.10	24.78	19.03
横滨橡胶/日本	49.156	55.7	60.28	47.50	39.56	39.766	36.72	31.85	29.66	28.64
正新橡胶/中国台湾	47.686	46.31	42.68	33.564	27.23	25.415	21.20	14.81	11.70	9.84
中策橡胶/中国	45.291	45.58	33.34	32.261	23.593	22.264	12.95	10.82	/	5.09

续表 5

轮胎企业/总部所在地	2013 年	2012 年	2011 年	2010 年	2009 年	2008 年	2007 年	2006 年	2005 年	2004 年
佳通轮胎/新加坡	37.557	26.96	28.97	22.075	17.411	19.31	17.92	14.24	11.54	10.45
固铂轮胎/美国	34.392	42.01	39.27	33.61	27.79	28.818	29.32	26.76	21.55	20.80
锦湖轮胎/韩国	34.19	36	35.22	30.259	23.006	25.933	26.03	24.48	19.11	15.62
东洋轮胎/日本	29.7	28.67	30.65	25	23.067	24.10	22.08	18.67	17.73	16.18
三角集团/中国	27.124	24.7	25.271	22.589	17.677	17.67	13.00	9.00	9.80	9.11
MRF/印度	26.199	27.08	23.518	17.397	12.25	13.763	11.50	9.03	7.53	6.40
阿波罗轮胎/印度	24.057	23.46	25.268	19.434	17.011	10.725	11.64	10.55	6.82	5.87
以上 14 家合计	685.318	681.91	660.507	531.52	432.979	454.091	409.58	355.88	305.01	279.97
当年全球总计	1870	1873	1875	1540	1275	1400	1270	1126	1010	926.50
以上 14 家占比/%	36.6	36.4	35.2	34.5	34.0	32.4	32.3	31.6	30.2	30.2
14 家/3 家/%	97.2	92.5	86.5	83.2	77.7	70.1	65.9	62.8	56.7	54.7

注:数据来源于美国克雷恩传媒集团公司发布的《全球轮胎年度报告》。

第三集团(年销售额 10 亿~20 亿美元)有 16 家企业,分别是中国山东玲珑橡胶公司、双钱集团股份有限公司、山东恒丰公司、兴源轮胎公司、风神股份公司、山东金宇公司、贵州轮胎公司、山东盛泰公司、中国台湾建大轮胎公司,芬兰诺基亚轮胎公司、美国帝坦国际公司、韩国耐克森公司、印尼佳通公司、俄罗斯 Nizhnekamskshina 公司,印度 J.K 轮胎工业公司、西亚特轮胎公司,见表 6。该集团的主要特征为:(1)排序波动很大,发展呈不平衡态势,如山东玲珑 2004 年排在全球第 25 名,2010 年上升到第 16 名,2014 年下降到第 18 名;兴源轮胎公司 2008 年排在全球第 33 名,2011 年上升到第 25 名,2013 年上升到第 21 名,2014 年下降到第 23 名;印尼佳通公司 2004 年排在全球第 21 名,2009 年下降到第 28 名,2014 年继续下降到第 31 名;美国帝坦国际公司 2006 年排在全球第 46 名,2011 年上升到第 36 名,2014 年上升到第 21 名。(2)该集团 16 家企业合计销售额约 220 亿美元,占全球轮胎销售额 12%。

表 6　全球轮胎第三集团 2004~2013 年销售额　　亿美元

轮胎企业/总部所在地	2013 年	2012 年	2011 年	2010 年	2009 年	2008 年	2007 年	2006 年	2005 年	2004 年
山东玲珑/中国	18.841	18.24	16.035	14.28	17.4	14.668	11.16	/	6.12	3.90
诺基亚轮胎/芬兰	18.179	18.65	18.25	12.61	9.75	14.243	11.90	9.00	7.5	5.71
双钱轮胎/中国	18.00	18.01	15.59	12.225	9.45	11.56	10.15	7.99	6.37	4.16
帝坦国际/美国	18.00	14.55	11.85	6.61	4.85	6.85	5.50	4.00	1.90	2.03
耐克森/韩国	17.702	14.40	14.715	11.574	9.01	8.773	7.253	5.91	4.68	2.99
山东恒丰/中国	15.80	11.27	9.327	/	/	/	/	/	/	/
兴源轮胎/中国	15.569	15.28	13.569	10.4	9.76	6.154	/	/	/	/

续表 6

轮胎企业/总部所在地	2013 年	2012 年	2011 年	2010 年	2009 年	2008 年	2007 年	2006 年	2005 年	2004 年
J. K 轮胎/印度	15.251	13.91	15.501	13.03	10.189	10.114	7.80	6.56	5.43	4.98
风神股份/中国	14.084	14.31	15.862	11.99	8.271	8.758	7.797	6.58	4.74	3.40
山东金宇/中国	11.39	11.35	8.939	5.901	4.103	3.265	/	/	/	/
建大轮胎/中国台湾	11.061	10.63	10.211	9.868	6.981	6.161	5.92	4.40	3.53	3.21
山东盛泰/中国	10.898	9.18	9.321	8.529	7.221	5.888	/	/	/	/
贵州轮 胎/中国	10.684	10.4	11.497	9.184	6.5	6.174	5.24	4.39	3.67	2.76
佳通/印尼(Gajah Tunggal)	10.465	12.54	12.361	9.863	6.948	7.053	6.25	5.04	4.15	3.75
Nizhnekamskshina/俄罗斯	10.198	11.755	9.00	7.687	2.155	8.528	2.47	6.98	5.24	4.30
西亚特轮胎/印度	10.124	8.97	9.666	7.602	5.971	5.409	6.46	4.71	3.96	3.64
以上 16 家合计	226.246	213.445	201.694	/	/	/	/	/	/	/
当年全球总计	1870	1873	1875	1540	1275	1400	1270	1126	1010	926.50
以上 16 家占比/%	12.1	11.4	10.8	/	/	/	/	/	/	/

注:数据来源于美国克雷恩传媒集团公司发布的《全球轮胎年度报告》。

第四集团(年销售额 10 亿美元以下)有 300 多家企业,合计销售额约 253 亿美元,占 2013 年全球轮胎销售额的 13.5%。该集团的主要特征为:企业规模较小,竞争力较弱。

综上所述,基于第一集团对行业的高度垄断以及自身超强的竞争力,预计在未来 5～8 年间,全球轮胎工业仍将继续保持现有寡占型产业格局;随着集约化和大型化,其他企业与第一集团的差距将缩小,闯入第二集团的企业(尤其中国企业)将增多,但轮胎行业从寡占型进入竞争型态势还有待时日。

【美国市场】

据 IRSG 统计,2014 年北美橡胶消费总量为 463.5 万吨,同比(下同)增长 3.7%。其中,天然橡胶消费量 170.4 万吨,增长 2.5%;合成橡胶消费量 293.1 万吨,增长 4.4%。最近 4 年北美橡胶消费情况见表 7。继 2013 年北美橡胶消费量基本止跌之后,2014 年保持向好,实现了近年来首次正增长。

表 7　2011～2014 年北美橡胶消费情况

时间	橡胶消费量			同比/%
	天然橡胶/万吨	合成橡胶/万吨	合计/万吨	
2011 年	176.9	297.0	473.9	/
2012 年	166.6	283.6	450.1	-5.0
2013 年	166.2	280.7	446.9	-0.7
2014 年	170.4	293.1	463.5	3.7

注:数据来源于 IRSG 统计资料。

据美国橡胶制造商协会（RMA）统计，2014 年美国轮胎出货量为 3.107 亿条，比 2013 年增加 1370 万条，增长 4.7%。其中，原配胎出货量为 5810 万条，替换胎出货量为 2.526 亿条。这是继 2013 年扭转了负增长之后，市场呈现出复苏，3 个经济指标（轮胎总出货量、原配胎出货量和替换胎出货量）均大幅超过 2013 年底 RMA 公布的预测值，而且原配胎表现尤为突出，说明新车市场销售持续向好。

据 RMA 预测，2015 年美国轮胎出货量只有极轻微增长，达到 3.112 亿条。2010 ~ 2015 年美国轮胎出货情况见表 8。产量（production）、出货量（shipment）以及销售量（off - take）的区别：产量是指一定时期内的生产总量；出货量 = 产量 - 库存 = 投入市场的产品数量，是厂商统计数据；销售量是交到消费者手中的产品数量，是消费终端统计数据。三者的关系是产量≥出货量≥销售量。

表 8　2010 ~ 2015 年美国轮胎出货情况

时间		轮胎出货量/亿条	同比/%	原配胎出货量/万条	同比/%	替换胎出货量/亿条	同比/%
2010 年		2.85	/	/	/	2.37	/
2011 年		2.84	-0.2	4200	/	2.42	2.1
2012 年	预测	2.90	2.1	4840	15	2.42	持平
	实际	2.84	0.2	4930	17	2.35	-2.9
2013 年	预测	2.90	2.1	5570	13	2.38	1.3
	实际	2.97	4.6	5240	6.3	2.44	3.8
2014 年	预测	3.02	1.6	5420	3.4	2.48	1.6
	实际	3.11	4.7	5810	10.9	2.53	3.7
2015 年	预测	3.11	极微增长	5960	2.6	2.52	-0.4

注：数据来源于 RMA 统计资料，经过四舍五入处理。

在美国原配胎市场，2014 年所有品种的出货量均有可观上升，其中乘用轮胎和中/重型载重轮胎表现尤为突出。乘用轮胎出货量增长 11.2%，比 2013 年增加 480 万条，达到 4780 万条；中/重型公路载重轮胎以及宽基轮胎的出货量增长 16.3%，比 2013 年增加 80 万条，达到 570 万条；轻卡轮胎出货量为 460 万条，比 2013 年增长 2.2%，达到 460 万条。据 RMA 预测，2015 年原配胎出货量仍然保持全面增长势头，但增幅收窄，见表 9。

2014 年，美国替换胎市场的表现可谓喜忧参半。乘用轮胎出货量增长了 3%，从 2013 年的 2.004 亿条增加到 2.065 亿条；中/重型载重/公交轮胎/宽基轮胎的出货量增长了 9.4%，从 2013 年的 1590 万条增加到 1740 万条；轻卡轮胎出货量下降 0.3%，从 2013 年的 2880 万条下降到 2870 万条。RMA 预测，2015 年替换胎出货量，除中/重型载重/公交轮胎/宽基轮胎可望提升 2.3% 外，其他品种轮胎（乘用轮胎和轻卡轮胎）均比 2014 年略有下降。2010 ~ 2015 年美国替换胎出货情况见表 10。对 2015 年总体出货量而言，原配胎的增长将被替换胎的减少所抵消。

表 9　2010～2015 年美国原配胎出货情况

时　间	乘用轮胎/万条	同比/%	轻卡轮胎/万条	同比/%	中/重型载重/公交轮胎/宽基轮胎/万条	同比/%
2010 年	3311	/	360	/	320	/
2011 年	3570	7.8	420	16.6	490	53.1
2012 年	4000	12.0	420	持平	510	4.0
2013 年	4300	7.5	450	7.14	490	-3.92
2014 年	4780	11.2	460	2.22	570	16.3
2015 年(预测)	4900	2.5	470	2.17	590	3.51

注:数据来源于 RMA 统计资料,经过四舍五入处理。

表 10　2010～2015 年美国替换胎出货情况

时 间	乘用轮胎/亿条	同比/%	轻卡轮胎/万条	同比/%	载重/公交轮胎/宽基轮胎/万条	同比/%
2010 年	2.006	/	2870	/	1580	/
2011 年	1.944	-2.8	2860	持平	1650	4.4
2012 年	1.914	-1.5	2800	-2.0	1590	-3.6
2013 年	2.004	4.7	2880	2.8	1590	持平
2014 年	2.065	3.0	2870	-0.3	1740	9.4
2015 年(预测)	2.053	-0.6	2850	-0.7	1780	2.3

注:数据来源于 RMA 统计资料,经过四舍五入处理。

2014 年,替换胎对轮胎出货量的贡献率为 81%,比 2013 年下降 2 个百分点。2010～2014 年美国市场替换胎在轮胎出货量中占比见表 11。

表 11　2010～2014 年美国市场替换胎对轮胎出货量的贡献率情况

时　间	替换胎在轮胎出货量中占比/%	同比变化率/百分点
2010 年	83	/
2011 年	85	2
2012 年	83	-2
2013 年	83	持平
2014 年	81	-2

注:数据来源于 RMA 统计资料,经过四舍五入处理。

据 RMA 统计,2014 年会员企业共出口轮胎 3300 万条,增长 6.8%。其中,乘用轮胎和轻卡轮胎出口量增长 7.7%,从 2013 年的 2840 万条增加到 3060 万条;中/重型及宽基载重轮胎出口却下降了 5.9%,只有 240 万条。2011～2014 年美国轮胎出口情况见表 12。

表 12　2011～2014 年美国轮胎出口量变化情况

时　间	出口轮胎/万条	同比变化率/百分点
2011 年	3150	/
2012 年	3060	-2.8
2013 年	3090	0.9
2014 年	3300	6.8

注:数据来源于 RMA 统计资料,经过四舍五入处理。

2014 年,RMA 会员产量增长了 3.4%,达到 1.616 亿条,与 2013 年负增长形成了鲜明对比。其中,乘用轮胎增长 1.7%,轻卡轮胎增长 10.7%,载重轮胎增长 4.9%。2011～2014 年美国轮胎产量变化情况见表 13。

表 13　2011～2014 年美国轮胎生产量变化情况

时　间	RMA 会员产量/亿条	同比/%			
		总量	乘用轮胎	轻卡轮胎	载重/公交轮胎/宽基轮胎
2011 年	1.715	/	/	/	/
2012 年	1.619	-5.6	-6.1	-2.3	-7.0
2013 年	1.563	-3.4	-3.4	-7.8	4.5
2014 年	1.616	3.4	1.7	10.7	4.9

注:数据来源于 RMA 统计资料,经过四舍五入处理。

美国本土生产的轮胎只占美国总需求量的 51%～52%,因此每年需要从国外进口占总需求量 48%～49%的轮胎。据美国商务部统计,2014 年轮胎进口增长近 6.3%,值得注意的是,所有品种均实现了正增长。其中,乘用轮胎进口增长 4.7%,轻卡轮胎增长 5.6%,载重轮胎增长 29.1%。2011～2014 年美国轮胎进口量变化情况见表 14。

表 14　2011～2014 年美国轮胎进口量变化情况

时　间	轮胎进口量/亿条	总增长率/%	分项增长率/%		
			乘用轮胎	轻卡轮胎	载重轮胎
2011 年	1.96	0.55	/	/	/
2012 年	2.058	5	5.8	2.4	1.9
2013 年	2.313	12.4	12.8	18.5	3.7
2014 年	2.459	6.3	4.7	5.6	29.1

注:数据来源于美国商务部统计资料,经过四舍五入处理。

在美国替换胎市场,三类品牌出货量占比见表 15。厂商主线品牌轮胎出货量占比呈下降趋势,乘用胎和轻卡胎均由 2013 年的 84%分别下降到 81%和 82%。

表 15　2011～2014 年美国市场替换胎品牌构成

三类品牌出货量占比/%	乘用替换胎				轻卡替换胎			
	2011 年	2012 年	2013 年	2014 年	2011 年	2012 年	2013 年	2014 年
厂商主线品牌(Manufacturers)	81	81	84	81	82	80	84	82
厂商副线品牌(Associate)		10	8	11		9	7	9
私人品牌(Private)		9	8	8		11	9	10
市场总量	100	100	100	100	100	100	100	100

注:数据来源于 RMA 统计资料。私人品牌是指轮胎批发/零售企业开发、创造、使用在本企业所销售的轮胎上的品牌。

独立轮胎经销商产品，其乘用轮胎出货量占该类轮胎总出货量的比例为67%，比2013年增长2个百分点；轻卡轮胎出货量占该类轮胎总出货量的比例与2013年持平，仍然是80%。2011～2014年美国市场独立轮胎经销商出货量占比情况见表16。

表16　2011～2014年美国市场独立轮胎经销商出货量占比情况

时　间	乘用轮胎占比/%	轻卡轮胎占比/%
2011年	66	79
2012年	65	79
2013年	65	80
2014年	67	80

注：数据来源于RMA统计资料，经过四舍五入处理。

【欧洲市场】

据IRSG统计，2014年欧洲橡胶消费总量为511.3万吨，其中天然橡胶155.5万吨，合成橡胶355.8万吨，比2013年略有减少，归根结底是向上动能仍然不足，见表17。

表17　2011～2014年欧洲橡胶消费情况

时　间	橡胶消费量			同比/%
	天然橡胶/万吨	合成橡胶/万吨	合计/万吨	
2011年	166.3	385.6	551.9	/
2012年	146.5	364.0	510.5	-7.5
2013年	147.5	365.2	512.7	0.43
2014年	155.5	355.8	511.3	-0.27

注：数据来源于IRSG统计资料。

据欧洲轮胎与橡胶制造商协会（ETRMA）统计，2014年，欧洲替换胎市场销售量为2.16亿条，超出之前预计的2.12亿条；除农用轮胎下滑2%之外，其他品类轮胎均有所增长。说明欧洲市场在经历了2012年全面大跌（-13%），2013年基本扭转颓势（-0.5%）之后，2014年已开始逐步向好。2011～2014年欧洲市场替换胎销售情况见表18。

据ETRMA公布的2015年第一季度统计报告，相对于2014年的开门红，今年的市场销售不太理想。除两轮车胎销量增长较大（9.2%）之外，消费类轮胎销量增长2%，农用轮胎和载重轮胎则分别下滑13%和0.7%，见表19。

2014年欧盟进口载重轮胎564.7759万条，增长41.7%；其中从中国进口347.1368万条，占61.5%，增长50.1%。2015年一季度欧盟进口载重轮胎52.5487万条，增长16.5%；其中从中国进口35.5378万条，占67.6%，增长24%，见表20。

表 18　2011～2014 年欧洲市场替换胎销售情况

轮胎类别	2011 年	2012 年		2013 年		2014 年	
	销售量/万条	销售量/万条	同比/%	销售量/万条	同比/%	销售量/万条	同比/%
消费类轮胎(Consumer)	22359.7	19461.8	－13	19269.9	－1.0	19696.2	2.2
载重轮胎(Truck)	1017.2	823.1	－19	884.9	7.5	918.0	3.7
农用轮胎(Agri.)	186.6	165.2	－11	167.5	1.4	164.1	－2.0
两轮车胎(Two－wheel)	856.8	761.1	－11	773.7	1.7	839.0	8.4
总计	24420.3	21211.2	－13	21096.0	－0.5	21617.3	2.5

注:数据来源于 ETRMA 统计资料,经过四舍五入处理。消费类轮胎是指由最终消费者购买并用于个人消费的轮胎,如轿车轮胎、家用皮卡(Pick－up)轮胎等。

表 19　2015 年一季度欧洲市场替换胎销售业绩

轮胎类别	2013 年一季度	2014 年一季度		2015 年一季度	
	销售量/万条	销售量/万条	同比/%	销售量/万条	同比/%
消费类轮胎	4658.5	5111.5	10	5212.0	2.0
载重轮胎	187.9	217.4	16	215.8	－0.7
农用轮胎	46.4	49.9	7	43.6	－13
两轮车胎	270.3	301.8	12	329.7	9.2
小计	5163.1	5680.6	10	5801.1	2.1

注:数据来源于 ETRMA 统计资料,经过四舍五入处理。

表 20　2013～2015 年一季度欧盟进口载重轮胎情况

	进口载重轮胎/万条	同比/%	从中国进口/万条	同比/%
2013 年全年	398.5740	/	231.3101	/
2014 年全年	564.7759	42	347.1368	50
2014 年第一季度	45.0874	/	28.6575	/
2015 年第一季度	52.5487	16.5	35.5378	24

注:数据来源于 ETRMA 统计资料,经过四舍五入处理。

【印度市场】

据印度信用等级评估机构 ICRA(ICRA Limited)报告,印度轮胎工业在经历了长达 10 年(2001～2011 年)的“井喷式”发展(年平均增长率 18%)之后,近年来已步入平稳发展阶段。2014～2015 财年,全行业轮胎销售收入增长 8%,达到 4930 亿卢比。其中,原配轮胎市场增长 6%,替换轮胎市场增长 7%。预计 2015～2016 财年,轮胎销售收入将会有 9%～10% 的增长，见表 21。

表 21　2011～2016 年印度轮胎销售收入变化

时　间	同比/%
2011～2012 财年	5
2012～2013 财年	2
2013～2014 财年	3
2014～2015 财年	8
2015～2016 财年（预测）	9～10

注：数据来源于 ICRA 统计资料。印度财年时间为上年 4 月至次年 3 月，如 2014～2015 财年是从 2014 年 4 月 1 日到 2015 年 3 月 31 日。

据 ICRA 统计，2014～2015 财年，印度本土生产的轮胎按细分市场统计，其中 60% 进入原配件市场，30% 进入替换件市场，10% 供出口，见表 22；按产品品类统计，其中商用轮胎占 54%，乘用轮胎占 17%，两轮车轮胎占 14%，OTR 轮胎占 4%，拖拉机轮胎占 9%，其他轮胎占 2%，见表 23。上述统计均以轮胎重量为基础。

表 22　2014～2015 财年按细分市场统计的印度轮胎流向

细分市场	占比/%
原配轮胎	60
替换轮胎	30
出口	10
合计	100

注：数据来源于 ICRA 统计资料。

2014～2015 财年，印度本土轮胎制造商在国内原配市场的份额见图 2。其中，MRT 公司、阿波罗轮胎公司（Apollo）、J. K. 轮胎公司、西亚特（CEAT）轮胎公司共4家企业占据了该市场的主

表 23　2014～2015 财年按产品品类统计的印度轮胎构成

细分市场	占比/%
商用轮胎	54
乘用轮胎	17
两轮车轮胎	14
OTR 轮胎	4
拖拉机轮胎	9
其他轮胎	2
合计	100

注：数据来源于 ICRA 统计资料。

要份额（70%），剩下的 30% 分别由 Balkrishna 工业有限公司（BKT）、Birla 轮胎公司、TVS Srickara 公司、Falcon 轮胎公司、日本普利司通公司、美国固特异橡胶轮胎公司、ATC 公司、Metro 轮胎公司和 Ralson 公司共 9 家企业分享。

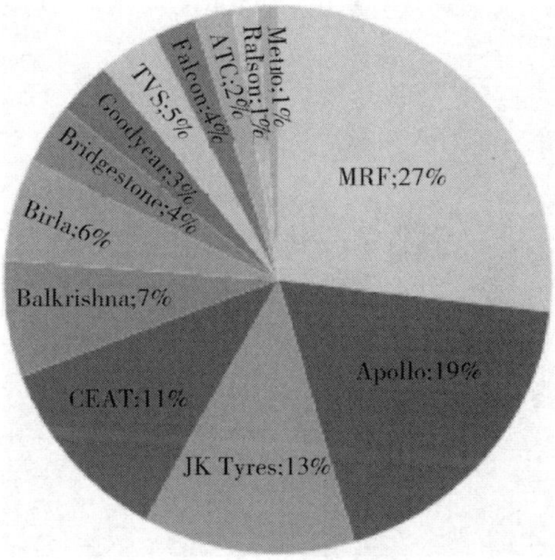

图 2　2014～2015 财年印度轮胎制造商市场份额构成

据印度汽车零部件制造商协会（ACMA）统计，印度生产的轮胎目前超过 80% 供本土使用，其余出口，但轮胎出口比例呈逐年增长趋势，见表 24。

表 24　2010～2020 年印度轮胎销售状况

时　间	本土消费/亿美元		出口额/亿美元			合计/亿美元	出口比例/%
	替换胎	原配胎	北美	西欧	其他地区		
2010 年	40	180	11	23	4	258	14.7
2015 年	61	429	36	42	17	585	16.2
2020 年(预测)	103	697	106	129	40	1075	25.6

注:数据来源于 ACMA 报告。

据 ICRA 报告,目前印度市场已经出现如下新的驱动力量:(1)本土市场对机动车需求旺盛;(2)原配轮胎市场对子午胎的需求日益增大;(3)替换轮胎市场保持稳步增长;(4)区域性消费分化出现。基于此,2015～2016 年印度轮胎行业形势乐观。

(邓海燕)